Word 2010

Word 2010

leicht – klar – sofort

RAINER WALTER SCHWABE

Bibliografische Information der Deutschen Nationalbibliothek
Die Deutsche Nationalbibliothek verzeichnet diese Publikation in der
Deutschen Nationalbibliografie; detaillierte bibliografische Daten
sind im Internet über http://dnb.d-nb.de abrufbar.

10 9 8 7 6 5 4 3 2 1

12 11 10

ISBN 978-3-8272-4560-1

© 2010 by Markt+Technik Verlag,
ein Imprint der Pearson Education Deutschland GmbH,
Martin-Kollar-Straße 10–12, D-81829 München/Germany
Alle Rechte vorbehalten
Covergestaltung: Thomas Arlt, tarlt@adesso21.net
Titelfoto: Mauritius
Kapitelanfangsbilder für Kapitel 8, 10, 11, 13: Philipp Burkart
Lektorat: Birgit Ellissen, bellissen@pearson.de
Korrektorat: Marita Böhm
Herstellung: Monika Weiher, mweiher@pearson.de
Satz: Ulrich Borstelmann, Dortmund (www.borstelmann.de)
Druck und Verarbeitung: Neografia, Martin
Printed in Slovakia

Inhaltsverzeichnis

8 Eine Glückwunschkarte erstellen 141

9 Ein persönliches Fotoalbum 173

10 Präsentieren Sie sich mit Visitenkarten 191

15 Briefe ganz schnell schreiben 291

16 Word 2010 – nur für Sie! 315

Lösungen 323

Lexikon 327

Stichwortverzeichnis 335

Liebe Leserin, lieber Leser,

auf jeder Seite dieses Buches lernen Sie Word 2010 Schritt für Schritt kennen. Einfach und präzise, ohne viele Umstände gelangen Sie direkt zum Ziel.

Sie können das Gelernte und Geübte sofort in die Praxis umsetzen. Am Ende eines jeden Kapitels biete ich Ihnen Tipps und Übungen an, um Ihr Wissen zu vertiefen und zu festigen.

Die ersten Kapitel dienen zum Kennenlernen der Software. Je weiter Sie kommen, desto mehr erfahren und lernen Sie. Also erst ganz leicht, dann intensiv und kompakt. Kapitel wie Serienbriefe und Tabellen sind schon umfangreich, aber für Sie extra leicht gehalten und direkt auf den Punkt gebracht!

Gerade durch meine Erfahrungen als Word-Dozent konnte ich ein Feingefühl besonders für Anfänger entwickeln, wie man etwas auf einfachste Art und Weise kurz und knapp erklärt. Das ist in diesem Buch eine Selbstverständlichkeit.

Das Buch ist so aufgebaut, dass Sie bei jedem Mausklick Ihr Wissen erweitern. Halten Sie sich einfach an die Schritte und Sie werden Word 2010 schnell beherrschen. Wenn Sie das letzte Kapitel im Buch beenden, werden Sie sagen: »Word 2010 – ja, das kann ich! «

Sollten Sie dennoch Fragen und oder weitere Anregungen haben, können Sie mir gerne unter info@mut.de eine Mail schreiben. Bitte geben Sie dabei den Buchtitel und die ISBN an. Es würde mich sehr freuen, von Ihnen zu lesen! Ich helfe Ihnen gerne.

Übrigens, wem's gefällt und wer Excel 2010 lernen möchte, dem empfehle ich Easy Excel 2010. Es ist genauso einfach aufgebaut wie dieses Buch.

Ihr

Rainer Walter Schwabe

Die Tastatur

Auf den folgenden drei Seiten sehen Sie, wie Ihre Computer-
tastatur aufgebaut ist. Damit es für Sie übersichtlich ist, werden
Ihnen immer nur bestimmte Tastenblöcke auf einmal vorgestellt.
Ein großer Teil der Computertasten funktioniert wie bei der
Schreibmaschine. Es gibt aber noch einige zusätzliche Tasten,
die auf Besonderheiten der Computerarbeit zugeschnitten sind.
Sehen Sie selbst ...

Schreibmaschinen-Tastenblock

Diese Tasten bedienen Sie genauso wie bei der Schreibmaschine.
Mit der Eingabetaste schicken Sie außerdem Befehle an den Computer ab.

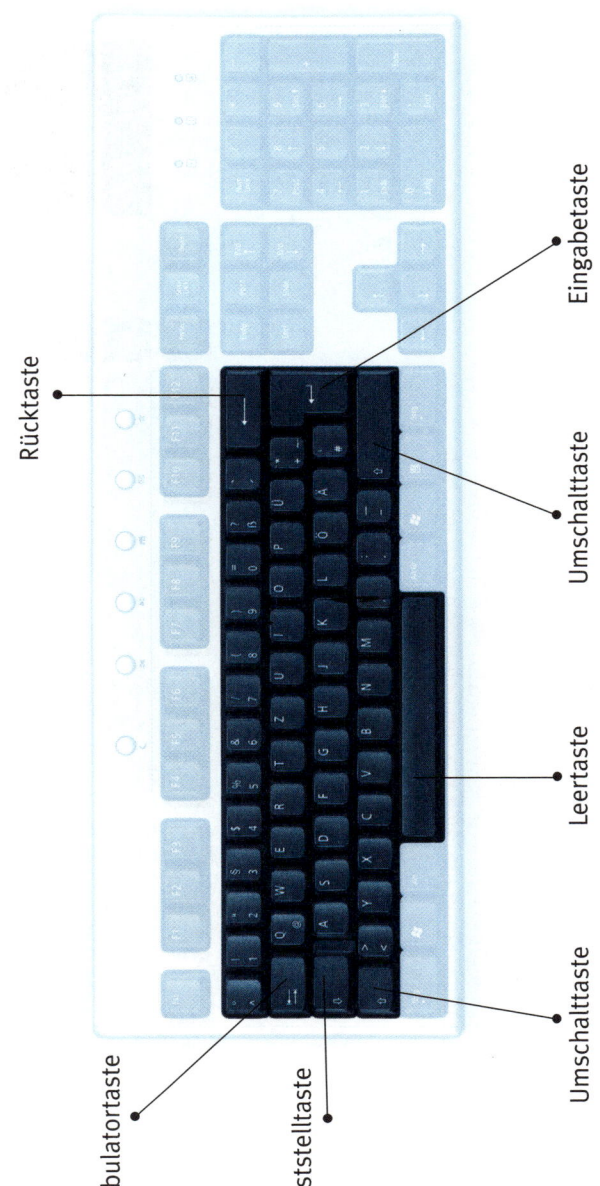

Rücktaste

Eingabetaste

Umschalttaste

Leertaste

Tabulatortaste

Feststelltaste

Umschalttaste

Sondertasten, Funktionstasten, Kontrollleuchten, Zahlenblock

Sondertasten und Funktionstasten werden für besondere Aufgaben bei der Computerbedienung eingesetzt. Strg-, Alt- und AltGr-Taste meist in Kombination mit anderen Tasten. Mit der Esc-Taste können Sie Befehle abbrechen, mit Einfügen und Entfernen u.a. Text einfügen oder löschen.

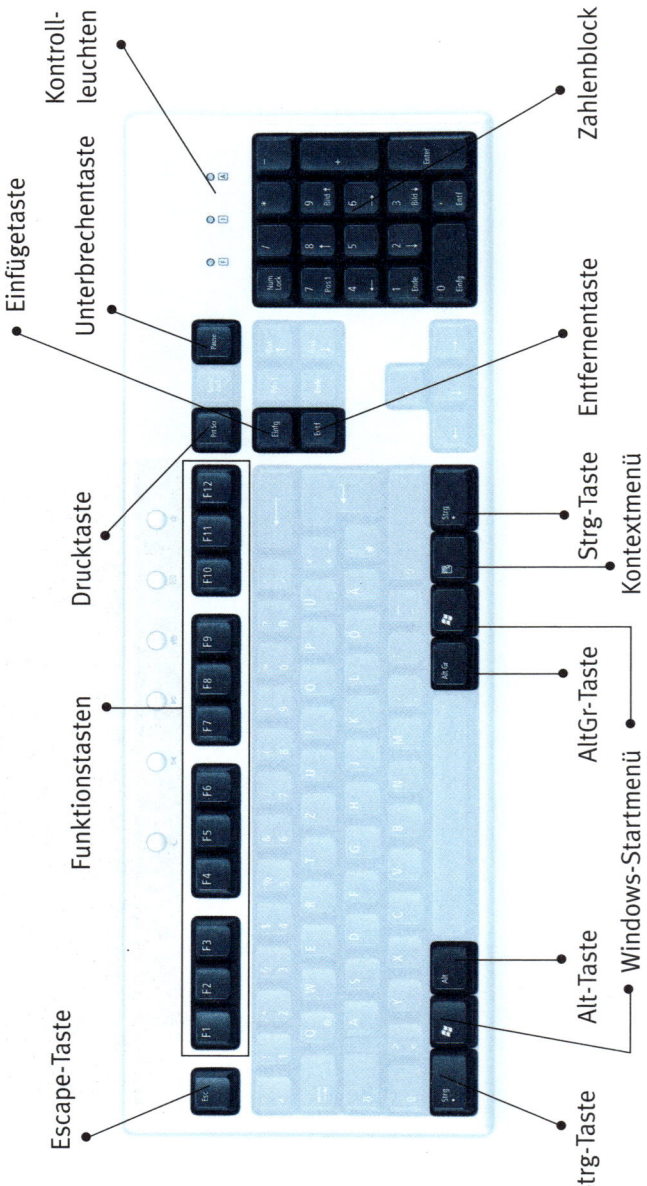

Navigationstasten

Mit diesen Tasten bewegen Sie sich auf dem Bildschirm.

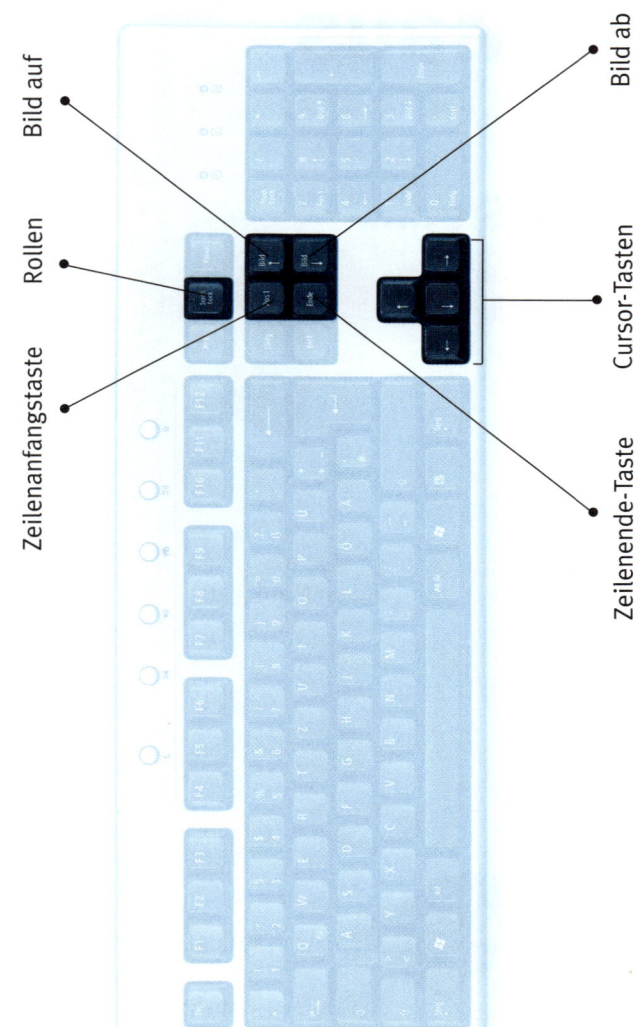

Bild auf

Bild ab

Rollen

Cursor-Tasten

Zeilenanfangstaste

Zeilenende-Taste

Die Maus

»Klicken Sie ...«

heißt: einmal kurz
auf eine Taste drücken.

Mit der
linken Maustaste
klicken ...

Mit der
rechten Maustaste
klicken ...

»Doppelklicken Sie ...«

heißt: die linke Taste zweimal
schnell hintereinander
ganz kurz drücken.

Doppelklicken

»Ziehen Sie ...«

heißt: auf bestimmte Bildschirmelemente
mit der linken Maustaste klicken, die Taste
gedrückt halten, die Maus bewegen und
dabei das Element auf eine andere Position
ziehen.

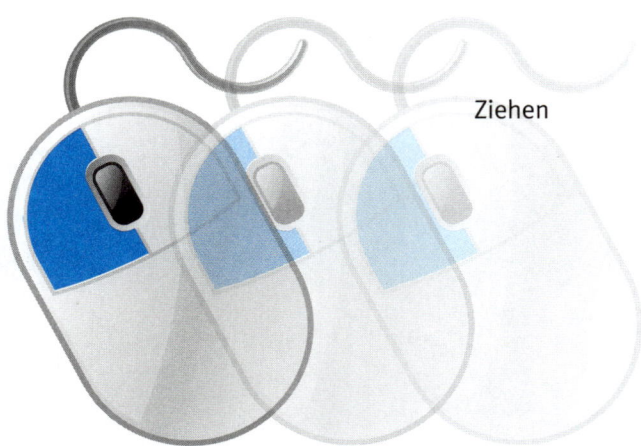

Ziehen

Das lernen Sie neu

Kapitel 1

Word 2010 – das erste Mal

Sie starten Word 2010 und machen nun Mausklick für Mausklick die ersten Schritte! Die Textverarbeitung Word 2010 unterscheidet sich in vielen Dingen von ihren Vorgängerinnen. In diesem Kapitel erhalten Sie die Grundkenntnisse und lernen den Umgang mit Symbolleisten kennen. Mit ein paar Mausklicks erfahren Sie zunächst, wie die Benutzeroberfläche von Word 2010 aufgebaut ist und wie Sie sich schnell zurechtfinden.

Auf den ersten Blick

Microsoft Word 2010 ist ein Textverarbeitungsprogramm, um z. B. Briefe zu schreiben, also Texte zu verarbeiten. Statt Brief verwenden Sie den Ausdruck *Dokument*.

Hinweis

In Word bezeichnet man die Seiten, die Sie bearbeiten, als ein *Dokument*.

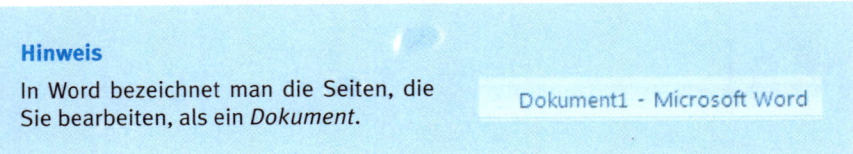

Die Tastatur bedienen Sie wie bei einer Schreibmaschine. Word 2010 bietet Ihnen zahlreiche Möglichkeiten, die Sie im Laufe des Buches kennenlernen werden.

Der Befehlsbereich

Ganz oben befindet sich der *Befehlsbereich*. Hier werden, wie der Name es bereits verrät, Befehle mit der *Maus* und/oder Tastatur angesteuert und ausgeführt.

Achtung

Entscheidend für die Darstellungen in Word 2010 ist die für Ihren Monitor eingestellte *Bildschirmauflösung*.

Der Arbeitsbereich

Des Weiteren erkennen Sie den Arbeitsbereich, die große weiße Fläche. Hier geben Sie Ihre Texte ein. Dort, wo der Strich (auch als Cursor oder Einfügemarke bezeichnet) blinkt, erscheint der von Ihnen eingegebene Text.

Die Symbolleiste für den Schnellzugriff

Die Symbolleiste für den Schnellzugriff können
Sie auf einfache Weise Ihren eigenen Arbeitsbe-
dürfnissen entsprechend anpassen. Dadurch können Sie häufig benötigte
Befehle sehr schnell aufrufen. In diesem Beispiel binden Sie die Schaltfläche *Neu* ein. Mit *Neu* legen Sie ein *neues Dokument* an. Dies kann sehr
hilfreich sein, falls Sie neue Übungen durchführen möchten.

> **Hinweis**
>
> Es gibt zwar im Menü der Registerkarte *Datei* den Befehl *Neu/Leeres Dokument*,
> doch über die Schaltfläche *Neu* in der *Symbolleiste für den Schnellzugriff* geht
> es schneller!

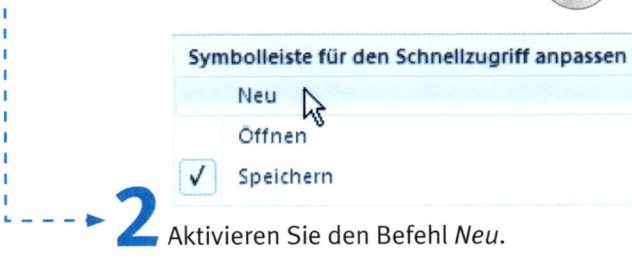

1 Öffnen Sie über die Schaltfläche die Auswahl
Symbolleiste für den Schnellzugriff anpassen.
Die Einträge mit dem Häkchen sind bereits in der
Symbolleiste für den Schnellzugriff platziert.

2 Aktivieren Sie den Befehl *Neu*.

Die Schaltfläche *Neu* wird in die Symbol-
leiste für den Schnellzugriff platziert.

Auf die gleiche Weise, wie eine Schaltfläche hier angelegt wurde, kann sie
auch wieder schnell entfernt werden.

Dazu platzieren Sie den Mauszeiger auf die Schaltfläche und klicken mit
der rechten Maustaste. Anschließend erscheint ein Menü, präziser aus-

gedrückt, ein *Kontextmenü*, in dem Sie die Schaltfläche wieder aus der Symbolleiste für den Schnellzugriff entfernen können.

Fachwort

Der Name *Kontextmenü* besagt, dass die Zusammenstellung der einzelnen Menüpunkte davon abhängig ist, was Sie gerade machen, wenn Sie die rechte Maustaste drücken.

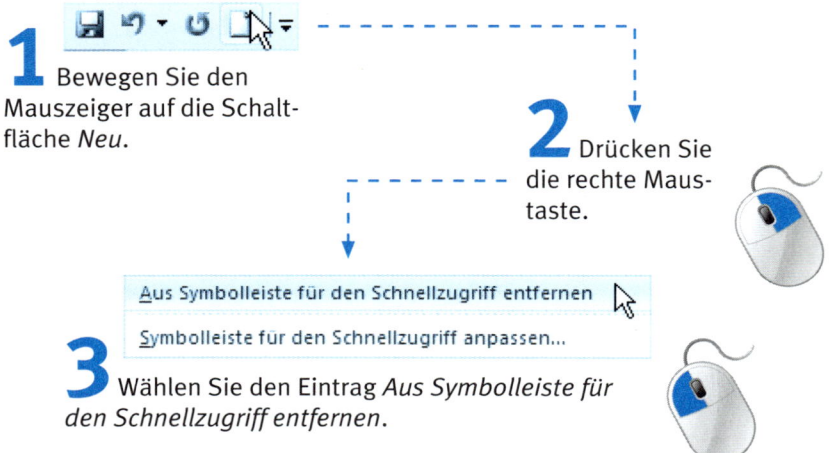

1 Bewegen Sie den Mauszeiger auf die Schaltfläche *Neu*.

2 Drücken Sie die rechte Maustaste.

3 Wählen Sie den Eintrag *Aus Symbolleiste für den Schnellzugriff entfernen*.

Die Schaltfläche *Neu* wurde wieder aus der Symbolleiste entfernt.

Hinweis

Sie können auch eine Schaltfläche aus der *Symbolleiste für den Schnellzugriff* entfernen, indem Sie denselben Weg wie beim Einfügen einer Schaltfläche gehen und das Häkchen vor dem Eintrag entfernen.

Die *Symbolleiste für den Schnellzugriff* können Sie auch unter dem Menüband anzeigen lassen. Das Menüband werden Sie im nächsten Lernabschnitt kennenlernen.

1 Öffnen Sie die Auswahl für *Symbolleiste für den Schnellzugriff anpassen*.

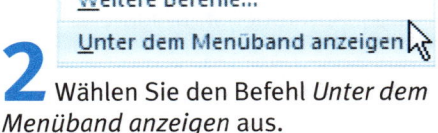

2 Wählen Sie den Befehl *Unter dem Menüband anzeigen* aus.

Die Symbolleiste wird unter das Menüband platziert.

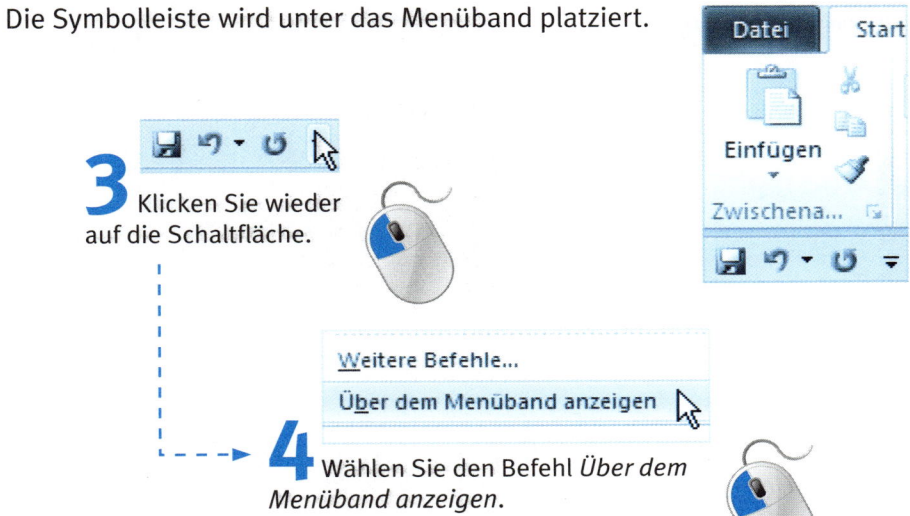

3 Klicken Sie wieder auf die Schaltfläche.

4 Wählen Sie den Befehl *Über dem Menüband anzeigen*.

Die *Symbolleiste für den Schnellzugriff* befindet sich wieder über dem Menüband.

Hinweis

Sie können auch den Mauszeiger auf die Symbolleiste für den Schnellzugriff platzieren, die **rechte Maustaste** drücken und den Befehl wählen.

Das Menüband

Das Menüband ist wie eine Art »Karteikasten« dargestellt, der verschiedene Karten (= *Registerkarten*) enthält. Auf jeder Registerkarte finden Sie die unterschiedlichsten *Befehle*, abhängig davon, was Sie gerade in Word 2010 bearbeiten.

Das Menüband beinhaltet viele Befehle, die Sie im Laufe des Buches kennenlernen. Zunächst können Sie es am Bildschirm auch *minimieren*.

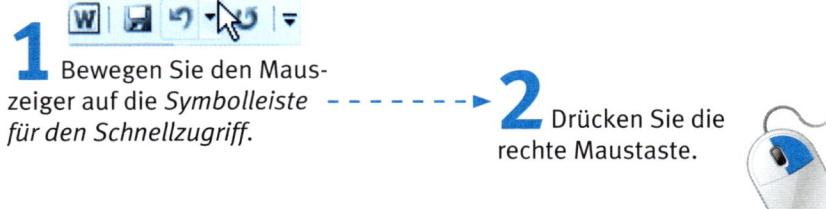

1 Bewegen Sie den Mauszeiger auf die *Symbolleiste
für den Schnellzugriff*.

2 Drücken Sie die
rechte Maustaste.

Hinweis

Das ist nur eine Möglichkeit. Sie können auch mit der rechten Maustaste auf eine
der Registerkarten oder innerhalb des Menübandes klicken.

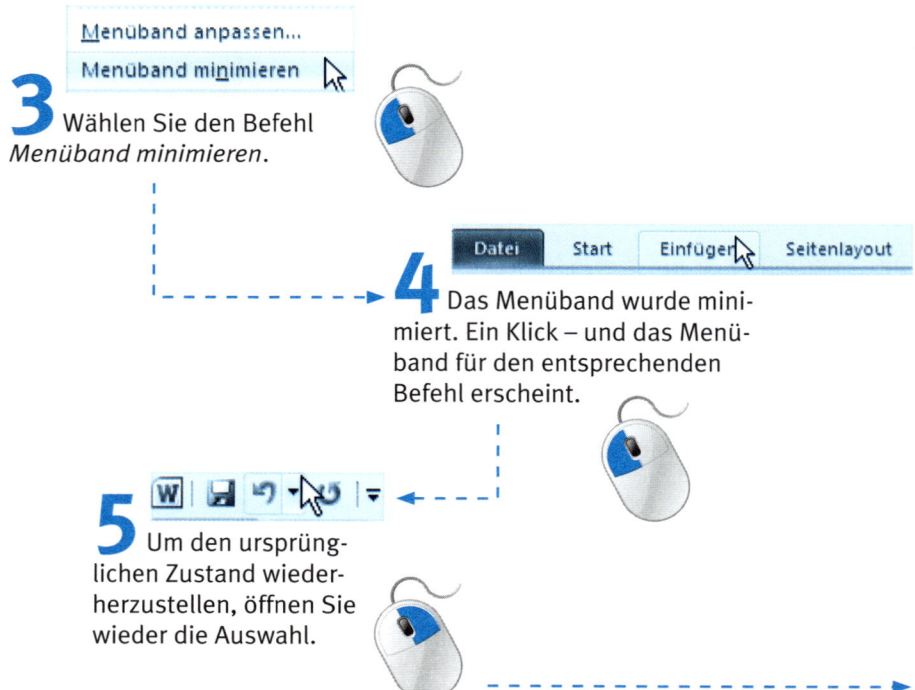

Menüband anpassen...

Menüband minimieren

3 Wählen Sie den Befehl
Menüband minimieren.

Datei   Start   Einfügen   Seitenlayout

4 Das Menüband wurde mini-
miert. Ein Klick – und das Menüband für den entsprechenden
Befehl erscheint.

5 Um den ursprüng-
lichen Zustand wieder-
herzustellen, öffnen Sie
wieder die Auswahl.

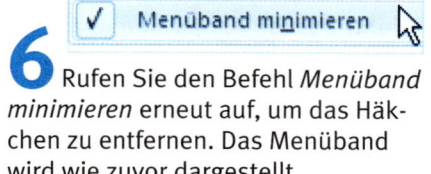

6 Rufen Sie den Befehl *Menüband minimieren* erneut auf, um das Häkchen zu entfernen. Das Menüband wird wie zuvor dargestellt.

Hinweis

Diese Befehle finden Sie in den Kapiteln:

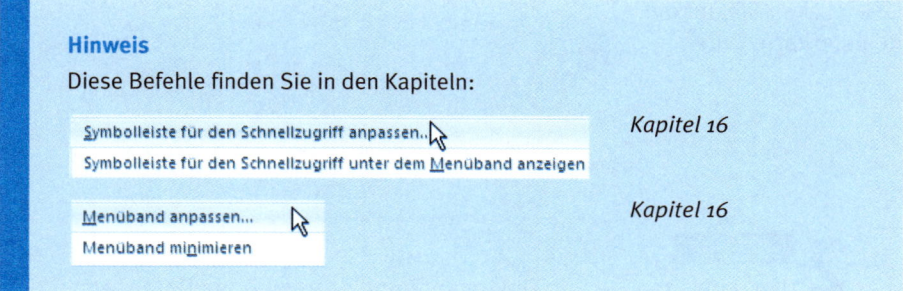

Kapitel 16

Kapitel 16

Sie haben noch eine weitere Möglichkeit, das Menüband zu reduzieren bzw. zu erweitern.

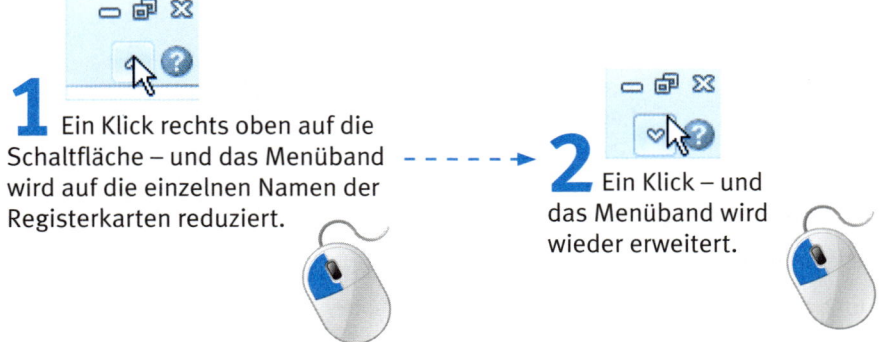

1 Ein Klick rechts oben auf die Schaltfläche – und das Menüband wird auf die einzelnen Namen der Registerkarten reduziert.

2 Ein Klick – und das Menüband wird wieder erweitert.

Hinweis

Klicken Sie auf die Schaltfläche *?* oder drücken die Taste [F1], öffnen Sie die Word-Hilfe. Wählen Sie das Thema aus, zu dem Sie Hilfe brauchen, oder tippen Sie einen Suchbegriff für das gewünschte Thema ein.

Die Registerkarte Datei

Das Menüband enthält die Befehle für die Arbeit **in** einem Dokument.

Die Befehle auf der Registerkarte *Datei* dienen für die Arbeit **mit** einem Dokument.

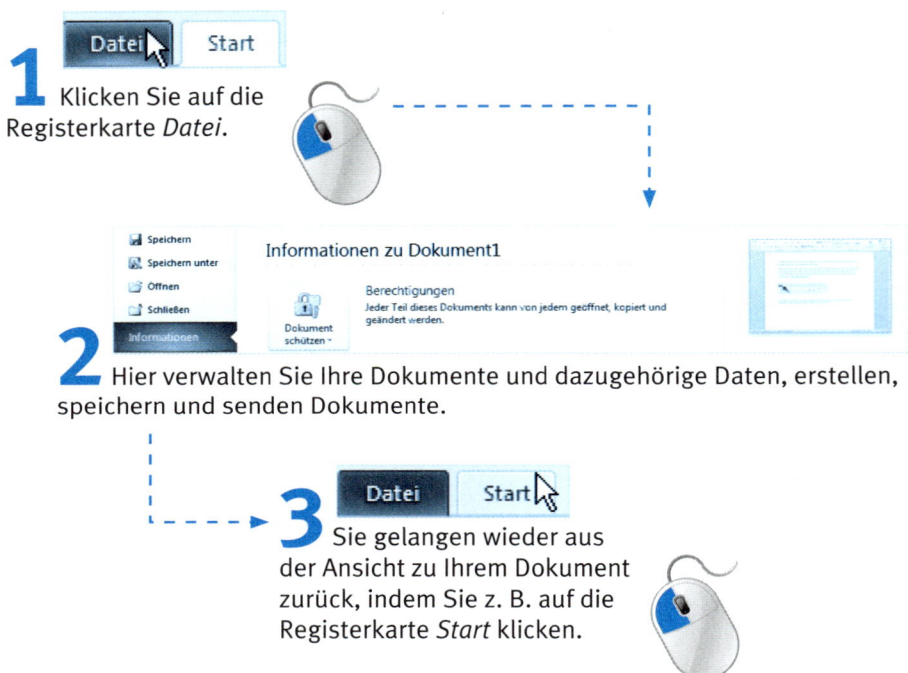

1 Klicken Sie auf die Registerkarte *Datei*.

2 Hier verwalten Sie Ihre Dokumente und dazugehörige Daten, erstellen, speichern und senden Dokumente.

3 Sie gelangen wieder aus der Ansicht zu Ihrem Dokument zurück, indem Sie z. B. auf die Registerkarte *Start* klicken.

Um die Ansicht der Registerkarte *Datei* zu verlassen, können Sie:

■ jede beliebige Registerkarte anklicken *oder*

■ noch mal auf die Registerkarte *Datei* klicken *oder*

■ die [Esc]-Taste drücken.

Die Ansichten

Auf der Registerkarte *Ansicht* haben Sie die Möglichkeit, zwischen den unterschiedlichen Darstellungen auf dem Bildschirm umzuschalten.

Fachwort

Layout = anderer Ausdruck für das »Aussehen« Ihres Dokuments. Dazu gehören die komplette Gestaltung durch die Anordnung einzelner Seitenelemente, die Wahl der Schriftart und Schriftgröße usw.

Geeignet für Sie als Einsteiger ist das *Seitenlayout*.

Sie befinden sich bereits im Seitenlayout, da diese Schaltfläche aktiviert ist. Bei dieser Ansicht wird das Dokument so angezeigt, wie es später gedruckt wird.

Als nächste Ansicht lernen Sie den Vollbild-Lesemodus kennen.

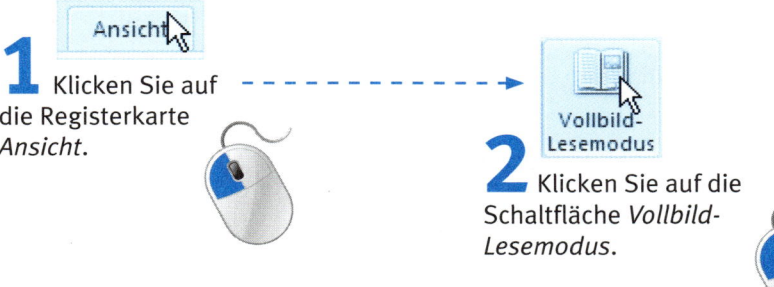

1 Klicken Sie auf die Registerkarte *Ansicht*.

2 Klicken Sie auf die Schaltfläche *Vollbild-Lesemodus*.

Das Dokument erscheint als Vollbild.

3 Schließen Sie den Vollbild-Lesemodus über die Schaltfläche *Schließen* oder drücken Sie die [Esc]-Taste.

Ferner haben Sie noch die Auswahl zwischen dem Weblayout, der Gliederung und dem Entwurf. Beim *Weblayout* wird das Dokument so angezeigt, wie es als Webseite aussehen würde. Bei der *Gliederung* können Sie die einzelnen Überschriften Ihres Dokuments gliedern, und die Ansicht *Entwurf* dient zum schnellen Schreiben, allerdings werden hier Elemente wie Kopf- und Fußzeilen, Seitenränder etc. nicht angezeigt.

Hinweis

Am unteren Bildschirmrand können Sie ebenfalls zwischen den einzelnen Ansichten hin- und herschalten.

Die Statusleiste

Die Statusleiste ganz un-
ten am Bildschirm infor-
miert Sie darüber, wo Sie sich gerade im Dokument mit der Einfügemarke befinden.

Zurzeit erkennen Sie dort, dass Sie sich auf der Seite 1 von insgesamt einer Seite des Dokuments befinden, dass die Rechtschreibung durchgeführt wird und Sie in Deutsch schreiben.

Über die weiteren Angaben in der Statusleiste erfahren Sie im Laufe des Buches mehr.

Sie können die Statusleiste mit weiteren Angaben ergänzen.

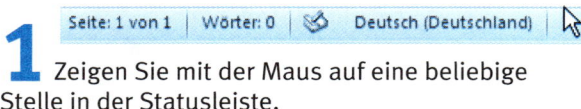

1 Zeigen Sie mit der Maus auf eine beliebige Stelle in der Statusleiste.

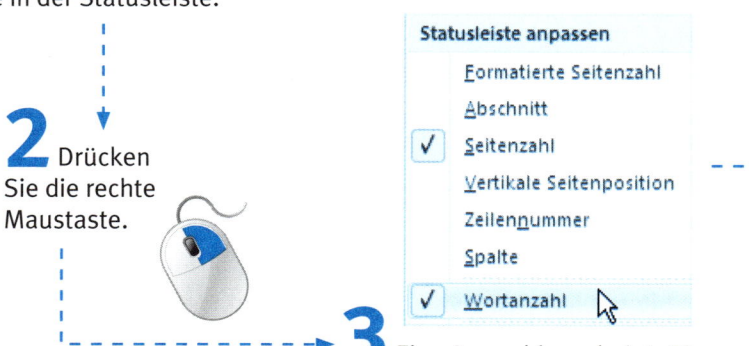

2 Drücken Sie die rechte Maustaste.

3 Eine Auswahl erscheint. Die Einträge mit dem Häkchen sind in der Statusleiste bereits aktiviert. Hier passen Sie jeweils die Statusleiste an, indem Sie ein Häkchen setzen bzw. ausblenden.

4 Schließen Sie die Auswahl, indem Sie mit der Maus beliebig in das Dokument klicken.

Hinweis

In der Statusleiste finden Sie auch den Zoom. Über den Zoom und seine Einstellungen erfahren Sie mehr im nächsten Kapitel.

Die Fenstermodi

Ein Fenster kann drei »Zustände« besitzen: Es kann

■ als »Vollbild« oder

■ »verkleinert« dargestellt oder

■ als »Symbol« in die Taskleiste von Windows platziert werden.

Fachwort

Als *Taskleiste* wird die unterste Bildschirmleiste bezeichnet. Sie können mit mehreren Programmen wie Word oder Excel arbeiten und über die Taskleiste hin- und herschalten.

1 Klicken Sie in der Word-Titelleiste auf die Schaltfläche *Minimieren*.

2 Das Dokument erscheint in der *Taskleiste* am unteren Windows-Bildschirmrand. Klicken Sie auf das *Word-Symbol* in der Taskleiste.

Tipp

Bewegen Sie den Mauszeiger auf das *Word-Symbol*, erscheint ein kleines Bild Ihres Dokuments. Klicken Sie darauf, erscheint das Dokument wieder als Vollbild. So können Sie – wenn Sie später mit mehreren Dokumenten arbeiten – zwischen den einzelnen Dokumenten schnell wechseln.

3 Das Programm Word 2010 erscheint als *Vollbild*.

4 Klicken Sie im Vollbildmodus auf die Schaltfläche *Verkleinern*. Word 2010 erscheint als verkleinertes Arbeitsfenster auf dem Bildschirm.

5 Klicken Sie im verkleinerten Modus auf die Schaltfläche *Maximieren*. Das Programm Word 2010 erscheint wieder als *Vollbild*.

Hinweis

Mit einem Klick der linken Maustaste auf das obere Kreuz (X), die Schaltfläche *Schließen*, beenden Sie das Programm Word, wenn Sie nur ein Dokument am Bildschirm geöffnet haben.

Sie können in Word mit mehreren Dokumenten gleichzeitig arbeiten. Die Schaltfläche *Schließen* (X) schließt das jeweilige Dokument, beendet Word aber nicht.

Mit einem Doppelklick auf das *Word-Symbol* ganz links in der Titelleiste schließen Sie ebenfalls ein Dokument auf dem Bildschirm.

Hinweis

Schließen Sie das Dokument nicht, führen Sie die Übungen durch und machen Sie gleich mit *Kapitel 2* weiter. Dort erfahren Sie genauer, wie Word 2010 beendet wird.

Tipps zum Kapitel

Die Tipps runden das Kapitel ab. Nehmen Sie sich noch die Zeit dafür, um Ihr Wissen zu erweitern.

Tasten und Tastenkombinationen

Wenn Sie – aus welchen Grün- 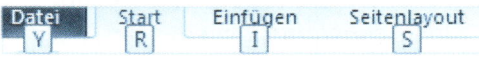 den auch immer – lieber nur mit der Tastatur arbeiten möchten, können Sie auch die ⌨Alt⌨-Taste drücken. Es erscheinen dann Zeichen für Tasten und Tastenkombinationen, mit denen Sie die Befehle ausführen können, ohne mit der Maus zu arbeiten. Ein beliebiger Klick ins Dokument oder ein Druck auf ⌨Esc⌨ hebt diese Anzeige wieder auf.

> **Fachwort**
>
> Bei einer *Tastenkombination* drücken Sie die eine Taste, halten sie nieder und drücken dann die andere. Entsprechend wird ein Befehl ausgeführt.

Mit der Tastenkombination `Windowstaste`+`M` reduzieren Sie sämtliche geöffnete Fenster zu einzelnen Symbolen in der Taskleiste.

Üben Sie mit Word 2010!

Üben Sie zum Schluss des Kapitels noch einmal mit Word. Können Sie eine Übung nicht ausführen, sollten Sie die entsprechende Stelle in diesem Kapitel noch einmal durchgehen.

Frage

In Word bezeichnet man die Seiten, die Sie bearbeiten, als ein ...?

Übungen

Üben Sie noch einmal, Schaltflächen in der *Symbolleiste für den Schnellzugriff* anzupassen und die Angaben in der *Statusleise* zu verändern. Diese Wege werden Sie im Laufe des Buches häufiger durchführen.

1. Wählen Sie in der *Symbolleiste für den Schnellzugriff* den Befehl *Schnelldruck* aus.

2. Entfernen Sie die Schaltfläche für den *Schnelldruck* wieder aus der *Symbolleiste für den Schnellzugriff*.

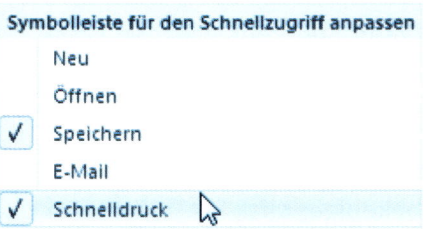

3. Legen Sie die Schaltfläche *Neu* in der *Symbolleiste für den Schnellzugriff* an. So können Sie später für die jeweiligen Übungen ein neues Dokument anlegen.

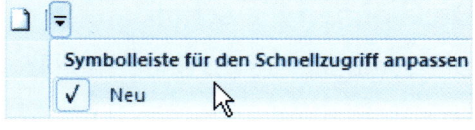

4. Blenden Sie über die *Statusleiste* die Anzeige der *Zeilennummer* ein und wieder aus.

Das können Sie schon

Das lernen Sie neu

Kapitel 2

Erste Eingaben in Word

Formatierungssymbole helfen Ihnen – besonders Ihnen als Word 2010-Anfänger – bei der Eingabe und zeigen an, welche Taste Sie auf Ihrer Tastatur gedrückt haben.

Sie können die Ansicht auf Ihrem Bildschirm mithilfe des Zooms individuell vergrößern oder auch verkleinern. Welche Auswahl Sie hier treffen, bleibt Ihnen überlassen.

Und wer ein Programm starten kann, sollte auch wissen, wie es zu beenden ist. Dazu gibt es mehrere Möglichkeiten.

Was sind Formatierungssymbole?

Aus Gründen der Einheitlichkeit arbeiten Sie in diesem Buch im *Seitenlayout*, das erfahrungsgemäß für den Einsteiger am besten geeignet ist (siehe auch *Kapitel 1* unter *»Ansichten«*).

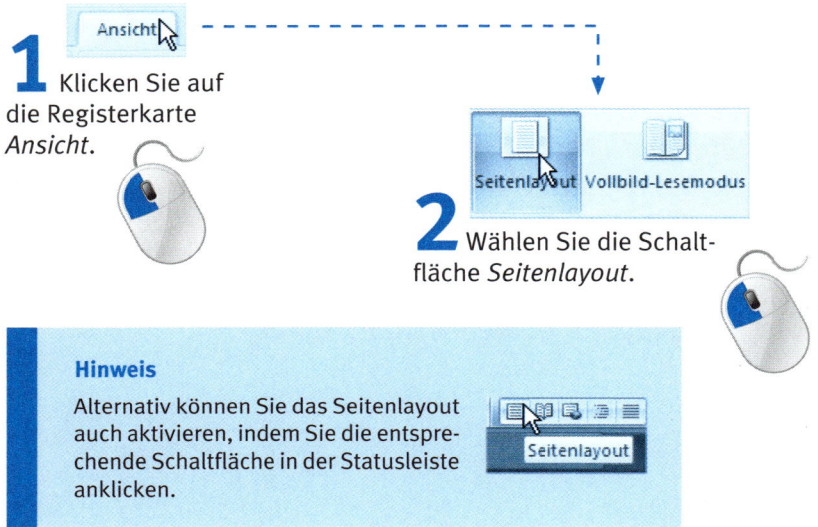

1 Klicken Sie auf die Registerkarte *Ansicht*.

2 Wählen Sie die Schaltfläche *Seitenlayout*.

Hinweis

Alternativ können Sie das Seitenlayout auch aktivieren, indem Sie die entsprechende Schaltfläche in der Statusleiste anklicken.

Die Formatierungssymbole

Mit einer Schaltfläche lassen sich die sogenannten *Formatierungssymbole* anzeigen. Diese entstehen beispielsweise durch Drücken der ⌈Leer⌉- oder ⌈↵⌉-Taste.

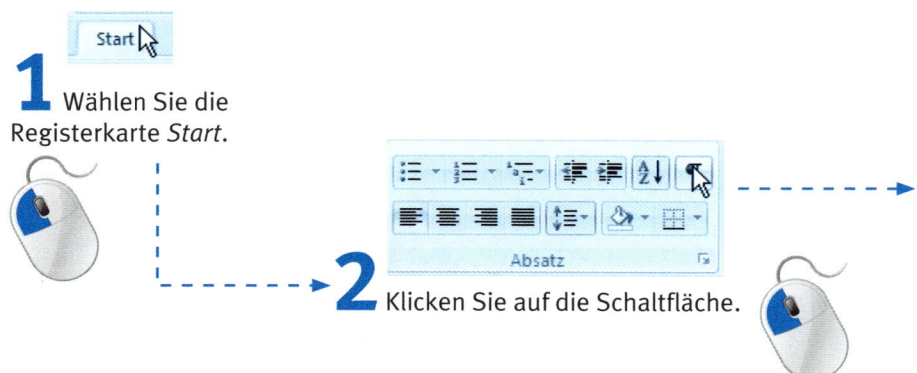

1 Wählen Sie die Registerkarte *Start*.

2 Klicken Sie auf die Schaltfläche.

3 Tippen Sie den Text ein.

Achtung

Sollten die Punkte zwischen den Wörtern nicht angezeigt werden, klicken Sie noch einmal auf die Schaltfläche ¶.

Achtung: Ein Punkt ist kein Punkt!

Im Text sehen Sie zwischen den geschriebenen Wörtern Punkte. Diese sind keineswegs mit dem »normalen« Punkt zu vergleichen. Sie werden später *nicht mit ausgedruckt*, sondern sind nur auf dem Bildschirm erkennbar.

Tipp

Auf den nachfolgenden Seiten des Buches erkennen Sie anhand der aktivierten Formatierungssymbole genau, wann welche Taste wie die ⏎- oder Leer-Taste gedrückt wird.

Die Zeichen haben den Vorteil, dass Sie genau erkennen, was im Text gemacht wurde. Daher wird in diesem Buch häufig mit den Formatierungssymbolen gearbeitet. So können Sie besser nachvollziehen, wie was geschrieben wurde.

Wurden aus Versehen zwei Leerzeichen eingefügt, fällt es ohne diese Funktion mitunter schwer, dies zu erkennen.

Haben Sie dagegen die Schaltfläche ¶ aktiviert, sehen Sie den Fehler sofort.

Mit Formatierungssymbolen	Ohne Formatierungssymbole
Der·erste···Text¶	Der erste Text

In die nächste Zeile gelangen Sie, indem Sie die ⏎-Taste drücken.

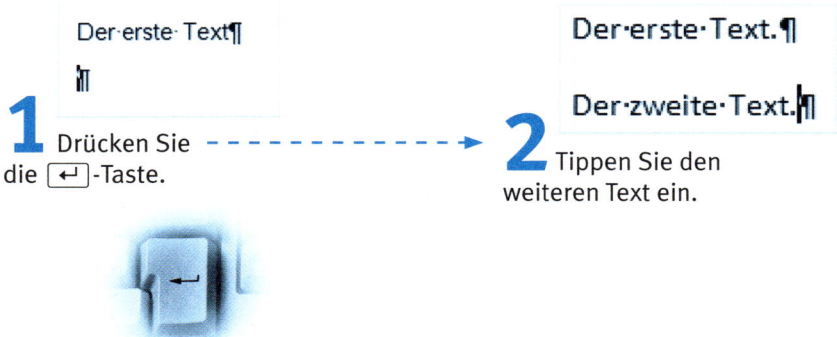

1 Drücken Sie
die ⏎ -Taste.

2 Tippen Sie den
weiteren Text ein.

Auf dem Bildschirm erkennen Sie dieses etwas seltsam aussehende Zeichen: für Word eine *Absatzmarke*. Für Word gehören alle Sätze bis zu diesem Zeichen zu einem Absatz.

¶

Dem Anfänger fällt es erfahrungsgemäß schwer, sich an die Zeichen zu gewöhnen. Sie sollten sie trotzdem aktiviert lassen. So erkennen Sie stets, welche Taste in einem Text gedrückt wurde.

Die Zoomfunktion

Sie können die Ansicht auf Ihrem Bildschirm mithilfe des *Zooms* individuell *vergrößern* oder auch *verkleinern*. Wichtig dabei ist: Die Schriftgröße ändert sich nicht bei einem späteren Ausdruck. Die Funktion dient nur zur besseren Darstellung auf dem Bildschirm. Betrachten Sie es wie beim Zoom eines Fotoapparats oder Fernglases. Damit können Sie ein Motiv näher heranholen, das Motiv selbst ändert seine tatsächliche Größe in Wirklichkeit jedoch nicht.

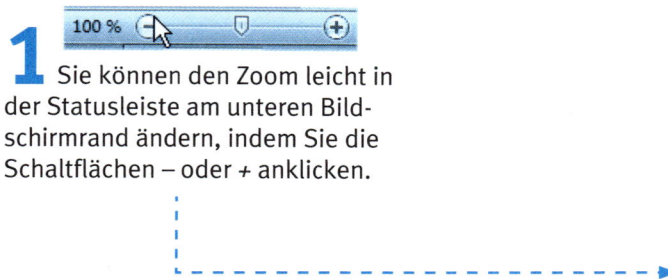

1 Sie können den Zoom leicht in der Statusleiste am unteren Bildschirmrand ändern, indem Sie die Schaltflächen – oder + anklicken.

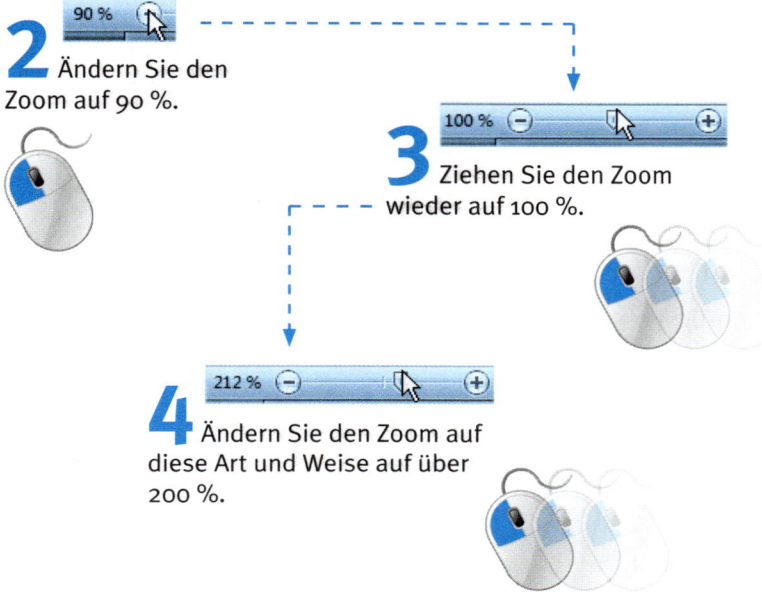

2 Ändern Sie den Zoom auf 90 %.

3 Ziehen Sie den Zoom wieder auf 100 %.

4 Ändern Sie den Zoom auf diese Art und Weise auf über 200 %.

Sie erkennen bei jeder Zoomeinstellung die Änderung der Ansicht auf Ihrem Bildschirm.

Auf diese Art und Weise stellen Sie den Zoom nach Ihren Bedürfnissen ein. Eine weitere Möglichkeit, um den Zoom einzustellen, finden Sie unter der Registerkarte *Ansicht*.

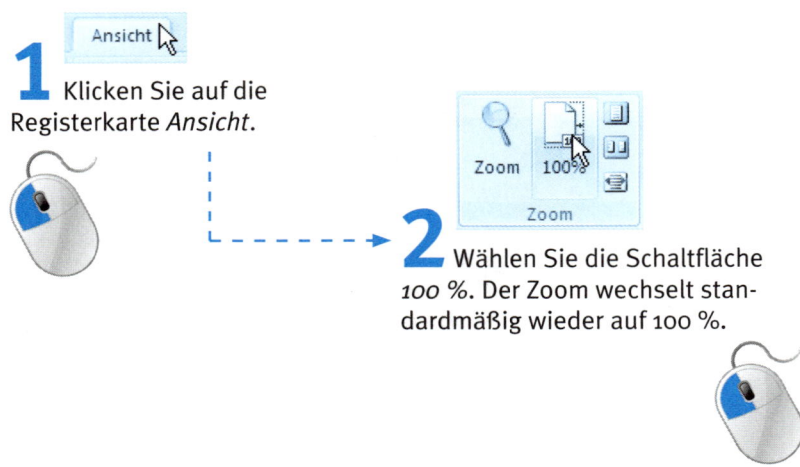

1 Klicken Sie auf die Registerkarte *Ansicht*.

2 Wählen Sie die Schaltfläche *100 %*. Der Zoom wechselt standardmäßig wieder auf 100 %.

Über die Schaltfläche *Zoom* erhalten Sie eine Alternative. Sie öffnen dadurch ein Dialogfeld, in dem Sie Ihre Zoomeinstellungen vornehmen können. Sie können hier die Einstellung bei *Prozent* sehr genau festlegen.

Daneben stehen Ihnen noch drei weitere Schaltflächen zur Verfügung. Sie können hier ebenfalls den Zoom auf eine ganze Seite oder auf zwei Seiten festlegen oder die Breite der Seite an die Breite des Fensters anpassen.

Sie müssen natürlich selbst entscheiden, mit welcher Zoomeinstellung Sie arbeiten möchten.
Der einfachste Weg, den Zoom festzulegen, ist sicherlich der über die Leiste am unteren Bildschirmrand.

> **Tipp**
>
> Drücken Sie die ⌈Strg⌉-Taste nieder und bewegen das **Mausrad**, können Sie den Zoom schnell stufenlos einstellen.

Word beenden

Über die Registerkarte *Datei* führen Sie Befehle wie *Beenden* mit der linken Maustaste durch.

Der Eintrag *Beenden* befindet sich immer ganz unten im geöffneten Menü.

1 Klicken Sie auf *Datei*.

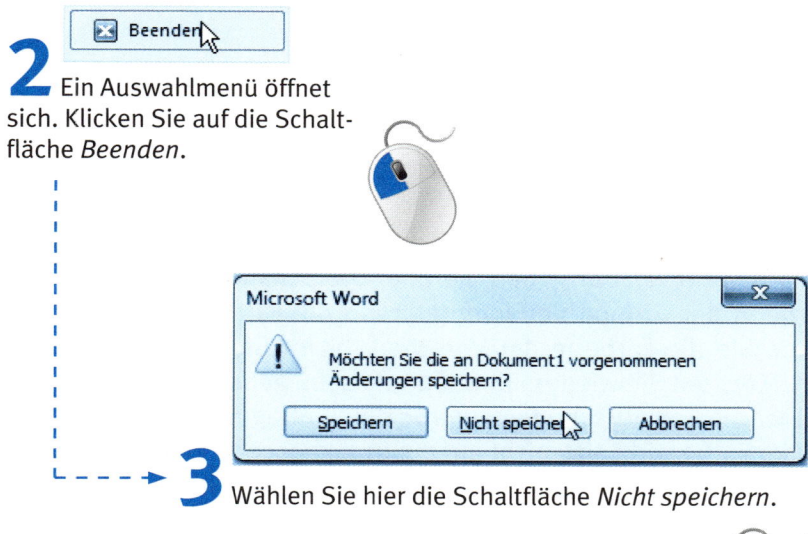

2 Ein Auswahlmenü öffnet sich. Klicken Sie auf die Schaltfläche *Beenden*.

3 Wählen Sie hier die Schaltfläche *Nicht speichern*.

Da Sie noch nichts von großer Bedeutung eingegeben haben, ist eine *Speicherung* (= Aufbewahrung von Daten) zurzeit nicht notwendig. Mehr zum Thema Speichern erfahren Sie in *Kapitel 5 »Speichern und Drucken«*!

Würden Sie die Schaltfläche *Abbrechen* anklicken, kämen Sie wieder zu Word zurück, so als wäre nichts geschehen!

Tipps zum Kapitel

Die Tipps runden das Kapitel ab. Nehmen Sie sich noch die Zeit dafür, um Ihr Wissen zu erweitern.

Seitenfarbe auswählen

Die Seite Ihres Dokuments können Sie einfärben. Auf der Registerkarte *Seitenlayout* geben Sie über die Schaltfläche *Seitenfarbe* in der Gruppe *Seitenhintergrund* die Farbe an. Überprüfen Sie die Farbe in der Vorschau, bevor Sie eine festlegen. Möchten Sie wieder »farbneutral« sein, geben Sie einfach über die Schaltfläche *Seitenfarbe* den Eintrag *Keine Farbe* an. Die Auswahl der Farbe wirkt sich nicht auf die Druckausgabe aus.

Word schneller beenden

1. Sie können Word auch über die Tastatur beenden, indem Sie die ⌈Alt⌉-Taste zusammen mit der ⌈F4⌉-Taste drücken.

2. Sie können die Schaltfläche *Beenden* in die *Symbolleiste für den Schnellzugriff* platzieren. Beachten Sie dazu *Kapitel 16 »Word 2010 – nur für Sie!«*.

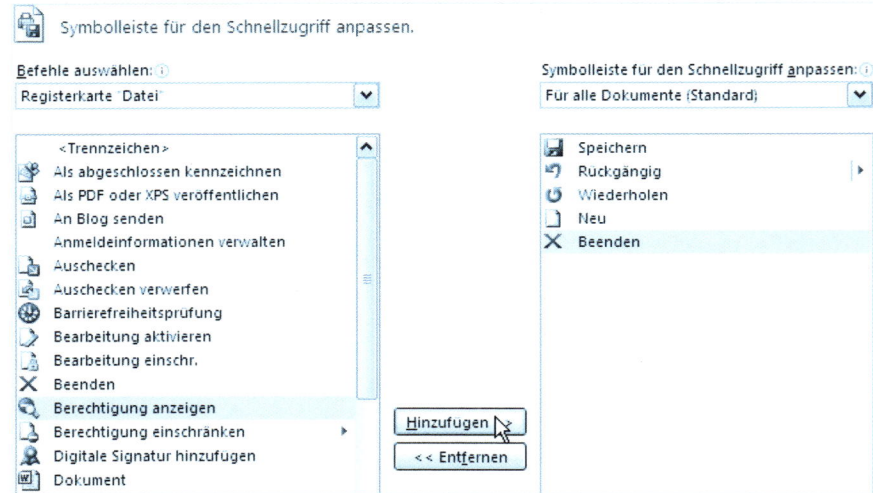

Üben Sie mit Word 2010!

Versuchen Sie anhand des Kreuzworträtsels, die richtigen Antworten zu finden.

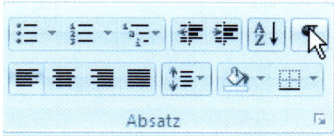

(1) Mithilfe dieser Schaltfläche blenden Sie die ... ein.

(2) Drücken Sie die ⏎-Taste, wird eine ... gesetzt.

(3) Durch Drücken der ...

(4) ... erzeugen Sie ... Das sind die Abstände zwischen den einzelnen Wörtern.

		1	F	O				E				S			O	E	
2		B	S		Z	M		E									
						3		E			T	E					
						4		E	E	Z				N			

Übungen zum Zoom

Schreiben Sie einen beliebigen Text.

1. Ändern Sie den Zoom auf 25 % um.

2. Ändern Sie den Zoom auf 100 %.

3. Ändern Sie den Zoom auf 92 %.

4. Wählen Sie nun Ihre bevorzugte persönliche Zoomeinstellung aus.

Kapitel 3

Texte schnell prüfen

Rechtschreibhilfe, Grammatik, Thesaurus, Übersetzen und Silben-
trennung gehören zu den Funktionen von Word.
Machen Sie gelegentlich Feller – oh, Verzeihung – Fehler?
Wie der Lehrer in der Schule unterstreicht Word Fehler rot. Wörter
sollten auch richtig getrennt sein. Hier kommt die Silbentrennung
zum Einsatz. Und wenn Sie Ihren Text in eine andere Sprache über-
setzen möchten, kein Problem: »You can translate it with Word.«

Fehler über die Tastatur schnell korrigieren

Schreiben Sie in den nächsten Schritten ein Wort absichtlich falsch.

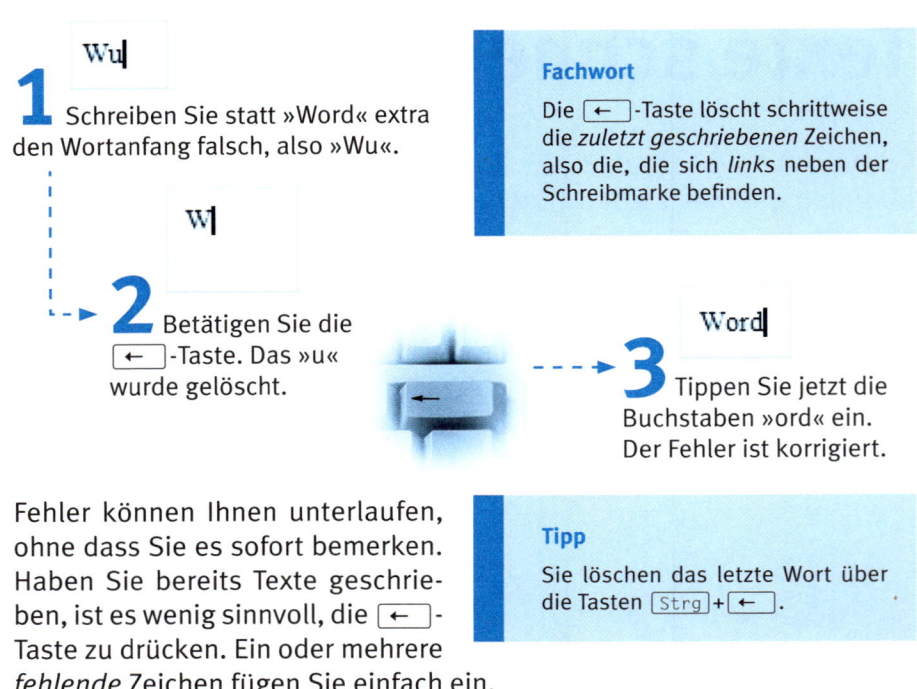

1 Schreiben Sie statt »Word« extra den Wortanfang falsch, also »Wu«.

2 Betätigen Sie die ←-Taste. Das »u« wurde gelöscht.

3 Tippen Sie jetzt die Buchstaben »ord« ein. Der Fehler ist korrigiert.

Fachwort

Die ←-Taste löscht schrittweise die *zuletzt geschriebenen* Zeichen, also die, die sich *links* neben der Schreibmarke befinden.

Fehler können Ihnen unterlaufen, ohne dass Sie es sofort bemerken. Haben Sie bereits Texte geschrieben, ist es wenig sinnvoll, die ←-Taste zu drücken. Ein oder mehrere *fehlende* Zeichen fügen Sie einfach ein.

Tipp

Sie löschen das letzte Wort über die Tasten Strg+←.

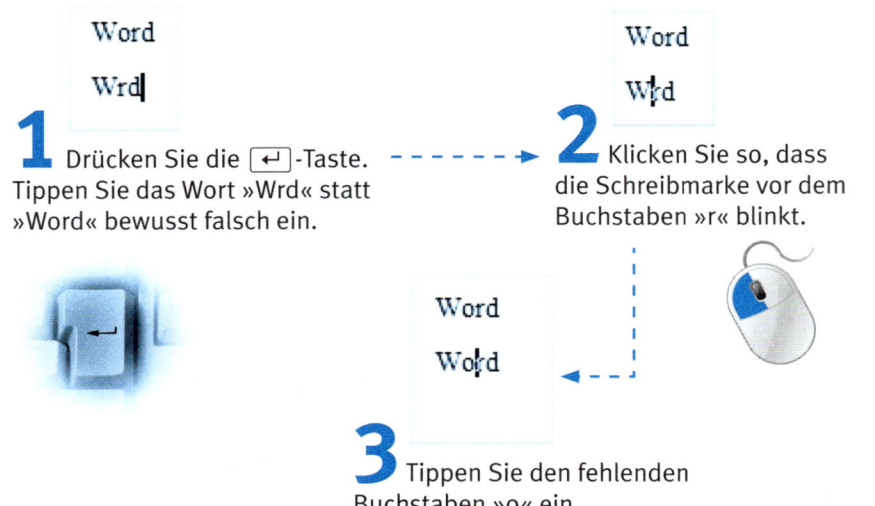

1 Drücken Sie die ↵-Taste. Tippen Sie das Wort »Wrd« statt »Word« bewusst falsch ein.

2 Klicken Sie so, dass die Schreibmarke vor dem Buchstaben »r« blinkt.

3 Tippen Sie den fehlenden Buchstaben »o« ein.

Word fügt Zeichen automatisch ein. Sie können aber auch einen Fehler korrigieren, indem Sie einen Buchstaben durch einen anderen *ersetzen*. Dazu müssen Sie den Überschreibmodus in der Statusleiste (unten am Bildschirm) einblenden.

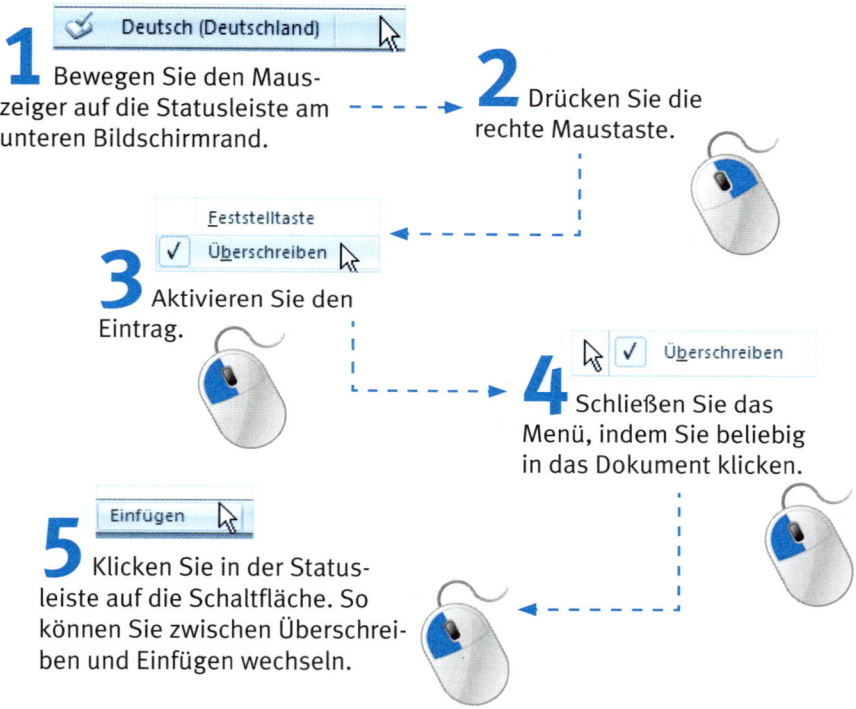

1 Bewegen Sie den Maus-zeiger auf die Statusleiste am unteren Bildschirmrand.

2 Drücken Sie die rechte Maustaste.

3 Aktivieren Sie den Eintrag.

4 Schließen Sie das Menü, indem Sie beliebig in das Dokument klicken.

5 Klicken Sie in der Status-leiste auf die Schaltfläche. So können Sie zwischen Überschrei-ben und Einfügen wechseln.

Um falsche Zeichen mit den korrekten zu *überschreiben*, benötigen Sie den *Überschreibmodus*. Achten Sie also darauf, dass in der Statusleiste der Eintrag *Überschreiben* angezeigt ist.

1 Drücken Sie die ⏎-Taste. Schreiben Sie das Wort »Wurd«.

2 Klicken Sie vor das falsche »u«.

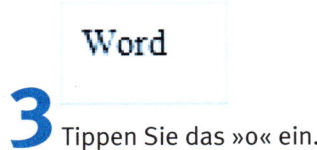

3 Tippen Sie das »o« ein.

Die Rechtschreibhilfe

In Word haben Sie die Möglichkeit, die Rechtschreibung während oder nach einer Eingabe zu überprüfen.

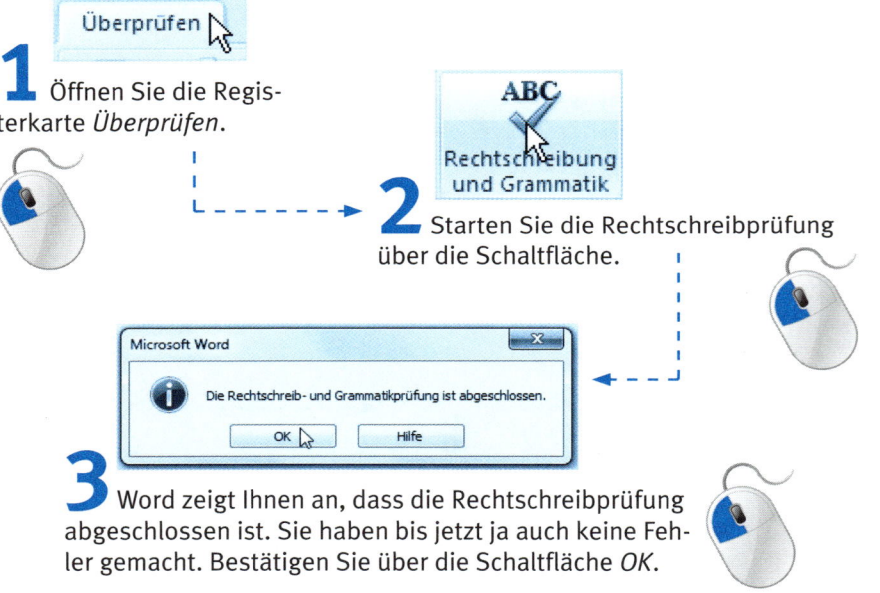

1 Öffnen Sie die Registerkarte *Überprüfen*.

2 Starten Sie die Rechtschreibprüfung über die Schaltfläche.

3 Word zeigt Ihnen an, dass die Rechtschreibprüfung abgeschlossen ist. Sie haben bis jetzt ja auch keine Fehler gemacht. Bestätigen Sie über die Schaltfläche *OK*.

Wörter, die Sie falsch geschrieben haben bzw. die das Programm nicht kennt, unterstreicht Word automatisch mit einer Wellenlinie, sobald Sie die `Leer`- oder `⏎`-Taste am Ende eines Wortes drücken.

Hinweis

Dass eine Rechtschreibprüfung während der Eingabe stattfindet, erkennen Sie am entsprechenden Symbol in der *Statusleiste* unten.

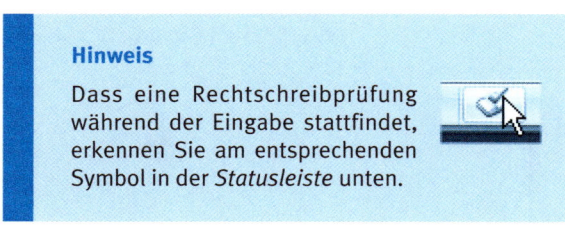

1 Drücken Sie
die ⏎-Taste.

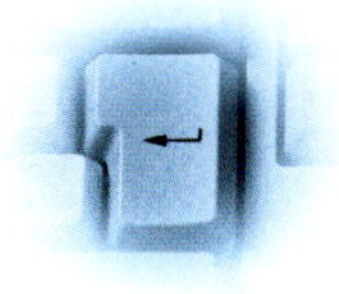

Kazen möken Mäuse.|

2 Schreiben Sie den Satz »Katzen
mögen Mäuse.« absichtlich falsch.

Die »roten Wellenlinien« werden nicht mit ausgedruckt. Sie sind lediglich
ein Hinweis darauf, dass die Wörter für Word 2010 *falsch* sind.

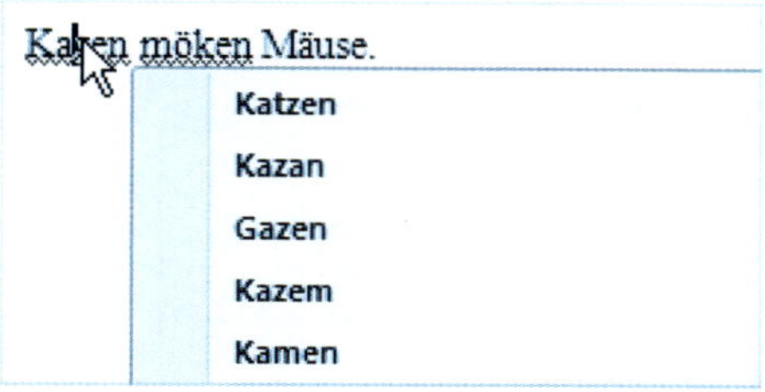

Kazen möken Mäuse.

| Katzen |
| Kazan |
| Gazen |
| Kazem |
| Kamen |

1 Klicken Sie in das Wort »Kazen«.

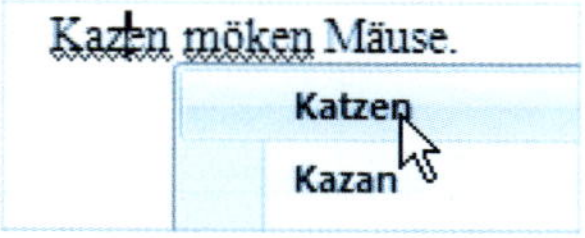

Kazen möken Mäuse.

Katzen
Kazan

2 Drücken Sie die rechte
Maustaste, öffnet sich ein
Kontextmenü. Word unterbrei-
tet Lösungsvorschläge, unter
denen Sie wählen können.

Fachwort

Der Name *Kontextmenü* besagt,
dass die Zusammenstellung
der einzelnen Menüpunkte davon abhängig ist, was Sie gerade machen, wenn Sie die rechte
Maustaste drücken.

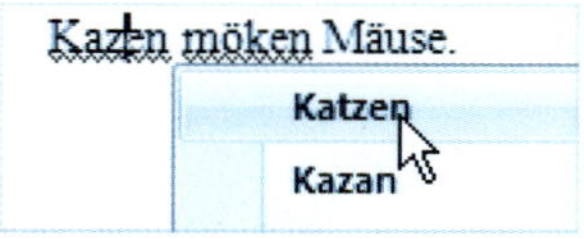

Kazen möken Mäuse.

Katzen
Kazan

3 Klicken Sie auf den
Eintrag *Katzen*. Das falsch
geschrieben Wort wird durch
den Eintrag *Katzen* ersetzt.

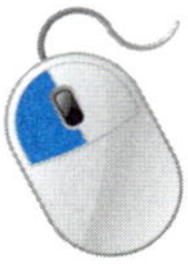

Aktivieren Sie auf der Registerkarte *Überprüfen* die Schaltfläche
*Rechtschreibung und Gramma-
tik*, gelangen Sie zum Dialogfeld
Rechtschreibung und Grammatik.

Hinweis

Die Rechtschreibprüfung starten
Sie ebenfalls über die Taste F7 .

1 Klicken Sie nun auf die
Schaltfläche *Rechtschreibung
und Grammatik*.

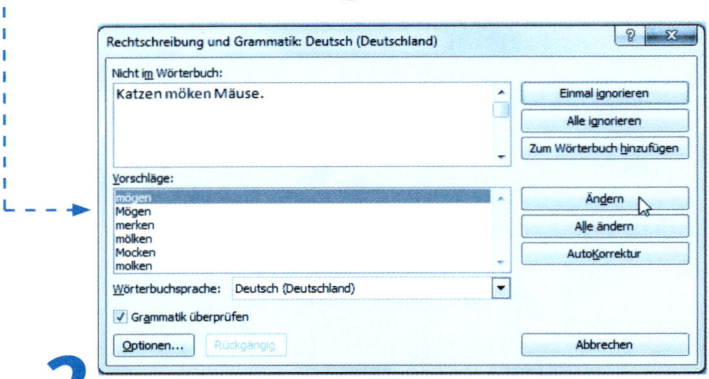

2 Das Dialogfeld *Rechtschreibung und Grammatik* wird
geöffnet. Genau wie zuvor können Sie hier den jeweils als
falsch markierten Begriff durch Auswahl eines passenden
Eintrags in der Vorschlagliste auswählen oder die Korrektur
selbst eintippen. Klicken Sie auf die Schaltfläche *Ändern*.

3 Bestätigen Sie über die Schaltfläche *OK*.

Über beide Wege können Sie schnell Wörter überprüfen und korrigieren.

> **Hinweis**
>
> Klicken Sie in der *Statusleiste* auf die *Rechtschreibprüfung*, zeigt Ihnen Word die Fehler im Dokument an. Klicken Sie die Schaltfläche noch einmal an, springt Word zum jeweils nächsten Fehler.

Unbekannte Wörter für Word

Für Word können Wörter falsch sein, die für Sie selbst völlig korrekt geschrieben sind. Das können Eigennamen wie Ihr Nachname, Wohnort oder Straßennamen sein.

Word 2010 verfügt zwar über einen großen Wortschatz, aber jeden Ausdruck kann die Software nicht kennen.

1 Drücken Sie die ⏎-Taste.

Mein Name ist Horst Krawunski.

2 Schreiben Sie den Satz. Sie sehen, Word 2010 kennt den Nachnamen nicht. Die Software reklamiert den Ausdruck, da er ein *unbekannter Eigenname* ist.

Klicken Sie nun in das unterstrichene Wort und öffnen mit der rechten Maustaste das Kontextmenü, haben Sie die Wahl zwischen *Ignorieren*, *Alle ignorieren* oder *Hinzufügen zum Wörterbuch*.

Wählen Sie *Ignorieren*, wird nur der Ausdruck einmalig nicht als Fehler angesehen.

Mit dem nächsten Befehl *Alle ignorieren* teilen Sie Word mit, dass der Name korrekt ist und für diesen Brief (= dieses Dokument) nicht mehr als falsch aufgeführt werden soll.

Ignorieren

Alle ignorieren

Hinzufügen zum Wörterbuch

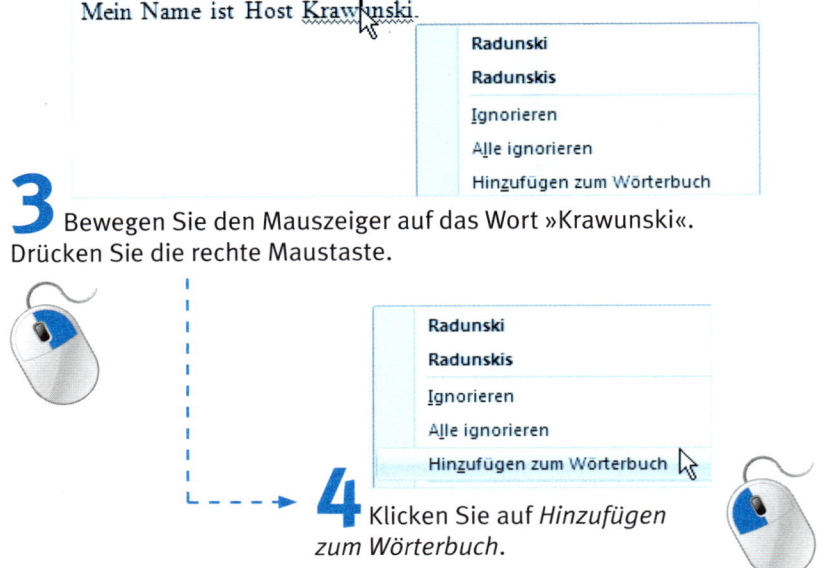

3 Bewegen Sie den Mauszeiger auf das Wort »Krawunski«. Drücken Sie die rechte Maustaste.

4 Klicken Sie auf *Hinzufügen zum Wörterbuch*.

Mit der Wahl *Hinzufügen zum Wörterbuch* geben Sie an, dass der Name *für immer* von Word als korrekt anerkannt werden soll. Das bedeutet, er gilt nicht nur für diesen Brief (= dieses Dokument), sondern auch für zukünftige Dokumente, die Sie noch schreiben werden.

Das Wörterbuch

Wählen Sie bei einem unbekannten Ausdruck versehentlich den Befehl *Hinzufügen zum Wörterbuch*, wird dieser von Word für immer als korrekt erkannt! Sie löschen oder ändern diese Begriffe über das Wörterbuch. Dazu können Sie das Dialogfeld *Rechtschreibung und Grammatik* verwenden, indem Sie hier die Schaltfläche *Optionen* wählen (oder Registerkarte *Datei/Optionen/Dokumentprüfung*). Klicken Sie auf die Schaltfläche *Benutzerwörterbücher*. Im darauf folgenden Dialogfeld wird angezeigt, welches Benutzerwörterbuch aktiviert ist. Wählen Sie die Schaltfläche *Wortliste bearbeiten*. Hier können Sie Wörter aus dem Wörterbuch löschen oder auch hinzufügen.

Hinweis

Über die Registerkarte *Überprüfen* können Sie die Sprachoptionen ändern. Sie können hier die Sprache für die Bearbeitung und Korrekturhilfen (Rechtschreibung und Grammatik) festlegen.

Sprache

Die Silbentrennung

Durch die Funktion *Silbentrennung* (besonders nützlich bei sehr langen Begriffen) werden Wörter am Ende einer Zeile getrennt.

> Mein Vater nahm mich als Kind immer gerne mit zur Arbeit. Mein Vater ist Schifffahrtslotsenausbilder.|

1 Schreiben Sie den Satz. Sie erkennen, dass Word das Wort »Schifffahrtslotsenausbilder« automatisch in die nächste Zeile setzt.

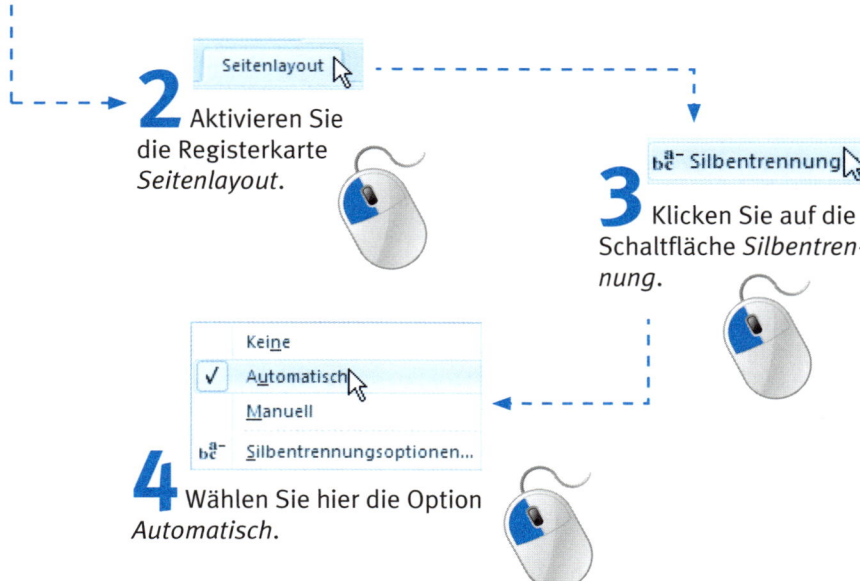

2 Aktivieren Sie die Registerkarte *Seitenlayout*.

3 Klicken Sie auf die Schaltfläche *Silbentrennung*.

4 Wählen Sie hier die Option *Automatisch*.

Sie sehen, dass Word die Silbentrennung im Satz automatisch durchführt.

> Mein Vater nahm mich als Kind immer gerne mit zur Arbeit. Mein Vater ist Schifffahrtslotsenausbil-
> der.

Die Silbentrennungsoptionen

Über die Silbentrennungsoptionen können Sie eine Silbentrennung genauer angeben.

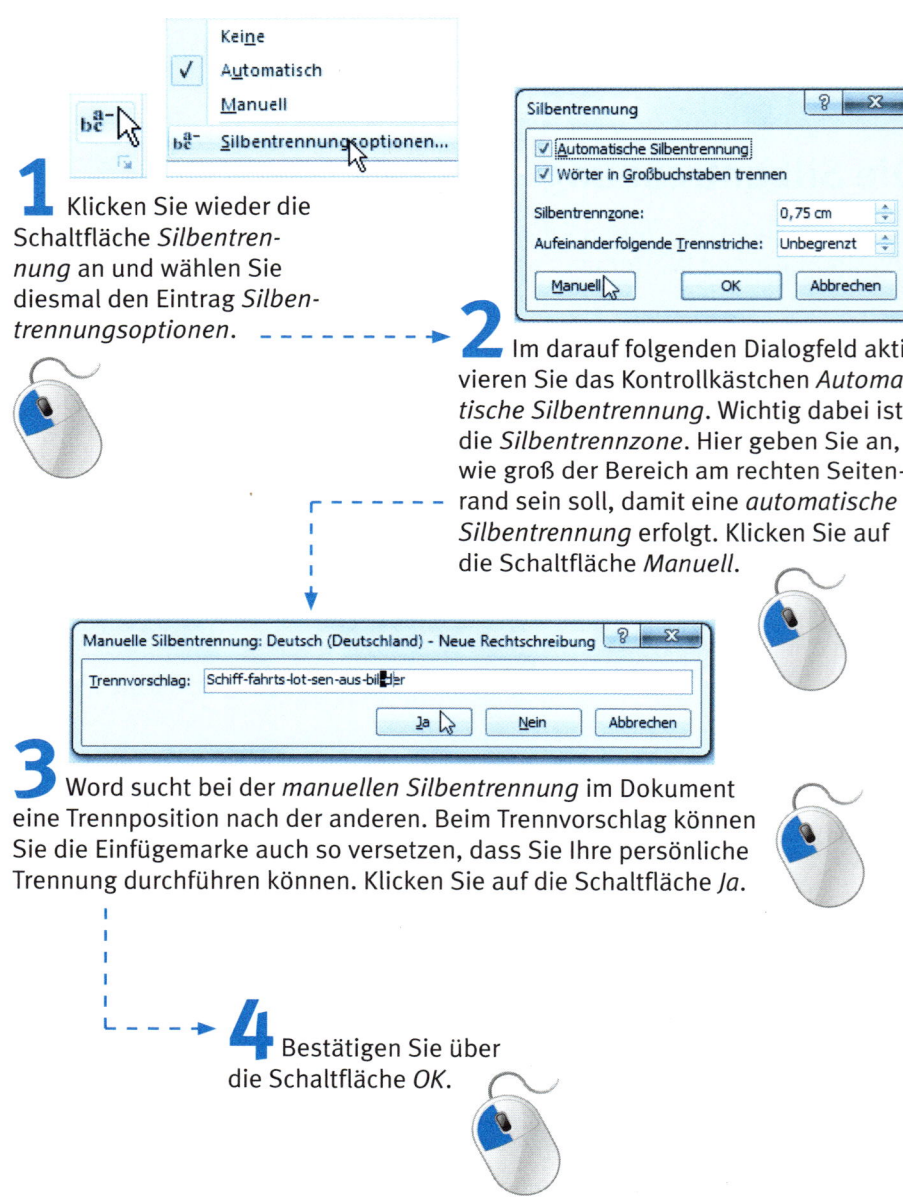

1 Klicken Sie wieder die Schaltfläche *Silbentrennung* an und wählen Sie diesmal den Eintrag *Silbentrennungsoptionen*.

2 Im darauf folgenden Dialogfeld aktivieren Sie das Kontrollkästchen *Automatische Silbentrennung*. Wichtig dabei ist die *Silbentrennzone*. Hier geben Sie an, wie groß der Bereich am rechten Seitenrand sein soll, damit eine *automatische Silbentrennung* erfolgt. Klicken Sie auf die Schaltfläche *Manuell*.

3 Word sucht bei der *manuellen Silbentrennung* im Dokument eine Trennposition nach der anderen. Beim Trennvorschlag können Sie die Einfügemarke auch so versetzen, dass Sie Ihre persönliche Trennung durchführen können. Klicken Sie auf die Schaltfläche *Ja*.

4 Bestätigen Sie über die Schaltfläche *OK*.

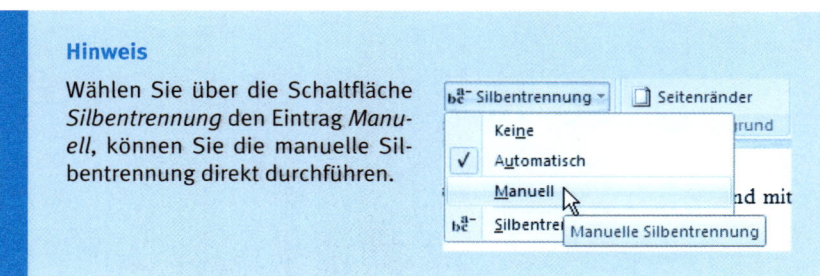

Hinweis

Wählen Sie über die Schaltfläche *Silbentrennung* den Eintrag *Manuell*, können Sie die manuelle Silbentrennung direkt durchführen.

Die Funktion Übersetzen

Word bietet Ihnen die Möglichkeit, eine Sprache in eine andere zu übersetzen. Dabei sind die Möglichkeiten allerdings begrenzt! Komfortabler ist da natürlich ein Übersetzungsprogramm als Vollversion, das im Handel zu erwerben ist.

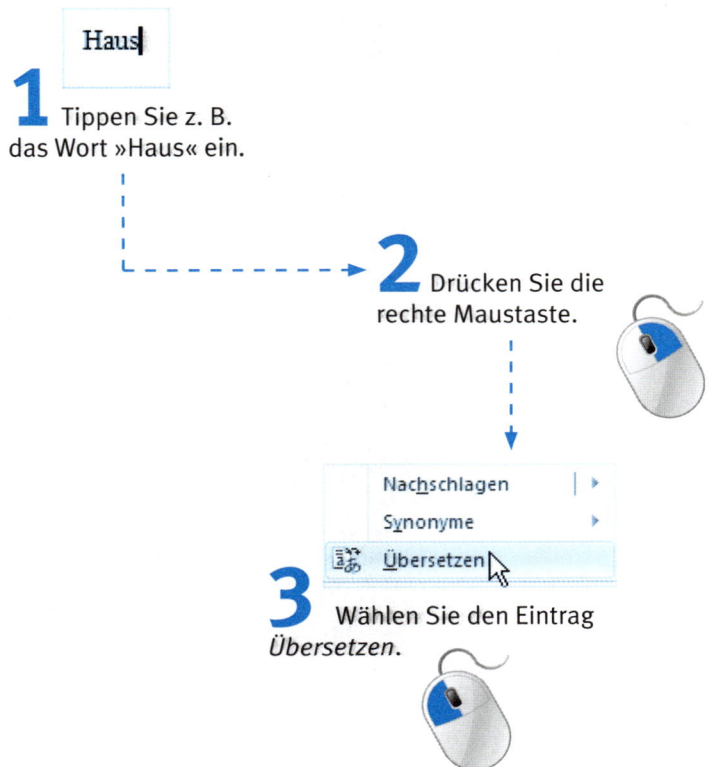

1 Tippen Sie z. B. das Wort »Haus« ein.

2 Drücken Sie die rechte Maustaste.

3 Wählen Sie den Eintrag *Übersetzen*.

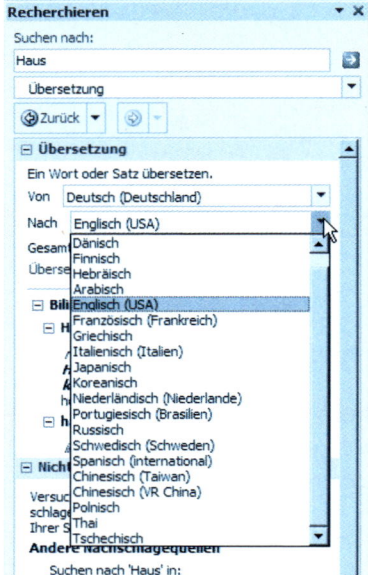

4 Der Aufgabenbereich *Recherchieren* öffnet sich am rechten Bildschirmrand. Sie können natürlich auch den Suchbegriff ins Eingabefeld unter *Suchen nach* eintippen. Geben Sie die Sprache an, in die Sie übersetzen möchten.

Das Wort wird übersetzt.

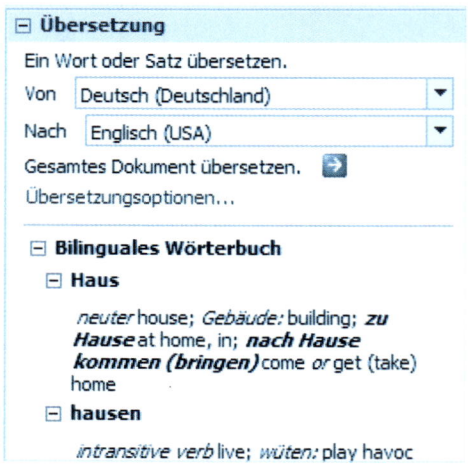

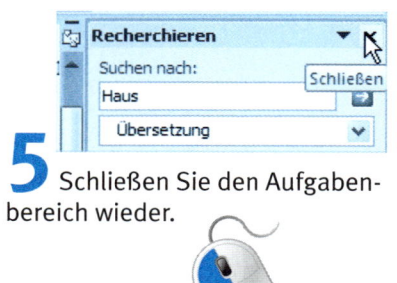

5 Schließen Sie den Aufgabenbereich wieder.

Hinweis

Sie können sich natürlich auch ganze Texte bzw. Dokumente übersetzen lassen. Starten Sie Ihre Internetverbindung und aktivieren Sie die Registerkarte *Überprüfen*. Wählen Sie die Schaltfläche *Übersetzen*. Aktivieren Sie die Sprache, in die Sie übersetzen möchten. Wählen Sie im Menü der *Übersetzen*-Schaltfläche den Eintrag *Dokument übersetzen* aus. Sie sollten beachten, dass Sie, abhängig davon, welchen Onlinedienst Sie wählen, für diesen Dienst evtl. bezahlen müssen.

 Ausgewählten Text übersetzen
Eine Übersetzung von lokalen und Onlinediensten im Recherchebereich anzeigen.

Die Funktion Recherchieren

Word bietet Ihnen die Möglichkeit der Recherche an. Dazu zählen die Funktionen *Übersetzen* und *Thesaurus*. Mithilfe des Thesaurus können Sie sich zu einem Wort sogenannte »Synonyme« (z. B. »Gebäude« statt »Haus«) anzeigen lassen, um Ihren Text inhaltlich abwechslungsreicher zu gestalten.

In *Kapitel 7* dieses Buches erfahren Sie mehr zur Funktion des Thesaurus!

Tipp

Halten Sie die [Alt]-Taste gedrückt und klicken in ein Wort, startet die Funktion *Recherche*.

Tipps zum Kapitel

Die Tipps runden das Kapitel ab. Nehmen Sie sich noch die Zeit dafür, um Ihr Wissen zu erweitern.

Sprache einstellen

Klicken Sie in der *Statusleiste* auf die Schaltfläche, in der die aktuell eingestellte Sprache angezeigt wird (hier *Deutsch (Deutschland)*).

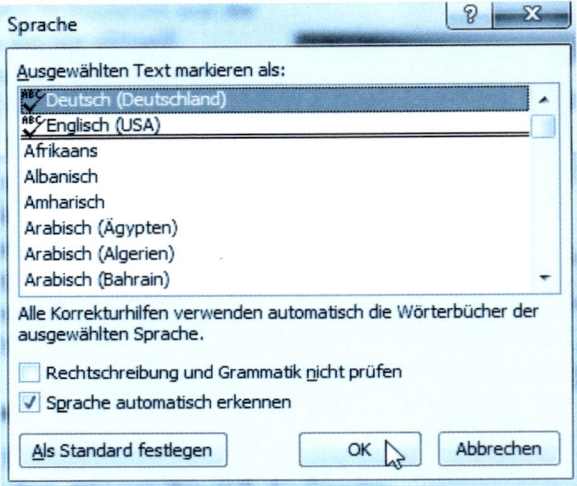

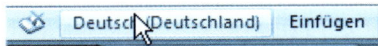 Das Dialogfeld *Sprache* wird geöffnet. Sie können Texte in einer Fremdsprache mithilfe der Rechtschreibprüfung überprüfen, indem Sie das entsprechende Wörterbuch aktivieren.

Dokumente vergleichen

Möchten Sie z. B. ein Dokument mit einem anderen vergleichen, können Sie sich die Fenster der beiden Dokumente auf dem Bildschirm anzeigen lassen. Dazu klicken Sie auf der Registerkarte *Ansicht* in der Gruppe *Fenster* auf die Schaltfläche *Alle anordnen*. Um die Fenster nebeneinander darzustellen, wählen Sie die Schaltfläche *Nebeneinander anzeigen*.

Funktionen der Registerkarte Überprüfen

Auf der Registerkarte *Überprüfen* stehen Ihnen neben der bereits erwähnten Dokumentprüfung (Rechtschreibung und Grammatik, Recherchieren, Thesaurus, Übersetzen) auch noch andere Funktionen zur Verfügung.

 Sie fügen hier einen *Kommentar* zum Text hinzu. Mit den anderen Schaltflächen können Sie Kommentare löschen oder von einem zum nächsten springen.

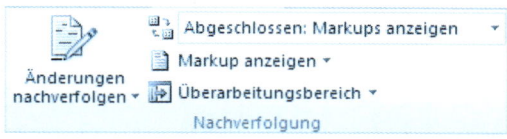 *Änderungen* in einem Text werden hier markiert und können so nachvollzogen werden.

 Sie nehmen hier *Änderungen* an, löschen diese oder navigieren von einer Änderung zur nächsten.

 Sie *vergleichen* hier z. B. zwei Dokumente miteinander.

 Sie *schränken* hier z. B. die Überarbeitung eines Dokuments *ein*.

Üben Sie mit Word 2010!

Üben Sie zum Schluss des Kapitels noch einmal mit Word. Können Sie eine Übung nicht ausführen, sollten Sie die entsprechende Stelle in diesem Kapitel noch einmal durchgehen.

1. Übersetzen Sie aus dem Englischen ins Deutsche bzw. umgekehrt und tragen Sie Ihre Ergebnisse in das Kreuzworträtsel ein.

Englisch	Deutsch
cash on ... ? ...	Nachnahme
mercy	?
?	Rabatt
coupon	?

2. Tippen Sie Ihre eigene Adresse ein. Kennt Word nicht alle Wörter, fügen Sie diese zum Benutzerwörterbuch hinzu.

3. Schreiben Sie den Satz:

   »Ich lebe auf der Insel Tobaluba.« Fügen Sie das Wort »Tobaluba« dem Wörterbuch hinzu. Doch »Tobaluba« ist falsch geschrieben. Richtig wäre »Tobaluga«. Ändern Sie dies im Benutzerwörterbuch.

4. Führen Sie die manuelle Silbentrennung durch:

   »Hans Günther Fischstäbchen lebte als Kind in München und kam als Schifffahrtslotsenausbilderassistent an die Nordsee.«

Pause oder zum nächsten Kapitel?

Sie möchten mit der Arbeit am Computer aufhören und Word 2010 z. B. über die Registerkarte *Datei* und mit einem Klick auf *Beenden* verlassen? Schade! Da Sie noch nichts von Bedeutung eingegeben haben, ist eine Speicherung bis jetzt nicht notwendig.

Sie möchten mit dem nächsten Kapitel direkt weitermachen? Ja? Vorbildlich!

Klicken Sie zunächst auf die Registerkarte *Datei* und wählen Sie in dem Menü den Eintrag *Schließen* aus (Tastenkombination [Strg]+[W]). Speichern brauchen Sie hier auch nicht. Dadurch wird das aktuelle Dokument geschlossen, Word 2010 selbst bleibt aber weiterhin geöffnet.

Starten Sie ein neues Dokument z. B. über die Schaltfläche *Neu* in der *Symbolleiste für den Schnellzugriff* oder drücken Sie die Tastenkombination [Strg]+[N]. Weiter geht's mit dem nächsten Kapitel!

Kapitel 4

Texte schnell bearbeiten

In Word stehen Ihnen verschiedene Schriften zur Verfügung, oder wählen Sie einen anderen Schriftgrad (= Schriftgröße). Auch den Abstand zwischen den einzelnen Zeilen können Sie einstellen. Damit der Leser bestimmte Informationen wie einen Treffpunkt oder Termin nicht einfach übersieht, heben Sie diese durch einen Blickfang hervor: fett, kursiv, unterstrichen usw.

Schriftart und -größe ändern

In Word haben Sie die Möglichkeit, sowohl die Schriftart als auch die Schriftgröße zu ändern. Hier bieten sich zahlreiche Alternativen an. Sie sollten zunächst die Schrift anpassen.

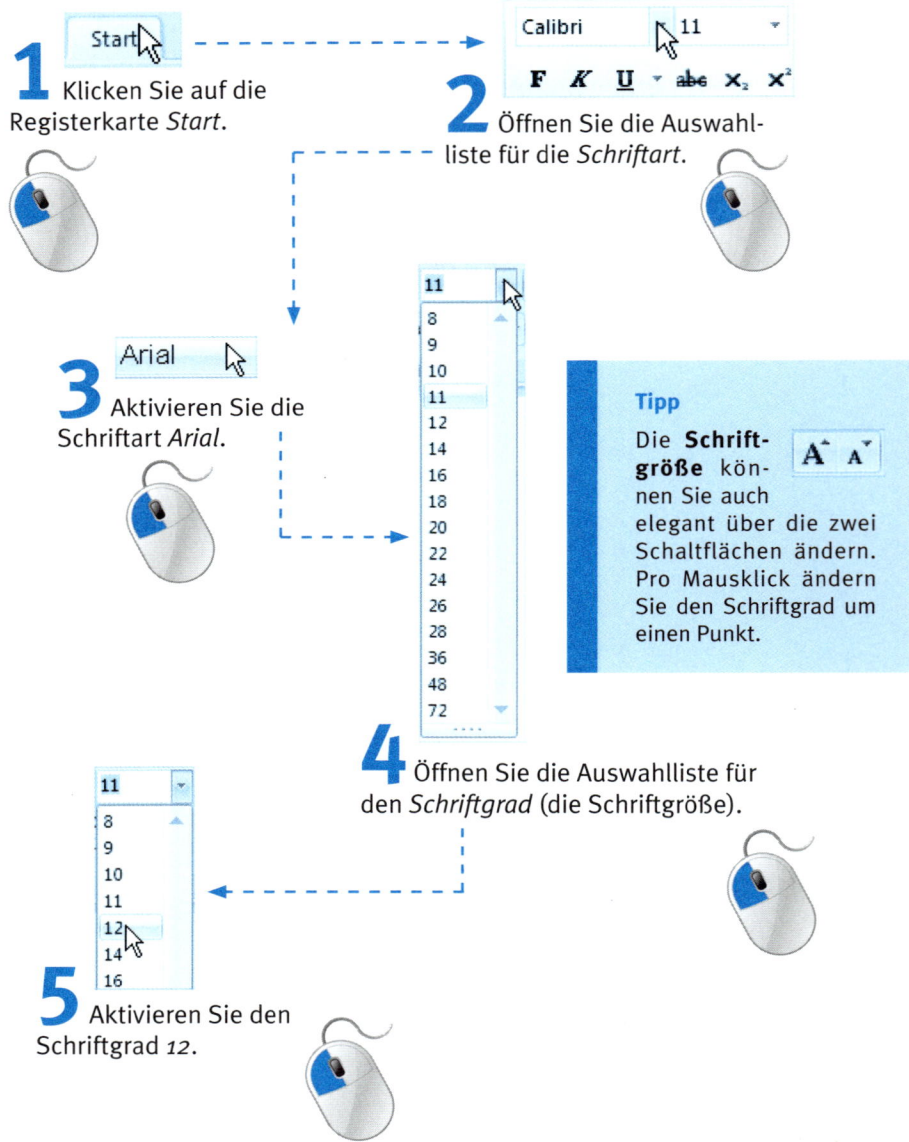

1 Klicken Sie auf die Registerkarte *Start*.

2 Öffnen Sie die Auswahl-liste für die *Schriftart*.

3 Aktivieren Sie die Schriftart *Arial*.

Tipp

Die **Schrift-größe** kön-nen Sie auch elegant über die zwei Schaltflächen ändern. Pro Mausklick ändern Sie den Schriftgrad um einen Punkt.

4 Öffnen Sie die Auswahlliste für den *Schriftgrad* (die Schriftgröße).

5 Aktivieren Sie den Schriftgrad *12*.

Diese Auswahl gilt jedoch nur für das jeweilige aktuelle Dokument. Möchten Sie, dass eine gewählte Schrift dauerhaft auch für künftige Dokumente verwendet wird, müssen Sie die Standardschrift ändern (siehe den folgenden Abschnitt).

Tipp

Mit den folgenden Tastenkombinationen verändern Sie den Schriftgrad:

Strg + ⇧ + >	Schriftgrad vergrößern
Strg + <	Schriftgrad verkleinern

Standardschrift wechseln

Ein neues leeres Dokument enthält bereits einige fest definierte Voreinstellungen (in einer sogenannten Dokumentvorlage namens »Normal«) wie z. B. Schriftart und Schriftgröße. Diese Voreinstellungen werden jedes Mal aktiviert, wenn Sie ein neues leeres Dokument starten. Der Wechsel der Standardschrift wirkt sich auf jedes neue Dokument aus.

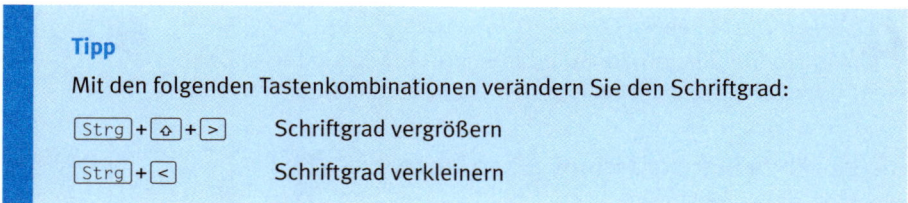

1 Öffnen Sie über die Registerkarte *Start* das Dialogfeld *Schriftart*.

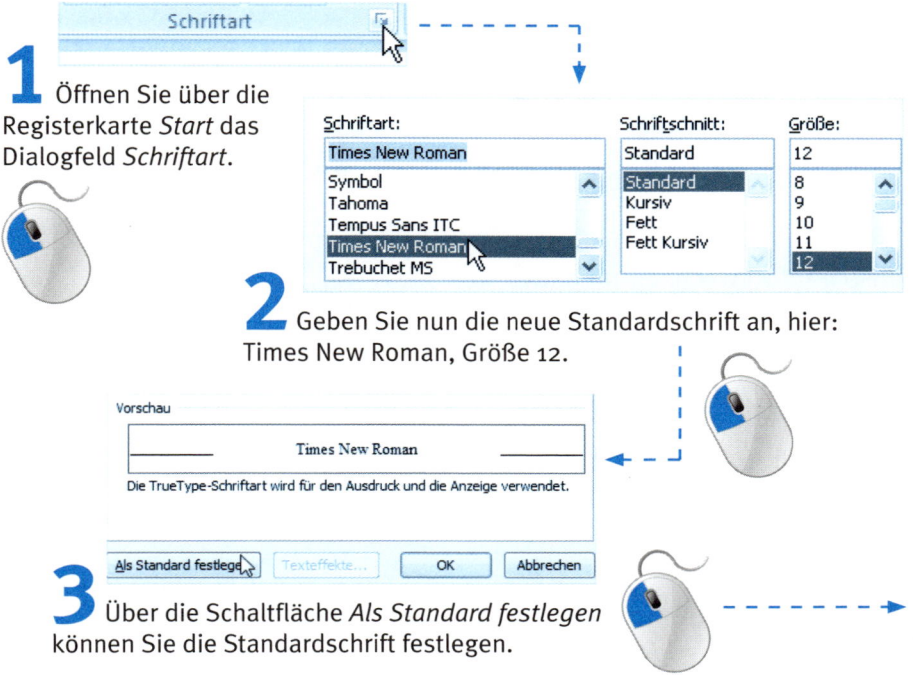

2 Geben Sie nun die neue Standardschrift an, hier: Times New Roman, Größe 12.

3 Über die Schaltfläche *Als Standard festlegen* können Sie die Standardschrift festlegen.

65

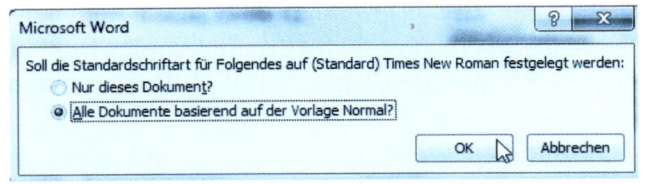 

4 Wählen Sie aus, ob die Standardschrift für das aktuelle Dokument oder für alle Dokumente gelten soll. Bestätigen Sie mit *OK*.

Die gewählte Standardschrift gilt so lange, bis Sie eine neue festlegen.

Für dieses Dokument haben Sie die Schriftart *Arial* noch aktiviert.

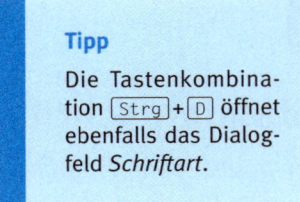

Wählen Sie die Schaltfläche *Formatierung löschen*, heben Sie diese Schriftart auf und gelangen zur zuvor ausgewählten Standardschriftart *Times New Roman*.

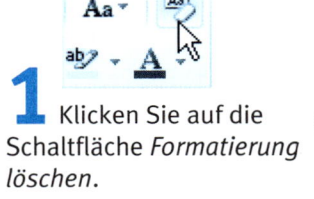

1 Klicken Sie auf die Schaltfläche *Formatierung löschen*.

Die Schriftart wechselt zur aktivierten Standardschriftart *Times New Roman*.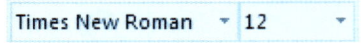

Zeichen formatieren

Sie gestalten Zahlen und Texte, indem Sie diese durch Fett- oder Kursivschrift bzw. durch eine Unterstreichung hervorheben.

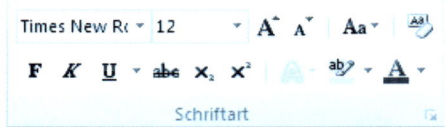

Diese Gestaltungsvorgänge bezeichnet man in Word als *Formatieren*.

Sie finden die Werkzeuge dazu auf der Registerkarte *Start*.

Sie können Formatierungen *vor oder nach einer Texteingabe* festlegen.

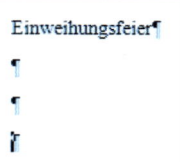

1 Tippen Sie das Wort »Einweihungsfeier« ein. Drücken Sie anschließend dreimal die ⏎ -Taste.

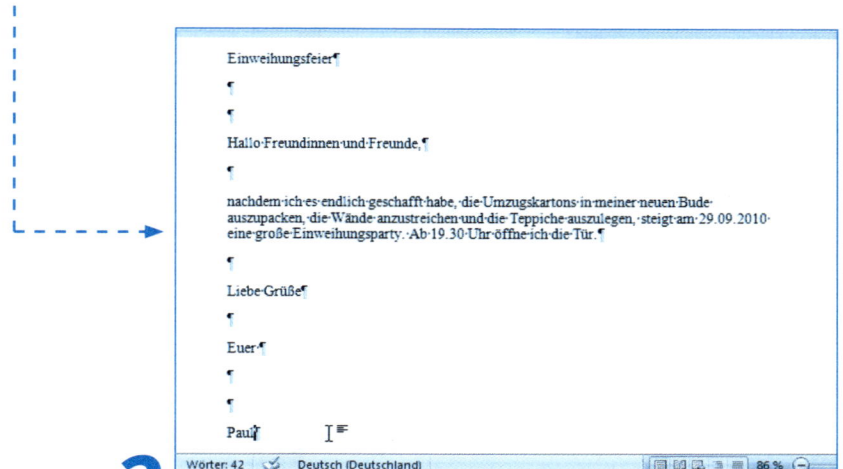

2 Schreiben Sie den kompletten Brieftext:

»Hallo Freundinnen und Freunde,

nachdem ich es endlich geschafft habe, die Umzugskartons in meiner neuen Bude auszupacken, die Wände anzustreichen und die Teppiche auszulegen, steigt am 29.09.2010 eine große Einweihungsparty. Ab 19.30 Uhr öffne ich die Tür.

Liebe Grüße

Euer

Paul«

Möchten Sie ein Wort formatieren, reicht es aus, wenn Sie in dieses klicken.

In diesem Beispiel wählen Sie die Kursiv-schrift: *eine leicht nach rechts geneigte Schrift*.

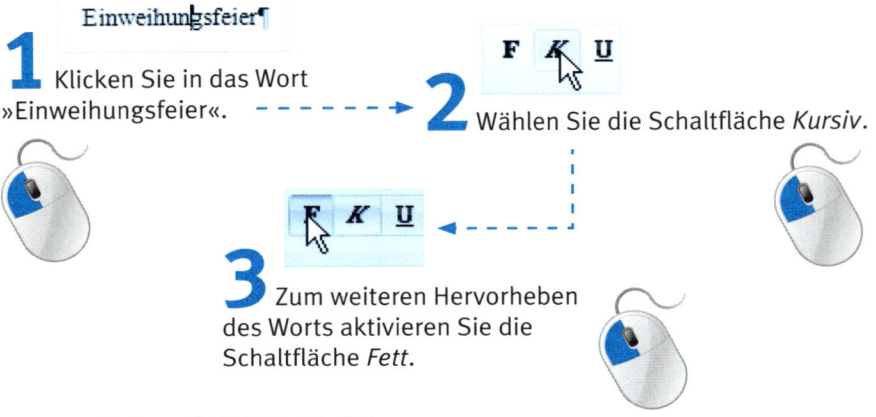

1 Klicken Sie in das Wort »Einweihungsfeier«.

2 Wählen Sie die Schaltfläche *Kursiv*.

3 Zum weiteren Hervorheben des Worts aktivieren Sie die Schaltfläche *Fett*.

Das Dialogfeld Schriftart ...

... bietet Ihnen noch mehr Gestaltungen an. Drücken Sie dazu die Tastenkombination ⌨Strg+⌨D, um das zugehörige Dialogfeld zu öffnen.

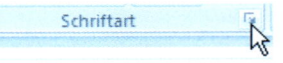

Unter *Effekte* geben Sie an, wie Sie Zei-chen formatieren möchten, z. B.: Kapi-tälchen, Großbuchstaben. Beachten Sie dazu die Vorschau im Dialogfeld.

Texte markieren

Sie markieren, wenn Sie *mehr als ein Wort* hervorheben. Dazu stehen Ihnen mehrere Möglichkeiten zur Verfügung. Die schnellste ist die mit der *Maus*, die andere mit der Tastatur. (Auch ein einzelnes Wort lässt sich per Doppelklick mit der Maus markieren.)

Hinweis

Haben Sie als Anfänger Schwierigkeiten mit der Maus, können Sie auf die *Tastatur* zurückgreifen. Sie klicken dazu wiederum vor den zu markierenden Begriffen. Halten Sie anschließend die ⇧-Taste gedrückt und tippen Sie mit der →-Taste schrittweise so lange, bis das Ende der gewünschten Markierung erreicht ist.

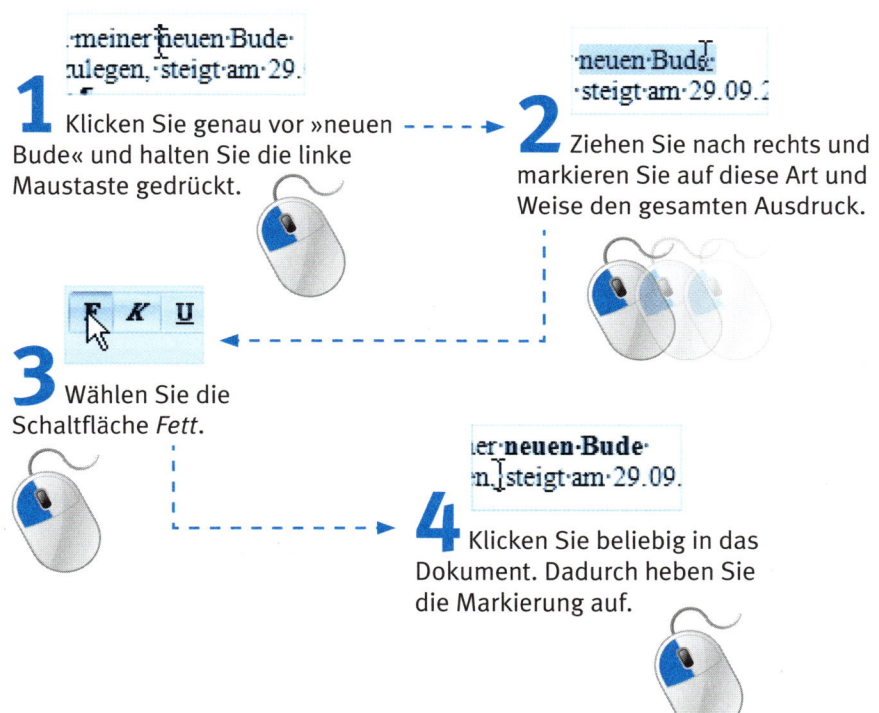

1 Klicken Sie genau vor »neuen Bude« und halten Sie die linke Maustaste gedrückt.

2 Ziehen Sie nach rechts und markieren Sie auf diese Art und Weise den gesamten Ausdruck.

3 Wählen Sie die Schaltfläche *Fett*.

4 Klicken Sie beliebig in das Dokument. Dadurch heben Sie die Markierung auf.

Tipp

Sie markieren mehrere Textpassagen, indem Sie zusätzlich die Strg-Taste drücken.

Über die Schaltfläche *Alles markieren* auf der Registerkarte *Start* rechts am Bildschirm können Sie schnell den gesamten Text eines Dokuments markieren.

🔍 Suchen ▾
ab/ac Ersetzen
↳ Markieren
Bearbeiten

Drücken Sie die Tastenkombination Strg+A, markieren Sie den gesamten Text eines Dokuments.

Fett, Kursiv, ... – Formatierungen

Neben Fett, Kursiv und Unterstreichen finden Sie weitere Gestaltungsmöglichkeiten und können auch Zeichen höher und tiefer stellen.

Beispiel:

Sie möchten einen Ausdruck *doppelt unterstreichen*.

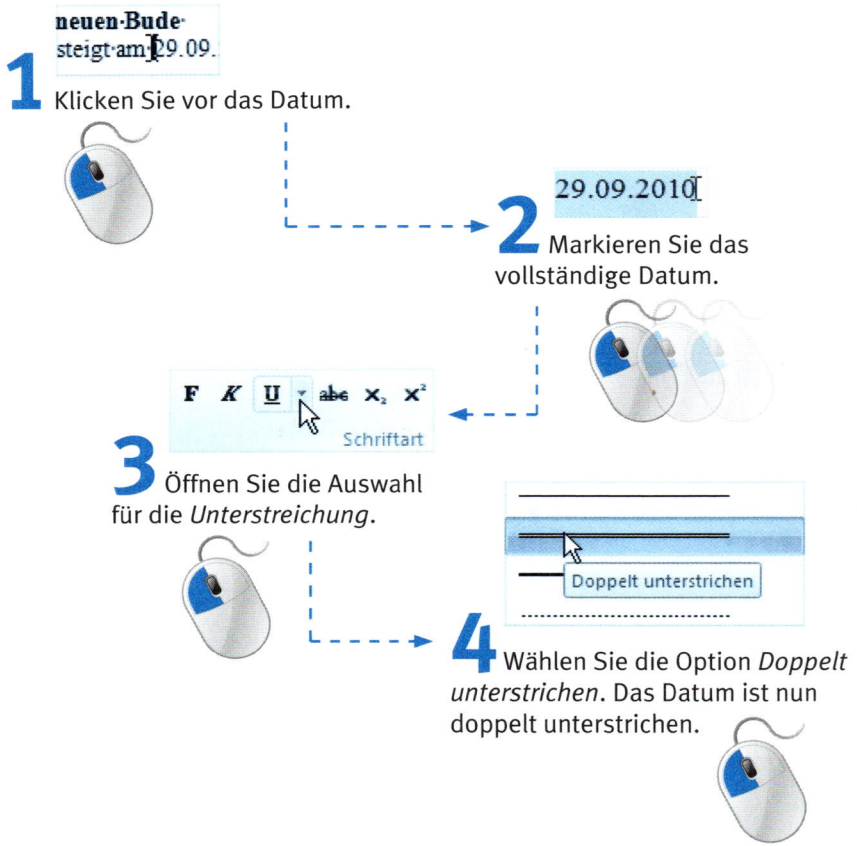

1 Klicken Sie vor das Datum.

2 Markieren Sie das vollständige Datum.

3 Öffnen Sie die Auswahl für die *Unterstreichung*.

4 Wählen Sie die Option *Doppelt unterstrichen*. Das Datum ist nun doppelt unterstrichen.

Formatieren über die Tastatur

Sie können Formatierungen wie Fett, Kursiv, Unterstreichungen über die Registerkarte *Start* wählen. Alternativ dazu erzielen Sie mit *Tastenkombinationen* denselben Effekt. Hier die Übersicht:

Tastenkombinationen zur Formatierung:

Formatierung	Tastenkombination
Fettschrift	`Strg` + `⇧` + `F`
Kursivschrift	`Strg` + `⇧` + `K`
Hochgestellt	`Strg` + `+`
Tiefgestellt	`Strg` + `#`
Kapitälchen	`Strg` + `⇧` + `Q`
Unterstreichen	`Strg` + `⇧` + `U`
Doppelt unterstreichen	`Strg` + `⇧` + `D`
Sämtliche Formatierungen aufheben	`Strg` + `Leer`

Zeichen hochstellen

Bei der Zeit *19.30 Uhr* sollen die beiden letzten Ziffern – also hier die Minuten – unterstrichen und gleichzeitig hochgestellt werden.

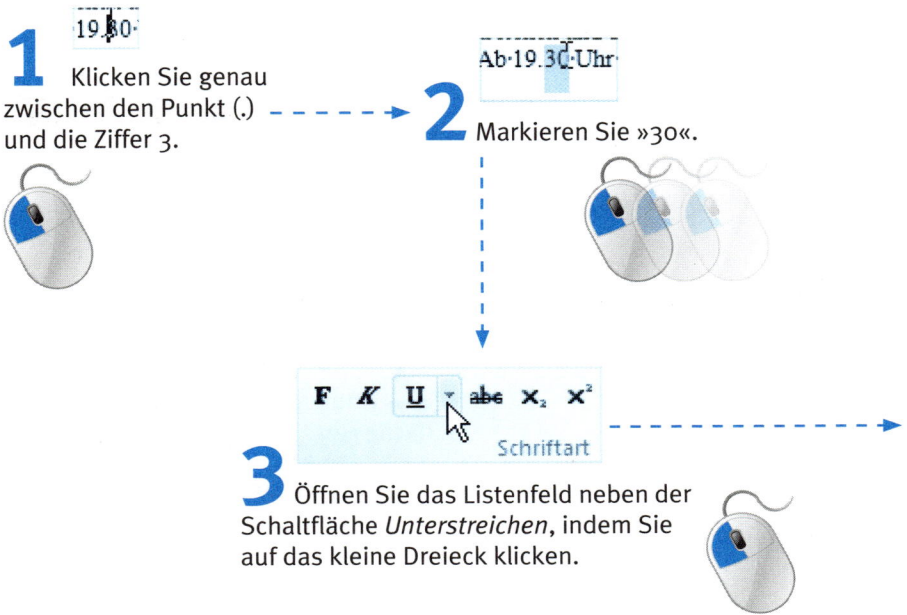

1 Klicken Sie genau zwischen den Punkt (.) und die Ziffer 3.

2 Markieren Sie »30«.

3 Öffnen Sie das Listenfeld neben der Schaltfläche *Unterstreichen*, indem Sie auf das kleine Dreieck klicken.

Achtung

Da vorher eine doppelte Unterstreichung ausgewählt war, würde bei einem Mausklick auf die Schaltfläche *Unterstreichung* auch die doppelte Unterstreichung weiterhin verwendet. Wir möchten aber in diesem Fall die einfache Unterstreichung über das zugehörige Listenfeld festlegen.

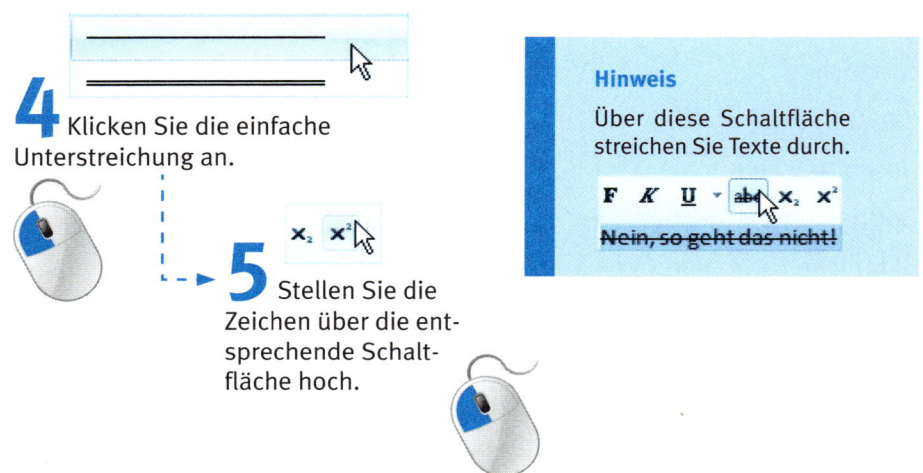

4 Klicken Sie die einfache Unterstreichung an.

Hinweis

Über diese Schaltfläche streichen Sie Texte durch.

5 Stellen Sie die Zeichen über die entsprechende Schaltfläche hoch.

Zeilen ausrichten

In Word können Zeilen unterschiedlich ausgerichtet werden (linksbündig, rechtsbündig oder zentriert). Um beispielsweise die Überschrift eines Schreibens hervorzuheben, stellen Sie sie zentriert über dem Text dar.

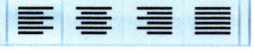

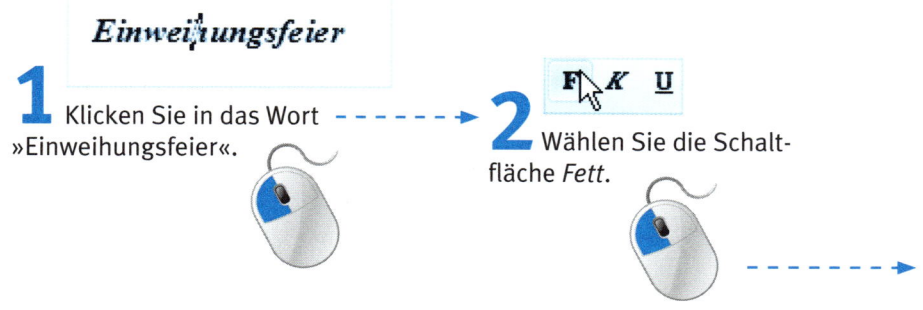

1 Klicken Sie in das Wort »Einweihungsfeier«.

2 Wählen Sie die Schaltfläche *Fett*.

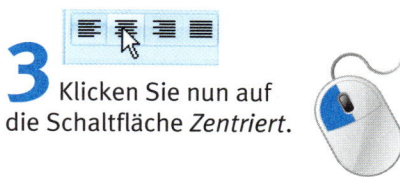

3 Klicken Sie nun auf
die Schaltfläche *Zentriert*.

Der Blocksatz

Eine weitere Schaltfläche dient zum Festlegen von *Blocksatz*. Damit wird
die Textzeile am linken und rechten Seitenrand einheitlich ausgerichtet.

Wenn Sie normalerweise linksbündig schreiben, sind die Zeilenlängen fast
nie gleich. Dort entsteht ein sogenannter Flatterrand.

Der Blocksatz hebt dieses Manko auf. Sie finden ihn häufig bei Büchern,
Zeitungen und Zeitschriften.

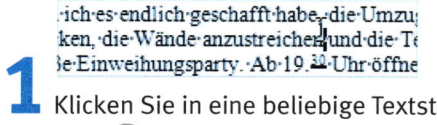

1 Klicken Sie in eine beliebige Textstelle.

2 Wählen Sie die
Schaltfläche *Blocksatz*.

Zeilenabstände

In Word können Sie die Abstände zwischen den einzelnen Zeilen festlegen.

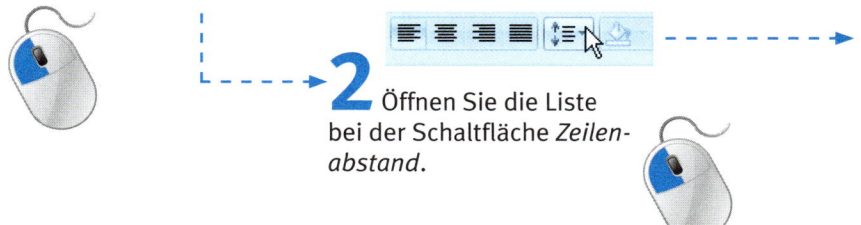

1 Klicken Sie ggf. in eine beliebige Stelle innerhalb des Brieftextes.

2 Öffnen Sie die Liste
bei der Schaltfläche *Zeilenabstand*.

3 Wählen Sie einen Zeilenabstand von *1,5* aus.

Taste	Funktion
Strg + 1	*Einfacher* Zeilenabstand
Strg + 2	*Zweifacher* Zeilenabstand
Strg + 5	*Eineinhalbfacher* Zeilenabstand

Formatierungen löschen

Formatierungen können Sie wieder aufheben, indem Sie erneut auf die Schaltfläche der aktuellen Formatierung klicken. Haben Sie mehrere Formatierungen zugewiesen, gibt es einen einfachen Weg. Word stellt Ihnen dazu die Schaltfläche *Formatierung löschen* zur Verfügung.

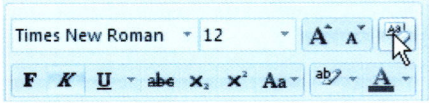

1 Klicken Sie in das Wort »Einweihungsfeier«.

2 Bestimmen Sie über die Schaltfläche *Formatierung löschen* in der Gruppe *Schriftart*, dass Sie sämtliche Formatierungen aufheben möchten.

Formatvorlagen nutzen

Die in Word voreingestellten Formatvorlagen sind bereits mit Formatierungen ausgestattet. So brauchen Sie nicht alles per Mausklick anzugeben.

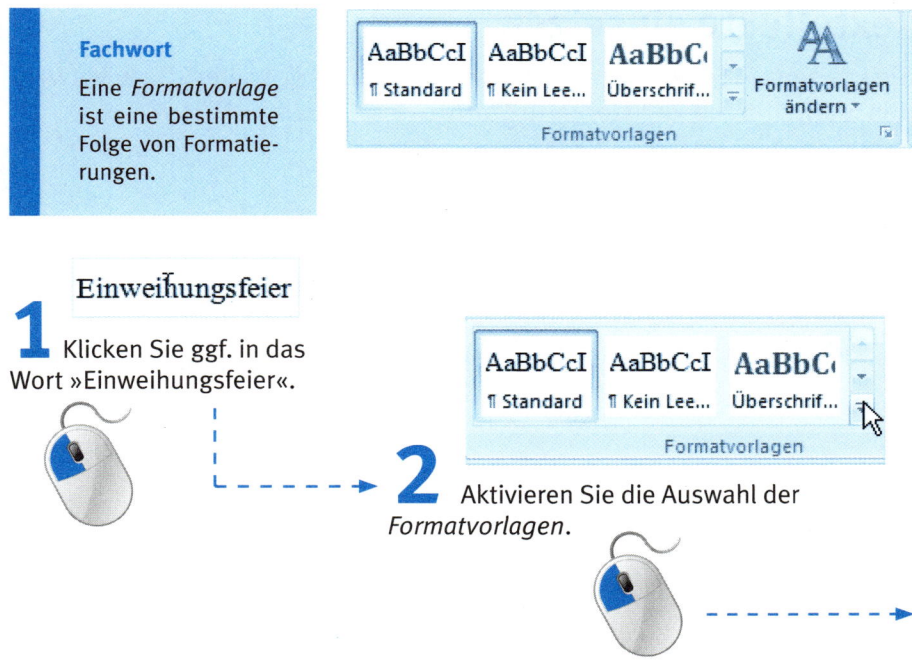

Fachwort

Eine *Formatvorlage* ist eine bestimmte Folge von Formatierungen.

1 Klicken Sie ggf. in das Wort »Einweihungsfeier«.

Einweihungsfeier

2 Aktivieren Sie die Auswahl der *Formatvorlagen*.

3 Bewegen Sie den Mauszeiger auf die einzelnen Formatvorlagen. Beachten Sie dabei in der Vorschau, wie sich entsprechend der Formatvorlage das Wort im Dokument verändert. Wählen Sie eine Formatvorlage aus.

Texteffekte einsetzen

Sie können einen Text mit einem grafischen Effekt gestalten. Dazu verwenden Sie weiter die Registerkarte *Start*.

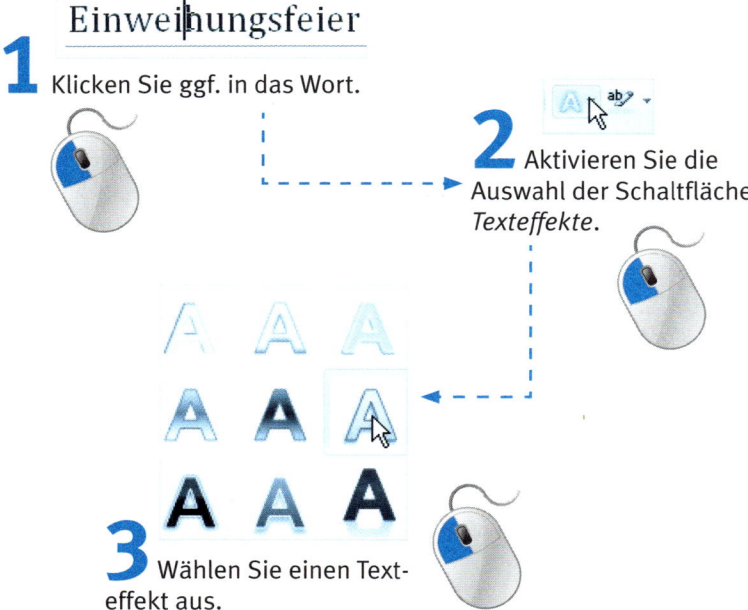

1 Klicken Sie ggf. in das Wort.

2 Aktivieren Sie die Auswahl der Schaltfläche *Texteffekte*.

3 Wählen Sie einen Texteffekt aus.

Diesen Texteffekt können Sie nun mit weiteren grafischen Elementen bearbeiten: z. B. Schatten, Leuchten, Spiegelungen.

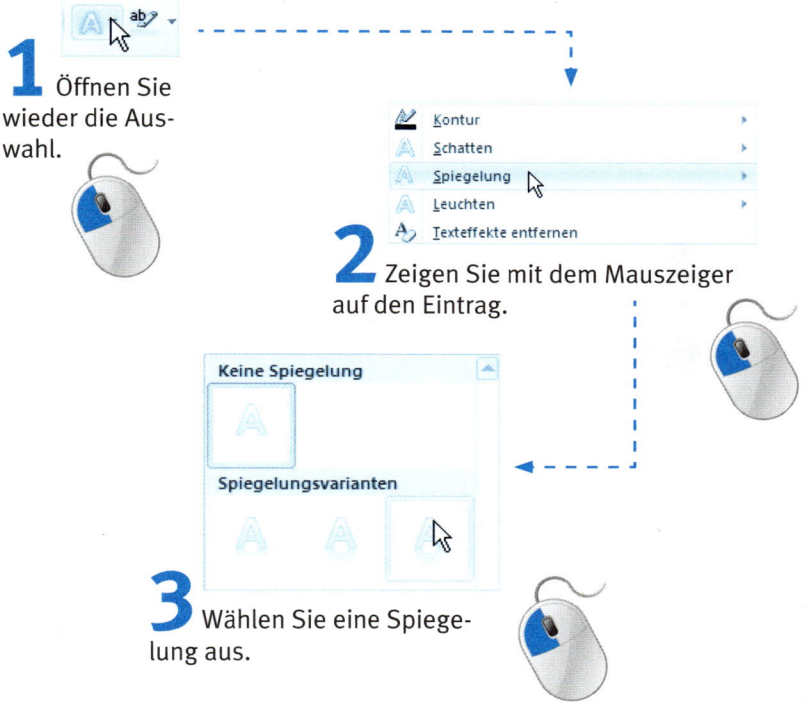

1 Öffnen Sie wieder die Auswahl.

2 Zeigen Sie mit dem Mauszeiger auf den Eintrag.

3 Wählen Sie eine Spiegelung aus.

Der Text mit den grafischen Effekten.

Hinweis

Möchten Sie die Spiegelung wieder aufheben, wählen Sie *Keine Spiegelung*.

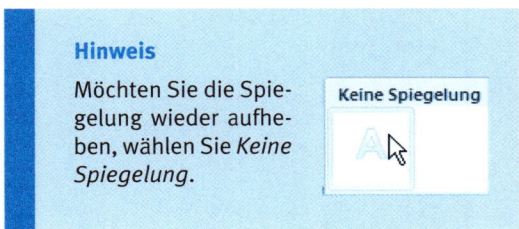

Tipps zu diesem Kapitel

Die Tipps runden das Kapitel ab. Nehmen Sie sich noch die Zeit dafür, um Ihr Wissen zu erweitern.

Weitere Formatierungsmöglichkeiten

Schaltfläche	Auswirkung
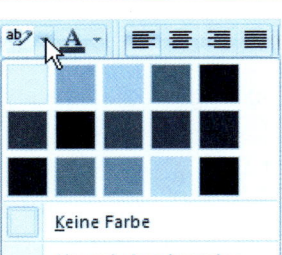	Sie markieren den Text mit einem *Textmarker*. Dazu steht Ihnen eine Farbauswahl zur Verfügung.
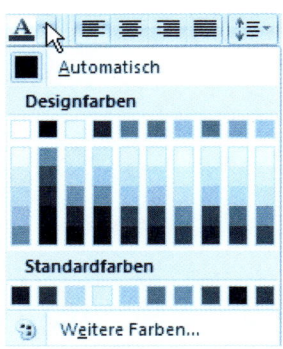	Hier bestimmen Sie die *Schriftfarbe*. Auch hier können Sie aus einer Farbpalette wählen.
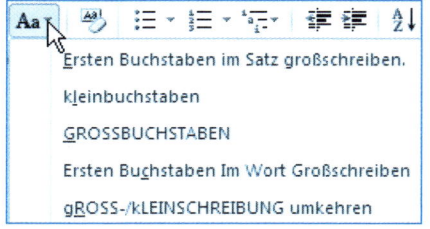	Sie ändern den Text entsprechend den Einträgen.
	Mithilfe dieser Schaltflächen ändern Sie schnell die *Schriftgröße*.

Symbole einfügen

Öffnen Sie auf der Registerkarte *Einfügen* die Auswahlliste zur Schaltfläche *Symbol*, können Sie verschiedene Symbole in Ihr Dokument einfügen.

Lesezeichen (= Textmarken) einfügen

Bei längeren Dokumenten bieten sich
zur schnelleren Suche Textmarken (Lesezeichen) an. Platzieren Sie den Mauszeiger dort, wo Sie ein Lesezeichen
setzen möchten. Klicken Sie auf der Registerkarte *Einfügen* die Schaltfläche *Textmarke* an.

Im erscheinenden Dialogfeld wird die Textmarke mit einem Namen angelegt. Sie springen über die F5 -Taste schnell zu der angelegten Textmarke.

> **Hinweis**
>
> Mit einem *Hyperlink* setzen Sie eine Verbindung z. B.
> zu einer Internetseite oder E-Mail-Adresse. Mit einem
> *Querverweis* können Sie z. B. auf andere Stellen in
> einem mehrseitigen Dokument verweisen.

Deckblätter einfügen

Auf der Registerkarte *Einfügen* klicken Sie auf die Schaltfläche *Deckblatt*. Mit einem Mausklick fügen Sie repräsentative Deckblätter in Ihr Dokument ein.

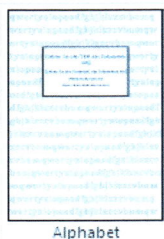
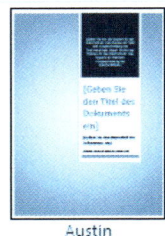

Alphabet   Austin   Bewegung

Seitenumbruch und Leere Seite einfügen

Einen Seitenwechsel (= Seitenumbruch) geben Sie auf der Registerkarte *Einfügen* über die Schaltfläche *Seitenumbruch* an. Klicken Sie den Befehl an, legen Sie fest, dass hier eine neue Seite beginnen soll. Wählen Sie dagegen den Befehl *Leere Seite*, fügen Sie eine neue Seite in das Dokument ein.

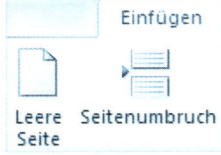

Initiale einfügen

Auf der Registerkarte *Einfügen* fügen Sie über die gleichnamige Schaltfläche Initiale ein. Dabei heben Sie den ersten Buchstaben eines Absatzes hervor. Dazu müssen Sie in den Absatz klicken. Bewegen Sie den Mauszeiger auf die Auswahl, erhalten Sie eine Vorschau.

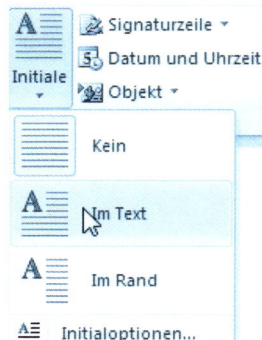

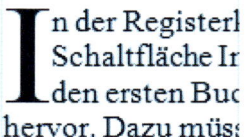

Üben Sie mit Word 2010!

Üben Sie zum Schluss des Kapitels noch einmal mit Word. Können Sie eine Übung nicht ausführen, sollten Sie die entsprechende Stelle in diesem Kapitel noch einmal durchgehen.

1. Formatieren Sie die folgenden Beispiele:

   H_2O
   $a^2 \times b^2 = c^2$
   Kursiv
   $19.^{30}$ Uhr
   Fett
   Doppelt unterstrichen
   ~~Durchgestrichen~~
   KAPITÄLCHEN

2. Geben Sie als neue Standardschrift *Book Antiqua*, Schriftgrad *14*, an.

3. Wechseln Sie wieder zu Ihrer ursprünglichen Standardschrift.

4. Durch welche Tastenkombination heben Sie wieder sämtliche Formatierungen auf?

> **Achtung**
>
> Beenden Sie Word 2010 diesmal nicht! Im nächsten Kapitel lernen Sie das *Speichern und Drucken* von Briefen bzw. Dokumenten kennen. Dazu verwenden Sie am besten diesen Text.

Kapitel 5

Speichern und Drucken

Sie möchten mit Ihrer Arbeit morgen, übermorgen, nächstes Jahr oder irgendwann weitermachen. Lassen Sie deshalb den PC die ganze Zeit über an? Ihr Stromversorger würde sich sicherlich darüber freuen!

In diesem Kapitel lernen Sie das Aufbewahren von Dokumenten entweder auf der Festplatte Ihres Computers oder auf einem anderen Datenträger kennen.

Sie sollten den Ausdruck in einer Seitenvorschau überprüfen, um eventuelle Korrekturen vorzunehmen, bevor Sie unnötig Papier verschwenden. Um alles schwarz auf weiß zu erhalten, drucken Sie den Text aus.

Texte speichern

Sicherlich möchten Sie Ihre Arbeit am Computer festhalten, um damit zu einem späteren Zeitpunkt weiterzuarbeiten.

Die Titelleiste

In der Titelleiste wird angegeben, in welchem Dokument Sie sich gerade befinden.

Stellen Sie sich ein Dokument wie ein Schriftstück in der Praxis vor, das eine oder mehrere Seiten umfassen kann.

Das Schriftstück wird mit einem Namen versehen. In Word wäre dafür die Funktion *Speichern* zuständig.

Das Wort *Dokument* in der Titelleiste bedeutet, dass noch nicht gespeichert wurde. Es ist also ein Name, der von Word automatisch vergeben wird.

Dokument1 - Microsoft Word

Die Zahl *1* hinter dem Ausdruck *Dokument* sagt Ihnen, dass Sie gerade Ihr erstes Dokument auf dem Bildschirm bearbeiten.

Ein Beispiel aus der Praxis:

Praxis	Ausdrücke in Word
Schriftstück	Dokument
Schriftstück *ohne einen Namen*	*Nicht gespeichert*, mit dem Ausdruck *Dokument* versehen
Schriftstück *mit Namen* (wie bei einer Akte)	*Gespeichert*, mit einem Namen versehen

Ein Dokument speichern

Haben Sie noch den Text für die »Einweihungsfeier« aus *Kapitel 4* vor sich auf dem Bildschirm?

Wenn nicht, geben Sie einen beliebigen Text ein. Es geht um das Verstehen der Speichern-Funktion und den späteren Ausdruck.

Sie *speichern* ein Dokument ab, um es endgültig auf der Festplatte Ihres Computers abzulegen.

> **Fachwort**
>
> Die *Festplatte* ist in der Regel ein in den Computer eingebautes Speichermedium, das es erlaubt, größere Datenmengen auch dann zu verwahren, wenn der Computer nicht mehr mit Strom versorgt wird.

Zum besseren Verständnis ein Beispiel:

Praxis im Büroalltag	Word
Das Schriftstück mit einem Namen versehen	Den Dateinamen vergeben
Das Schriftstück in einen Aktenordner ablegen	Den Speicherort angeben
Den Aktenordner schließen	Word 2010 beenden

Sie können zum Speichern die Schaltfläche mit dem Diskettensymbol in der Symbolleiste für den Schnellzugriff anklicken oder den Weg über die Registerkarte *Datei* nehmen und dort den Befehl *Speichern unter* wählen.

Wichtig ist der Speicherort! Denn nur wenn Sie wissen, wo Ihr Dokument gespeichert ist, können Sie es wieder öffnen.

1 Klicken Sie in der *Symbolleiste für den Schnellzugriff* auf die Schaltfläche *Speichern*.

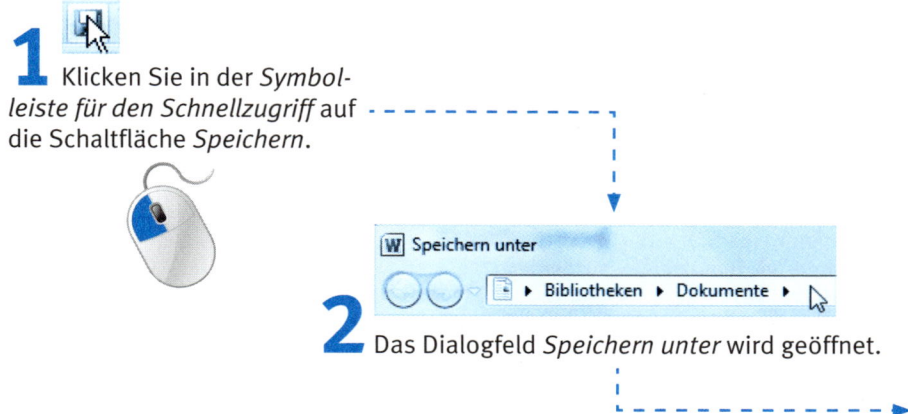

2 Das Dialogfeld *Speichern unter* wird geöffnet.

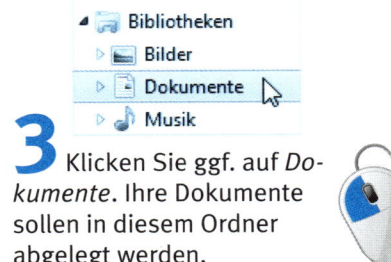

3 Klicken Sie ggf. auf *Do-kumente*. Ihre Dokumente sollen in diesem Ordner abgelegt werden.

Innerhalb des Dialogfelds erkennen Sie eine Leiste. Dort erhalten Sie weitere Möglichkeiten, den Spei-cherort schnell anzugeben. Klicken Sie hier z. B. *Desk-top* an, wird die Datei auf dem Desktop, also der Ar-beitsoberfläche von Windows, gespeichert. In diesem Fall brauchen Sie nur doppelt auf das Dokument zu klicken, und Word öffnet sich mit dem Dokument auf dem Bildschirm.

Bei *Dateiname* legen Sie den *Namen* fest, unter dem das Dokument abgelegt werden soll. Word schlägt automatisch den Namen *»Einweihungsfeier«* vor: das erste Wort des Textes.

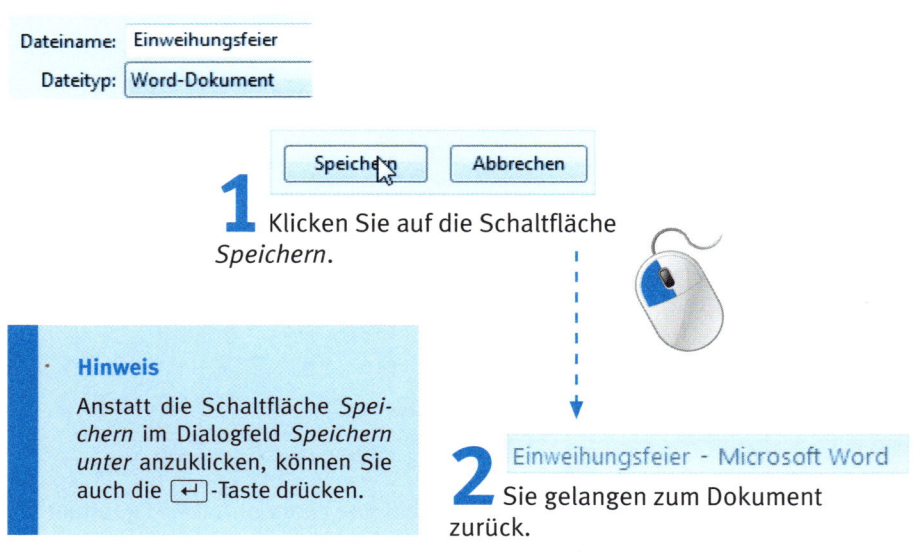

1 Klicken Sie auf die Schaltfläche *Speichern*.

> **Hinweis**
>
> Anstatt die Schaltfläche *Spei-chern* im Dialogfeld *Speichern unter* anzuklicken, können Sie auch die ⏎-Taste drücken.

2 Sie gelangen zum Dokument zurück.

Sehen Sie ganz nach oben auf Ihren Bildschirm! Sie erkennen in der Titelleiste den Namen *»Einweihungsfeier«*.

Die entsprechenden Angaben befinden sich von nun an in diesem Dokument *»Einweihungsfeier«*.

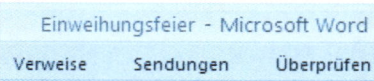

> **Tipp**
>
> Um das Dialogfeld *Speichern unter* zu öffnen, können Sie auch die Taste F12 drücken.

Änderungen speichern

Doch was geschieht, wenn Sie die Daten in dem Dokument ändern?

Sollten Sie Word 2010 beenden, fragt das Programm, ob Sie die Änderungen speichern wollen.

Möchten Sie jedoch mit Word weiterarbeiten, genügt ein Klick auf die Schaltfläche *Speichern*.

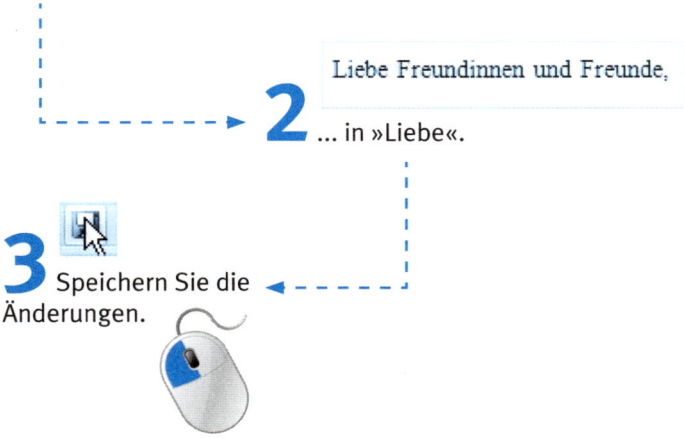

1 Ändern Sie das Wort »Hallo« ...

2 ... in »Liebe«.

3 Speichern Sie die Änderungen.

Der geänderte Text wurde vollständig von Word 2010 gespeichert. Die Änderung gilt nun dauerhaft für das Dokument *»Einweihungsfeier«*.

Achtung

Das Zeitintervall der automatischen Speicherung – eingestellt zurzeit auf 10 Minuten – können Sie über folgenden Weg ändern: Registerkarte *Datei/Optionen/Speichern*.

☑ A̲utoWiederherstellen-Informationen speichern alle [10] ⬍ M̲inuten

Speichern oder Speichern unter?

Das ist hier die Frage. Worin besteht der Unterschied zwischen *Speichern* und *Speichern unter?* Ändern Sie ein Dokument und speichern es anschließend, wird das ursprüngliche Dokument überschrieben und durch das neue Dokument ersetzt.

Zwei Dateien unter demselben Namen zu speichern geht zunächst nicht. Das Programm weist Sie mit einer entsprechenden Meldung darauf hin. Danach können Sie die vorhandene Datei ersetzen.

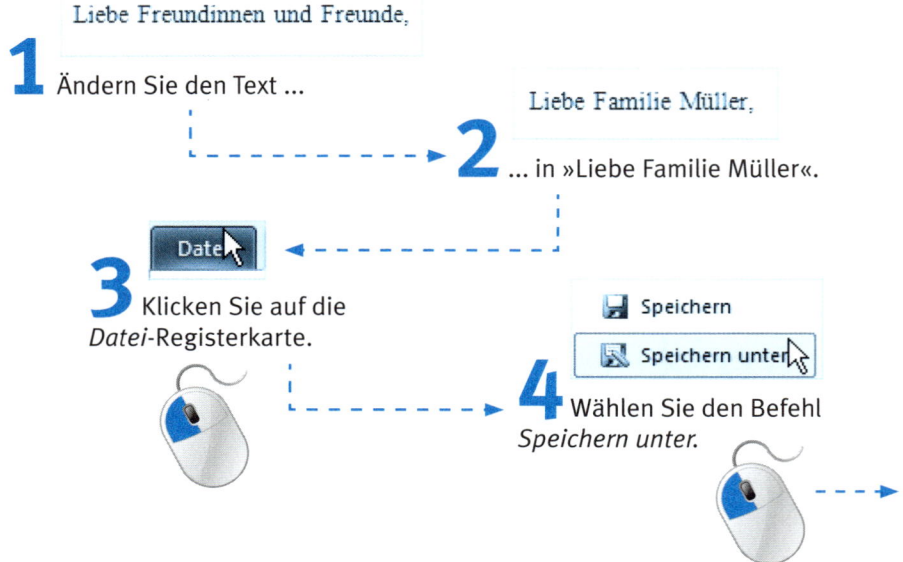

Liebe Freundinnen und Freunde,

1 Ändern Sie den Text ...

Liebe Familie Müller,

2 ... in »Liebe Familie Müller«.

3 Klicken Sie auf die *Datei*-Registerkarte.

💾 Speichern

🖫 Speichern unter

4 Wählen Sie den Befehl *Speichern unter.*

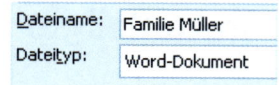

5 Der Name *»Einweihungsfeier«* sollte – falls Sie nichts anderes getan haben – von Word noch markiert sein. Sie können ihn daher einfach überschreiben.

Sollte der Ausdruck *»Einweihungsfeier«* nicht markiert sein, klicken Sie mit der linken Maustaste doppelt auf ihn. Er ist dann markiert, und Sie können ihn überschreiben.

Tippen Sie *»Familie Müller«* als Dateinamen ein.

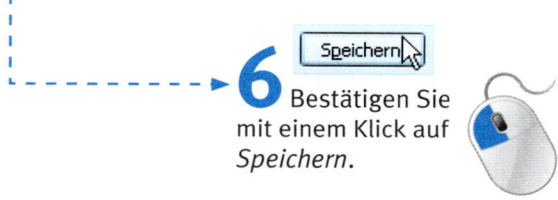

6 Bestätigen Sie mit einem Klick auf *Speichern*.

Hinweis

Im Dialogfeld *Speichern unter* haben Sie die Auswahl bei *Dateityp*. Hier können Sie z. B. angeben, dass Sie das Dokument in einer Word-Vorgänger-Version wie Word 97, 2000, 2002/XP, 2003 speichern möchten.

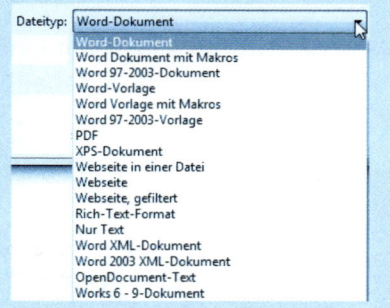

Der Brief an die Familie Müller wurde von Word gespeichert. Dies erkennen Sie ganz oben in der Titelleiste!

Familie Müller - Microsoft Word

Das Dokument bzw. die Datei *»Familie Müller«* befindet sich nun wie die Datei *»Einweihungsfeier«* ebenfalls auf der Festplatte Ihres Computers.

Hinweis

Den Dateityp eines Dokuments ändern Sie schnell über die Registerkarte *Datei* und den Eintrag *Freigeben und Senden*.

Dokumente auf einem anderen Datenträger speichern

Gelegentlich kann es vorkommen, dass Sie Ihr Dokument auf einem anderen, externen Datenträger speichern möchten. Das können Sie mithilfe einer CD-ROM oder eines USB-Sticks erledigen.

Von Word aus können Sie Daten auf einen USB-Stick übertragen.

Der USB-Stick

Am häufigsten finden USB-Sticks (= Universal-Serial-Bus-Sticks) als Speichermedien Anwendung.

Sie sind dann, auch wenn sie keinerlei bewegliche Teile enthalten, Laufwerk und Speichermedium in einem (wie eine Festplatte).

Wenn Sie ein Dokument auf einem USB-Stick speichern möchten, geben Sie den zugehörigen Laufwerkbuchstaben an.

> **Hinweis**
>
> Die Betriebssysteme Windows Vista, Windows ME, Windows 2000, Windows XP und Windows 7 erkennen USB-Speichersticks automatisch, sobald ein solcher an den PC angeschlossen wird.

Die Seitenansicht

Bevor Sie ein Dokument ausdrucken, sollten Sie dieses in der Seitenansicht überprüfen. Die Seitenansicht ist quasi die Vorkontrolle – eine Druckvorschau – vor dem Ausdruck. Es könnte ja sein, dass Sie noch etwas am Erscheinungsbild ändern möchten.

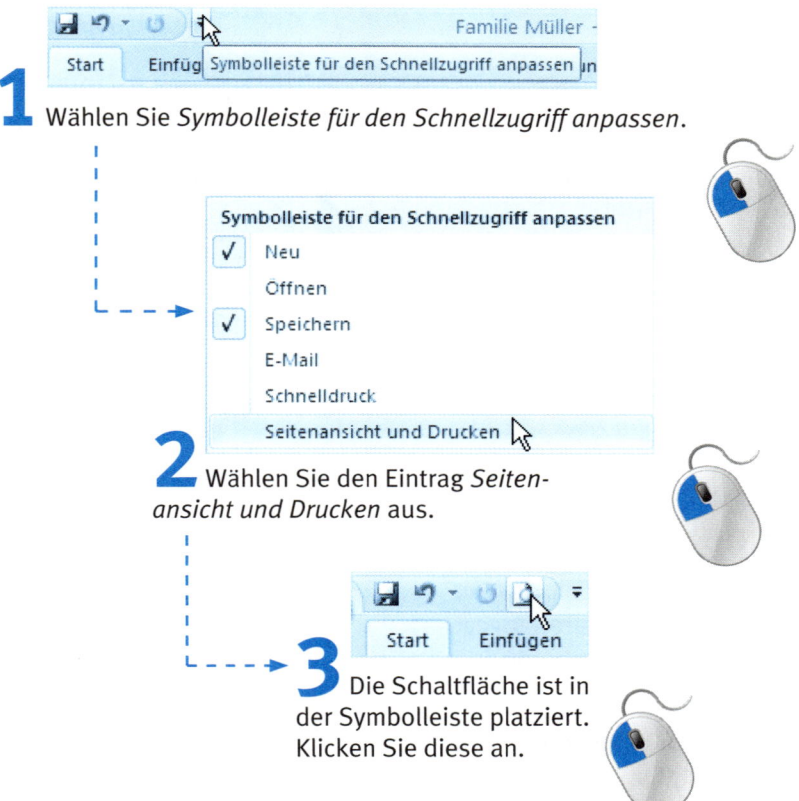

1 Wählen Sie *Symbolleiste für den Schnellzugriff anpassen*.

2 Wählen Sie den Eintrag *Seiten- ansicht und Drucken* aus.

3 Die Schaltfläche ist in der Symbolleiste platziert. Klicken Sie diese an.

Tipp

Drücken Sie die Tasten [Strg]+[F2], gelangen Sie direkt zur Seiten- ansicht.

Sie gelangen zur Seitenansicht und überprü- fen den Ausdruck in der Vorschau. Dassel- be Bild erhalten Sie beim Drucken über die Registerkarte *Start*, wenn Sie den Ausdruck präzisieren (z. B. Anzahl der Exemplare).

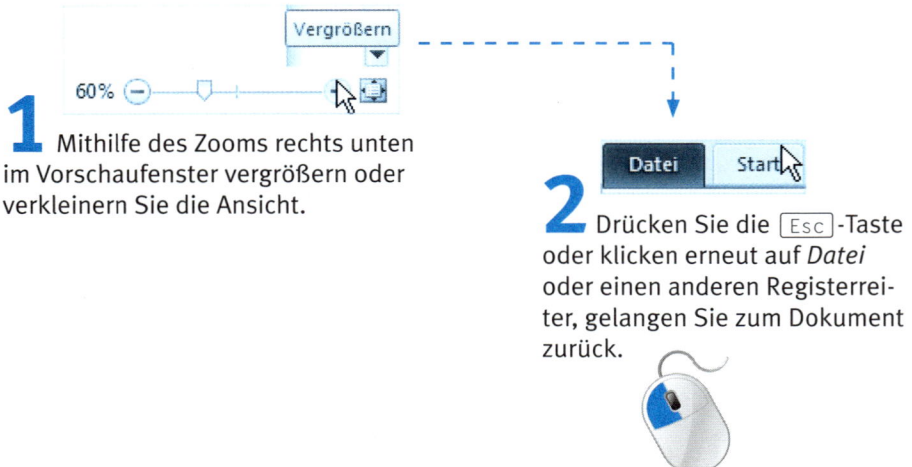

1 Mithilfe des Zooms rechts unten im Vorschaufenster vergrößern oder verkleinern Sie die Ansicht.

2 Drücken Sie die Esc-Taste oder klicken erneut auf *Datei* oder einen anderen Registerreiter, gelangen Sie zum Dokument zurück.

Der Schnelldruck

Sind Sie mit dem Aussehen des Dokuments schon in der Seitenansicht zufrieden, können Sie auch von hier aus drucken.

Natürlich können Sie auch direkt drucken, ohne jedes Mal vorher die Seitenansicht aufzurufen.

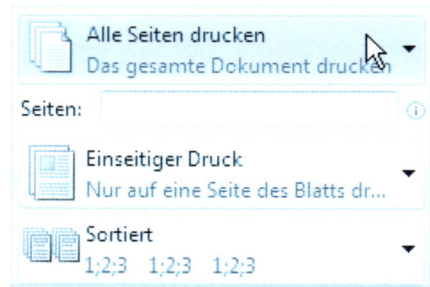

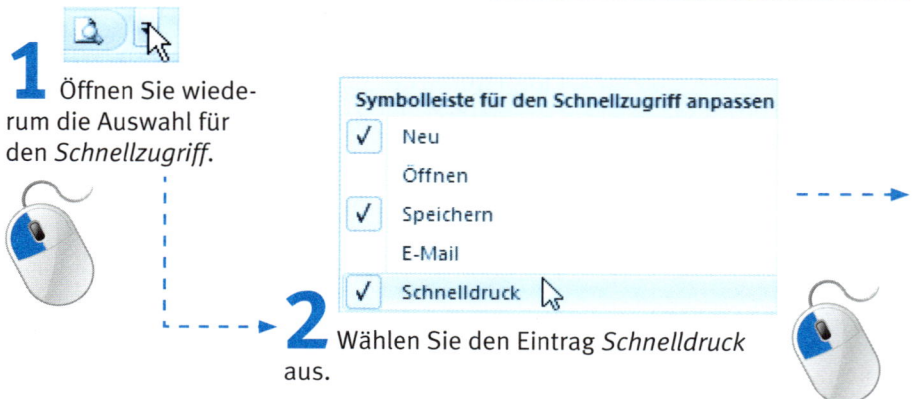

1 Öffnen Sie wiederum die Auswahl für den *Schnellzugriff*.

2 Wählen Sie den Eintrag *Schnelldruck* aus.

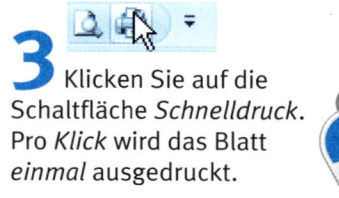 

3 Klicken Sie auf die Schaltfläche *Schnelldruck*. Pro *Klick* wird das Blatt *einmal* ausgedruckt.

Wird ein Dokument – ohne Angabe eines Bereichs – ausgegeben, druckt Word 2010 alle beschriebenen Seiten.

Um einen bestimmten Bereich zu drucken, markieren Sie diesen, wählen die *Datei*-Registerkarte und klicken auf den Befehl *Drucken*.

Tipp

Um das Dialogfeld *Drucken* direkt zu öffnen, drücken Sie die Tastenkombination Strg + P.

Dann öffnen Sie die Auswahl bei *Alle Seiten drucken* und geben *Auswahl drucken* an.

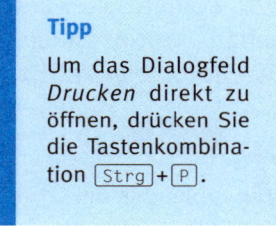

Alle Seiten drucken
Das gesamte Dokument druck...

Unter dem Eintrag *Drucken* können Sie noch weitere Angaben (wie Seiten von ... bis ...) spezifizieren.

Außerdem lässt sich festlegen, *wie viele Exemplare* Sie von Ihrem Dokument wünschen. Entsprechend der Angaben wählen Sie hier Ihren Druck aus.

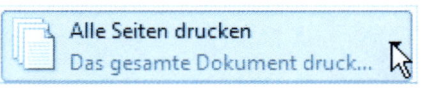

Einstellungen

Benutzerdefinierten Bereich dr...
Bestimmte Seiten oder Abschn...

Seiten: 1-3

Einseitiger Druck
Nur auf eine Seite des Blatts dr...

Sortiert
1,2,3   1,2,3   1,2,3

Hochformat

A4
21 cm x 29,7 cm

Normale Seitenränder
Links: 2,5 cm   Rechts: 2,5 cm

1 Seite pro Blatt

Seite einrichten

Drucken

Exemplare: 7

Drucken

Klicken Sie hier noch auf *Seiten einrichten*, legen Sie z. B. Seitenränder und Papiergröße fest.

Sie verlassen den Druckbe-
reich wieder, indem Sie die
⌷Esc⌷-Taste drücken oder
eine beliebige Registerkarte anklicken.

Dokumente als PDF-Dateien erstellen

Sogenannte PDF-Dateien können ohne spezielle Programme nicht geändert werden. Sie werden nur gelesen. So, wie Sie Ihr Dokument gestaltet
haben, wird es durch die PDF-Dateien dargestellt. (XPS ist ein ähnliches
Dateiformat wie PDF.)

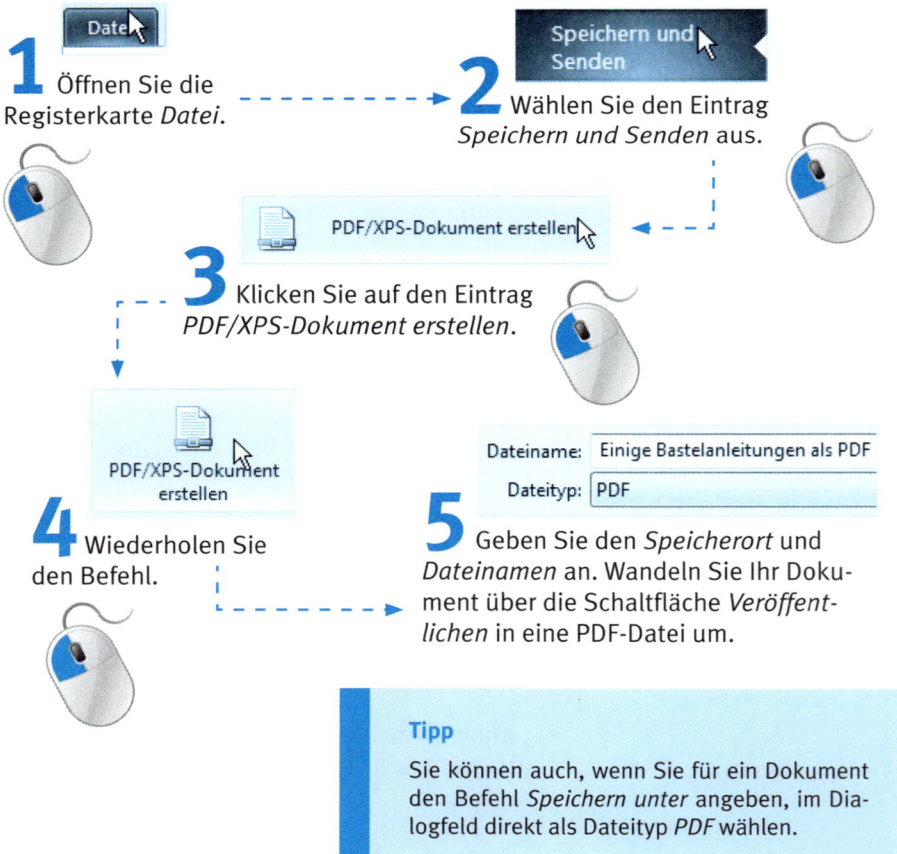

1 Öffnen Sie die
Registerkarte *Datei*.

2 Wählen Sie den Eintrag
Speichern und Senden aus.

3 Klicken Sie auf den Eintrag
PDF/XPS-Dokument erstellen.

4 Wiederholen Sie
den Befehl.

5 Geben Sie den *Speicherort* und
Dateinamen an. Wandeln Sie Ihr Dokument über die Schaltfläche *Veröffent-
lichen* in eine PDF-Datei um.

Um PDF-Dateien lesen zu können, benötigen Sie ggf. eine Software wie den *Adobe Reader*.

1 http://www.adobe.com/de/
Starten Sie Ihre Internetverbindung und tippen Sie die Internet-
adresse ein. Sie gelangen direkt zur
deutschen Internetseite von Adobe.

2 Klicken Sie auf
Get ADOBE READER.

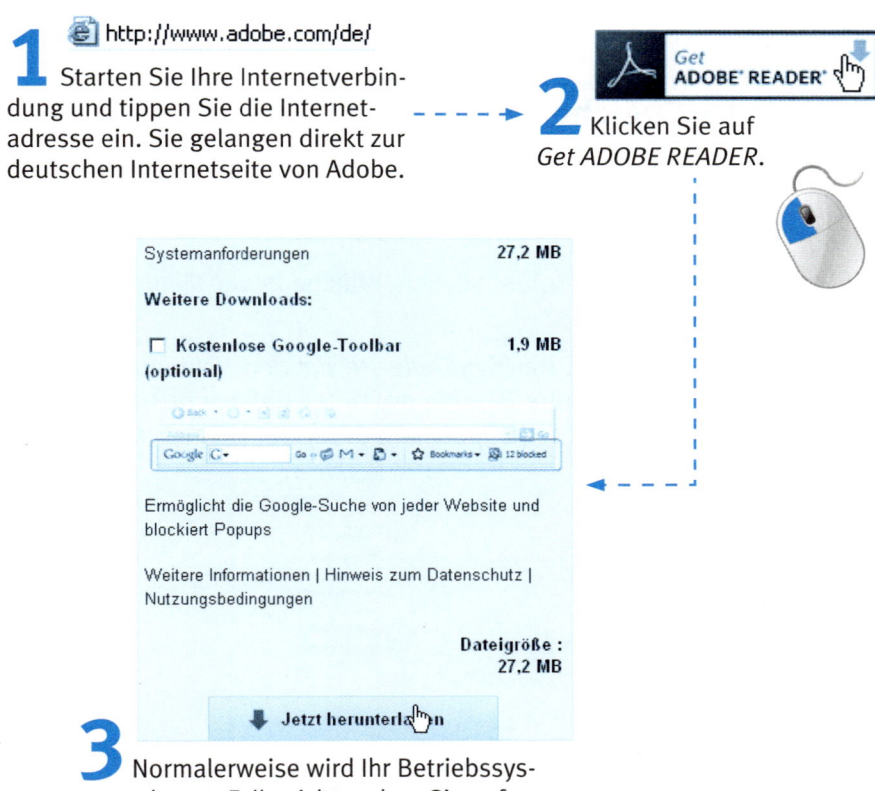

3 Normalerweise wird Ihr Betriebssystem erkannt. Falls nicht, geben Sie ggf.
an, welches Betriebssystem auf dem PC
installiert ist.

Beachten Sie, ob Sie die Google-Toolbar nutzen möchten oder nicht. Deaktivieren Sie dann das Häkchen. Ansonsten wird sie mit heruntergeladen
und installiert!

Aktivieren Sie den Download. Das Programm wird auf Ihrem PC heruntergeladen und installiert.

Um Ihre PDF-Datei zu starten, öffnen Sie das Programm *Adobe Reader* und
geben über die Menüpunkte *Datei* und *Öffnen* den Speicherort an.

Tipps zum Kapitel

Die Tipps runden das Kapitel ab. Nehmen Sie sich noch die Zeit dafür, um Ihr Wissen zu erweitern.

Schaltfläche Speichern unter

Wie Sie bemerkt haben, benötigen Sie den Befehl *Speichern unter* häufiger. Bis jetzt mussten Sie immer den Weg über die Registerkarte *Datei* wählen oder sich merken, die Taste F12 zu drücken.

Was liegt da näher, als den Befehl als Schaltfläche in der *Symbolleiste für den Schnellzugriff* anzulegen?

Öffnen Sie die Auswahl bei der *Symbolleiste für den Schnellzugriff* und wählen Sie den Eintrag *Weitere Befehle* an. Unter *Befehle ausführen* aktivieren Sie *Alle Befehle* und fügen *Speichern unter* der Leiste hinzu.

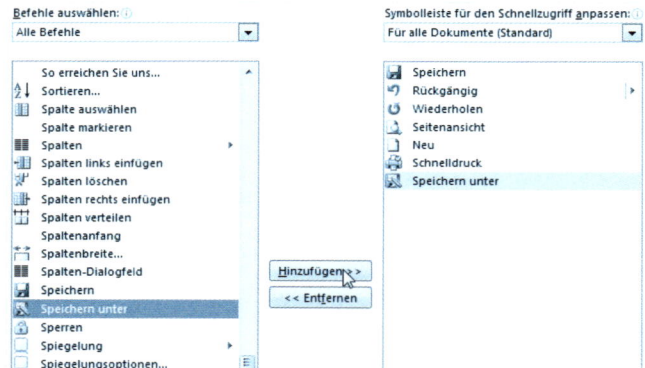

Sobald Sie mit *OK* bestätigen, wird die Schaltfläche in der *Symbolleiste für den Schnellzugriff* angelegt (siehe auch **Kapitel 16**).

> **Hinweis**
>
> Sie können noch den Befehl *Alle speichern* einbinden und sich so ein paar Mausklicks sparen. Sie finden den Befehl ebenfalls unter *Alle Befehle* (siehe *Kapitel 16*).

Damit alles auf eine Seite passt ...

Bei längeren Dokumenten passiert es manchmal, dass gerade die letzte Zeile auf eine neue Seite rutscht. Das Ergebnis ist eine fast leere Druckseite. Ansehnlicher wäre es, wenn die letzte Zeile auf die Vorgängerseite rückt. Sie legen dazu die Schaltfläche über die *Symbolleiste für den Schnellzugriff* an:

Auswahl bei der *Symbolleiste für den Schnellzugriff* öffnen – *Weitere Befehle – Zuletzt verwendete Datei – Befehle ausfüh-*

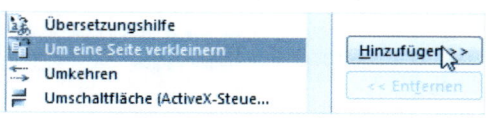

ren: *Alle Befehle – Hinzufügen – OK* (siehe auch **Kapitel 16**).

Sie können das Dokument mit einem Mausklick auf die Schaltfläche so weit verkleinern, bis es auf die gewünschte Anzahl Seiten passt. Mehrseitige Dokumente lassen sich damit sogar auf eine einzelne Seite reduzieren.

Üben Sie mit Word 2010!

Fragen

1. Wie legen Sie fest, dass Sie nur eine bestimmte Textpassage Ihres Dokuments ausdrucken möchten?

2. Sie möchten ein Dokument speichern. Dazu gibt es die Wege:

   a) *Speichern unter*

   b) *Speichern*

   Welchen Weg wählen Sie, wenn Sie Folgendes machen möchten?

   – Sie legen ein neues Dokument an, schreiben und möchten Ihre Arbeit speichern.

   – Sie arbeiten an einem bereits gespeicherten Dokument und möchten nur die Änderungen speichern.

   – Sie arbeiten an einem bereits gespeicherten Dokument und möchten Ihre neue Arbeit unter einem anderen Dateinamen speichern.

> **Achtung**
>
> Beenden Sie Word! Ihre Dokumente sind gespeichert. Im nächsten Kapitel lernen Sie, wie man auf gespeicherte Dokumente wieder zurückgreift.

Kapitel 6

Dokumente öffnen, schützen und löschen

Sie möchten mit Ihrer Arbeit von gestern, letzter Woche, letztem Jahr heute weitermachen? Im letzten Kapitel lernten Sie das Aufbewahren – Speichern – von Dokumenten kennen. Doch wie bringen Sie diese wieder auf Ihren Bildschirm zurück?
In diesem Kapitel erfahren Sie, wie Sie gespeicherte Dokumente wieder auf den Bildschirm holen.
Damit Unbefugte keinen Zugriff auf Ihre persönlichen Daten erhalten, schützen Sie diese.
Ist ein Dokument überflüssig geworden, wird die Datei gelöscht.

Dokumente starten

Um ein Dokument in Word 2010 zu öffnen, muss es zunächst (wie in **Kapitel 5** erläutert) gespeichert werden.

Danach haben Sie vielleicht Word 2010 beendet, und ein paar Stunden oder Tage sind ins Land gezogen.

Fachwort

Den Vorgang der Wiederverwendung bzw. des Startens eines Dokuments bezeichnet man als *Öffnen*.

Sie haben Word 2010 neu gestartet und möchten nun mit einem gespeicherten Dokument weiterarbeiten.

Zum besseren Verständnis ein Beispiel:

Praxis im Büroalltag	Word
Einen Aktenordner aufschlagen	Word 2007 starten
Ein Schriftstück herausnehmen	Ein Dokument öffnen

Sie haben also bereits den Aktenordner geöffnet und brauchen nur das Dokument hervorzuholen.

Dazu klicken Sie in Word auf die Schaltfläche *Öffnen* (wird in den nächsten Schritten angelegt) oder wählen über die Registerkarte *Datei* den Eintrag *Öffnen*. In beiden Fällen gelangen Sie in dasselbe Dialogfeld.

Beachten Sie stets den Speicherort eines Dokuments, hier im Beispiel ist das *Bibliotheken/Dokumente* (siehe **Kapitel 5**).

Sollten Sie ein Dokument in einem anderen Ordner gespeichert haben, müssen Sie das bei *Suchen in* angeben. Dies kann z. B. der Fall sein, wenn sich das Dokument auf einem USB-Stick (Laufwerk F) befindet.

1 Öffnen Sie die Auswahl für den *Schnellzugriff*.

Tipp

Drücken Sie die Tasten [Strg]+[O], gelangen Sie direkt zum Dialogfeld *Öffnen*.

Symbolleiste für den Schnellzugriff anpassen

✓ Neu

Öffnen

✓ Speichern

2 Wählen Sie den Eintrag *Öffnen*.

Öffnen (Strg+O)

3 Die Schaltfläche *Öffnen* wird in die Symbolleiste für den Schnellzugriff platziert. Klicken Sie diese Schaltfläche an, um das Dialogfeld *Öffnen* anzuzeigen.

▲ 📁 Bibliotheken
  ▷ 🖼 Bilder
  ▷ 📄 Dokumente
  ▷ 🎵 Musik
  ▷ 🎬 Videos

4 Geben Sie ggf. den Speicherort (siehe *Kapitel 5*) an. Hier: *Bibliotheken/Dokumente*.

Weitere Optionen

5 Wählen Sie im Dialogfeld bei *Ansicht ändern* aus Gründen der Einheitlichkeit *Weitere Optionen* ...

📷 Extra große Symbole

🖼 Große Symbole

🔲 Mittelgroße Symbole

6 ... und klicken Sie auf den Eintrag *Mittelgroße Symbole*.

Als Letztes geben Sie den Dateinamen des Dokuments an, das Sie öffnen möchten, hier: »Familie Müller«.

Sie klicken entweder doppelt mit der linken Maustaste auf den Namen der Datei oder markieren ihn mit einem einfachen Klick. Anschließend bestätigen Sie über die Schaltfläche *Öffnen*. Beide Wege führen nach Rom – oh, Verzeihung – auf Ihren Monitor: Das gewählte, ange-klickte Dokument öffnet sich.

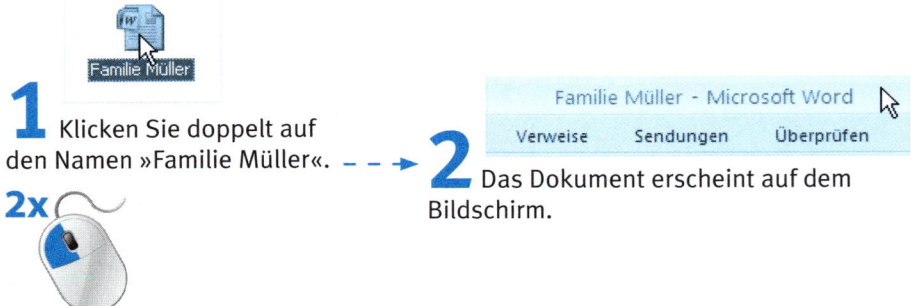

1 Klicken Sie doppelt auf den Namen »Familie Müller«.

2x

2 Das Dokument erscheint auf dem Bildschirm.

Zuletzt verwendete Dokumente

Klicken Sie auf die Registerkarte **Datei**, werden die *zuletzt* von Ihnen *bear-beiteten Dokumente* aufgeführt.

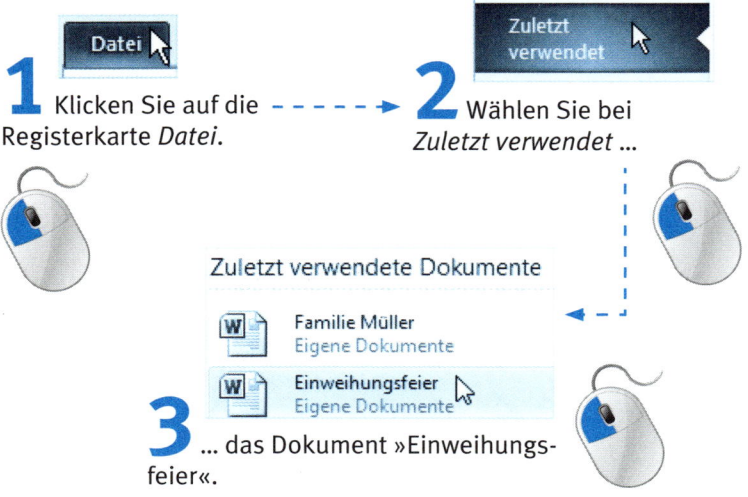

1 Klicken Sie auf die Registerkarte *Datei*.

2 Wählen Sie bei *Zuletzt verwendet …*

Zuletzt verwendete Dokumente

Familie Müller
Eigene Dokumente

Einweihungsfeier
Eigene Dokumente

3 … das Dokument »Einweihungs-feier«.

Schnellzugriff auf zuletzt verwendete Dokumente

Sie sparen ein wenig Zeit, indem Sie sich die zuletzt verwendeten Dokumente in der Registerkarte *Datei* anlegen.

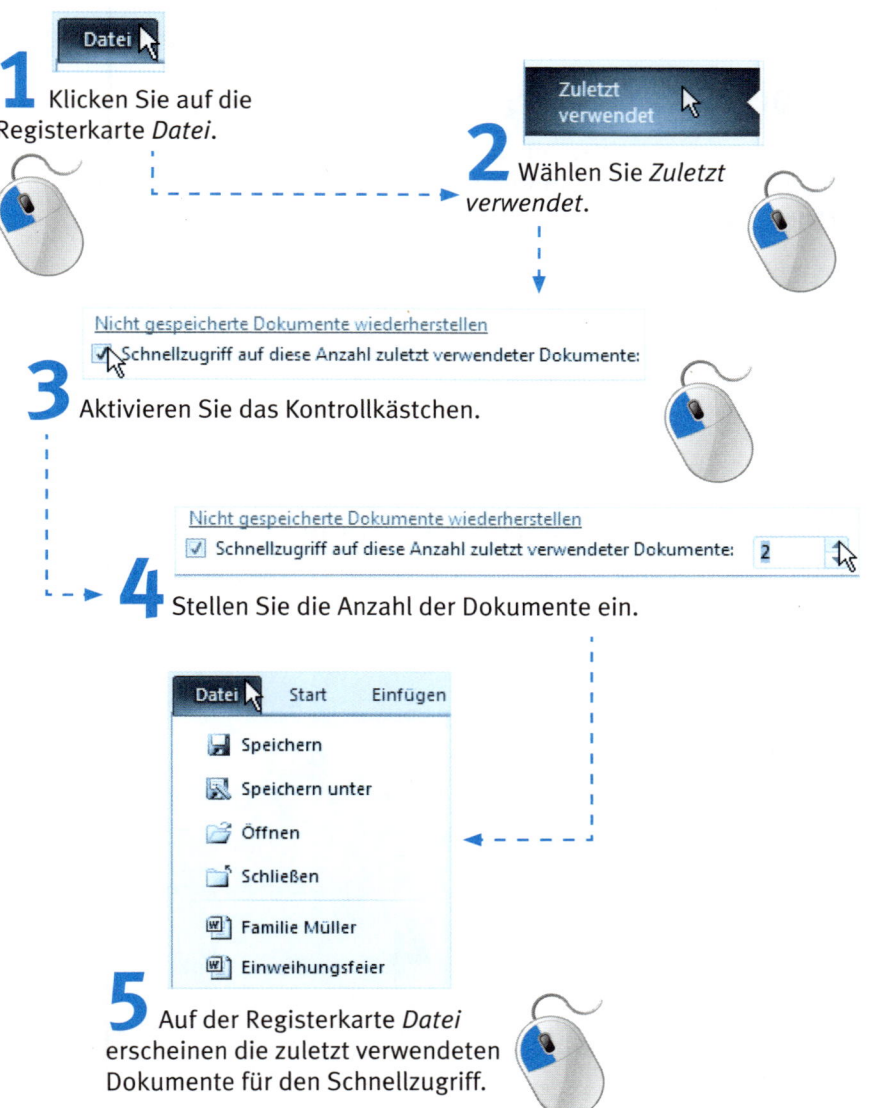

1 Klicken Sie auf die Registerkarte *Datei*.

2 Wählen Sie *Zuletzt verwendet*.

3 Aktivieren Sie das Kontrollkästchen.

4 Stellen Sie die Anzahl der Dokumente ein.

5 Auf der Registerkarte *Datei* erscheinen die zuletzt verwendeten Dokumente für den Schnellzugriff.

Sie blenden die zuletzt verwendeten Dokumente auf der
Registerkarte **Datei** wieder
aus, indem Sie das Häkchen entfernen.

Nicht gespeicherte Dokumente wiederherstellen

Schnellzugriff auf diese Anzahl zuletzt verwendeter Dokumente:

Noch schneller geht's, wenn Sie den Tipp **Schnellzugriff: zuletzt verwendete Dokumente** am Ende des Kapitels beachten!

Fenster in Word

Sie wechseln zwischen den einzelnen Dokumenten hin und her. Sie holen
eines in den Vordergrund, indem Sie es aktivieren. Dazu haben Sie z. B.
zwei Möglichkeiten.

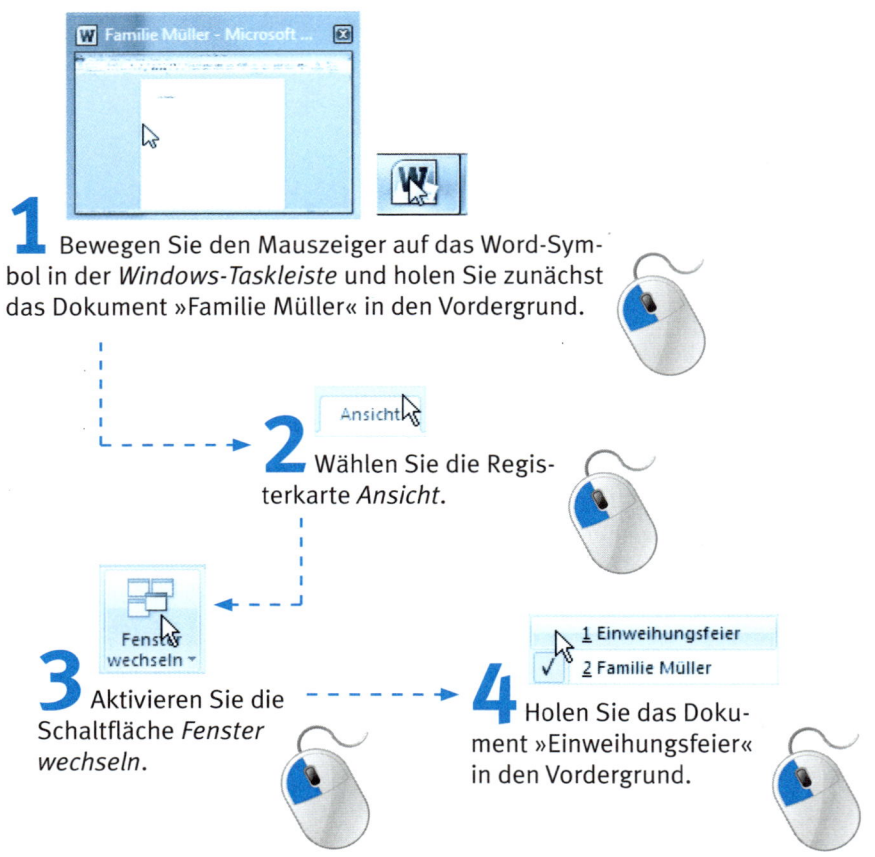

1 Bewegen Sie den Mauszeiger auf das Word-Symbol in der *Windows-Taskleiste* und holen Sie zunächst das Dokument »Familie Müller« in den Vordergrund.

2 Wählen Sie die Registerkarte *Ansicht*.

3 Aktivieren Sie die Schaltfläche *Fenster wechseln*.

4 Holen Sie das Dokument »Einweihungsfeier« in den Vordergrund.

Daten vor fremden Zugriffen schützen

Sie möchten diese Datei vor fremdem Zugriff schützen bzw. die Bearbeitung einschränken, sodass das Dokument nicht geändert werden kann. Dazu müssen Sie sich ein *Kennwort* überlegen.

Geben Sie hier für dieses Beispiel als Geheimwort *Easy* ein.

Überprüfen

1 Wählen Sie die Registerkarte *Überprüfen*.

2 Aktivieren Sie die Schaltfläche *Bearbeitung einschränken*.

2. Bearbeitungseinschränkungen

Nur diese Bearbeitungen im Dokument zulassen:

Keine Änderungen (Schreibgeschützt

3 Der Aufgabenbereich öffnet sich auf der rechten Seite des Bildschirms. Sie können nun die Bearbeitungen für das Dokument einschränken. Geben Sie in diesem Beispiel an, dass keine Änderungen zugelassen sind. Aktivieren Sie dazu das Kontrollkästchen *Nur diese Bearbeitungen im Dokument zulassen.*

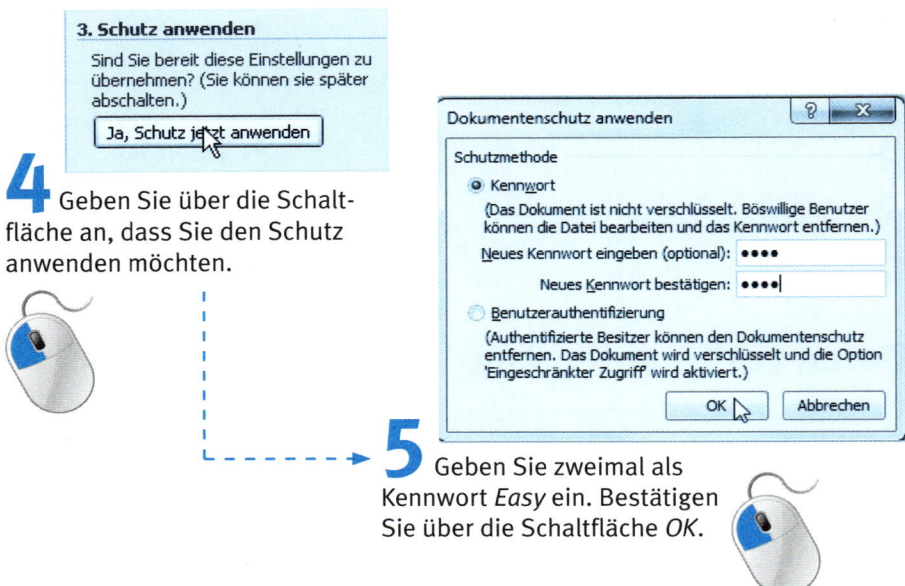

4 Geben Sie über die Schaltfläche an, dass Sie den Schutz
anwenden möchten.

5 Geben Sie zweimal als
Kennwort *Easy* ein. Bestätigen
Sie über die Schaltfläche *OK*.

Das Dokument kann ab
jetzt nicht mehr geändert

Diese Änderung ist nicht zulässig, weil die Auswahl gesperrt ist.

werden. Diese Meldung sehen Sie unten in der Statusleiste, nachdem Sie
versuchen, einen Buchstaben einzutippen.

Sie können jederzeit den Schutz Ihres Dokuments wieder aufheben. Dazu
wählen Sie den Weg wie zuvor.

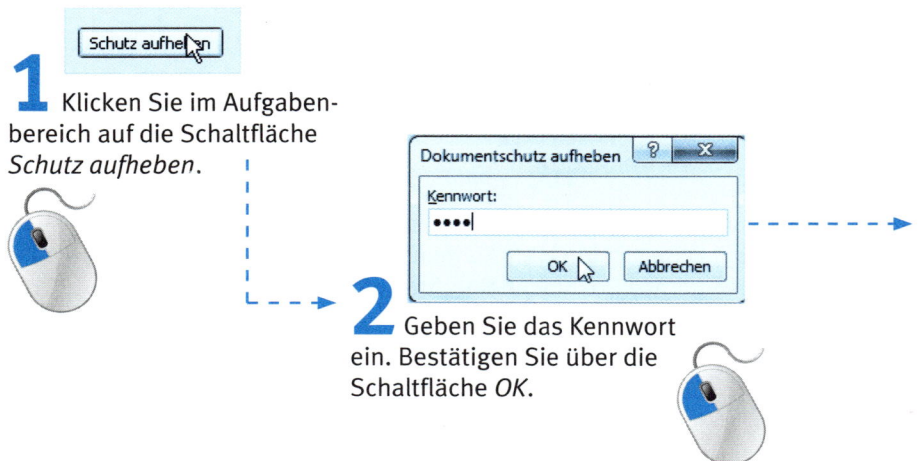

1 Klicken Sie im Aufgabenbereich auf die Schaltfläche
Schutz aufheben.

2 Geben Sie das Kennwort
ein. Bestätigen Sie über die
Schaltfläche *OK*.

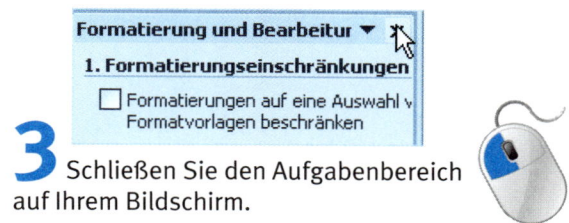

3 Schließen Sie den Aufgabenbereich auf Ihrem Bildschirm.

Im Dialogfeld *Speichern unter* können Sie sogar festlegen, ob Sie das Öffnen einer Datei ganz verhindern möchten. Auch hier können Sie einen Schreibschutz festlegen.

1 Drücken Sie die F12 -Taste.

Tools

2 Das Dialogfeld *Speichern unter* öffnet sich. Klicken Sie die Schaltfläche *Tools* bzw. *Extras* an.

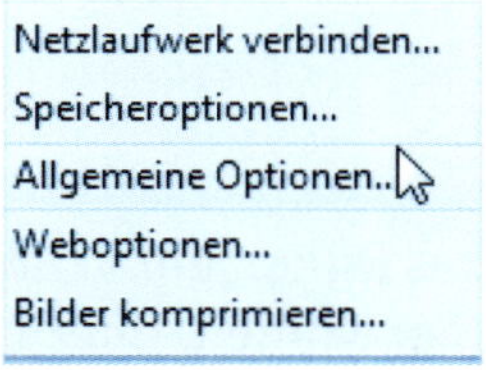

Netzlaufwerk verbinden...
Speicheroptionen...
Allgemeine Optionen..
Weboptionen...
Bilder komprimieren...

3 Aktivieren Sie hier *Allgemeine Optionen*.

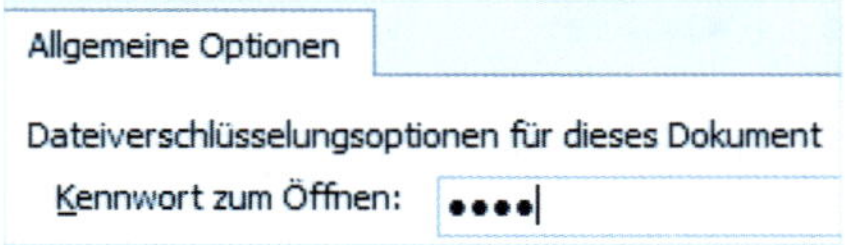

Allgemeine Optionen

Dateiverschlüsselungsoptionen für dieses Dokument
Kennwort zum Öffnen: ●●●●

4 Tippen Sie das Kennwort *Easy* in das Feld *Kennwort zum Öffnen* ein. Auch hier können Sie einen Schreibschutz festlegen.

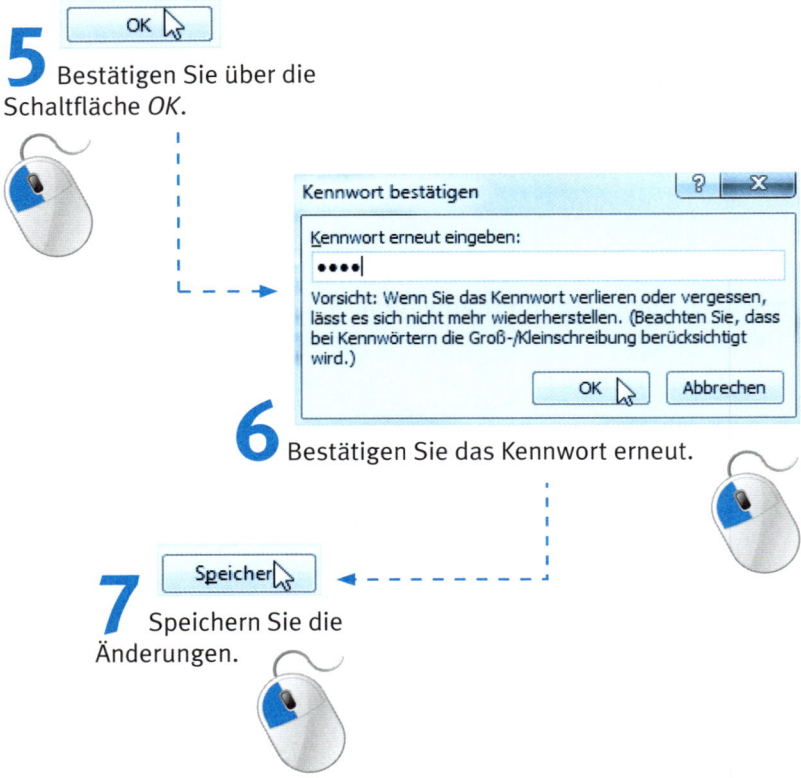

5 Bestätigen Sie über die Schaltfläche *OK*.

6 Bestätigen Sie das Kennwort erneut.

7 Speichern Sie die Änderungen.

Das Kennwort wurde für die Datei angelegt. Das Dokument »Einweihungs-feier« kann nur noch mit dem Wort *Easy* geöffnet werden. Um zu sehen, ob das auch funktioniert, schließen Sie das Dokument »Einweihungsfeier«.

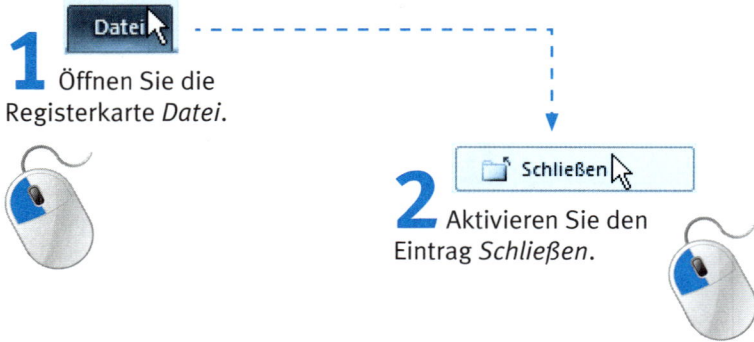

1 Öffnen Sie die Registerkarte *Datei*.

2 Aktivieren Sie den Eintrag *Schließen*.

Beim nächsten Öffnen des Dokuments »Einweihungsfeier« werden Sie von Word aufgefordert, das *Kennwort* einzugeben, ansonsten können Sie die Datei nicht auf Ihrem Bildschirm anzeigen lassen.

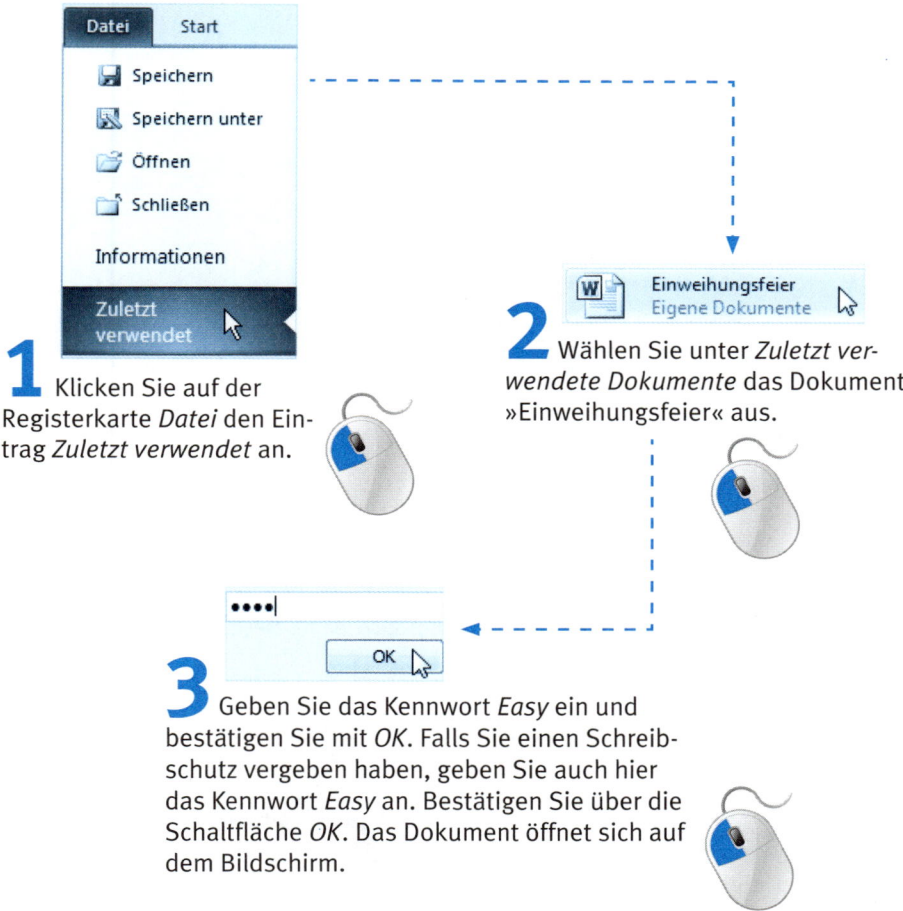

1 Klicken Sie auf der Registerkarte *Datei* den Eintrag *Zuletzt verwendet* an.

2 Wählen Sie unter *Zuletzt verwendete Dokumente* das Dokument »Einweihungsfeier« aus.

3 Geben Sie das Kennwort *Easy* ein und bestätigen Sie mit *OK*. Falls Sie einen Schreibschutz vergeben haben, geben Sie auch hier das Kennwort *Easy* an. Bestätigen Sie über die Schaltfläche *OK*. Das Dokument öffnet sich auf dem Bildschirm.

Sie möchten den Lese- und Schreibschutz für das Dokument »Einweihungsfeier« wieder aufheben? Dazu brauchen Sie nur das Kennwort mit der ⌜Entf⌝-Taste zu löschen.

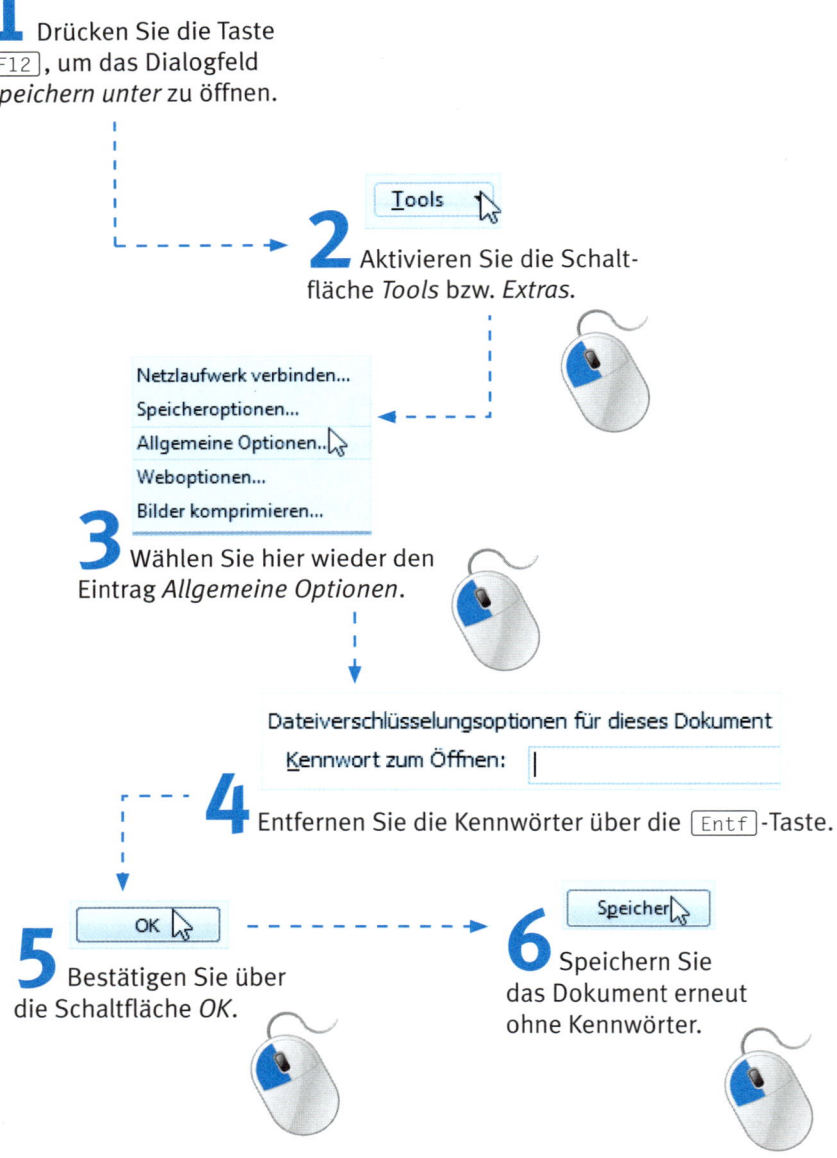

1 Drücken Sie die Taste
F12, um das Dialogfeld
Speichern unter zu öffnen.

2 Aktivieren Sie die Schaltfläche *Tools* bzw. *Extras*.

Tools

Netzlaufwerk verbinden...
Speicheroptionen...
Allgemeine Optionen...
Weboptionen...
Bilder komprimieren...

3 Wählen Sie hier wieder den
Eintrag *Allgemeine Optionen*.

Dateiverschlüsselungsoptionen für dieses Dokument

Kennwort zum Öffnen:

4 Entfernen Sie die Kennwörter über die Entf-Taste.

OK

5 Bestätigen Sie über
die Schaltfläche *OK*.

Speicher

6 Speichern Sie
das Dokument erneut
ohne Kennwörter.

Das Dokument erscheint auf Ihrem Bildschirm.

Hinweis

Klicken Sie auf der Registerkarte *Datei* auf den Eintrag *Informationen*, können Sie über die Schaltfläche *Dokument schützen* entsprechend den Einträgen das Dokument sichern.

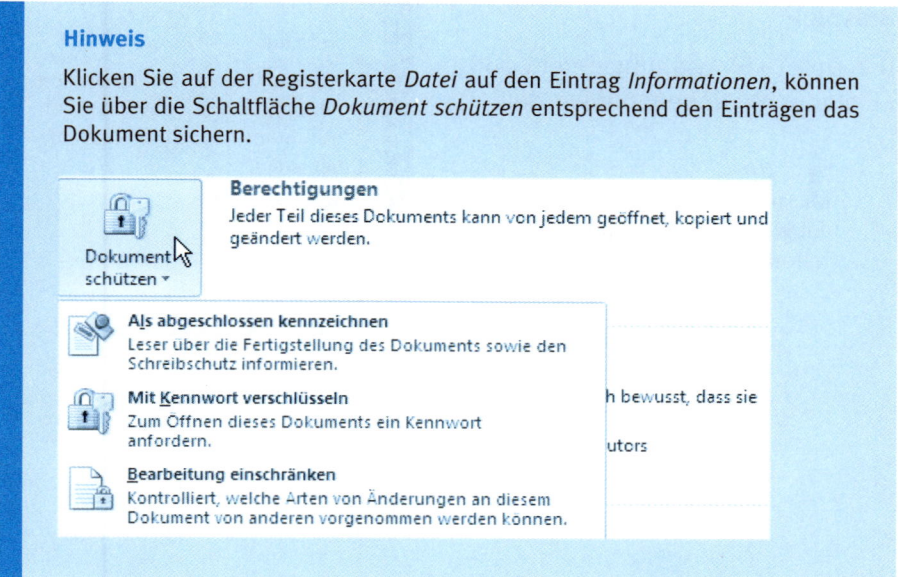

Eine Datei umbenennen

Möchten Sie Ihrer Datei einen anderen Namen zuweisen? Das geschieht auf einfachste Weise. Sie können sich zwischen den Dialogfeldern *Öffnen* und *Speichern unter* entscheiden. Beide Wege führen zum selben Ergebnis.

Tipp

Sie schließen eine Datei auf dem Bildschirm, indem Sie die Tastenkombination [Alt]+[F4] drücken. Damit schließen Sie nicht nur eine Datei auf dem Bildschirm, sondern Sie beenden auch Word, wenn sich nur noch ein gespeichertes Dokument auf dem Bildschirm befindet.

Beispiel:

Die Datei »Einweihungsfeier« soll in »Einladung« umbenannt werden.

Achtung

Möchten Sie ein Dokument um-benennen, muss das Dokument auf Ihrem Bildschirm geschlos-sen sein!

1 Schließen Sie die Datei »Einweihungsfeier« über die Tastenkombination [Alt]+[F4].

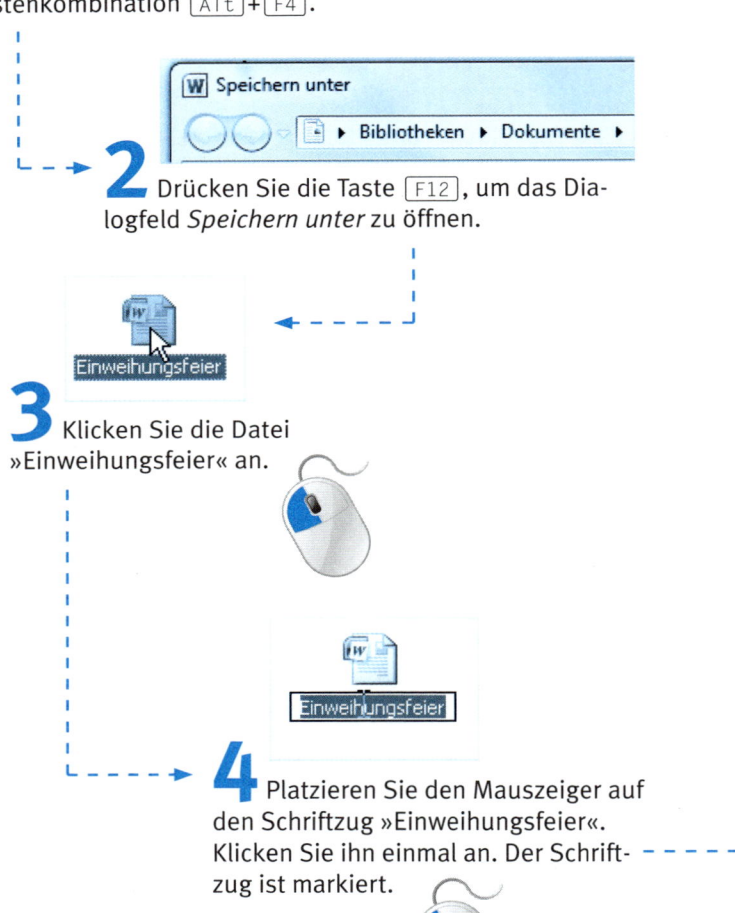

2 Drücken Sie die Taste [F12], um das Dia-logfeld *Speichern unter* zu öffnen.

3 Klicken Sie die Datei »Einweihungsfeier« an.

4 Platzieren Sie den Mauszeiger auf den Schriftzug »Einweihungsfeier«. Klicken Sie ihn einmal an. Der Schrift-zug ist markiert.

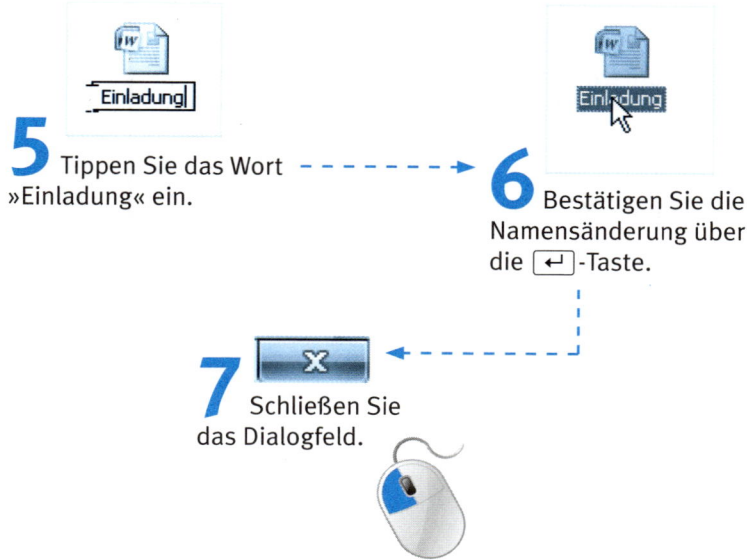

5 Tippen Sie das Wort »Einladung« ein.

6 Bestätigen Sie die Namensänderung über die ⏎ -Taste.

7 Schließen Sie das Dialogfeld.

Die Datei heißt von nun an nicht mehr »Einweihungsfeier«, sondern trägt den Namen »Einladung«. Eine Datei mit dem Namen »Einweihungsfeier« existiert nicht mehr! Die Datei »Einladung« muss in Word 2010 zunächst über die Schaltfläche *Öffnen* gestartet werden.

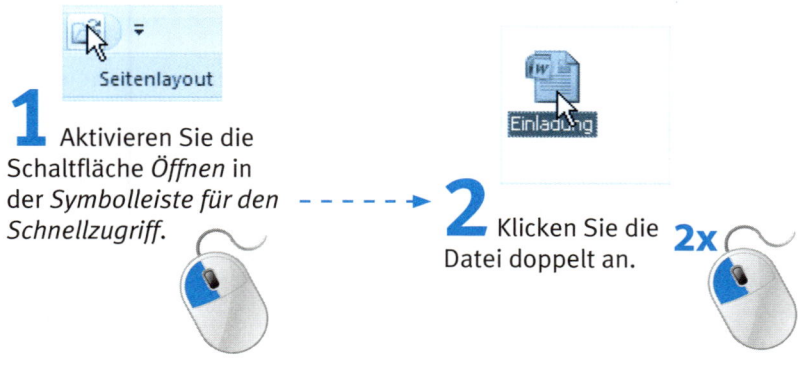

1 Aktivieren Sie die Schaltfläche *Öffnen* in der *Symbolleiste für den Schnellzugriff*.

2 Klicken Sie die Datei doppelt an. **2x**

Die Datei erscheint auf dem Bildschirm.

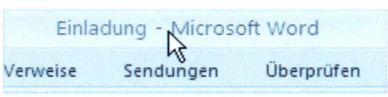

Eine Datei löschen

Sie möchten ein Dokument entfernen, da Sie es nicht mehr benötigen. Also weg damit! Das können Sie auch über Word 2010 direkt erledigen.

Beispiel:

Das Dokument »Familie Müller« soll gelöscht werden.

Sie haben wieder die Qual der Wahl. Sie können entweder das Dialogfeld

> **Achtung**
>
> Um ein Dokument zu löschen, darf es nicht am Bildschirm angezeigt, also geöffnet sein.

Speichern unter oder das Dialogfeld *Öffnen* wählen. In beiden Fällen können Sie ein bestehendes Dokument bzw. eine Datei löschen.

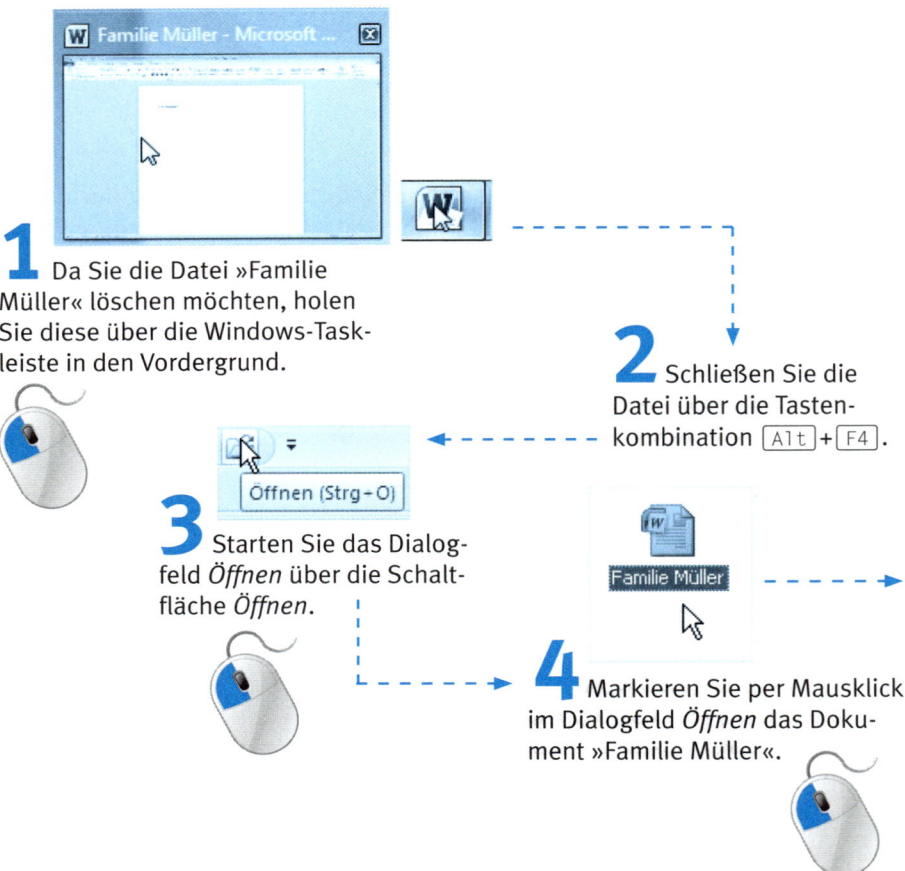

1 Da Sie die Datei »Familie Müller« löschen möchten, holen Sie diese über die Windows-Taskleiste in den Vordergrund.

2 Schließen Sie die Datei über die Tastenkombination Alt+F4.

3 Starten Sie das Dialogfeld *Öffnen* über die Schaltfläche *Öffnen*.

4 Markieren Sie per Mausklick im Dialogfeld *Öffnen* das Dokument »Familie Müller«.

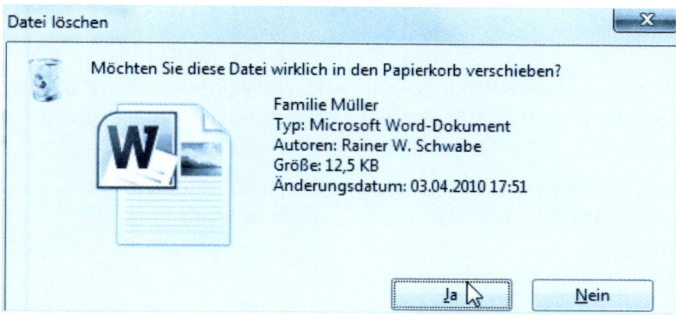

5 Drücken Sie die ⸤Entf⸥-Taste. Bestätigen Sie die Rückfrage mit *Ja*. Das Dokument wird gelöscht.

Das Dokument »Familie Müller« wurde von Ihrem Computer – der Festplatte – entfernt!

Auf dem Windows-Desktop befindet sich ein *Papierkorb*. Hier haben Sie die Möglichkeit, die Datei endgültig zu löschen, können aber auch versehentlich gelöschte Dateien wiederherstellen.

Markieren Sie z. B. per Mausklick die gelöschte Datei im Papierkorb, können Sie diese über die ⸤Entf⸥-Taste endgültig löschen oder über die Schaltfläche *Element wiederherstellen* wieder zurück an den Ursprungsort verschieben.

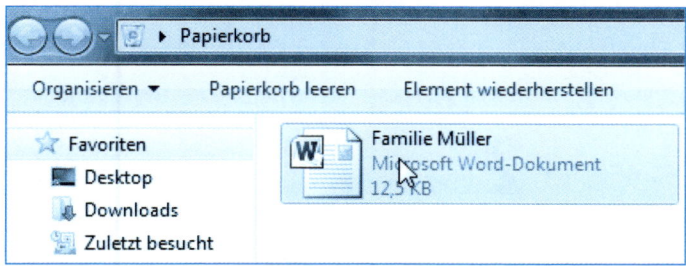

> **Achtung**
>
> Obwohl die Dateien umbenannt oder gelöscht worden sind, erscheinen sie, wenn Sie die Registerkarte *Start* anklicken, trotzdem noch bei den zuletzt verwendeten Dokumenten.
>
> Hier werden die Dokumente angezeigt, die Sie zuletzt geöffnet haben, gleichgültig, ob sie danach z. B. umbenannt oder gelöscht worden sind.

Die Schaltfläche Schließen anlegen

Sie haben in diesem Kapitel mehrere Wege kennengelernt, um eine Datei zu schließen:

Dokument schließen	Wege
Tasten	Alt + F4
Maus	Registerkarte *Datei* – Befehl *Schließen*

Natürlich existiert auch eine eigene Schaltfläche *Schließen*, die Sie in die *Symbolleiste für den Schnellzugriff* einfügen können.

> **Hinweis**
>
> Mit der Tastenkombination Strg + W schließen Sie ebenfalls ein Dokument auf dem Bildschirm.

1 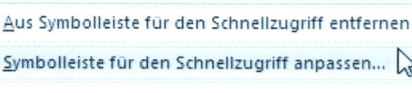 Bewegen Sie den Mauszeiger auf die *Symbolleiste für den Schnellzugriff*. Drücken Sie die rechte Maustaste.

Aus Symbolleiste für den Schnellzugriff entfernen

Symbolleiste für den Schnellzugriff anpassen...

2 Geben Sie den Befehl an.

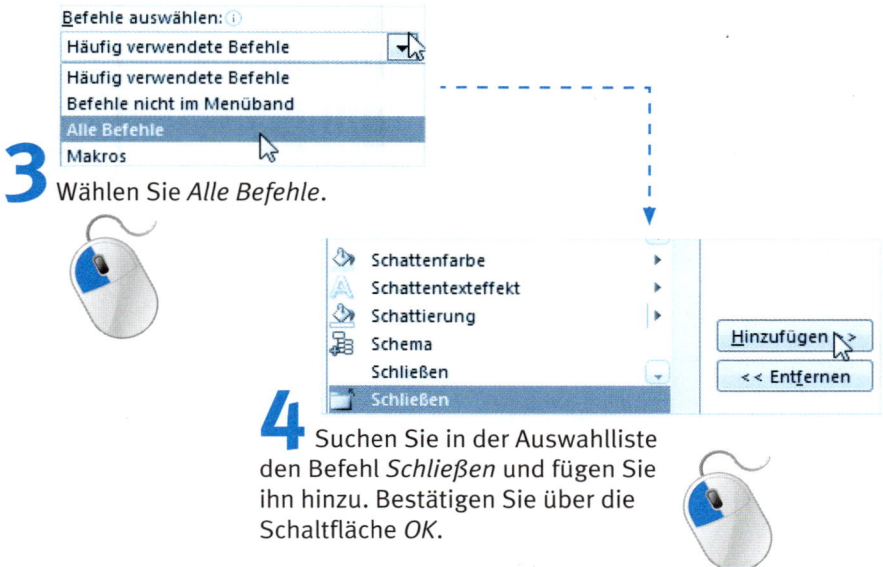

3 Wählen Sie *Alle Befehle*.

4 Suchen Sie in der Auswahlliste den Befehl *Schließen* und fügen Sie ihn hinzu. Bestätigen Sie über die Schaltfläche *OK*.

Die Schaltfläche *Schließen* wurde in die Symbolleiste für den Schnellzugriff aufgenommen. Mit einem Mausklick können Sie nun ein Dokument schließen.

Haben Sie dieses Kapitel Schritt für Schritt bearbeitet, befindet sich noch das Dokument »Einladung« auf dem Bildschirm.

Einladung - Microsoft Word

Tipp

Beachten Sie dazu auch *Kapitel 16*. Dort lernen Sie den Befehl *Alle schließen* kennen.

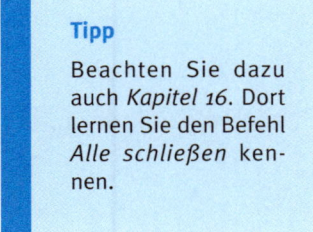

5 Schließen Sie das Dokument über die Schaltfläche *Schließen*.

Sie können eine Schaltfläche schnell wieder entfernen. Dazu bewegen Sie den Mauszeiger

Aus Symbolleiste für den Schnellzugriff entfernen

Symbolleiste für den Schnellzugriff anpassen...

auf die Schaltfläche in der *Symbolleiste für den Schnellzugriff*. Klicken Sie mit der rechten Maustaste und geben Sie den entsprechenden Befehl an.

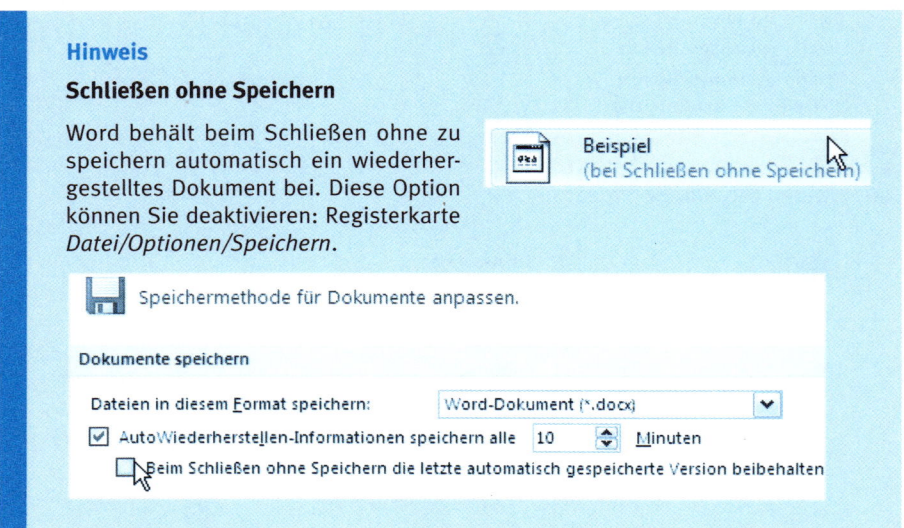

Nachdem sich kein Dokument mehr auf dem Bildschirm befindet, können Sie z. B. durch einen Doppelklick auf die *Word*-Schaltfläche Word 2010 beenden.

Falls Sie die anschließenden Übungen durchführen möchten, starten Sie Word 2010 erneut oder klicken Sie (falls Sie Word 2010 nicht beendet haben) auf die  Schaltfläche *Neu*, um ein neues Dokument zu öffnen (oder drücken Sie die Tastenkombination Strg+N).

Tipps zu diesem Kapitel

Die Tipps runden das Kapitel ab. Nehmen Sie sich noch die Zeit dafür, um Ihr Wissen zu erweitern.

Ältere Dokumente öffnen

Öffnen Sie Dokumente, die in einer Version vor Word 2010 gespeichert wurden, sind einige Funktionen deaktiviert. Damit auch hier alle Funktionen von Word 2010 zur Verfügung stehen, können Sie diese älteren Dokumente »aktualisieren«. Klicken Sie dazu auf die Registerkarte *Datei* und wählen Sie den Eintrag *Informationen*. Geben Sie dann *Konvertieren* an.

Schnellzugriff: zuletzt verwendete Dokumente

Sie können auf die zuletzt verwendeten Dokumente noch schneller zugreifen, indem Sie eine entsprechende Schaltfläche in der *Symbolleiste für den Schnellzugriff* anlegen:

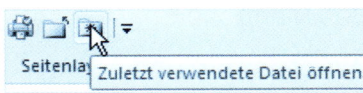

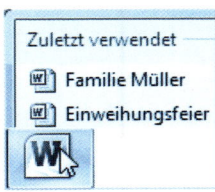

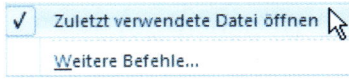

Auswahl bei der *Symbolleiste für den Schnellzugriff* öffnen – *Zuletzt verwendete Datei öffnen* aktivieren.

Klicken Sie mit der rechten Maustaste auf das *Word*-Symbol in der Windows-Taskleiste, werden Ihnen die zuletzt verwendeten Dokumente angezeigt.

Üben Sie mit Word 2010!

Üben Sie zum Schluss des Kapitels noch einmal mit Word. Können Sie eine Übung nicht ausführen, sollten Sie die entsprechende Stelle in diesem Kapitel noch einmal durchgehen.

Fragen

1. Können Sie eine Datei, die sich auf Ihrem Bildschirm befindet, löschen?

2. Was ist ein Ordner?

Übungen

1. Mehrere Wege sind für die folgenden Schritte 1 bis 4 möglich. Starten Sie Word. Öffnen Sie zunächst die Datei »Einladung«.

   1.) Speichern Sie die Datei »Einladung« als »Party« ab.

   2.) Löschen Sie die Datei »Einladung«!

   3.) Stellen Sie die gelöschte Datei wieder her!

   4.) Löschen Sie die Datei »Party«.

   5.) Beenden Sie Word 2010.

Das können Sie schon

Das lernen Sie neu

Kapitel 7

Texte schnell gestalten

Herr Miesepeter ist außer sich vor Wut, verbrachte er doch einen Urlaub voller Missstände! So gut wie alles war zu beanstanden. Kaum zu Hause angekommen, setzt er sich – noch immer wütend – vor seinen Computer und verfasst einen Beschwerdebrief. Damit die Mängel sofort ins Auge fallen, nummeriert er sie. Als er sich ein wenig beruhigt hat, korrigiert er sein Schreiben. Er stellt Sätze um und ersetzt »häufige« Wörter, die sich zu »häufig« »anhäuften«.

Die Aufzählungen

Beim Lesen wird der Blick als Erstes auf Aufzählungen gerichtet. Die bekannteste Art ist sicherlich »1, 2, 3, ...«. Wie der Zufall es will, existiert eine solche Schaltfläche in Word 2010. Klicken Sie diese auf der Registerkarte *Start* an, erfolgt eine Aufzählung (*Nummerierung*).

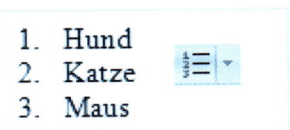

Ein weitere Möglichkeit der Darstellung sind die Punkte (*Aufzählungszeichen*).

Die Arten der einzelnen Aufzählungen sind vielfältig und nicht nur auf diese beiden Schaltflächen beschränkt. Klicken Sie neben der Schaltfläche der Aufzählungszeichen auf den Pfeil, erhalten Sie noch mehr Möglichkeiten zur Gestaltung. Weitere Alternativen finden Sie über den Weg *Neues Aufzählungszeichen definieren* (siehe dazu auch weiter unten unter *»Tipps zum Kapitel«*).

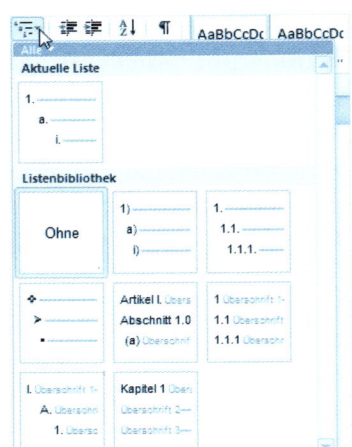

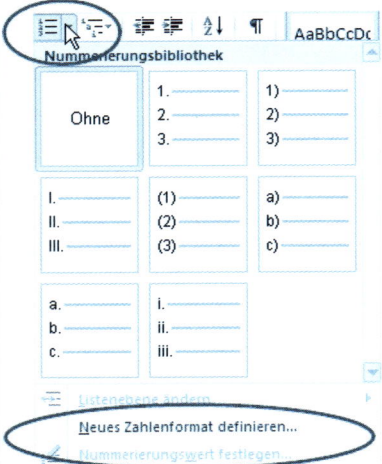

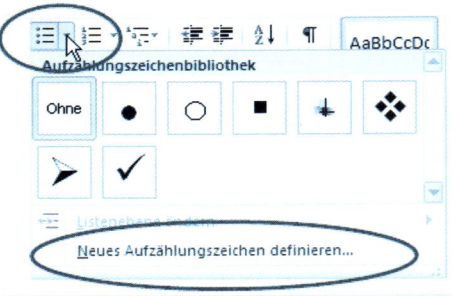

Tipp

Über die Schaltfläche *Liste mit mehreren Ebenen* legen Sie Aufzählungen und Nummerierungen mit mehreren Ebenen an.

Was für die Aufzählungszeichen gilt, gilt natürlich auch für die Nummerierungen. Auch hier erhalten Sie eine Auswahl, wenn Sie auf den Pfeil neben der Schaltfläche (siehe dazu auch weiter unten unter *»Tipps zum Kapitel«*) klicken.

Aufzählungen festlegen

Haben Sie Ihren Text bereits geschrieben, markieren Sie ihn und wählen die gewünschte Aufzählung aus. Sie können aber auch zuerst die Aufzählung angeben und dann den Text schreiben.

1 Aktivieren Sie ggf. die Registerkarte *Start*.

Sehr·geehrter·Herr·Raffzahn,¶

¶

in·der·Zeit·vom·17.08.·bis·28.08.·habe·ich·Ihr·Haus·auf·der·Insel·Tobaluba·gemietet.·Das·Haus· entsprach·nicht·meinen·Erwartungen,·da·noch·einige·Mängel·auftraten.·Von·Erholung·konnte· keine·Rede·sein.·Hier·die·Mängel·im·Einzelnen:·¶

¶

¶

2 Schreiben Sie den Beispieltext.

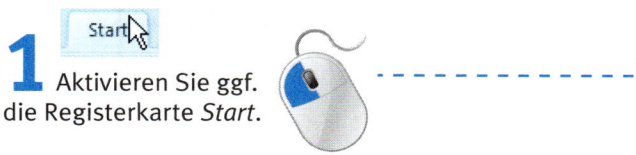

3 Wählen Sie die Schaltfläche *Nummerierung*.

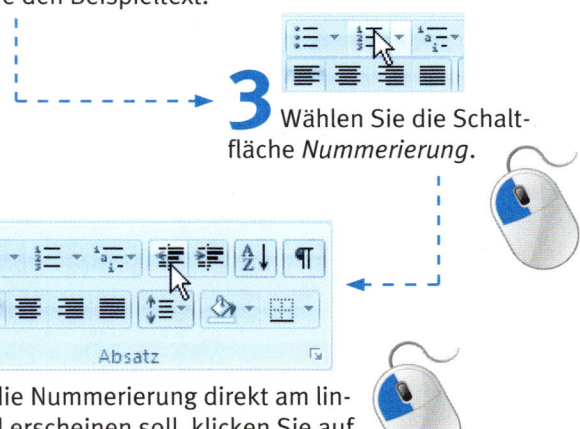

4 Da die Nummerierung direkt am linken Rand erscheinen soll, klicken Sie auf die Schaltfläche *Einzug verkleinern*.

Word nummeriert, sobald Sie die ⏎-Taste drücken. Die Aufzählung endet automatisch, wenn Sie die letzte Zeile leer lassen und die ⏎-Taste drücken.

1 1.→ Die·Toiletten·waren·ständig·verstopft.¶

Tragen Sie den ersten Text ein.

2
1.→ Die·Toiletten·waren·ständig·verstopft.¶
2.→ In·der·Küche·fehlte·das·Kochgeschirr.¶
3.→ Die·Putzfrau·erschien·nur·jeden·3.·Tag.¶
4.→ Die·Sonne·schien·insgesamt·nur·an·fünf·Tagen.¶
5.→ Das·Wasser·im·Pool·war·ständig·viel·zu·kalt.¶

Drücken Sie die ⏎-Taste. Geben Sie die folgenden Punkte genau so ein. Haben Sie einen Aufzählungspunkt beendet, drücken Sie die ⏎-Taste.

3
5.→ Das·Wasser·im·Pool·war·ständig·viel·zu·kalt.¶
6.→ ¶

Haben Sie sämtliche Punkte eingegeben und befinden sich am Ende Ihrer Eingabe, drücken Sie die ⏎-Taste.

4
5.→ Das·Wasser·im·Pool·war·ständig·viel·zu·kalt.¶
¶
¶

Lassen Sie die Zeile leer. Drücken Sie die ⏎-Taste.

5
5.→ Das·Wasser·im·Pool·war·ständig·viel·zu·kalt.¶
¶
Ich·bitte·um·eine·baldige·Antwort.¶
¶
Mit·freundlichen·Grüßen·¶
¶
¶
Hans·Miesepeter¶

Fahren Sie mit der »normalen« Texteingabe fort.

Eine Aufzählung wieder löschen

Sie können Aufzählungen auch wieder löschen (wie hier bei »Hund, Katze, Maus«). Wichtig dabei ist, dass die komplette Zeile markiert ist.

Sie setzen den Mauszeiger vor die zu entfernende Aufzählung und klicken einmal. Hier ist es »2. Katze«. Ist dies markiert, drücken Sie die Entf-Taste. Die Katze ist weg.

> 1. Hund
> 2. Katze
> 3. Maus

Die Aufzählung wurde von Word automatisch angepasst. Die Maus, die vorher die Nummer 3 war, erhält die Nummer 2.

In diesem Beispiel möchte Herr Miesepeter ebenfalls einen Aufzählungspunkt löschen. Ihm ist nach Rücksprache mit seiner Frau klar, dass er fehlenden Sonnenschein nicht reklamieren kann. Daher löscht er den Punkt 4.

> 1.→Die Toiletten waren ständig verstopft.¶
> 2.→In der Küche fehlte das Kochgeschirr.¶
> 3.→Die Putzfrau erschien nur jeden 3. Tag.¶
> 4.→Die Sonne schien insgesamt nur an fünf Tagen.¶
> 5.→Das Wasser im Pool war ständig viel zu kalt.¶

1 Positionieren Sie den Mauszeiger. Markieren Sie die Zeile durch Mausklick.

> 1.→Die Toiletten waren ständig verstopft.¶
> 2.→In der Küche fehlte das Kochgeschirr.¶
> 3.→Die Putzfrau erschien nur jeden 3. Tag.¶
> 4.→Das Wasser im Pool war ständig viel zu kalt.¶

2 Löschen Sie den Aufzählungspunkt über die Entf-Taste.

Texte verschieben und kopieren

Möchten Sie einen Text *verschieben* oder *kopieren*, sollte er zuerst markiert sein.

> in der Zeit vom 17.08. bis 28.08. habe ich Ihr Haus auf der Insel Tobaluba gemietet. Das Haus entsprach nicht meinen Erwartungen, da noch einige Mängel auftraten. Von Erholung konnte keine Rede sein. Hier die Mängel im Einzelnen: ¶

Hinweis

Beim *Ausschneiden* ver-
schwindet der markierte
Text, beim *Kopieren* bleibt
der Originaltext bestehen.

Dann können Sie auf der Registerkarte *Start* die Schaltfläche mit der Schere anklicken. Diese
schneidet die Markierung aus.
Soll die Textstelle dagegen dupli-
ziert werden, kopieren Sie diese.

Tipp

Ausschneiden, kopieren und einfügen können Sie auch über das Kontextmenü, indem
Sie mit der rechten Maustaste auf die entsprechende Stelle im Dokument klicken.

Gleichgültig, welche
Schaltfläche Sie wählen,
die darauf folgende Vorge-
hensweise – das *Einfügen*
– bleibt dieselbe.

Die Zwischenablage

Ihr Text befindet sich in der sogenannten *Zwischenablage*.

Fachwort

Alles, was Sie kopieren (und ausschneiden), landet in der *Zwischenablage* von
Office. Es ist das Kurzzeitgedächtnis
des Computers. Sobald Sie den PC aus-
schalten, sind diese Daten verloren.

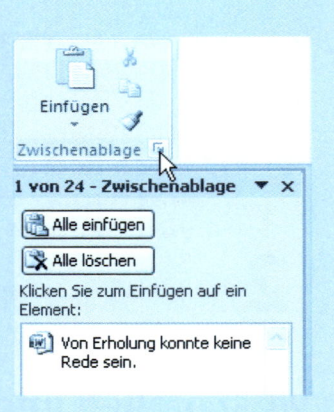

Stellen Sie sich die Zwischenablage im Aufgabenbereich wie einen Kleider-
schrank vor, der für 24 Kleidungsstücke Platz hat. Bei Bedarf holen Sie sich
das passende heraus. Kaufen Sie ein neues Kleidungsstück, verschwindet
das älteste. Genau so ist es mit der Zwischenablage. Sie können bis zu
24 Kleidungsstücke – oh, Verzeihung – Elemente wieder einfügen, die Sie
einmal z. B. kopiert haben.

Das Einfügen

Sie müssen dazu die Schreibmarke dorthin setzen, wo die Text-passage eingefügt werden soll. Dann klicken Sie einfach auf der Registerkarte *Start* auf die Schaltfläche *Einfügen*.

> **Tipp**
>
> Sie können die Schalt-flächen zum *Kopieren*, *Ausschneiden* und *Ein-fügen* schnell für den direkten Mausklick in die *Symbolleiste für*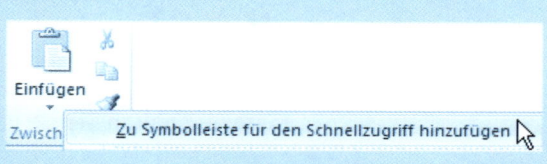
> *den Schnellzugriff* einbinden. Bewegen Sie den Mauszeiger auf eine der Schalt-flächen, drücken Sie die rechte Maustaste und geben Sie den Befehl *Zu Symbol-leiste für den Schnellzugriff hinzufügen*.

Mit der Maus verschieben und kopieren

> **Fachwort**
>
> *Drag&Drop* ermöglicht es unter Windows, den Mauszeiger auf ein markiertes Element zu bewegen, die linke Maustaste zu drücken und zu halten, bis das Symbol an eine ande-re Stelle bewegt und abgelegt wird.

Hier kommt die Maus! Für ge-übte Mausbenutzer ist die Nut-zung der Maus schneller. Dabei verwenden Sie die sogenannte *Drag&Drop*-Methode.

Übersetzt heißt das ungefähr »Ziehen und Ablegen«. Sie posi-tionieren den Mauszeiger auf die

Markierung und halten die linke Maustaste fest. Unter dem Mauszeiger erscheint ein *gestricheltes Rechteck*. Word teilt Ihnen mit: Sie können verschieben.

> **Tipp**
>
> Einen ganzen Satz können Sie auch markieren, indem Sie die `Strg`-Taste gedrückt halten und in den entsprechenden Satz klicken.

1 entsprach·nicht·meinen·Erwartungen,·da·noch·einige·Mängel·auftraten.·Von·Erholung·konnte· keine·Rede·sein.·Hier·die·Mängel·im·Einzelnen:·¶

Markieren Sie den Text, indem Sie die ⎡Strg⎤-Taste gedrückt halten und in den gewünschten Satz klicken.

·Tobaluba· gemietet.·Das·Haus· ·traten.·Von·Erholung·konnte·

2 Lassen Sie die ⎡Strg⎤-Taste wieder los, drücken Sie die linke Maustaste und halten Sie sie gedrückt.

Vor dem Mauszeiger erscheint eine *gestrichelte Linie*. Die Maustaste halten Sie weiterhin gedrückt. Sie setzen die gestrichelte Linie an die Stelle, an die Sie den Text neu einfügen möchten. Dann lassen Sie die Maustaste los.

gemietet.·Das·Haus· n·Erholung·konnte·

1 Ziehen Sie den Text an die neue Stelle. Die gestrichelte Linie »wandert« mit!

in·der·Zeit·vom·17.08.·bis·28.08.·habe·ich·Ihr·Haus·auf·der·Insel·Tobaluba· gemietet.·Von· Erholung·konnte·keine·Rede·sein.·Das·Haus·entsprach·nicht·meinen·Erwartungen,·da·noch· einige·Mängel·auftraten.·Hier·die· ·Mängel·im·Einzelnen:·¶

2 Sobald Sie die Maustaste loslassen, ist der Text verschoben.

Der Text verschwindet von der alten Position und erscheint an der neuen. Er wurde in diesem Fall *verschoben*.

Smarttags

Nach dem Kopiervorgang sehen Sie einen sogenannten *Smarttag*. Der Smarttag verschwindet, sobald Sie z. B. die ⎡Esc⎤-Taste drücken.

Sie platzieren den Mauszeiger auf den Smarttag und öffnen die Liste. Sie können das Kopieren entsprechend den Einträgen definieren.

Kopieren mit Drag&Drop

Übrigens können Sie mit der Maustaste auch *kopieren*. Es ist dieselbe Prozedur wie beim Verschieben. Nur drücken Sie hier zusätzlich die ⌈Strg⌉-Taste. Am Mauszeiger erscheint dann ein *Plus (+)*.

Ausschneiden, kopieren und einfügen können Sie auch über die Tasten:

Tasten	Funktion
Strg + X	Ausschneiden
⇧ + Entf	Ausschneiden
Strg + C	Kopieren
Strg + V	Einfügen
⇧ + Einfg	Einfügen
Strg + Y	Wiederholen

Der Thesaurus

»Das Haus neben unserem Haus war größer als das Haus schräg gegen-
über.« Jetzt seien Sie aber nicht aus dem »Häuschen«, wenn Sie diesen wenig poetischen Satz lesen. Es geht hier um ständige *Wortwiederholungen*.
Ein Haus bleibt ein Haus? Es gibt eine Funktion namens *Thesaurus*. Das
hört sich an wie eine wiederbelebte Dinosaurierart aus »Jurassic Park«.
Doch weit gefehlt! Hier erhalten Sie Vorschläge für den Ausdruck von
gleichartigen Begriffen. Schriftsteller benutzen häufig diese Funktion – so
auch der Autor dieses Buches!

> **Fachwort**
>
> Mit Hilfe des *Thesaurus* können Sie sich zu einem Wort »Synonyme« anzeigen
> lassen, um Ihren Text abwechslungsreicher zu gestalten. Definition des Aus-
> drucks Thesaurus lautet gemäß Duden: Wortschatz, Titel besonders umfang-
> reicher Wörterbücher.

Beispiele: Fahrzeug statt Auto, Mauer statt Wand, Erde statt Boden.

Beispiel:

In seinem Brief benutzte Herr Miesepeter im Übereifer ebenfalls die gleichen Wörter.

> in·der·Zeit·vom·17.08.·bis·28.08.·habe·ich·Ihr·Haus·auf·der·Insel·Tobaluba·gemietet.·Von·
> Erholung·konnte·keine·Rede·sein.·Das·Haus·entsprach·nicht·meinen·Erwartungen,·da·noch·
> einige·Mängel·auftraten.·Hier·die·Mängel·im·Einzelnen:·¶

Sie brauchen nur die Schreibmarke auf ein Wort zu positionieren. Word
weiß dann, dass Sie für diesen Begriff eine andere Ausdrucksweise suchen.

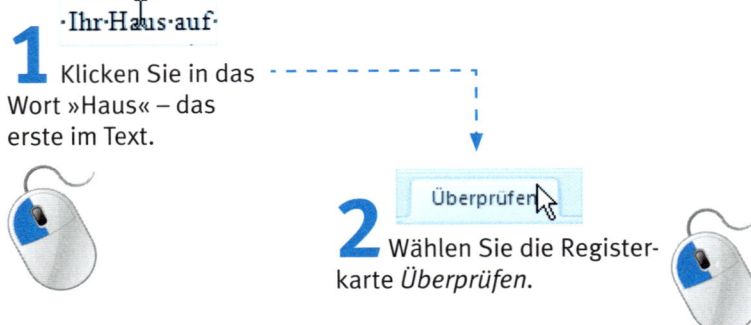

1 Klicken Sie in das
Wort »Haus« – das
erste im Text.

2 Wählen Sie die Registerkarte *Überprüfen*.

Tipp

Thesaurus starten

Sie können den Thesaurus auch über die Tasten ⬆+F7 starten.

Klicken Sie ein Wort mit der rechten Maustaste an, erhalten Sie direkt über den Eintrag *Synonyme* weitere Wortvorschläge. Auch hier können Sie den Thesaurus starten.

Halten Sie die Alt-Taste auf Ihrer Tastatur gedrückt und klicken mit der linken Maustaste gleichzeitig in ein Wort, startet der Thesaurus sofort.

3 Klicken Sie auf die Schaltfläche *Thesaurus*.

Der Aufgabenbereich *Recherchieren* öffnet sich rechts auf dem Bildschirm.

Recherchieren	▼ ✕
Suchen nach:	
Haus	➡
Thesaurus: Deutsch (Deutschland)	▼

Hätten Sie per Mausklick kein Wort angegeben, könnten Sie das unter *Suchen nach* nachholen. Der Thesaurus für Deutsch ist bereits aktiviert.

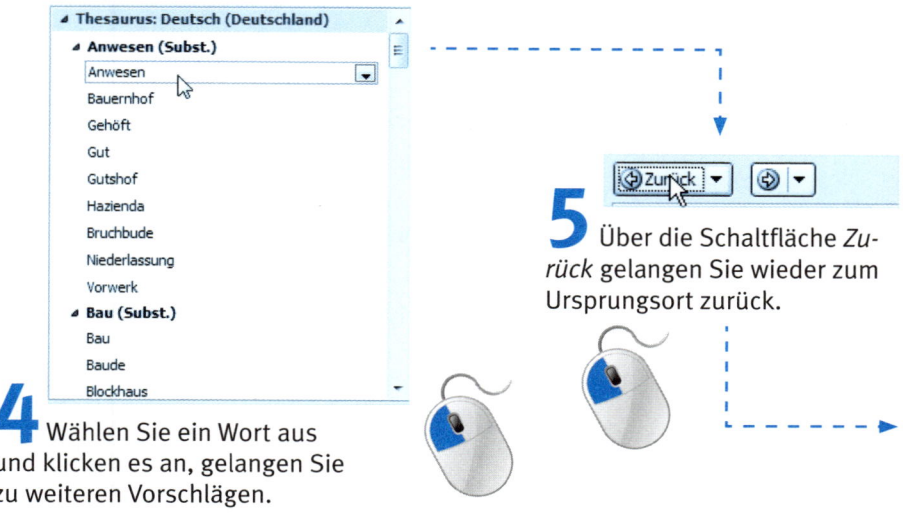

5 Über die Schaltfläche *Zurück* gelangen Sie wieder zum Ursprungsort zurück.

4 Wählen Sie ein Wort aus und klicken es an, gelangen Sie zu weiteren Vorschlägen.

6 Bewegen Sie die Laufleiste, bis Sie unter *Obdach* das Wort »Unterkunft« erkennen. Bewegen Sie den Mauszeiger auf das Wort »Unterkunft«.

7 Öffnen Sie die Auswahl und wählen Sie hier den Eintrag *Einfügen*.

8 Vergessen Sie nicht, noch ein »e« an »Ihr« anzufügen, denn aus »Ihr Haus« wird nun »Ihre Unterkunft«.

9 Zum Schluss schließen Sie den Aufgabenbereich *Recherchieren*.

Suchen und Ersetzen

Gerade bei sehr langen, mehrseitigen Dokumenten kann die Suchfunktion sehr hilfreich sein. Mit Word können Sie leicht Wörter suchen.

Möchten Sie dagegen ein Wort durch einen anderen Ausdruck ersetzen, bietet sich die Funktion *Ersetzen* an.

Wie oft passiert es, dass Sie beim Verfassen eines Briefs die falschen Ausdrücke verwenden?

Bei einem kurzen Brief ist der Überblick noch vorhanden. Doch was ist, wenn das Schreiben 5, 10, 50 oder noch mehr Seiten umfasst? Möchten Sie das Dokument Seite für Seite am Monitor durchblättern? Das kann ganz schön ins Auge gehen. Wie leicht übersieht man trotzdem einen Begriff.

Der Brieftext im Beispiel ist (extra) kurz gehalten, damit Sie die Veränderung sofort nachvollziehen können.

Beispiel:

Herr Miesepeter möchte im Nachhinein die Bezeichnung »Putzfrau« durch »Reinigungskraft« ersetzen. Natürlich erkennt er dies auf dem Bildschirm. Doch Sie, als Word 2010-Anfänger, lernen dadurch die Funktion kennen. Setzen Sie für dieses Beispiel die Schreibmarke am besten an den Anfang des Textes (Tastenkombination ⌈Strg⌉+⌈Pos1⌉).

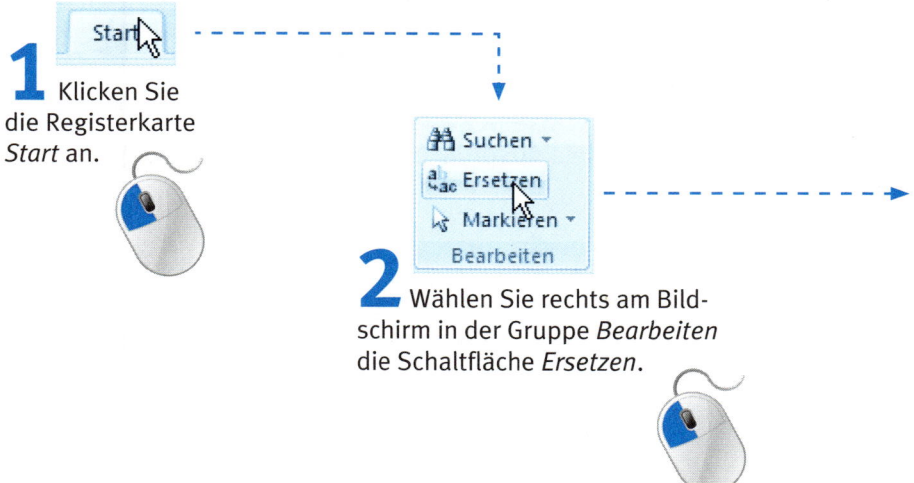

1 Klicken Sie die Registerkarte *Start* an.

2 Wählen Sie rechts am Bildschirm in der Gruppe *Bearbeiten* die Schaltfläche *Ersetzen*.

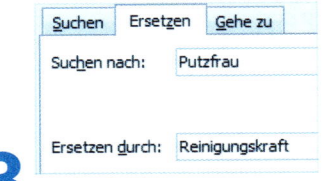

3 Tragen Sie unter *Suchen nach* »Putzfrau«
ein und unter *Ersetzen durch* »Reinigungskraft«.

Mit der Schaltfläche *Ersetzen* markiert Word den Begriff jeweils einzeln,
falls er mehrmals vorhanden ist. Das Programm fragt jedes Mal, ob der
Ausdruck ersetzt werden soll. Mit der Schaltfläche *Weitersuchen* geht's
dann weiter.

Schneller ist ein Mausklick auf die
Schaltfläche *Alle ersetzen*. Hier werden
alle Suchbegriffe sofort ersetzt.

Zum Schluss teilt Word mit, wie viele
Ausdrücke gefunden und ersetzt wurden.

> **Tipp**
>
> Sie können über die Schaltflä-
> che *Erweitern* >> die Suche
> detaillieren, z. B. ob die Groß-
> und Kleinschreibung von Be-
> deutung sein soll und/oder
> der Suchbegriff ein separates
> Wort ist.

1 Ersetzen Sie alle Begriffe.

Word informiert Sie, wie viele Ausdrücke (»1 Ersetzungen«!) ausgetauscht
wurden.

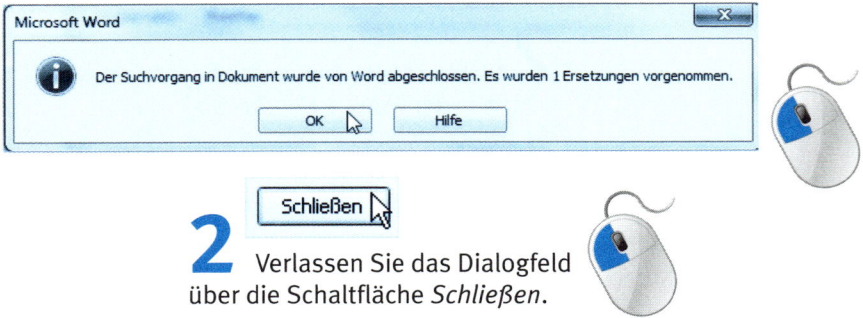

2 Verlassen Sie das Dialogfeld
über die Schaltfläche *Schließen*.

> **Tipp**
>
> Mit der Tastenkombination ⌨Strg+⌨H öffnet sich das Dialogfeld *Suchen und Ersetzen*.
>
> Sie können im Dokument Texte bearbeiten und das Dialogfeld *Suchen und Ersetzen* gleichzeitig auf dem Bildschirm aktiviert lassen.

Formate übertragen

Die Schaltfläche mit dem *Pinsel* auf der Registerkarte *Start* ist Ihnen sicherlich schon aufgefallen, und vielleicht fragen Sie sich, welche Funktion sie hat? Diese Schaltfläche heißt *Format übertragen*.

Beispiel:

Herr Miesepeter möchte nun einige Wörter, die ihm wichtig erscheinen, durch Fettschrift hervorheben. Sie können das mit jedem Ausdruck einzeln durchführen. Doch es geht auch schneller.

> **Tipp**
>
> Mit einem Klick auf das Pinsel-symbol können Sie Formate nur einmal übertragen. Per Doppel-klick verwenden Sie die Funktion dagegen beliebig oft.

Sie wissen, wie Sie Texte oder Zahlen hervorheben. Möchten Sie eine bereits *vorhandene Formatierung* mehrmals vergeben, verwenden Sie am besten die Schaltfläche mit dem Pinsel.

Klicken Sie mit der linken Maustaste auf die Schaltfläche, ändert sich das Aussehen des Mauszeigers in die Form eines Pinsels.

> **Hinweis**
>
> Mit der ⌨Esc-Taste schalten Sie die Funktion wieder aus oder klicken noch einmal auf die Schaltfläche.

Schaltfläche Format übertragen	Auswirkung
Einmal anklicken	Sie können das Format einmal übertragen.
Doppelt anklicken	Sie können das Format beliebig oft übertragen.
Die ⌜Esc⌝-Taste betätigen oder die Schaltfläche mit dem Pinsel noch einmal anklicken	Die Funktion ist wieder aus- geschaltet.

1.→ Die·Toiletten·waren·ständig·verstopft.¶
2.→ In·der·Küche·fehlte·das·Kochgeschirr.¶

1 Setzen Sie die Schreibmarke auf »Toiletten«.

2 Formatieren Sie das Wort über die Schaltfläche *Fett*.

3 Aktivieren Sie die Schalt- fläche *Format übertragen* durch einen Doppelklick.

2x

1.→ Die·**Toiletten**·waren·ständig·verstopft.¶
2.→ In·der·**Küche**·fehlte·das·Kochgeschirr.¶
3.→ Die·**Reinigungskraft**·erschien·nur·jeden·3.·Tag.¶
4.→ Das·Wasser·im·Pool·war·ständig·viel·zu·kalt.¶

4 Klicken Sie nacheinander auf die Wörter »Küche«, »Reinigungskraft« und »Wasser«.

5 Schalten Sie den Pinsel über die $\boxed{\text{Esc}}$-Taste aus (Sie können auch die Schaltfläche *Format übertragen* nochmals anklicken).

Tipps zum Kapitel

Die Tipps runden das Kapitel ab. Nehmen Sie sich noch die Zeit dafür, um Ihr Wissen zu erweitern.

Symbole als Aufzählungszeichen

Symbole können auch als Aufzählungszeichen angegeben werden. Dazu klicken Sie z. B. auf den Pfeil bei *Aufzählungszeichen*.

Sie gelangen in die Bibliothek der Aufzählungszeichen. Hier können Sie bereits Aufzählungszeichen festlegen. Weitere Möglichkeiten finden Sie, wenn Sie nun den Eintrag *Neues Aufzählungszeichen definieren* wählen. Sie haben die Auswahl zwischen *Symbol*, *Bild* und *Schriftart*.

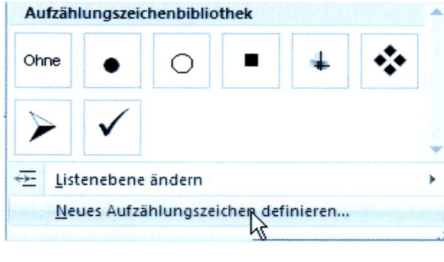

Wählen Sie die Schaltfläche *Symbol* und aktivieren Sie z. B. *Wingdings*. Das ist eine Schriftart, die aus Symbolen besteht. Wählen Sie innerhalb des Dialogfelds per Mausklick ein Symbol aus. Bestätigen Sie jeweils zweimal über die Schaltfläche *OK*, wird das neue Aufzählungszeichen eingefügt.

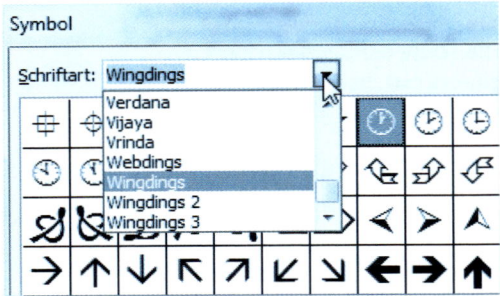

Neue Zahlenformate

Word stellt Nummerierungsformate mit fester Stellenzahl bereit, etwa 001, 002, 003... und 0001, 0002, 0003... Dazu öffnen Sie die Auswahl bei *Nummerierung*. Aktivieren Sie *Neues Zahlenformat definieren*, geben Sie die Zahlenformatvorlage an und tippen Sie unter *Zahlenformat* einfach die »0« ein. Beachten Sie die Vorschau.

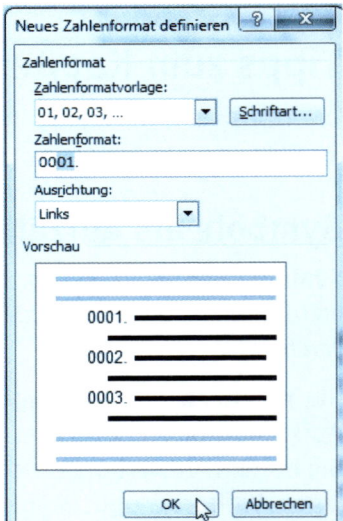

In Spalten schreiben

Sie schreiben bisher in Ihrem Dokument einspaltig. In Zeitschriften z. B. werden Texte zwei- oder dreispaltig dargestellt.

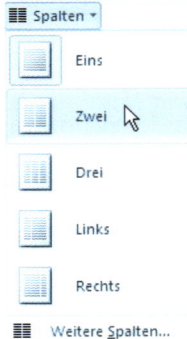

Sie legen die Anzahl der *Spalten* über die Schaltfläche *Spalten* auf der Registerkarte *Seitenlayout* fest. Um die Auswirkungen der Spalten besser am Bildschirm zu sehen, sollten Sie dazu zunächst einen bereits vorhandenen Text nehmen.

Hier können Sie auch Grafiken wie Bilder oder ClipArts einbinden. Beachten Sie dazu den Zeilenumbruch, wie es in *Kapitel 8* beschrieben ist.

Der Navigationsbereich

Haben Sie in einem mehrseitigen Dokument mehrere Überschriften erstellt (Registerkarte *Start/Formatvorlagen*), können Sie in Word leicht von einem Abschnitt zum nächsten springen. Dazu aktivieren Sie auf der Registerkarte *Ansicht* bei *Anzeigen* den *Navigationsbereich*.

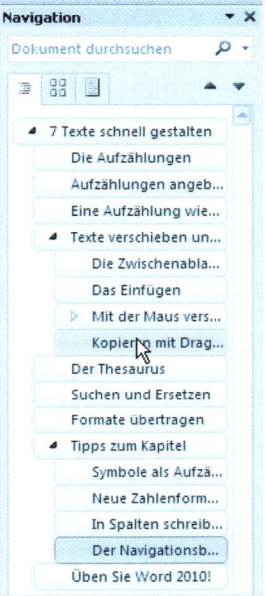

Kopieren von einem Dokument ins andere

Sie können zwei Dokumente auf dem Bildschirm öffnen und nebeneinander anzeigen. Dazu aktivieren Sie auf der Registerkarte *Ansicht* die Schaltfläche *Nebeneinander anzeigen*. Nun können Sie Texte mit Drag&Drop von einem Dokument ins andere kopieren und ausschneiden.

Üben Sie mit Word 2010!

1. Legen Sie die folgende Aufzählung an:

   ☝ Übung macht den Meister.

   ☝ Aller Anfang ist schwer.

   ☝ Wer nicht fragt, bleibt dumm.

2. Was ist der Unterschied zwischen Ausschneiden und Kopieren?

3. Nutzen Sie die Funktion *Thesaurus* und versuchen Sie, für die Wörter die entsprechenden Synonyme in das Kreuzworträtsel einzutragen.

   Programm

   Befehl

   Auto

   Frau

			1	A		L		F				
			2	A				O				N	G
3	S			A	S	S		K				R
4		E		A			N				

Kapitel 8

Eine Glückwunschkarte erstellen

Ob zu Ostern, Weihnachten oder zum Geburtstag, herzliche Grüße sind immer eine gelungene Aufmerksamkeit, vor allem wenn sie persönlich in Handarbeit erstellt werden. Mit Word verleihen Sie Ihren Glückwunschkarten sogar einen individuellen Touch, können Sie diese doch nach Ihrem persönlichen Geschmack gestalten. Ihrer Fantasie sind hier kaum Grenzen gesetzt.

Eine ClipArt-Grafik einfügen

Word bietet Ihnen über die Registerkarte *Einfügen* Grafiken an. Diese heißen *ClipArts*. Mit den ClipArts haben Sie vielfältige Gestaltungsmöglichkeiten. Einige davon lernen Sie in diesem Kapitel kennen, weitere finden Sie in den nächsten Kapiteln beschrieben.

1 Öffnen Sie die Registerkarte *Einfügen*.

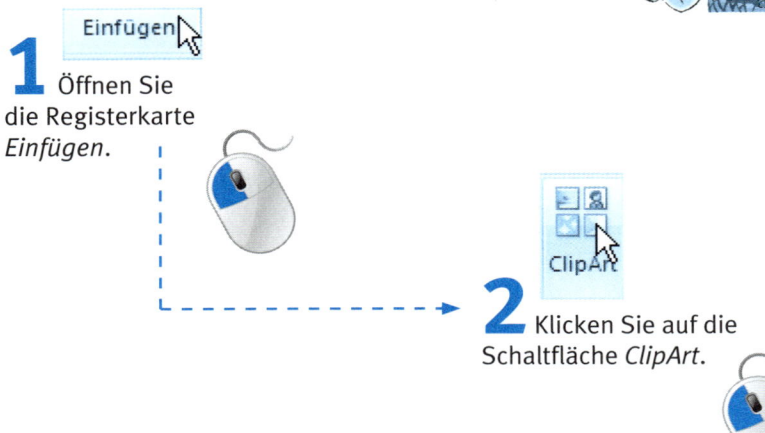

2 Klicken Sie auf die Schaltfläche *ClipArt*.

Eine ClipArt-Grafik suchen

Im rechten Teil des Bildschirms öffnet sich der Aufgabenbereich *ClipArt*.

In diesem Beispiel nehmen Sie für eine Osterkarte den Hasen. Oder ist es ein Kaninchen? Jedenfalls legt es Ostereier!

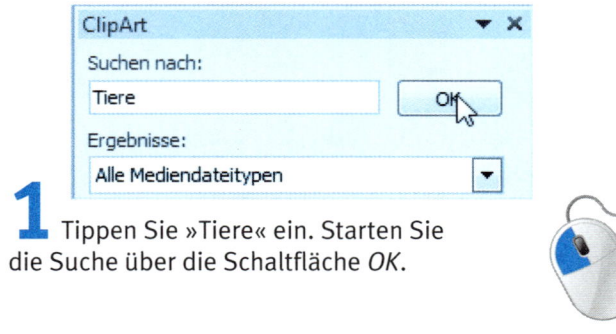

1 Tippen Sie »Tiere« ein. Starten Sie die Suche über die Schaltfläche *OK*.

Sie finden den Hasen in der gesuchten Katego-
rie als ClipArt.

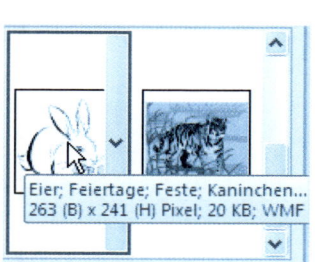

2 Platzieren Sie den Mauszeiger
wiederum auf die ClipArt. Mit einem
Mausklick fügen Sie sie ein.

3 Schließen Sie den Aufgabenbereich *ClipArt*.

Eine Grafik bearbeiten

Möchten Sie eine ClipArt-Grafik bearbeiten, muss diese aktiviert sein.
Dazu klicken Sie – in unserem Beispiel – in den »Hasen«. Eine Umrandung
und kleine Punkte – *Ziehpunkte* genannt – erscheinen.

1 Klicken Sie
in die Grafik.

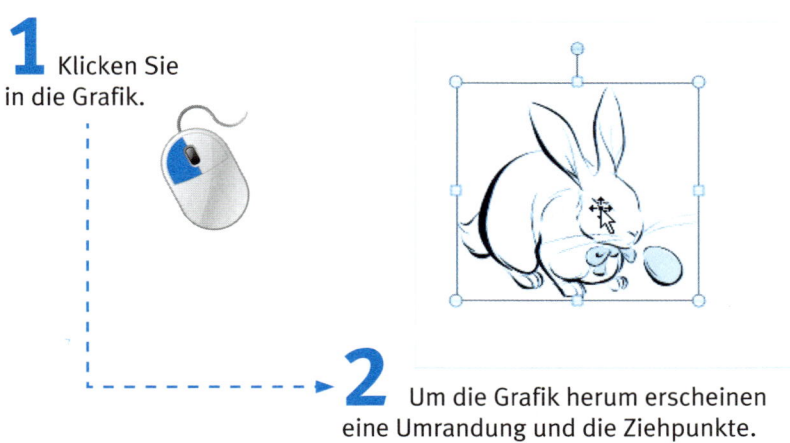

2 Um die Grafik herum erscheinen
eine Umrandung und die Ziehpunkte.

Anhand des angezeigten Rahmens erkennen Sie die Größe der ClipArt-Grafik. Der Rahmen verschwindet, wenn Sie außerhalb des Bildes an eine beliebige Stelle im Dokument klicken.

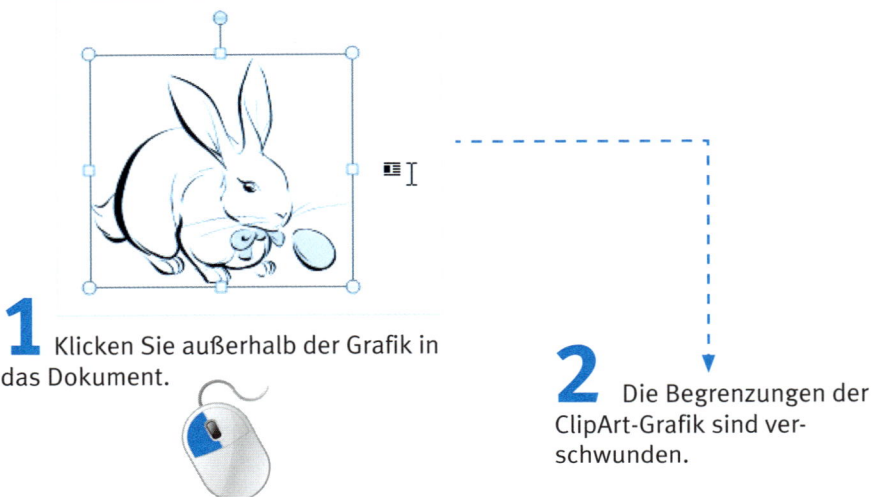

1 Klicken Sie außerhalb der Grafik in das Dokument.

2 Die Begrenzungen der ClipArt-Grafik sind verschwunden.

Positionieren Sie den Mauszeiger auf einem der Ziehpunkte, *verändern* Sie *die Größe* des Bildes entsprechend der Pfeilrichtung. Mit gedrückter linker Maustaste vergrößern oder verkleinern Sie hier den »Hasen«.

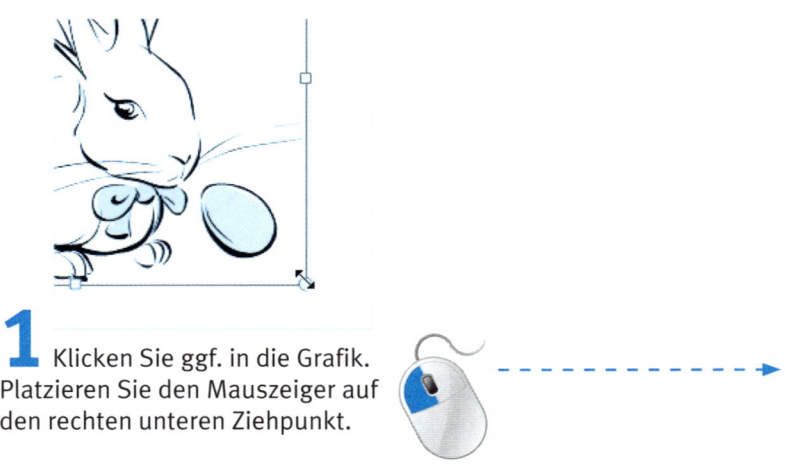

1 Klicken Sie ggf. in die Grafik. Platzieren Sie den Mauszeiger auf den rechten unteren Ziehpunkt.

2 Verändern Sie die Größe der ClipArt-Grafik.

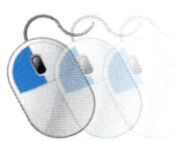

Tipp

Sollte der »Hase« auf Ihrem Monitor ein wenig zu groß oder zu klein sein und dadurch die Übersichtlichkeit ein-
schränken, verkleinern Sie einfach Ihren *Zoom*. Das ist kein Muss, sondern nur ein Vorschlag. Die Einstellung des Zooms hat keinen Einfluss auf den späteren Ausdruck.

Um die Grafik auf dem Bildschirm zu bewegen, muss diese *formatiert* werden.

1 Klicken Sie in die Grafik.

Bildtools

Format

2 Die Registerkarte *Bildtools/Format* wird eingeblendet. Hier können Sie Grafiken wie beispielsweise ClipArts bearbeiten.

Bei *Zeilenumbruch* geben Sie an, wie ein Text später um die Grafik platziert werden bzw. fließen soll.

Übersicht des Zeilenumbruchs	Auswirkung des Textes im Dokument
Mit Text in Zeile	
Quadrat	

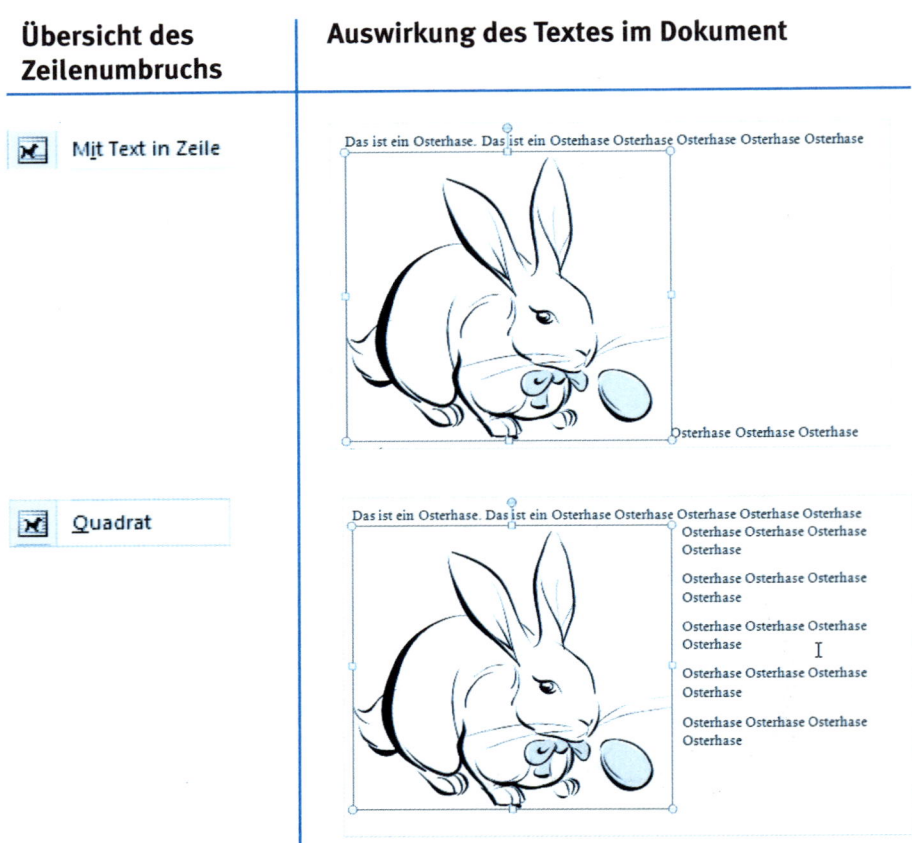

Übersicht des Zeilenumbruchs	Auswirkung des Textes im Dokument
⊠ Passend	Das ist ein Osterhase. Das ist ein Osterhase Osterhase Osterhase Osterl Osterhase Osterhase Osterhase Osterhase Osterhase Osterhase Osterhase Osterhase Osterhase Osterhase Osterhase Osterhase Osterhase Osterhase Osterhase Osterhase Osterhase Osterhase Osterhase
⊠ Transparent	Das ist ein Osterhase. Das ist ein Osterhase Osterhase Osterhase Osterha Osterhase Osterhase Osterhase Osterhase Osterhase Osterhase Osterhase Osterhase Osterhase Osterhase Osterhase Osterhase Osterhase Osterhase Osterhase Osterhase Osterhase (
⊠ Oben und unten	Das ist ein Osterhase. Das ist ein Osterhase Osterhase Osterhase Osterhase Osterhase Osterhase Osterhase Osterhase Osterhase Osterhase

Übersicht des Zeilenumbruchs	Auswirkung des Textes im Dokument
Hinter den Text	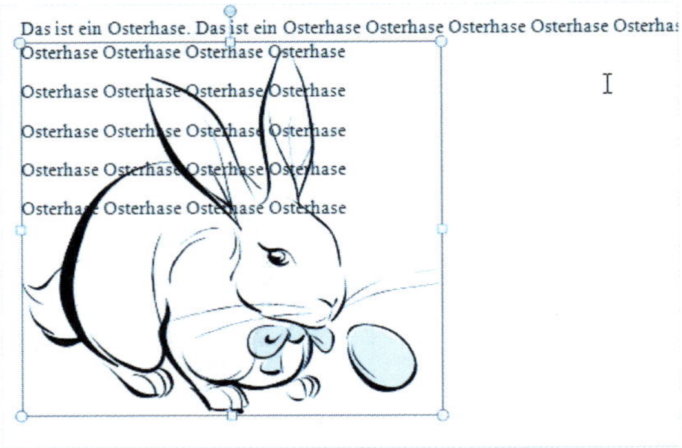 Das ist ein Osterhase. Das ist ein Osterhase
Vor den Text	 Das ist ein Osterhase. Das ist ein Osterhase Osterhase Osterhase Osterhase Osterhase Osterhase Osterhase Osterhase Osterhase Osterhase Osterhase Osterhase Osterhase Osterhase Osterhase Osterhase Osterhase Osterhase

Für welche Umbruchart Sie sich in diesem Beispiel auch entscheiden, die Grafik muss formatiert werden, sonst lassen sich die nachfolgenden Schritte nicht durchführen. Sie können sonst die Grafik nicht bewegen!

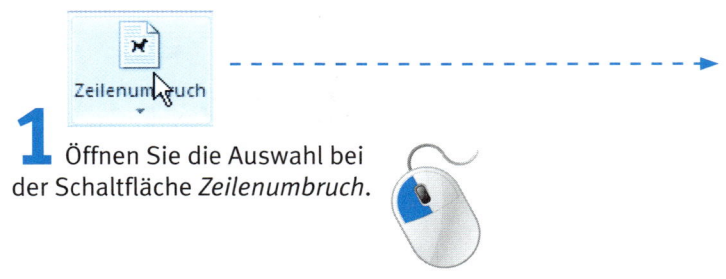

1 Öffnen Sie die Auswahl bei der Schaltfläche *Zeilenumbruch*.

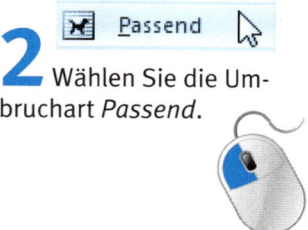

2 Wählen Sie die Um-
bruchart *Passend*.

Eine Grafik drehen

Positionieren Sie den Mauszeiger auf dem »grünen Punkt«, ändert der sich in einen *Drehpunkt*. Sie können das »arme Kaninchen« drehen. Wenn Sie wollen, um die ganze Achse.

1 Platzieren Sie den Mauszeiger auf den
»grünen Punkt«.

2 Drehen Sie mit gedrückter Maustaste den »Hasen« ein wenig nach rechts. Haben Sie das gewünschte Aussehen erreicht, lassen Sie die Maustaste los.

Bewegen Sie den Mauszeiger in die Grafik hinein, erscheint am Mauszeiger eine Art »Fadenkreuz«. Wird diese Darstellung angezeigt, können Sie das Bild mit gedrückter linker Maustaste in dem Dokument beliebig verschieben.

1 Platzieren Sie den Mauszeiger in die ClipArt-Grafik.

2 Verschieben Sie mit gedrückter linker Maustaste die ClipArt-Grafik in die Mitte des Dokuments.

Den Hintergrund festlegen

Sie bestimmen die *Füllfarbe* des Bildes, geben also an, mit welcher Farbe eine Fläche ausgemalt (ausgefüllt) werden soll.

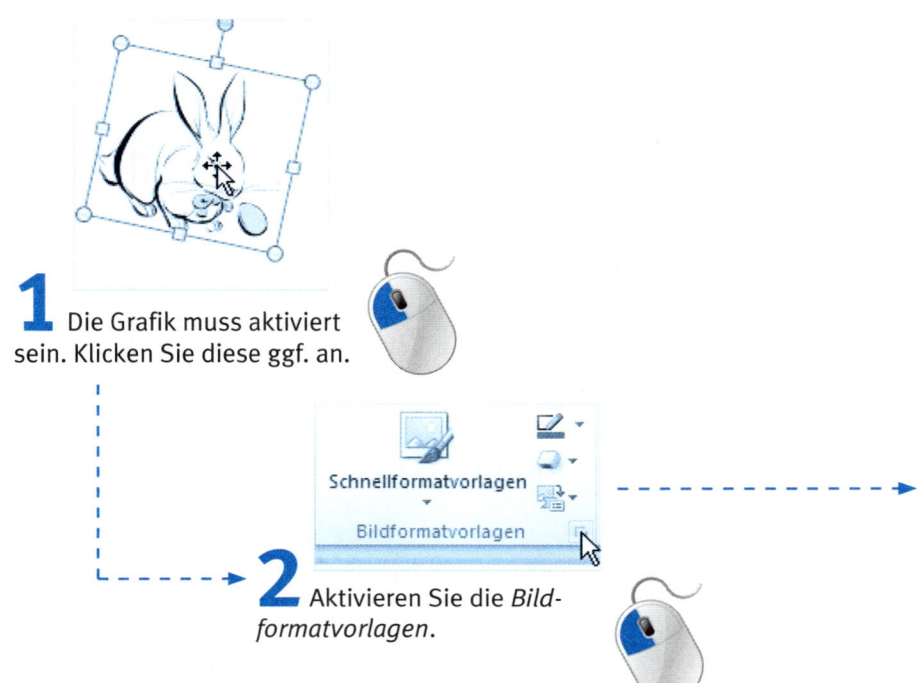

1 Die Grafik muss aktiviert sein. Klicken Sie diese ggf. an.

Schnellformatvorlagen

Bildformatvorlagen

2 Aktivieren Sie die *Bildformatvorlagen*.

Hinweis

In das Dialogfeld *Grafik formatieren* gelangen Sie auch über ein *Kontextmenü*.
Dazu platzieren Sie den Mauszeiger in die Grafik und drücken die rechte Maustaste. Wählen Sie hier den Eintrag *Grafik formatieren*.

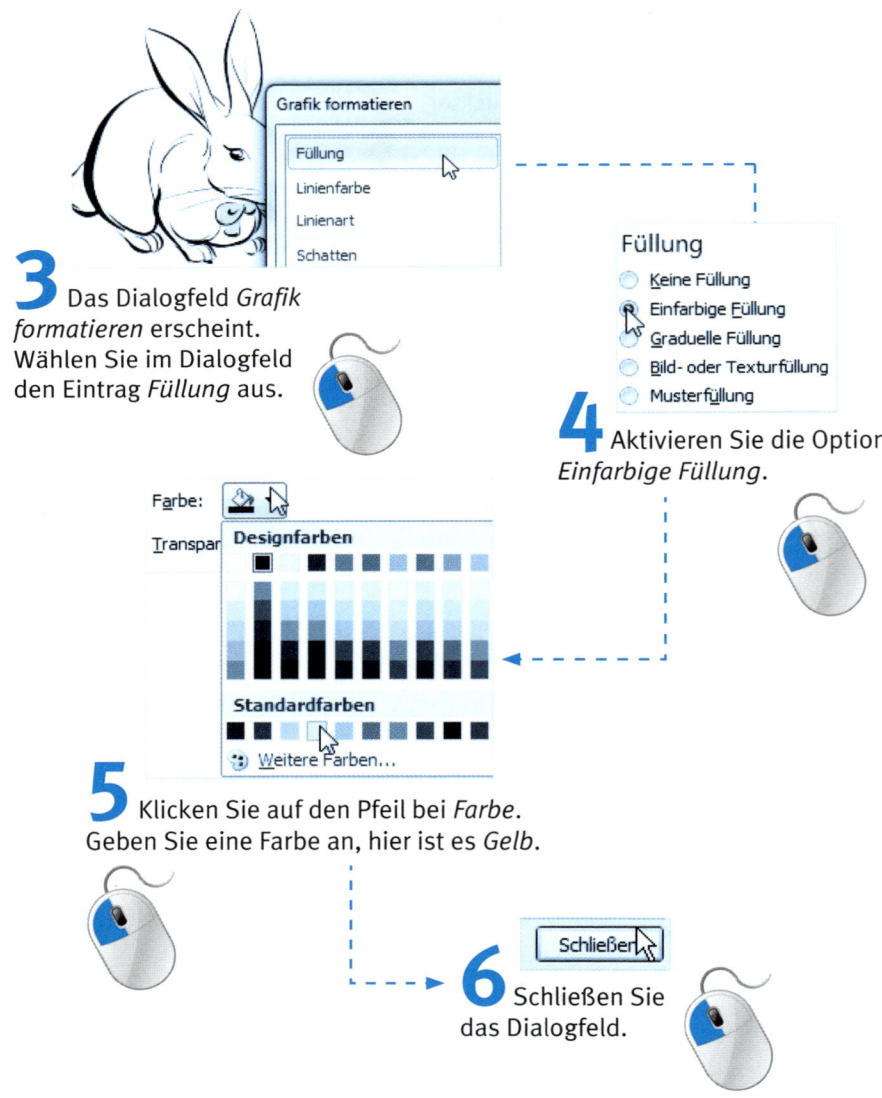

3 Das Dialogfeld *Grafik formatieren* erscheint. Wählen Sie im Dialogfeld den Eintrag *Füllung* aus.

4 Aktivieren Sie die Option *Einfarbige Füllung*.

5 Klicken Sie auf den Pfeil bei *Farbe*. Geben Sie eine Farbe an, hier ist es *Gelb*.

6 Schließen Sie das Dialogfeld.

Wünschen Sie keine Farbe oder wollen Sie eine bereits zugewiesene Farbe wieder löschen, starten Sie erneut das Dialogfeld *Grafik formatieren* und wählen hier die Option *Keine Füllung* aus. Klicken Sie auf die Schaltfläche *Bild zurücksetzen*, heben Sie sämtliche vorgenommenen Formatierungen auf. Öffnen Sie bei der Schaltfläche die Auswahl, können Sie auch eine Änderung der Größe aufheben.

Formen anlegen

Wählen Sie die Registerkarte *Einfügen* und aktivieren die Schaltfläche *Formen*, können Sie bestimmte Formen anlegen. Dazu zählen *Linien*, *Standardformen*, *Blockpfeile*, *Flussdiagramm*, *Legenden*, *Sterne und Banner*.

Was liegt bei einem Osterhasen da näher, als ihm ein Ei »unterzuschieben«. Dazu eignet sich am besten die *Ellipse*, mit der Sie übrigens auch einen Kreis anlegen können. Sie finden diese Form unter *Standardformen*. Sie klicken auf die Ellipsenform und bestimmen mit gedrückter linker Maustaste ihre Größe.

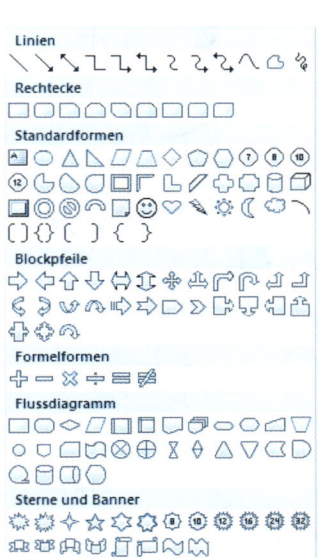

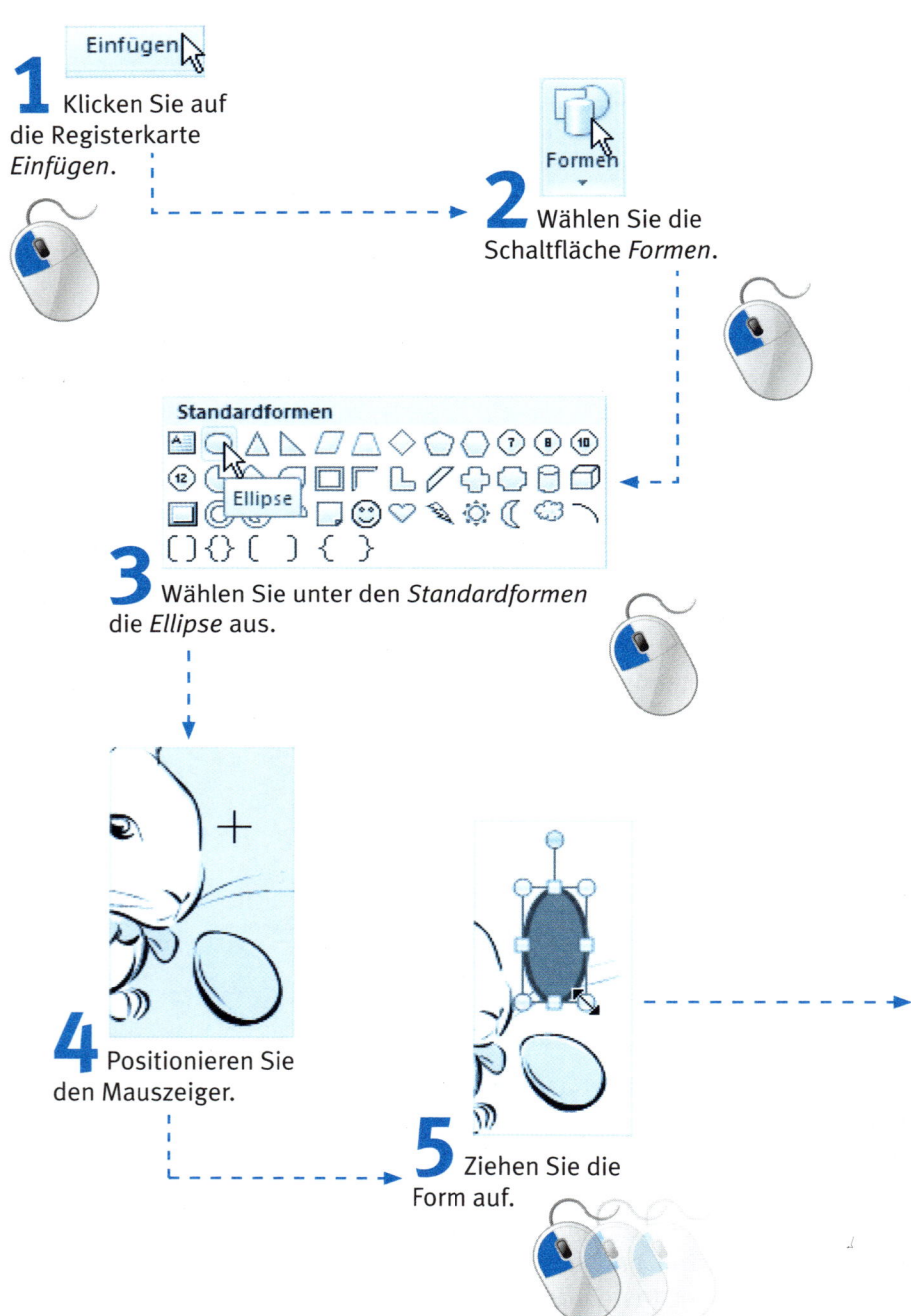

1 Klicken Sie auf die Registerkarte *Einfügen*.

2 Wählen Sie die Schaltfläche *Formen*.

3 Wählen Sie unter den *Standardformen* die *Ellipse* aus.

4 Positionieren Sie den Mauszeiger.

5 Ziehen Sie die Form auf.

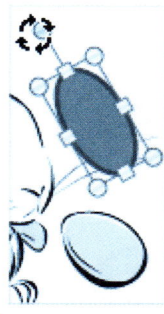

6 Bewegen Sie den Mauszeiger auf den *Drehpunkt*. Drehen Sie die Ellipse ein wenig nach links. Haben Sie die gewünschte Drehung erreicht, geben Sie die Maustaste wieder frei.

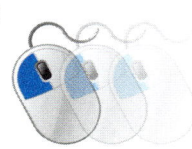

Sobald Sie die Form angelegt haben, wechselt Word automatisch zur Registerkarte *Zeichentools/Format*. Hier finden Sie die nächsten von Ihnen benötigten Funktionen. So können Sie sofort auf die Formen zugreifen. Doch zunächst kopieren Sie die angelegte Ellipse.

Formen kopieren

Dazu klicken Sie die Form an und drücken beim Verschieben die `Strg`-Taste. Die Kopierfunktion ist aktiviert.

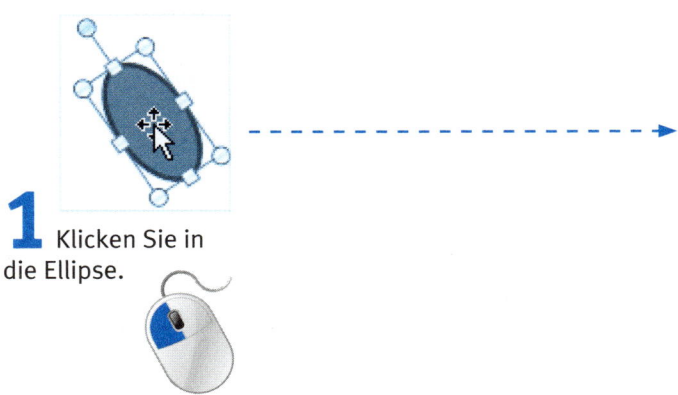

1 Klicken Sie in die Ellipse.

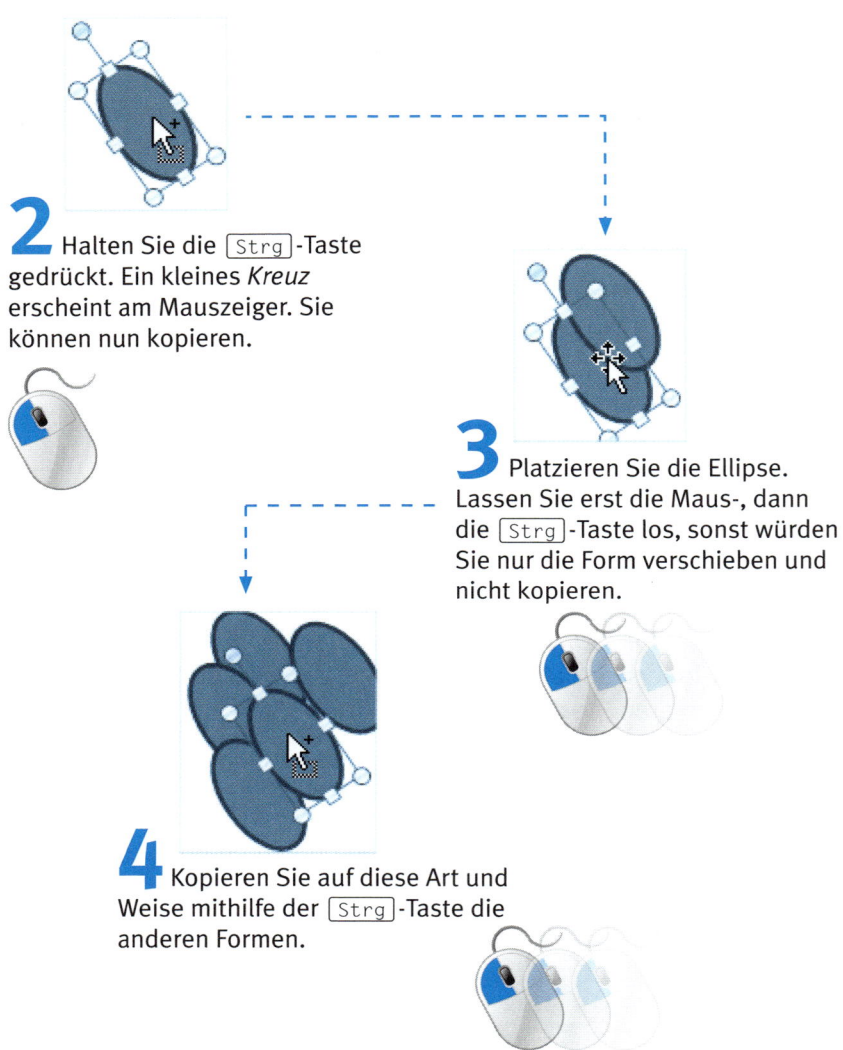

2 Halten Sie die `Strg`-Taste gedrückt. Ein kleines *Kreuz* erscheint am Mauszeiger. Sie können nun kopieren.

3 Platzieren Sie die Ellipse. Lassen Sie erst die Maus-, dann die `Strg`-Taste los, sonst würden Sie nur die Form verschieben und nicht kopieren.

4 Kopieren Sie auf diese Art und Weise mithilfe der `Strg`-Taste die anderen Formen.

Die Füllfarbe wählen

Zu Ostern gibt es bunte Ostereier. Kein Problem, diese farbig zu gestalten. Sie verwenden die Auswahl *Fülleffekt*. Dazu muss wiederum eine Form, hier ein Ei bzw. eine Ellipse, angeklickt (aktiviert) sein.

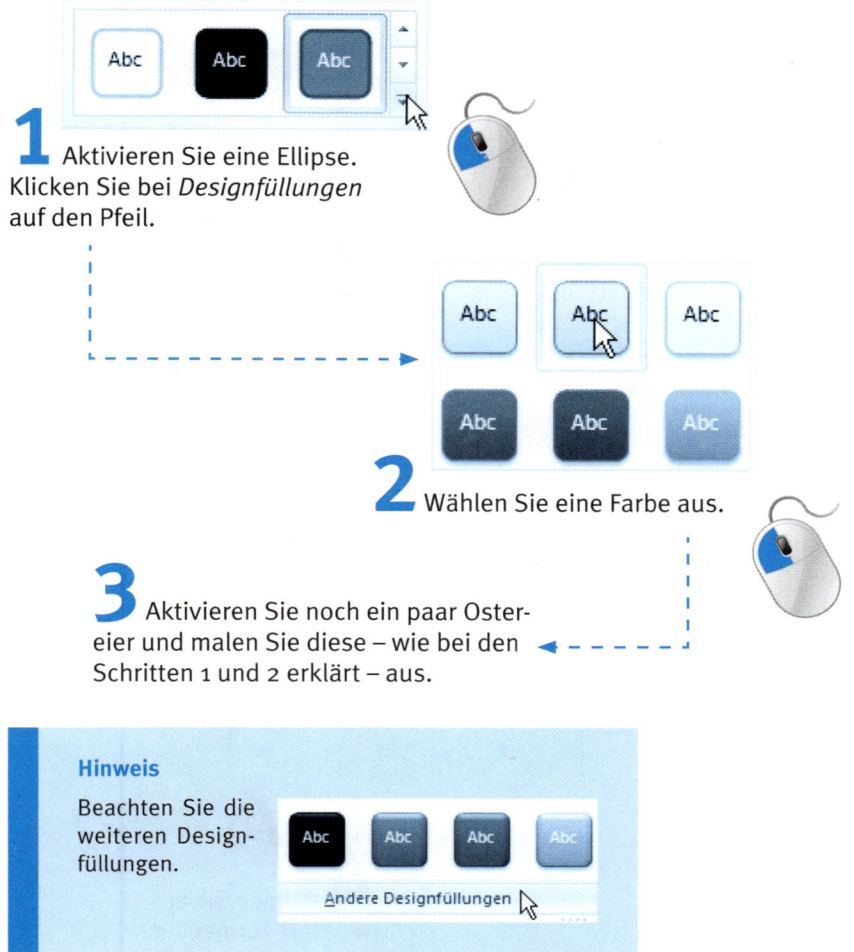

1 Aktivieren Sie eine Ellipse. Klicken Sie bei *Designfüllungen* auf den Pfeil.

2 Wählen Sie eine Farbe aus.

3 Aktivieren Sie noch ein paar Ostereier und malen Sie diese – wie bei den Schritten 1 und 2 erklärt – aus.

Hinweis

Beachten Sie die weiteren Designfüllungen.

Andere Designfüllungen

WordArt – Schrifteffekte

Sie möchten jemanden mit dem Schriftzug »Frohe Ostern« beglücken. Das kann bei einer Geburtstagskarte auch »Herzlichen Glückwunsch zum Geburtstag« oder »Alles Gute zum ...« sein.

Sie können mithilfe von *WordArt* Texte originell gestalten. Sie starten das Zusatzprogramm mit einem Klick.

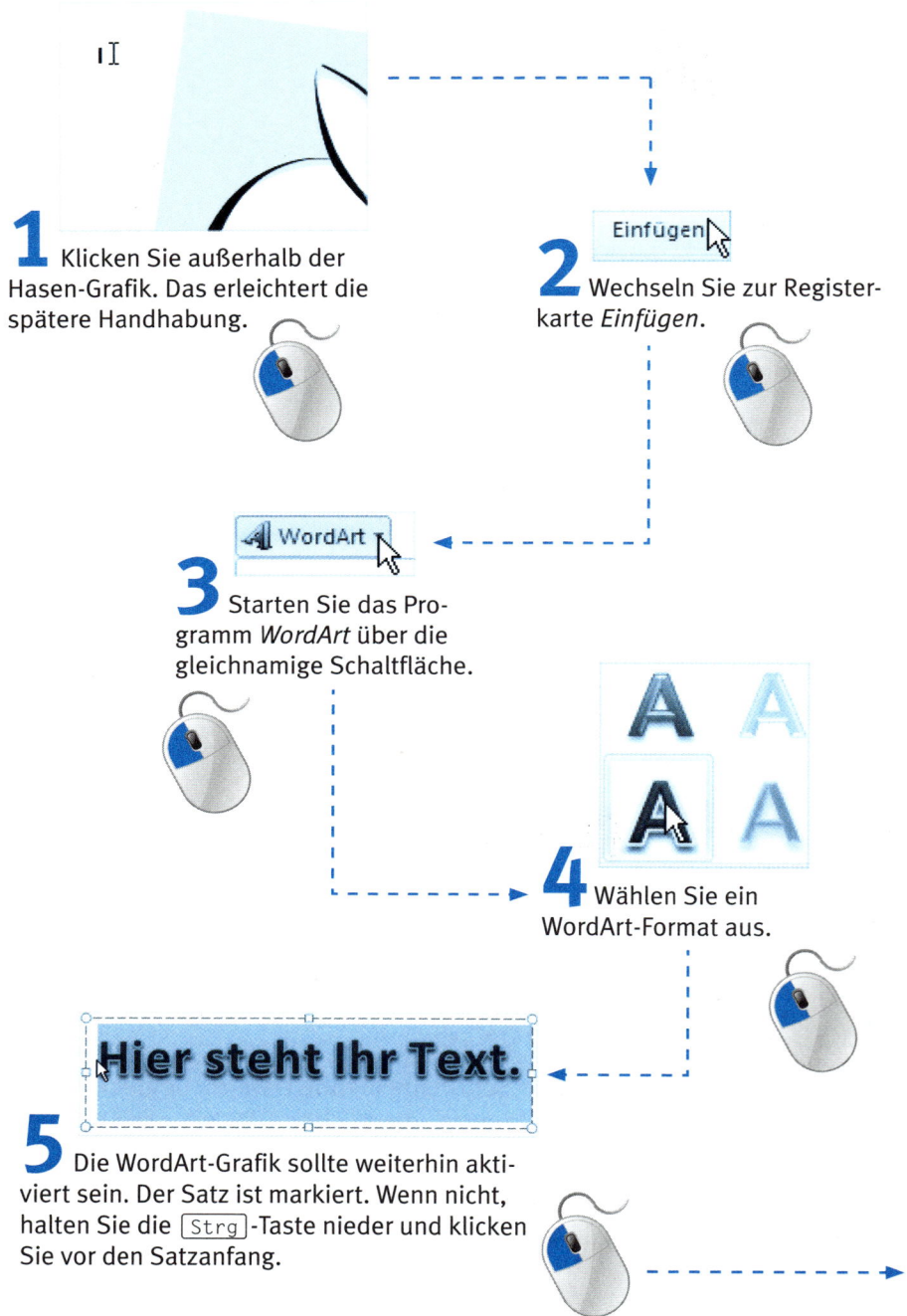

1 Klicken Sie außerhalb der Hasen-Grafik. Das erleichtert die spätere Handhabung.

2 Wechseln Sie zur Register-karte *Einfügen*.

3 Starten Sie das Pro-gramm *WordArt* über die gleichnamige Schaltfläche.

4 Wählen Sie ein WordArt-Format aus.

Hier steht Ihr Text.

5 Die WordArt-Grafik sollte weiterhin akti-viert sein. Der Satz ist markiert. Wenn nicht, halten Sie die Strg-Taste nieder und klicken Sie vor den Satzanfang.

Hinweis

Um den gesamten Text zu markieren, können Sie auch die Tastenkombination [Strg]+[A] drücken oder Sie wählen in der Registerkarte *Start* über die Schaltfläche *Markieren* die Auswahl *Alles markieren*.

Frohe Ostern

6 Tippen Sie »Frohe Ostern« ein.

Frohe Ostern

7 Klicken Sie mit der rechten Maustaste in den Schriftzug »Frohe Ostern«.

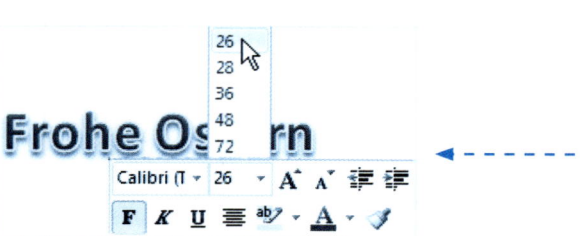

8 Sie können über die erscheinende Symbolleiste den Schriftzug bearbeiten, indem Sie z. B. einen kleineren *Schriftgrad* zuweisen.

Immer wenn die WordArt-Grafik angeklickt ist, erscheint die Symbolleiste für die Bearbeitung. Klicken Sie außerhalb der Grafik, wechselt die Symbolleiste.

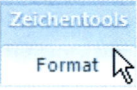

Lassen Sie die WordArt-Grafik aktiviert. Sie ändern hier auch noch die Form des WordArt-Schriftzugs.

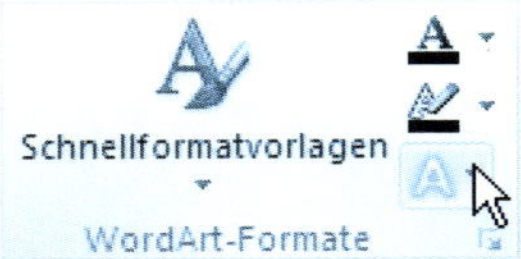
Schnellformatvorlagen
WordArt-Formate

1 Klicken Sie auf die Schaltfläche *Texteffekte*.

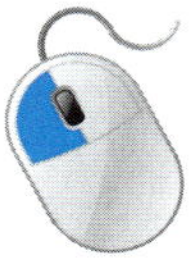

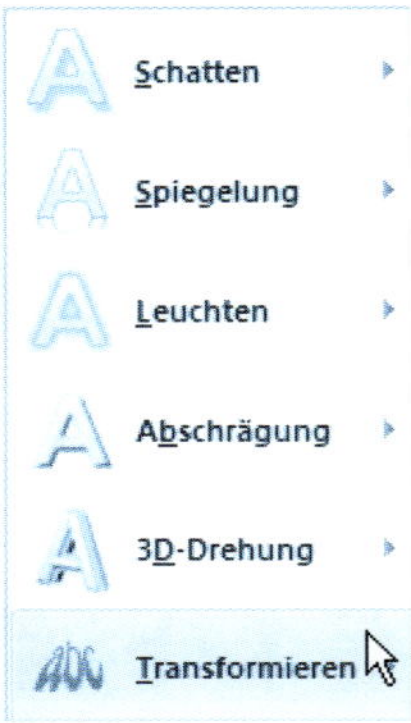
Schatten
Spiegelung
Leuchten
Abschrägung
3D-Drehung
Transformieren

2 Entsprechend der Einträge können Sie die WordArt-Grafik mit weiteren Effekten unterlegen.

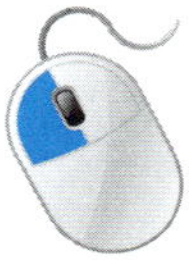

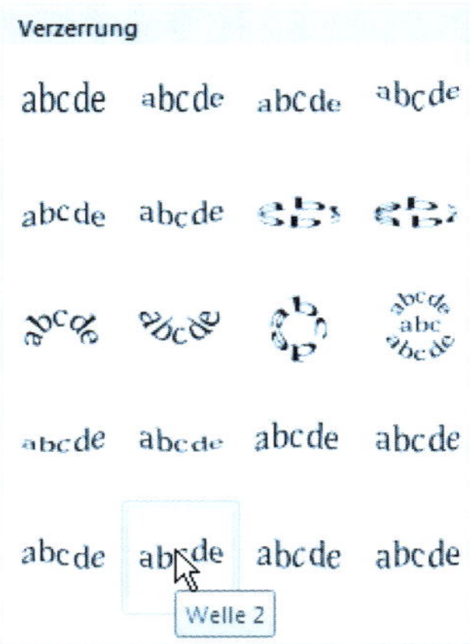
Verzerrung
Welle 2

3 Wählen Sie z. B. eine *Verzerrung* aus.

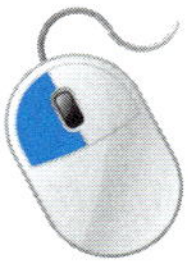

Sie bearbeiten den Schrifteffekt – die WordArt – wie eine normale Grafik. Klicken Sie darauf, erscheinen außen wiederum die kleinen Kreise, mit denen Sie die Größe verändern können. Anhand der Raute können Sie den Schriftzug weiter bearbeiten.

Frohe Ostern

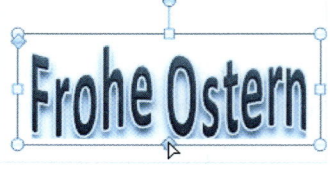

Wenn Sie den Mauszeiger auf dem Rand des Schrifteffekts positionieren, erscheint der Mauszeiger als eine Art »Fadenkreuz«. Dann können Sie den Schriftzug im Dokument verschieben.

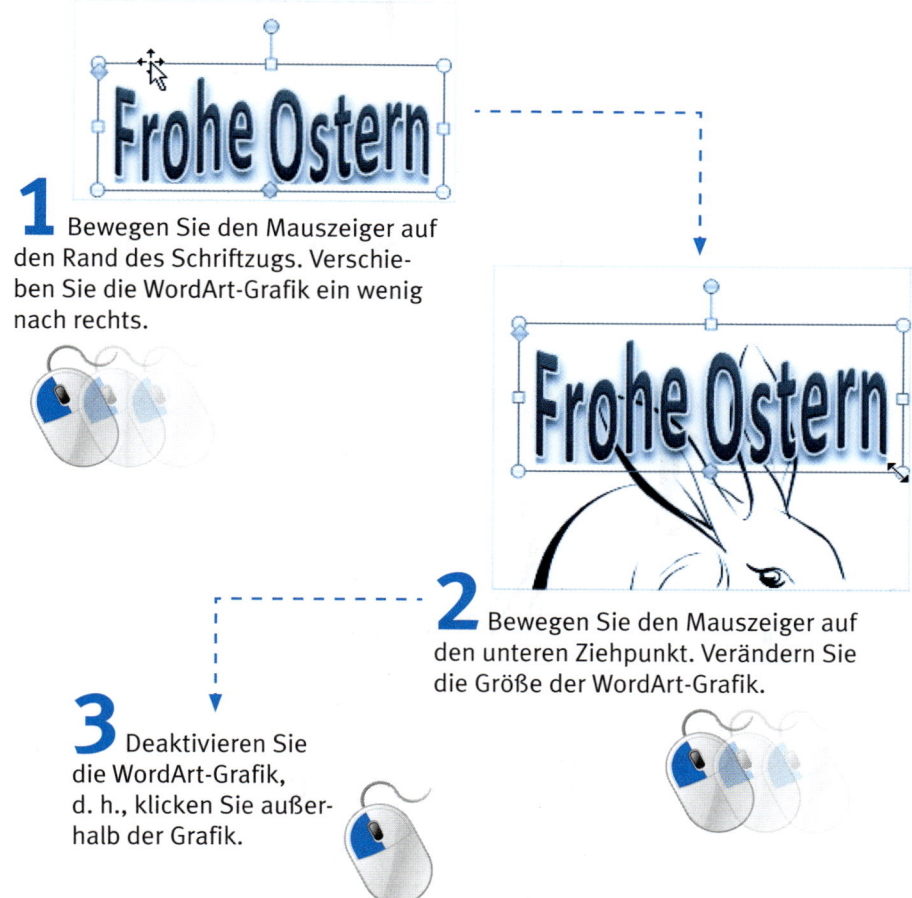

1 Bewegen Sie den Mauszeiger auf den Rand des Schriftzugs. Verschieben Sie die WordArt-Grafik ein wenig nach rechts.

2 Bewegen Sie den Mauszeiger auf den unteren Ziehpunkt. Verändern Sie die Größe der WordArt-Grafik.

3 Deaktivieren Sie die WordArt-Grafik, d. h., klicken Sie außerhalb der Grafik.

Textfelder

In die Grafik können Sie Texte schreiben. Sie müssen dazu ein *Textfeld* einfügen.

1 Aktivieren Sie die Registerkarte *Einfügen*.

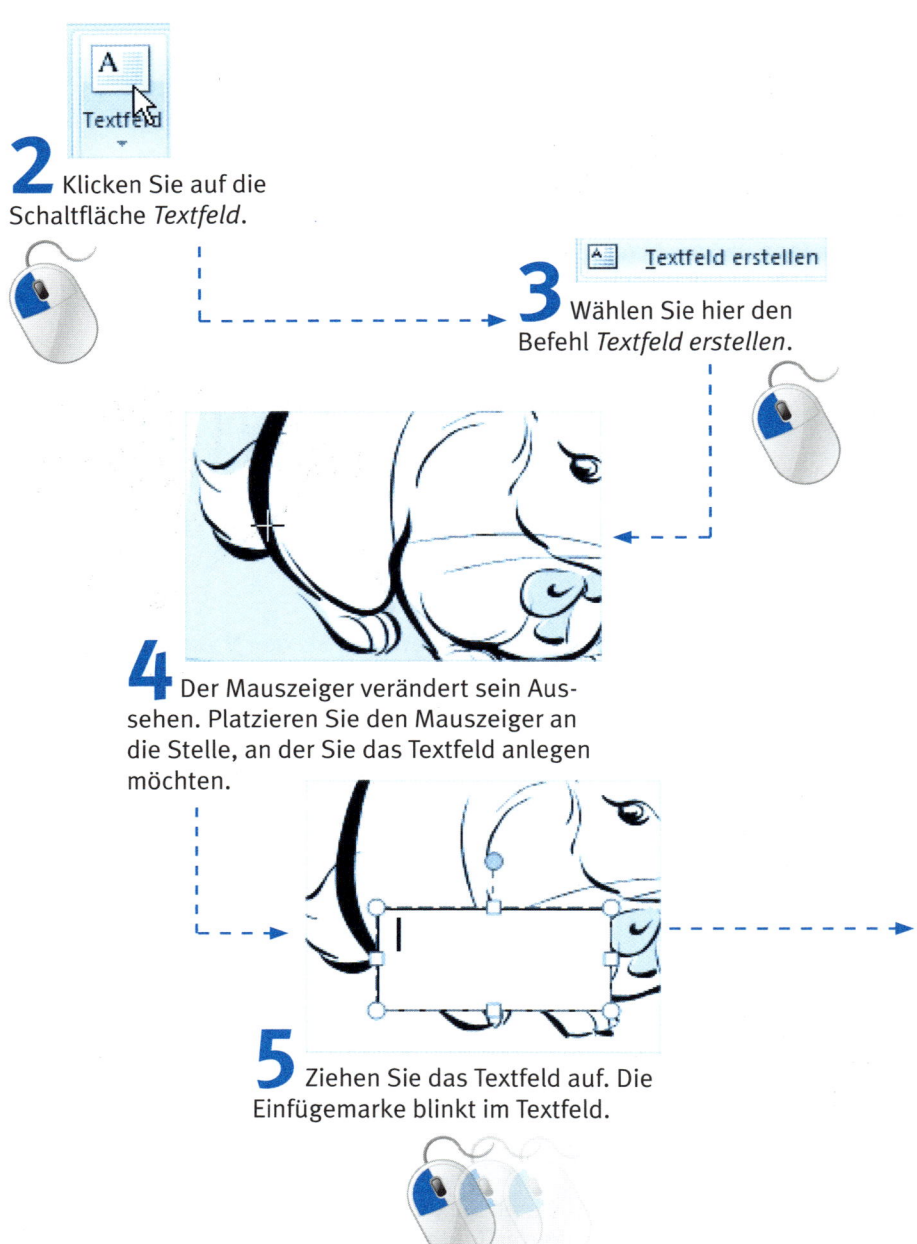

2 Klicken Sie auf die
Schaltfläche *Textfeld*.

3 Wählen Sie hier den
Befehl *Textfeld erstellen*.

4 Der Mauszeiger verändert sein Aussehen. Platzieren Sie den Mauszeiger an
die Stelle, an der Sie das Textfeld anlegen
möchten.

5 Ziehen Sie das Textfeld auf. Die
Einfügemarke blinkt im Textfeld.

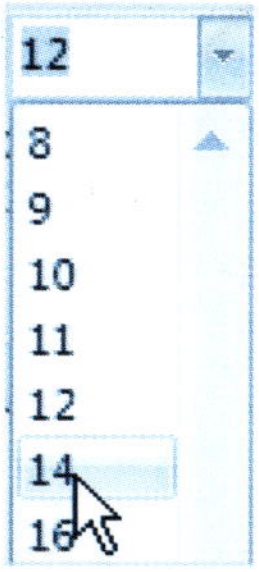

6 Klicken Sie doppelt in das Textfeld. Die Silhouette einer Leiste erscheint. Hier können Sie schnell formatieren.

2x

7 Bewegen Sie den Mauszeiger auf die Leiste. Wählen Sie hier einen höheren *Schriftgrad* aus.

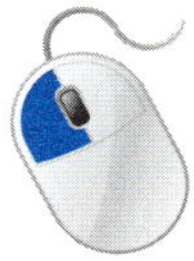

8 Aktivieren Sie die Schaltfläche *Fett*.

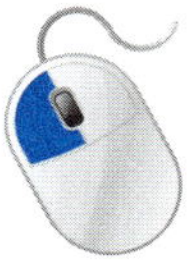

Mama und Papa

9 Tippen Sie den Text »Mama und Papa« in das Textfeld ein.

Tipp

Klicken Sie auf der Registerkarte *Zeichentools/Format* auf die Schaltfläche *Größe*, sehen Sie die Ausmaße des angelegten Textfelds. Diese können Sie hier auch noch ändern: Legen Sie die Höhe und Breite neu fest.

Anhand der bereits erwähnten Ziehpunkte ändern Sie die Größe eines Textfelds. Bewegen Sie einen Ziehpunkt so, dass der Text »Mama und Papa« in eine Zeile passt. Danach bewegen Sie das Textfeld an die richtige Stelle.

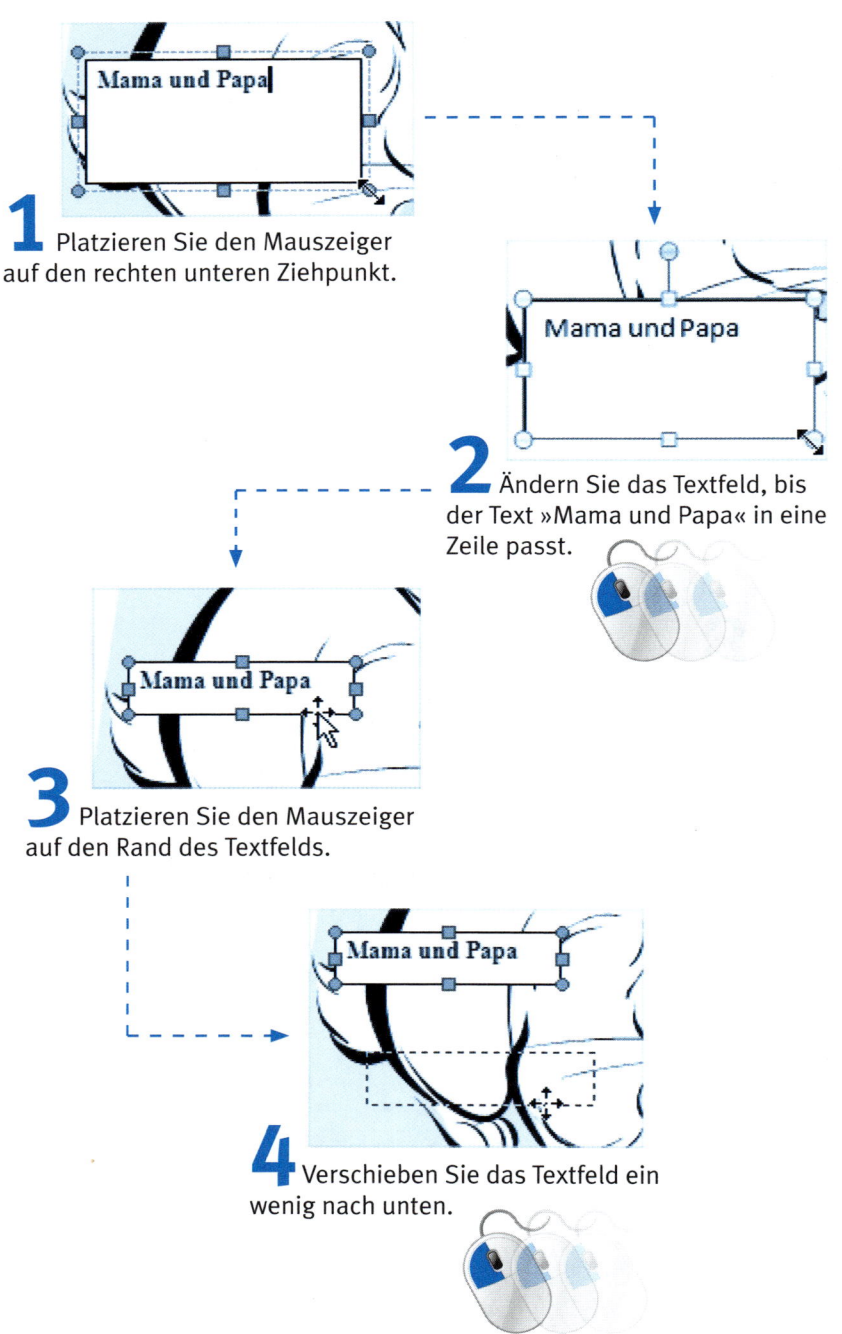

1 Platzieren Sie den Mauszeiger auf den rechten unteren Ziehpunkt.

2 Ändern Sie das Textfeld, bis der Text »Mama und Papa« in eine Zeile passt.

3 Platzieren Sie den Mauszeiger auf den Rand des Textfelds.

4 Verschieben Sie das Textfeld ein wenig nach unten.

Das Weiße im Textfeld stört ein wenig. Vorgefertigte Farbverläufe beinhalten bestimmte Umrandungen und Fülleffekte.

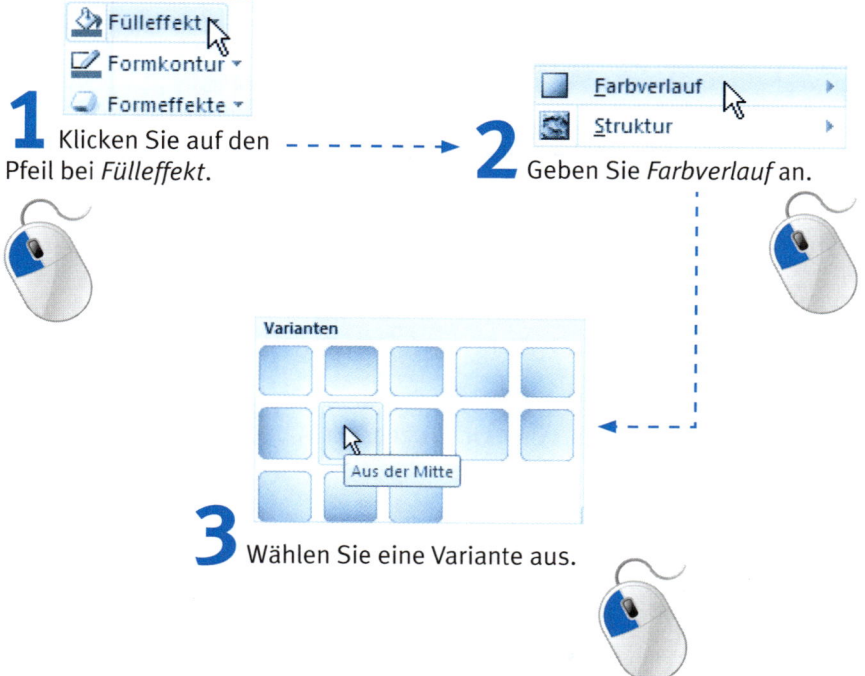

1 Klicken Sie auf den Pfeil bei *Fülleffekt*.

2 Geben Sie *Farbverlauf* an.

3 Wählen Sie eine Variante aus.

Legenden: Bilder sprechen lassen

Wie Sie es vielleicht aus zahlreichen Comics wie »Asterix und Obelix« oder »Donald Duck« kennen, können Sie Bilder mit »Sprechblasen« zum Reden bringen.

Dazu verwenden Sie eine *Legende*.

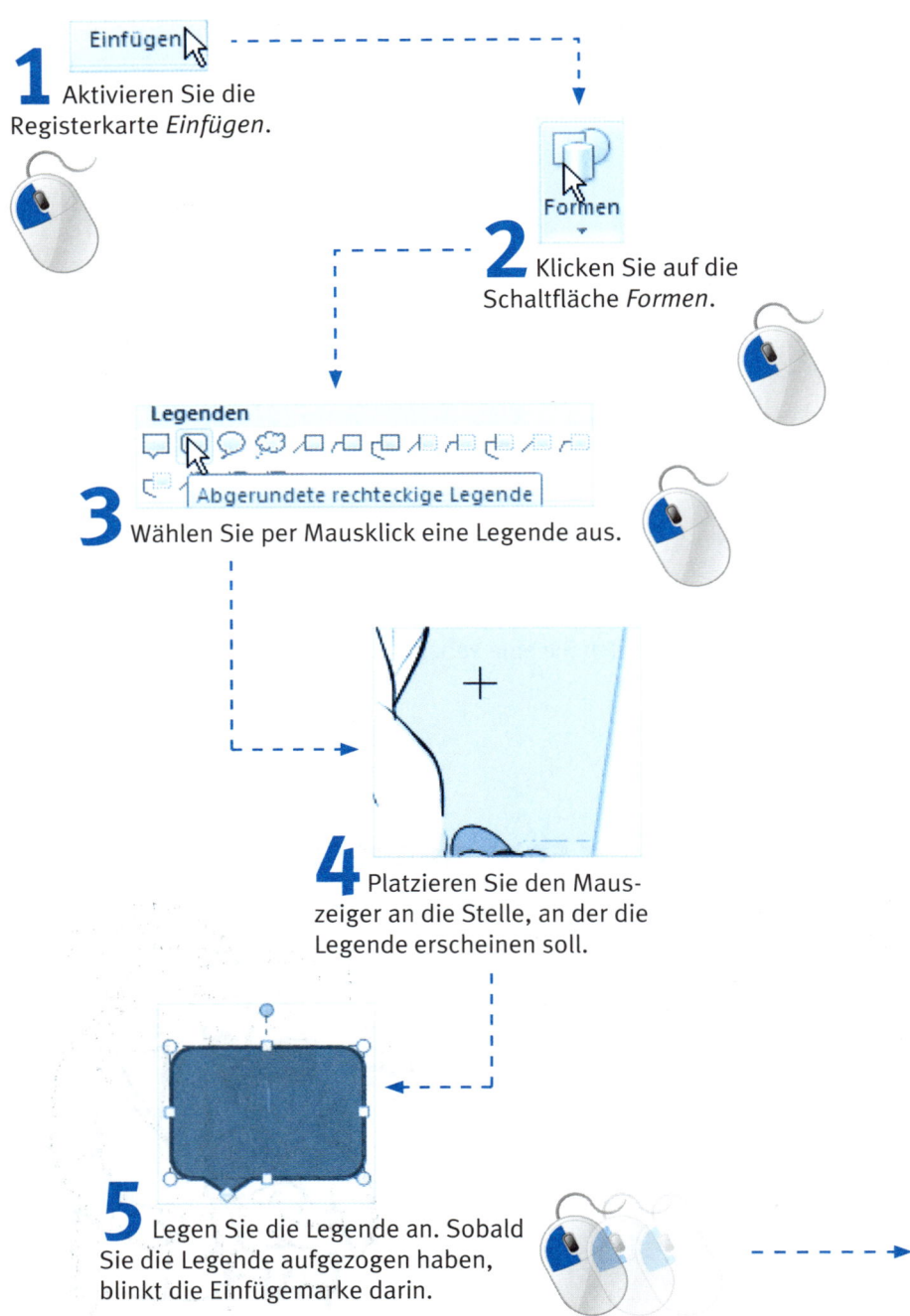

1 Aktivieren Sie die Registerkarte *Einfügen*.

2 Klicken Sie auf die Schaltfläche *Formen*.

3 Wählen Sie per Mausklick eine Legende aus.

4 Platzieren Sie den Mauszeiger an die Stelle, an der die Legende erscheinen soll.

5 Legen Sie die Legende an. Sobald Sie die Legende aufgezogen haben, blinkt die Einfügemarke darin.

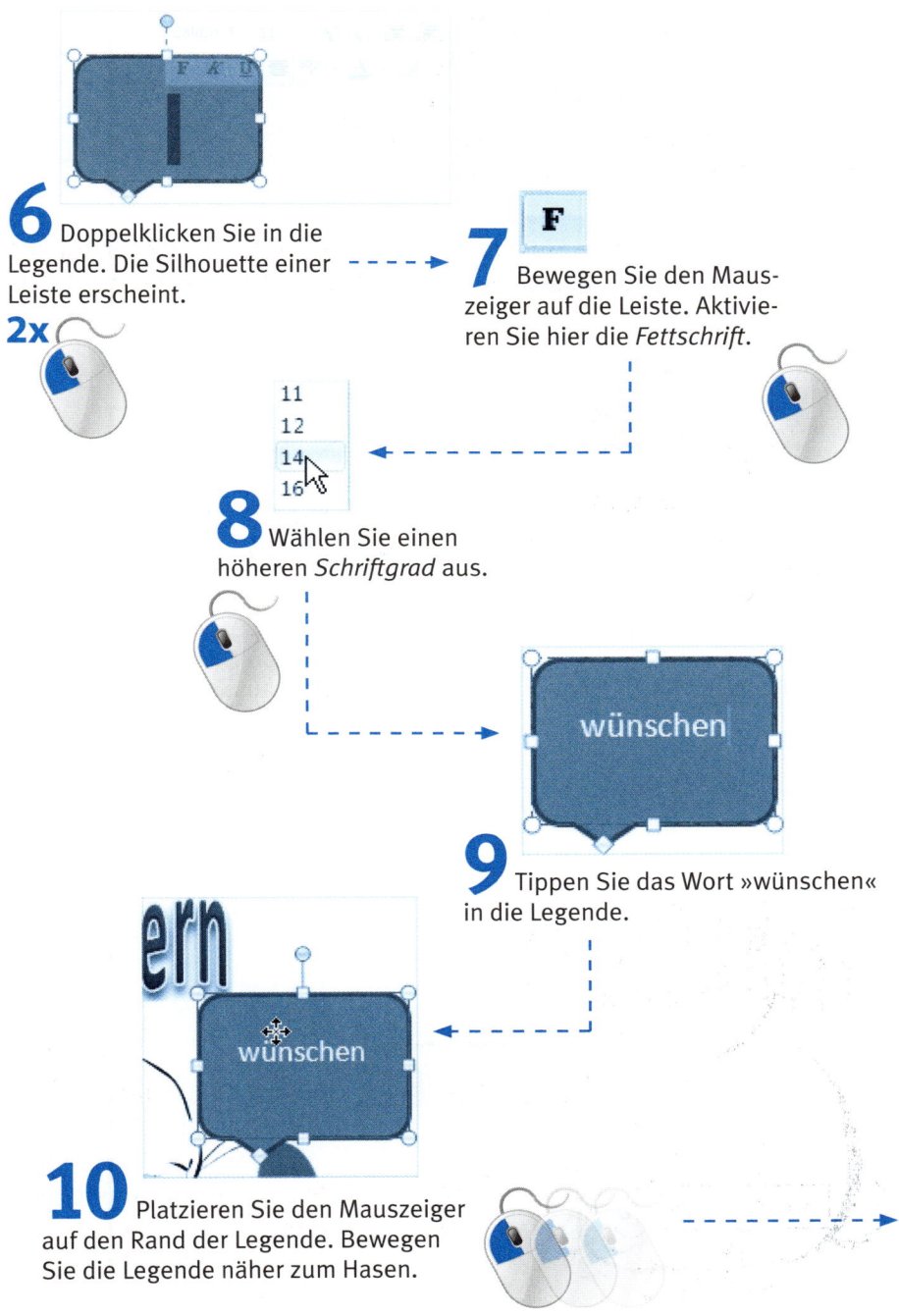

6 Doppelklicken Sie in die Legende. Die Silhouette einer Leiste erscheint.

2x

7 Bewegen Sie den Mauszeiger auf die Leiste. Aktivieren Sie hier die *Fettschrift*.

11
12
14
16

8 Wählen Sie einen höheren *Schriftgrad* aus.

wünschen

9 Tippen Sie das Wort »wünschen« in die Legende.

wünschen

10 Platzieren Sie den Mauszeiger auf den Rand der Legende. Bewegen Sie die Legende näher zum Hasen.

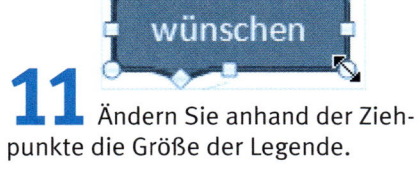 

11 Ändern Sie anhand der Zieh-punkte die Größe der Legende.

Bei der Legende erkennen Sie eine kleine *gelbe Raute*. Mit dieser können Sie die Legende präzise ausrichten, d. h. sie dem Urheber der Äußerung direkt zuordnen.

1 Positionieren Sie den Maus-zeiger auf der kleinen gelben Raute der Legende.

2 Verschieben Sie diese mit gedrückter Maustaste. Richten Sie so die Sprechblase (näher zum Mund) aus.

Versuchen Sie einmal in aller Ruhe, selbst Bilder mit den ClipArt-Grafiken und WordArt zu gestalten. Mit ein wenig Übung wer-den Sie feststellen, wie viel Spaß Sie dabei haben werden.

Tipps zum Kapitel

Die Tipps runden das Kapitel ab. Nehmen Sie sich noch die Zeit dafür, um Ihr Wissen zu erweitern.

Weitere ClipArts ...

Verfügen Sie über einen Internetanschluss, können Sie sich im Aufgabenbereich *ClipArt* über die Schaltfläche *Auf Office.com weitersuchen* auf der Webseite der Firma Microsoft Bilder kostenlos herunterladen.

Dort finden Sie auch saisonbedingte Clip-Arts. Damit zu Weihnachten auch wirklich der Weihnachtsmann kommt!

In eine SmartArt-Grafik ändern

Über die Schaltfläche *In eine SmartArt-Grafik konvertieren* auf der Registerkarte *Bildtools/Format* können Sie Grafiken »ein wenig zweckentfremden«.

Die ausgewählte Darstellung wird auf die aktivierte ClipArt-Grafik übertragen. In das Feld *[Text]* tippen Sie Ihren Text ein.

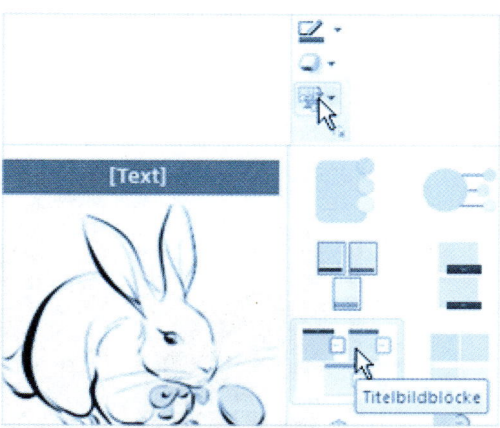

Schatten und 3D

Sie können einer Form oder einer Grafik einen Schatten hinzufügen. Dazu legen Sie die Form an und aktivieren sie. Die Schaltfläche *Formeffekte* finden Sie auf der Registerkarte *Zeichentools/Format*.

Eine Form kann auch dreidimensional dargestellt werden. Sie müssen hier eine 2D-Form auswählen und diese aktiviert lassen. Dann wählen Sie eine 3D-Darstellung auf der Registerkarte *Zeichentools/Format* über die Schaltfläche *Formeffekte* aus.

Üben Sie mit Word 2010!

Üben Sie zum Schluss des Kapitels noch einmal mit Word. Können Sie eine Übung nicht ausführen, sollten Sie die entsprechende Stelle in diesem Kapitel noch einmal durchgehen.

1. Versuchen Sie, die zwei ClipArts – wie abgebildet – zusammen darzustellen.

Schritte:
ClipArt (*Computer*) einfügen – Zeilenumbruch *Hinter den Text* festlegen – ClipArt anhand der Ziehpunkte anpassen und platzieren – ClipArt (*Berufe*) einfügen – Zeilenumbruch *Vor den Text* – ClipArt anhand der Ziehpunkte anpassen und platzieren.

2. Versuchen Sie, zwei ClipArts – wie abgebildet – zusammen mit der Legende darzustellen.

Schritte:

ClipArt (*Sport/Golf*) einfügen – Zeilenumbruch *Hinter den Text* festlegen – ClipArt anhand der Ziehpunkte anpassen und platzieren – ClipArt (*Tiere/ Kaninchen* (*Eier!*)) einfügen – Zeilenumbruch *Vor den Text* – ClipArt anhand der Ziehpunkte anpassen und platzieren – eine beliebige ClipArt aktivieren – Registerkarte *Einfügen*/Schaltfläche *Formen* – Legende auswählen – Text in Legende schreiben – Legende anpassen und platzieren.

Das können Sie schon

Das lernen Sie neu

Kapitel 9

Ein persönliches Fotoalbum

Mit Word legen Sie leicht ein individuell gestaltetes Fotoalbum an. Dazu brauchen Sie nur Ihre eigenen Bilder einzubinden. Word stellt Ihnen die verschiedensten Werkzeuge zur Verfügung, mit denen Sie Ihre Bilder veredeln und hervorheben können – so bleiben Ihre Erlebnisse unvergesslich!

Seitenränder festlegen

Bevor Sie mehrere Bilder (= *Grafiken*) einbinden, sollten Sie die Seitenränder Ihres Dokuments ändern. Dies erleichtert die spätere Platzierung
der Bilder, und Sie nutzen den Platz innerhalb des Dokuments besser aus.

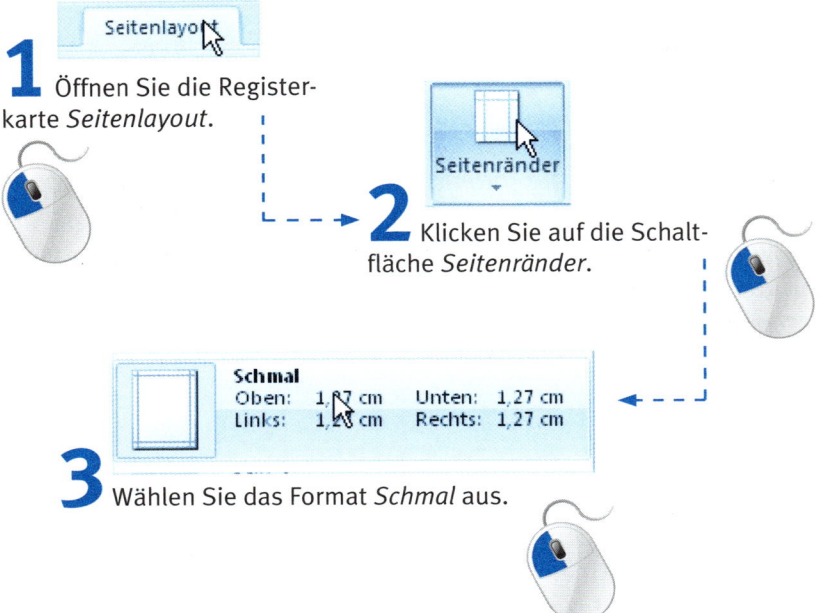

1 Öffnen Sie die Registerkarte *Seitenlayout*.

2 Klicken Sie auf die Schaltfläche *Seitenränder*.

3 Wählen Sie das Format *Schmal* aus.

Ein Bild einfügen

Sie können eigene Bilder einfügen, die Sie mit Ihrer Kamera geknipst
haben. Diese sehen natürlich anders aus als in diesem Beispiel. Aber Sie
lernen die Werkzeuge dazu kennen und den Umgang mit ihnen.

Die Bilder befinden sich bereits auf der Festplatte Ihres Rechners. Sie haben sie in einem *Ordner* gespeichert.

Jetzt müssen die Bilder lediglich noch in Word eingebunden werden. Dazu
verwenden Sie die Schaltfläche *Grafik aus Datei einfügen*. Da Sie mehrere
Bilder nacheinander einfügen, binden Sie die Schaltfläche am besten in die
Symbolleiste für den Schnellzugriff ein.

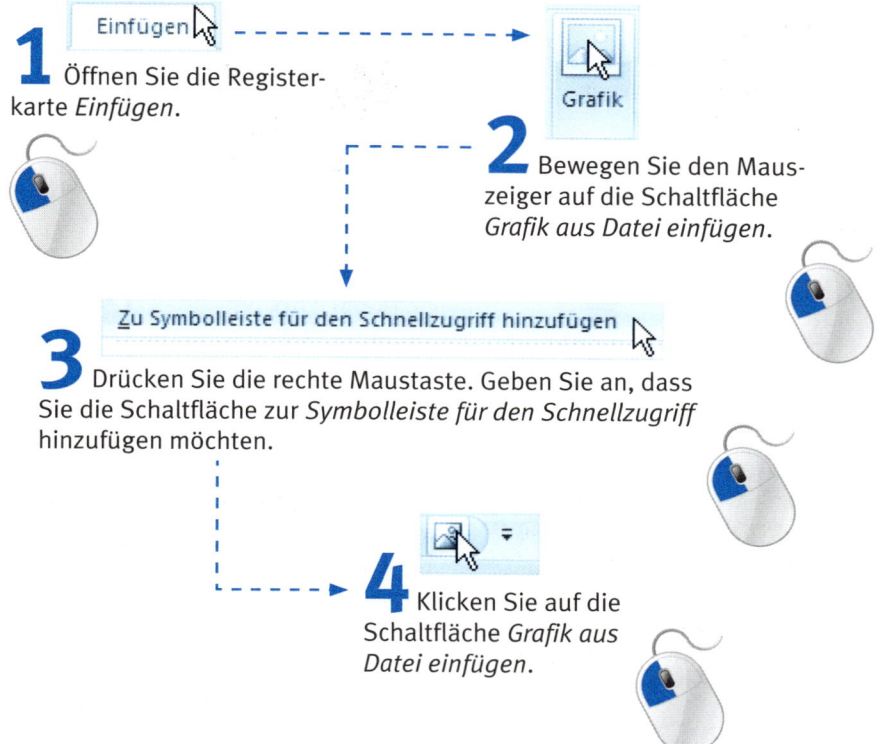

1 Öffnen Sie die Registerkarte *Einfügen*.

2 Bewegen Sie den Mauszeiger auf die Schaltfläche
Grafik aus Datei einfügen.

3 Drücken Sie die rechte Maustaste. Geben Sie an, dass
Sie die Schaltfläche zur *Symbolleiste für den Schnellzugriff*
hinzufügen möchten.

4 Klicken Sie auf die
Schaltfläche *Grafik aus
Datei einfügen*.

Sie gelangen in das Dialogfeld
Grafik einfügen. Nun ist es abhängig davon, wo – in welchem Ord-
ner – Sie Ihre persönlichen Bilder gespeichert haben.

 Klicken Sie im Dia-
logfeld doppelt
auf den Ordner
Beispielbilder, er-
halten Sie mitge-
lieferte Bilder.

175

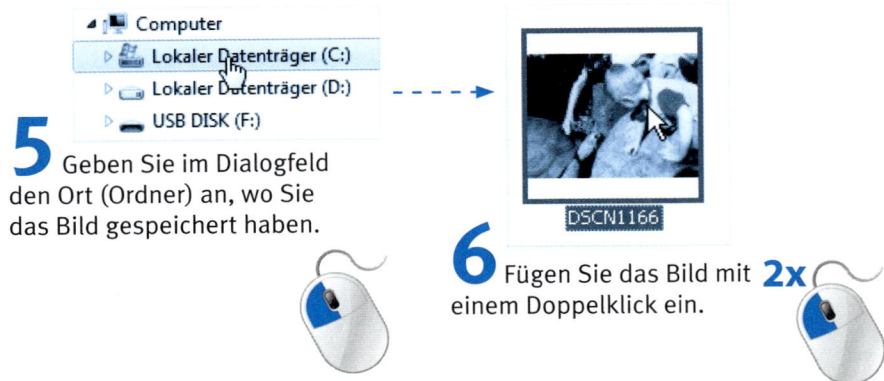

5 Geben Sie im Dialogfeld den Ort (Ordner) an, wo Sie das Bild gespeichert haben.

6 Fügen Sie das Bild mit **2x** einem Doppelklick ein.

Achtung

Beachten Sie, dass als *Dateityp* die Auswahl *Alle Grafiken* aktiviert ist. Das erleichtert die Suche.

Aktivieren Sie im Dialogfeld *Grafik einfügen* über die Schaltfläche *Ansicht ändern* die Auswahl *Weitere Optionen* und stellen Sie ggf. auf *Große Symbole* um. Das erleichtert die Suche, da Sie eine Vorschau sämtlicher Bilder erhalten.

7 Verändern Sie unten rechts am Bildschirm ggf. die *Zoomeinstellung*, indem Sie diese reduzieren. Das erleichtert die spätere Handhabung.

Sobald Sie das Bild eingefügt haben, wechselt Word automatisch zur Registerkarte *Bildtools/Format*. Hier finden Sie alle zur Bearbeitung notwendigen Werkzeuge.

Tipp

Über die Schaltfläche *Ausrichten* geben Sie an, wo ein Bild genau positioniert werden soll.

Möchten Sie eine Grafik wie ein Bild bearbeiten, muss sie aktiviert sein. Dazu klicken Sie diese an. Eine Umrandung und kleine Punkte – *Ziehpunkte* genannt – erscheinen.

Positionieren Sie den Mauszeiger auf einem der Ziehpunkte, verändern Sie mit gedrückter linker Maustaste die *Größe* des Bildes entsprechend der *Pfeilrichtung*.

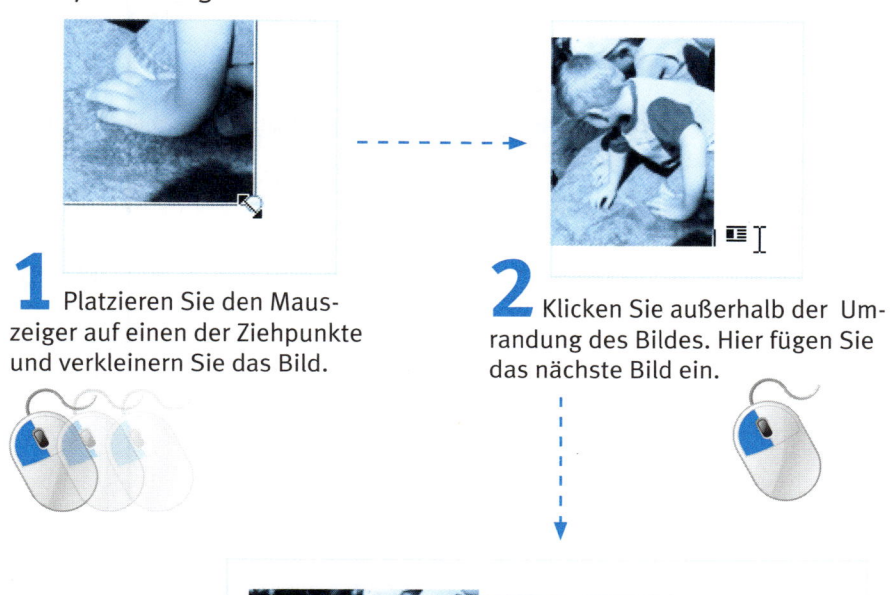

1 Platzieren Sie den Mauszeiger auf einen der Ziehpunkte und verkleinern Sie das Bild.

2 Klicken Sie außerhalb der Umrandung des Bildes. Hier fügen Sie das nächste Bild ein.

3 Fügen Sie auf diese Art und Weise die übrigen Bilder ein – in diesem Beispiel sind es vier Fotos.

177

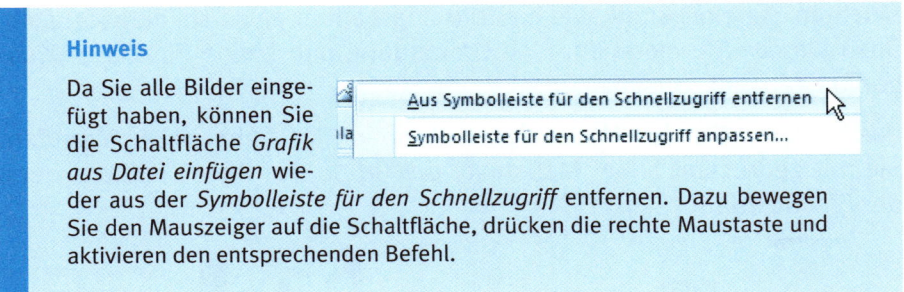

Bei *Zeilenumbruch* geben Sie an, wie ein Text später um das Bild platziert
werden bzw. fließen soll.

Für welche Umbruchart Sie sich in diesem Beispiel auch entscheiden, die
Grafik muss formatiert werden. Sie können sonst die Grafik im Dokument
nicht bewegen, um sie mit der Maus an einer anderen Stelle unterzu-
bringen!

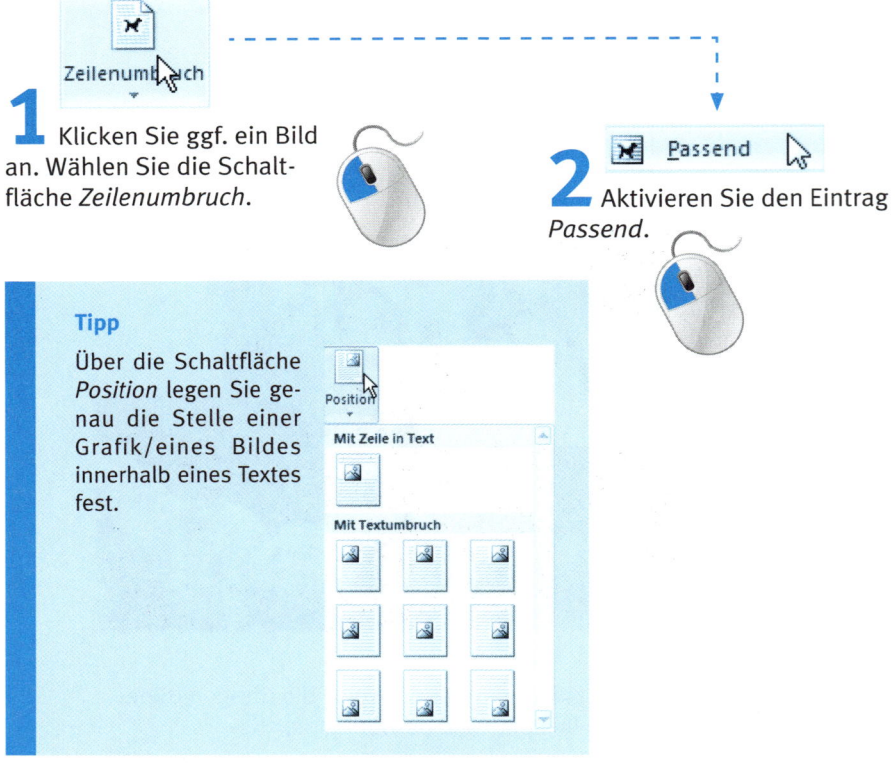

1 Klicken Sie ggf. ein Bild
an. Wählen Sie die Schaltfläche *Zeilenumbruch*.

2 Aktivieren Sie den Eintrag
Passend.

Tipp

Über die Schaltfläche
Position legen Sie ge-
nau die Stelle einer
Grafik/eines Bildes
innerhalb eines Textes
fest.

Bewegen Sie den Mauszeiger auf die Grafik, erscheint am Mauszeiger eine Art »Fadenkreuz«. Wird diese Darstellung angezeigt, können Sie das Bild mit gedrückter linker Maustaste in dem Dokument beliebig *verschieben*. Dazu müssen aber erst sämtliche Bilder mit einem *Zeilenumbruch* versehen werden. Sie brauchen nur die letzte Aktion zu wiederholen.

> **Tipp**
>
> Mit der [Strg]-Taste können Sie mehrere Bilder gleichzeitig aktivieren. Sie halten die [Strg]-Taste gedrückt und klicken die einzelnen Bilder mit der linken Maustaste an. So können Sie z. B. gleichzeitig eine Formatierung zuweisen.

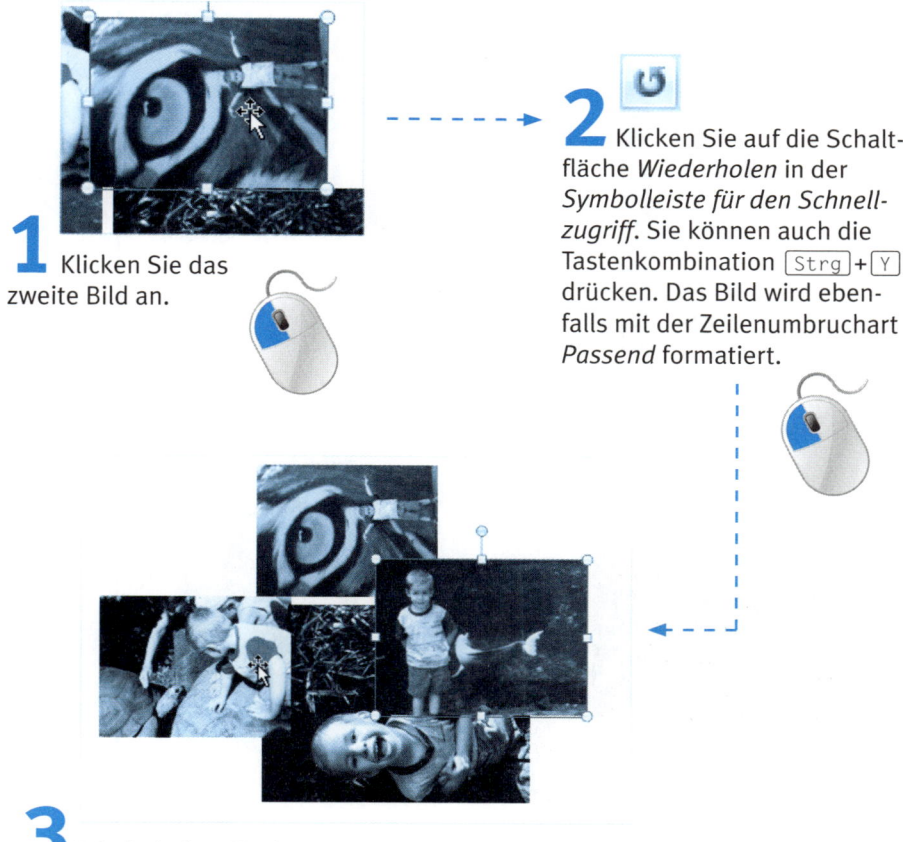

1 Klicken Sie das zweite Bild an.

2 Klicken Sie auf die Schaltfläche *Wiederholen* in der *Symbolleiste für den Schnellzugriff*. Sie können auch die Tastenkombination [Strg]+[Y] drücken. Das Bild wird ebenfalls mit der Zeilenumbruchart *Passend* formatiert.

3 Wiederholen Sie den Vorgang für die restlichen Bilder.

4 Bewegen Sie die Bilder im Dokument und positionieren Sie sie übersichtlicher. Ändern Sie ggf. noch einmal deren Größe.

Es kann sein, dass Bilder nicht korrekt dargestellt werden, d. h., sie müssen gedreht werden.

Positionieren Sie den Mauszeiger auf dem »grünen Punkt«, verwandelt er sich in einen *Drehpunkt*.

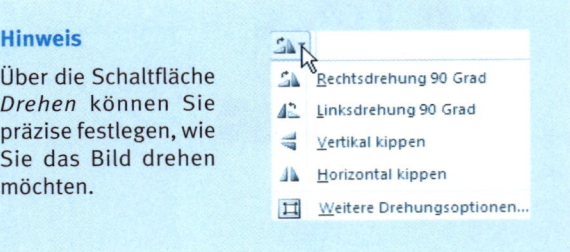

Hinweis

Über die Schaltfläche *Drehen* können Sie präzise festlegen, wie Sie das Bild drehen möchten.

Rechtsdrehung 90 Grad
Linksdrehung 90 Grad
Vertikal kippen
Horizontal kippen
Weitere Drehungsoptionen...

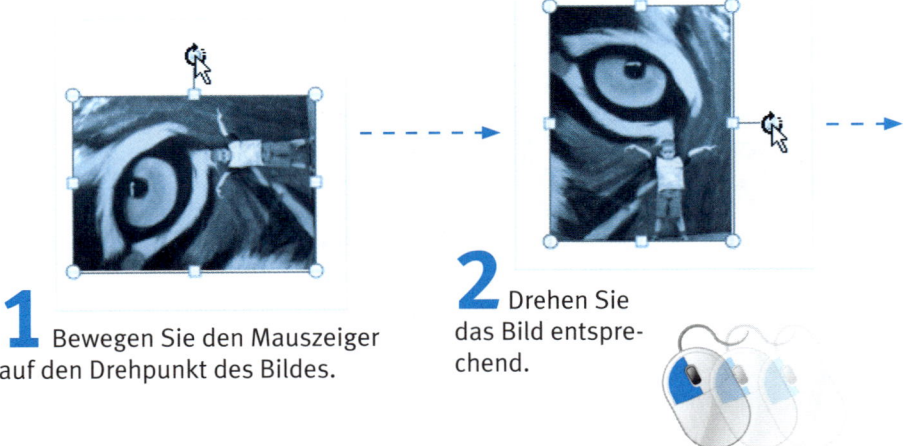

1 Bewegen Sie den Mauszeiger auf den Drehpunkt des Bildes.

2 Drehen Sie das Bild entsprechend.

Tipp

Bildunterschriften kön-
nen Sie auf der Register-
karte *Verweise* über die
Schaltfläche *Beschrif-
tung einfügen* anlegen.

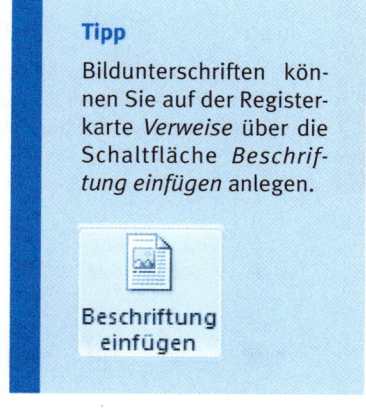

3 Wiederholen Sie ggf. den Vorgang für
ein anderes bzw. andere Bilder. Die Bilder
sind nun alle korrekt angeordnet.

Die Schnellformatvorlagen

Word 2010 verfügt über eine Auswahl von Schnellformatvorlagen. Diese
werden auf das aktivierte Bild übertragen.

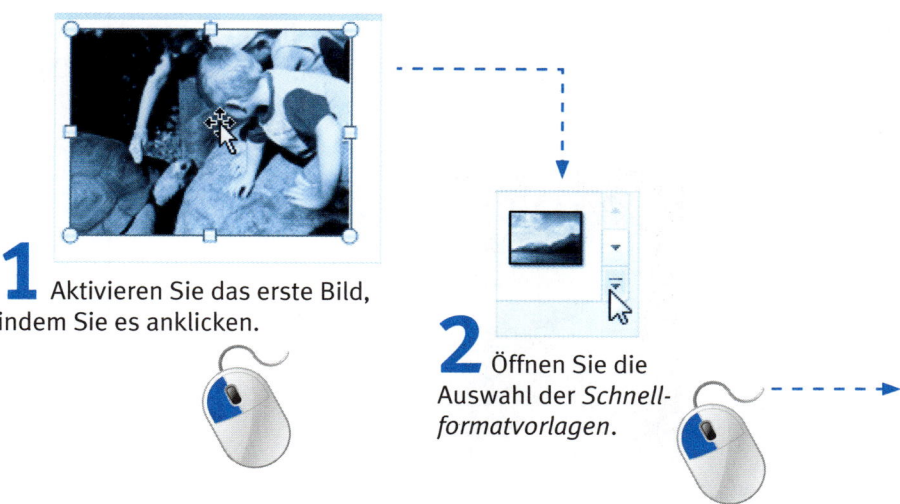

1 Aktivieren Sie das erste Bild,
indem Sie es anklicken.

2 Öffnen Sie die
Auswahl der *Schnell-
formatvorlagen*.

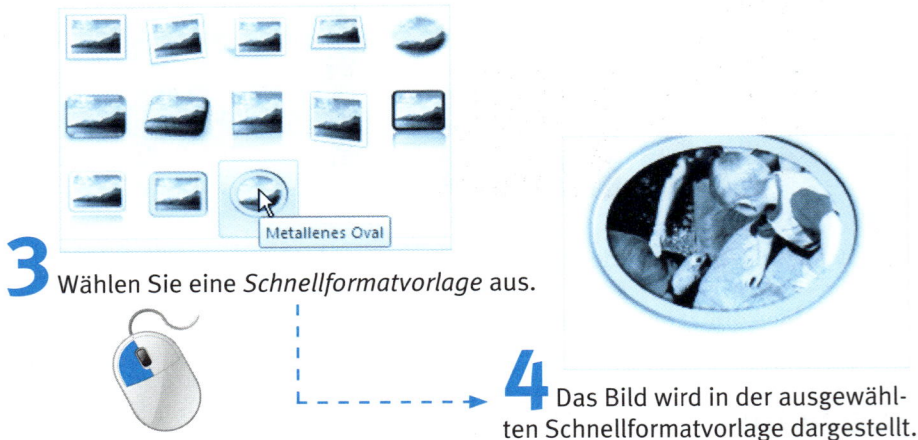

3 Wählen Sie eine *Schnellformatvorlage* aus.

4 Das Bild wird in der ausgewählten Schnellformatvorlage dargestellt.

Bildeffekte festlegen

Word 2010 bietet Ihnen einige Bildeffekte über die gleichnamige Schaltfläche an, die Sie nutzen sollten. In diesem Beispiel geben Sie eine *Spiegelung* an.

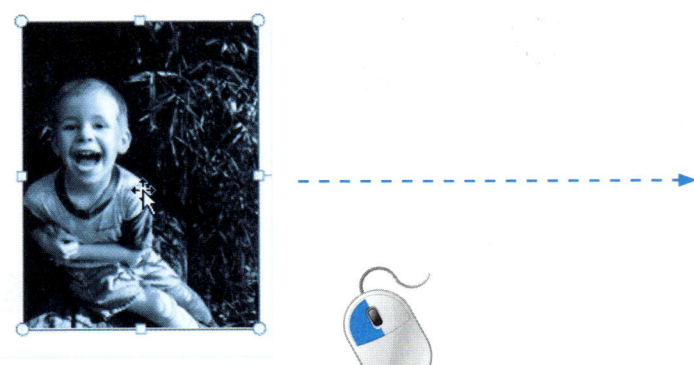

1 Die Grafik muss aktiviert sein.
Klicken Sie diese ggf. an.

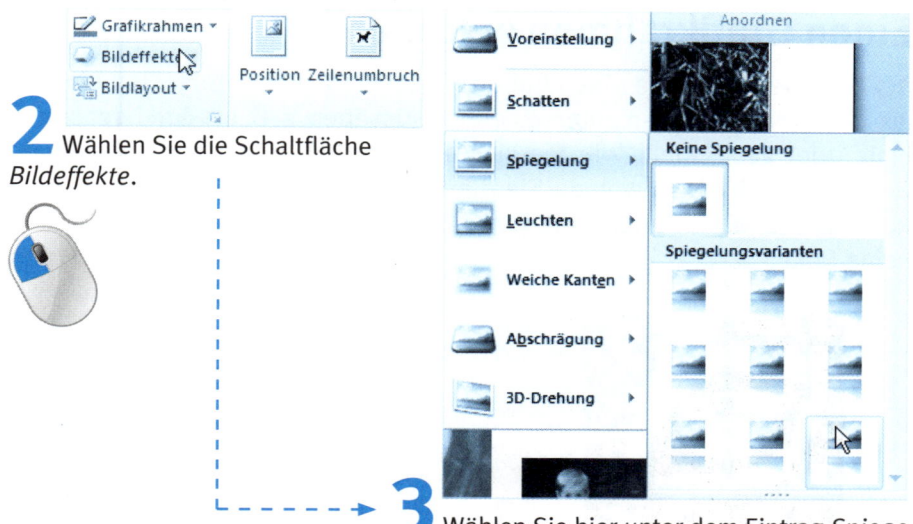

2 Wählen Sie die Schaltfläche *Bildeffekte*.

3 Wählen Sie hier unter dem Eintrag *Spiegelung* eine *Spiegelungsvariante* aus.

Das Bild wird entsprechend gespiegelt.

183

Einen Grafikrahmen erstellen

Als Nächstes legen Sie einen Rahmen – schwarz oder farbig – um ein Bild an. Die Rahmen können unterschiedlich aussehen, z. B. als durchgezogene Linie oder gestrichelt. Wie Sie sich entscheiden, hängt ganz von Ihrem Geschmack ab. Dazu wählen Sie die Schaltfläche *Grafikrahmen* aus. Die Reihenfolge, ob Sie zuerst die Farbe oder den Rahmen auswählen, spielt keine Rolle.

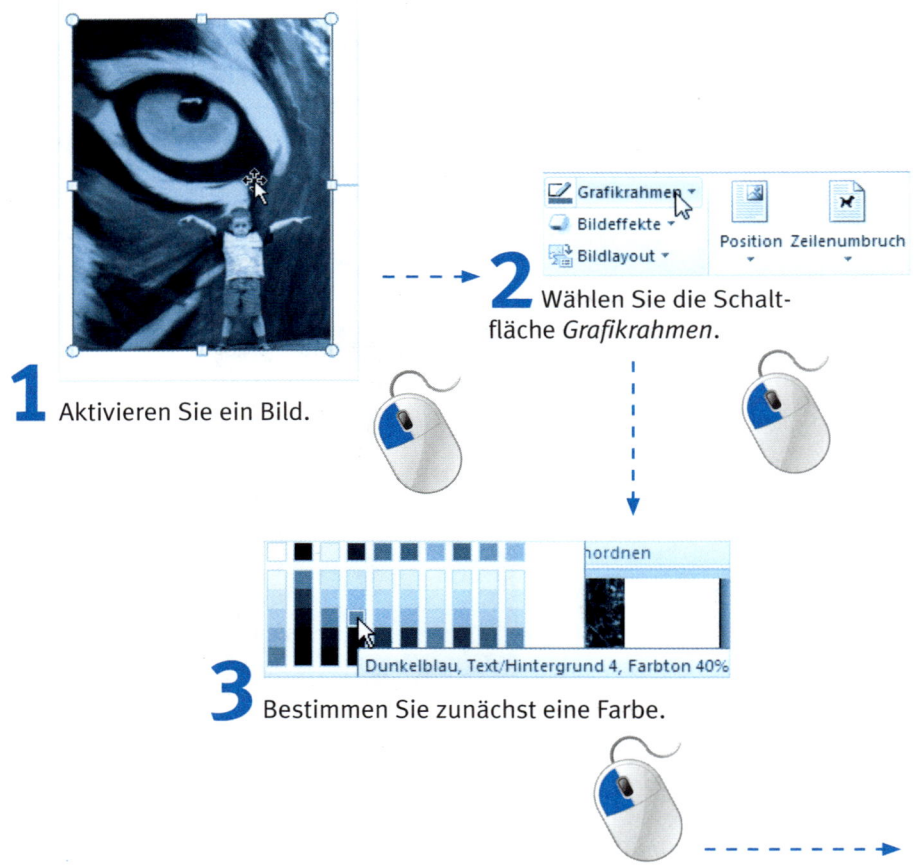

1 Aktivieren Sie ein Bild.

2 Wählen Sie die Schaltfläche *Grafikrahmen*.

3 Bestimmen Sie zunächst eine Farbe.

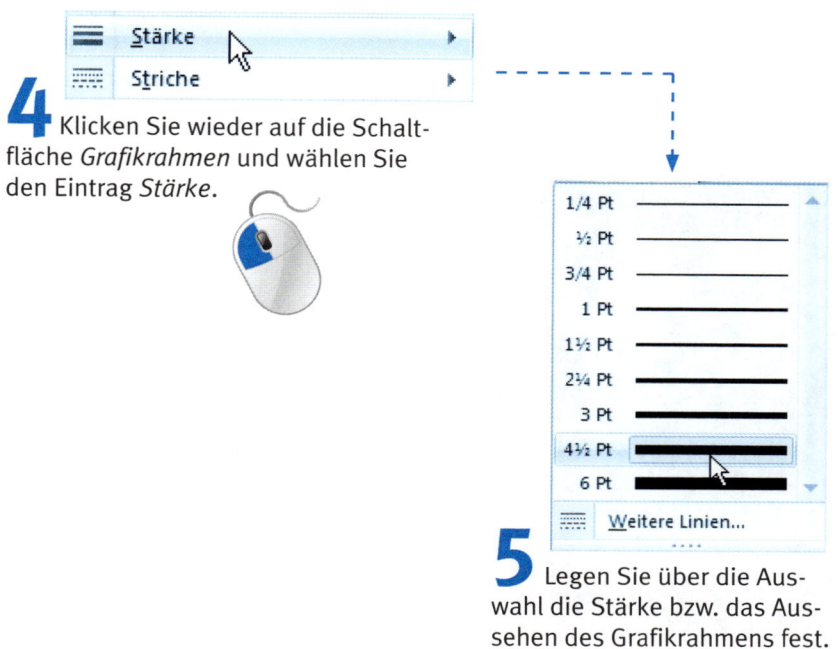

4 Klicken Sie wieder auf die Schaltfläche *Grafikrahmen* und wählen Sie
den Eintrag *Stärke*.

5 Legen Sie über die Auswahl die Stärke bzw. das Aussehen des Grafikrahmens fest.

Der ausgewählte Grafikrahmen wird um das Bild gelegt.

Bilder freistellen

Sie können als Blickfang bestimmte Bildausschnitte bei Grafiken freistellen.

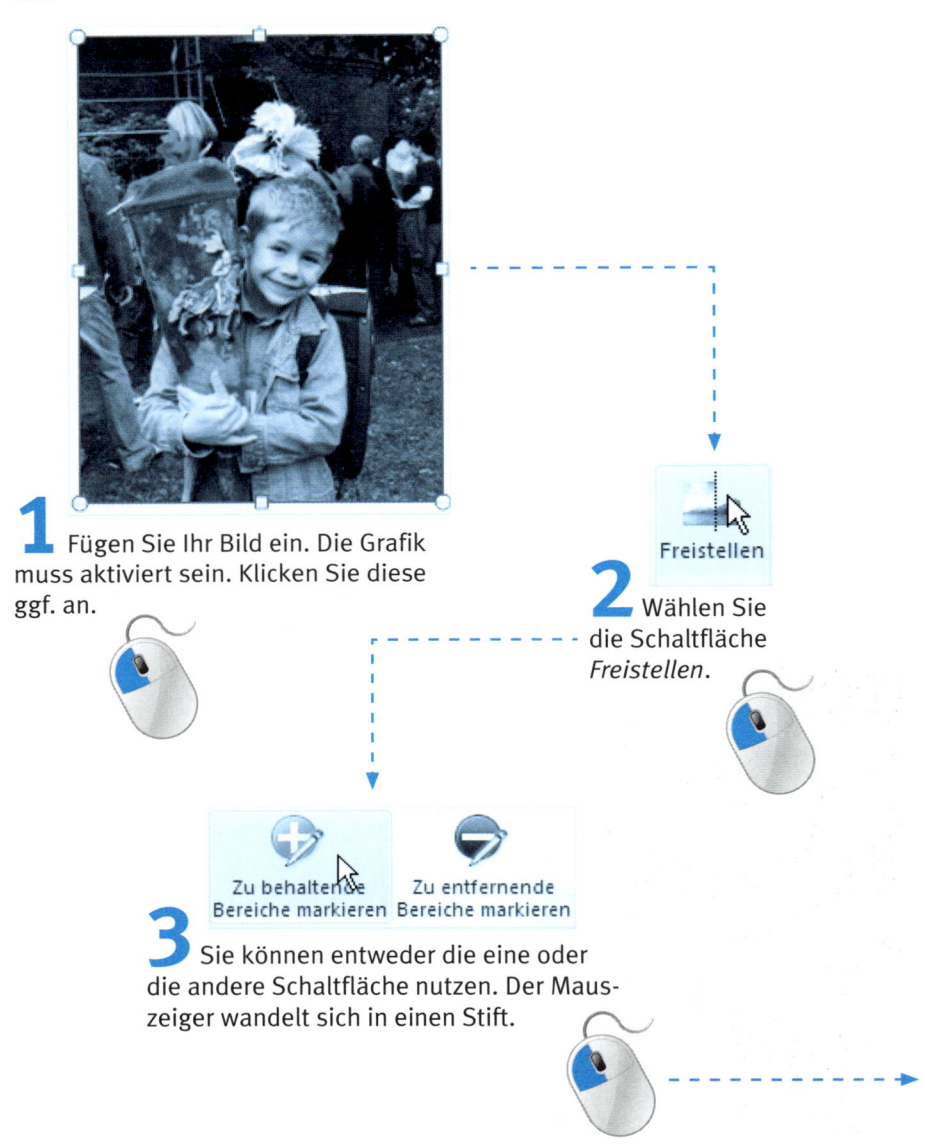

1 Fügen Sie Ihr Bild ein. Die Grafik muss aktiviert sein. Klicken Sie diese ggf. an.

2 Wählen Sie die Schaltfläche *Freistellen*.

3 Sie können entweder die eine oder die andere Schaltfläche nutzen. Der Mauszeiger wandelt sich in einen Stift.

5 Klicken Sie auf die Schaltfläche *Änderungen beibehalten*, werden die angebenden Bereiche freigestellt.

4 Zeichnen Sie die zu behaltenden und/oder die zu entfernenden Bereiche per Mausklicks nach. Dazu gehört ein wenig Übung!

Tipp

Die drei Schaltflächen *Korrekturen* (Schärfen und Weichzeichnen, Helligkeit und Kontrast, Bildkorrekturen), *Farbe* (Farbsättigung, Farbton, neu einfärben) und *Künstlerische Effekte* bieten Ihnen weitere Möglichkeiten zur Bearbeitung.

6 Das freigestellte Bild. Der Hintergrund ist verschwunden.

Tipps zum Kapitel

Die Tipps runden das Kapitel ab. Nehmen Sie sich noch die Zeit dafür, um Ihr Wissen zu erweitern.

Weitere Bilder ...

Geben Sie auf der Register-karte *Einfügen* die Schalt-fläche *ClipArt* an. Der Aufga-benbereich *ClipArt* erscheint auf dem Bildschirm.

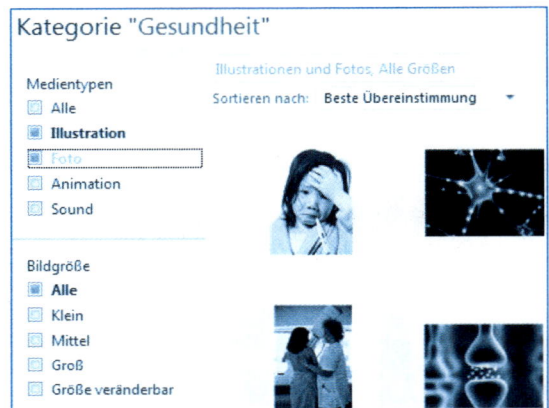

Starten Sie Ihren Internet-anschluss, können Sie hier über *Auf Office.com weiter-suchen* auf der Webseite der Firma Microsoft Bilder kos-tenlos herunterladen.

Bilder komprimieren

Besonders farbige Bilder nehmen viel Speicherplatz in Anspruch. Bei der Komprimierung wird die Größe einer Datei zum Speichern, Drucken oder Übertragen reduziert. Diese Komprimierungseinstel-lungen für Bilder können Sie in Word 2010 vornehmen. Dazu muss das Bild, das Sie komprimieren möchten, aktiviert sein. Geben Sie auf der Registerkarte *Bildtools/Format* die Schaltfläche *Bilder komprimieren* an.

Screenshot erstellen

Sie können von Ihrem Bildschirm einen Ausschnitt »schießen« (Screenshot).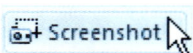

Dazu klicken Sie auf der Registerkarte *Einfügen* auf die Schaltfläche *Screenshot*. Starten Sie den Screenshot (*Bildschirmausschnitt*). Geben Sie nun den gewünschten Bildschirmausschnitt mit gedrückter linker Maustaste an. Sobald

Sie die Maustaste loslassen, wird vom markierten Ausschnitt eine Grafik erstellt. Diese bearbeiten Sie so, wie Sie es in diesem Kapitel und *Kapitel 8* kennengelernt haben.

Seitenzahlen einfügen

Seitenzahlen legen Sie auf der Register-karte *Einfügen* über die Schaltfläche *Seitenzahl* fest. Geben Sie z. B. hier den Befehl *Seitenende* an, erscheint die An-gabe der Seitenzahl in der Fußzeile. Die Seitenzahlen können Sie dann »ganz nor-mal« formatieren, indem Sie diese z. B. *linksbündig*, *zentriert* oder *rechtsbündig* ausrichten. Für den Umgang mit Fußzeilen beachten Sie ggf. *Kapitel 13*.

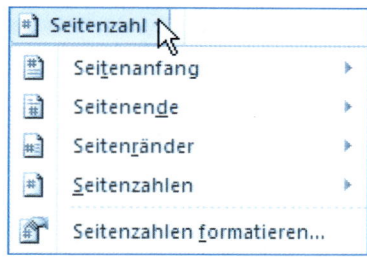

Üben Sie mit Word 2010!

Versuchen Sie, eine ClipArt-Grafik – wie im Beispiel abgebildet – zusam-men mit einem eingefügten Bild darzustellen.

Schritte:
Bild einfügen – Zeilenumbruch *Hinter den Text* festlegen – Bild anhand der Ziehpunkte anpassen und platzieren – ClipArt (*Weihnachten*) einfügen – Zeilenumbruch *Vor den Text* – ClipArt anhand der Ziehpunkte anpassen und platzieren.

Das können Sie schon

Das lernen Sie neu

Kapitel 10

Präsentieren Sie sich mit Visitenkarten

Visitenkarten sollen immer einen guten Eindruck hinterlassen. Mit ein paar Schritten sind sie in Word angelegt. Sie müssen dazu zwar nicht unbedingt über einen Farbdrucker verfügen, eine Farbausgabe würde aber für eine bessere Optik sorgen. Besorgen Sie sich im Handel spezielles Papier für Visitenkarten, legen Sie es in den Drucker ein, und los geht's.

Eine Visitenkarte anlegen

Das Aussehen der Visitenkarte in diesem Kapitel ist nur ein Beispiel für die zahlreichen Möglichkeiten in Word.

Natürlich können Sie Ihre Visitenkarte individuell selbst gestalten. Sie lernen hier kurz und bündig das Handwerkszeug kennen und können danach Ihren persönlichen Gestaltungsideen freien Lauf lassen.

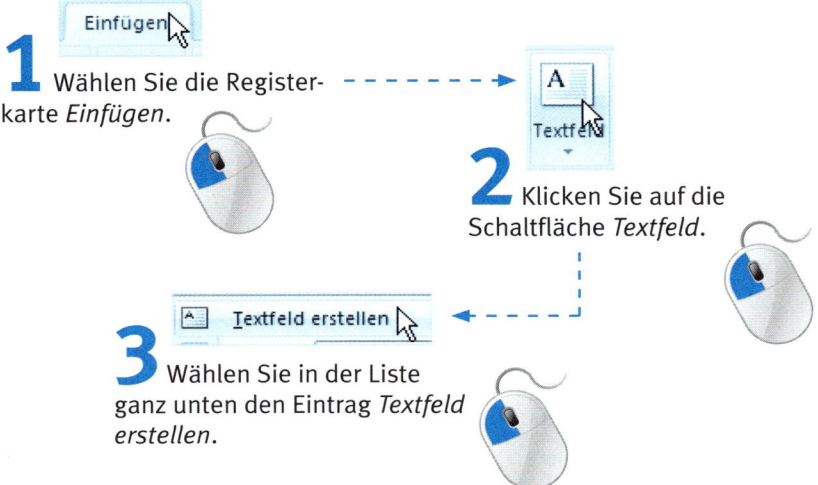

1 Wählen Sie die Registerkarte *Einfügen*.

2 Klicken Sie auf die Schaltfläche *Textfeld*.

3 Wählen Sie in der Liste ganz unten den Eintrag *Textfeld erstellen*.

Der *Mauszeiger* nimmt das Aussehen eines Kreuzes an. Dort, wo Sie ihn platzieren, können Sie mit gedrückter linker Maustaste ein Textfeld aufziehen.

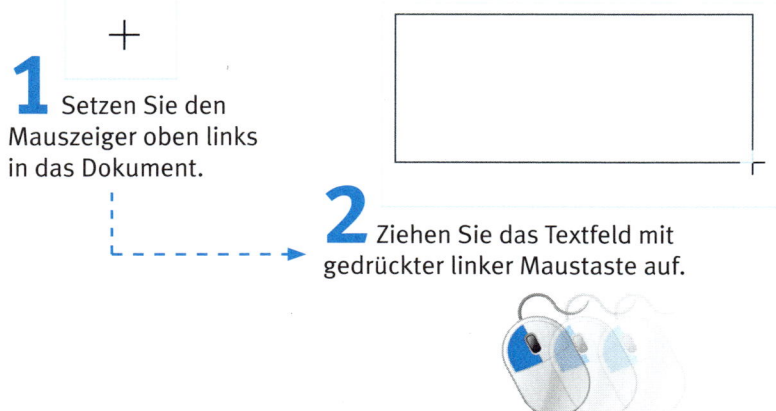

1 Setzen Sie den Mauszeiger oben links in das Dokument.

2 Ziehen Sie das Textfeld mit gedrückter linker Maustaste auf.

Sobald Sie das Textfeld erstellt haben und aktiviert belassen, erscheint die Registerkarte *Zeichentools/Format*.

Das so erstellte Textfeld formatieren Sie. Es soll keine Füllfarbe haben, also transparent sein, nach links ausgerichtet werden und eine bestimmte Größe haben, die der einer Visitenkarte entspricht.

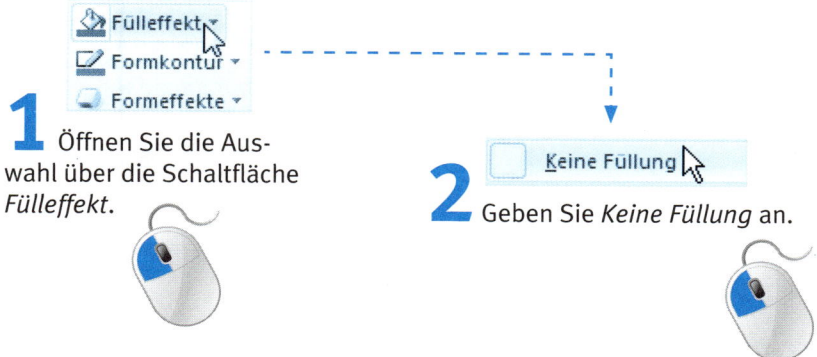

1 Öffnen Sie die Auswahl über die Schaltfläche *Fülleffekt*.

2 Geben Sie *Keine Füllung* an.

Sie geben nun die Maße einer Visitenkarte an. Diese können Sie natürlich auch selbst bestimmen.

1 Geben Sie bei *Höhe* »5,1« und bei *Breite* »8,6« an. Das entspricht in etwa (Visitenkarten sind nicht standardisiert) der Größe einer Visitenkarte.

Achtung

Nach der Eingabe der *Höhe* und *Breite* muss das Textfeld weiter aktiviert und die Registerkarte *Zeichentools/Format* sichtbar sein. Wenn Sie in das Dokument beliebig klicken, wird zur Registerkarte *Start* gewechselt und Sie können die folgenden Schritte nicht ausführen.

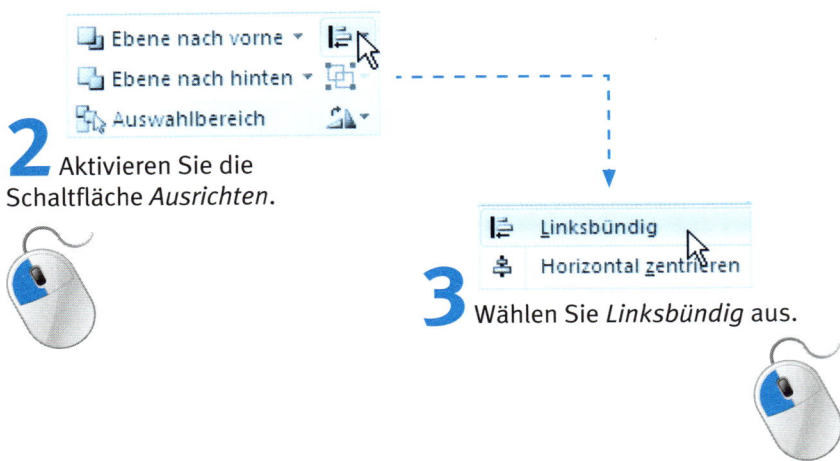

2 Aktivieren Sie die Schaltfläche *Ausrichten*.

3 Wählen Sie *Linksbündig* aus.

Gitternetzlinien einblenden

Mit dem sogenannten Zeichnungsraster, auch Gitternetzlinien genannt, können Sie Objekte im Dokument präzise positionieren.

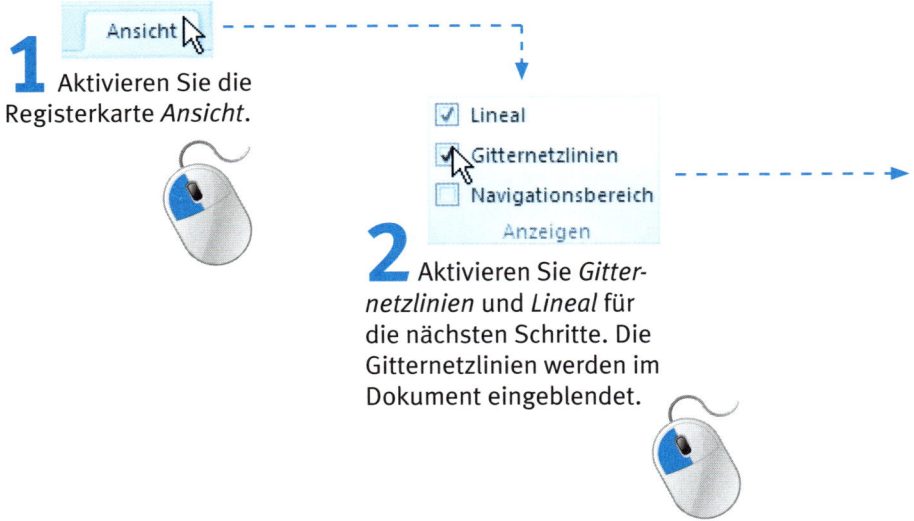

1 Aktivieren Sie die Registerkarte *Ansicht*.

2 Aktivieren Sie *Gitternetzlinien* und *Lineal* für die nächsten Schritte. Die Gitternetzlinien werden im Dokument eingeblendet.

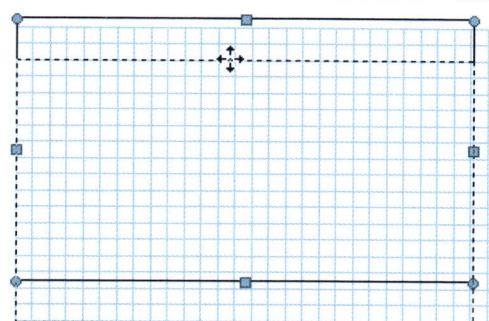

3 Platzieren Sie den Mauszeiger auf den Rand des Textfelds und bewegen Sie das Textfeld mit gedrückter linker Maustaste auf die zweite Reihe der Gitternetzlinien.

Den Visitenkartentext schreiben

Es folgt der Text der Visitenkarte, den Sie groß, klein oder auch farbig gestalten können. Die Texte werden aus optischen Gründen entsprechend eingerückt. Dazu verwenden Sie das Lineal.

Hinweis

Wenn Sie die ⇥-Taste drücken, **springt** die Schreibmarke im Dokument. Das ist nicht nur schneller, Sie sparen sich auch das zigfache Drücken der Leertaste. Im Zusammenhang mit Tabulatoren werden mehrere Begriffe wie »Tab, Tabstopp oder Tabulatorstopp« verwendet, die aber alle das Gleiche bezeichnen.

Mithilfe der ⇥-Taste und Tabulatoren springt die Einfügemarke um eine bestimmte Anzahl von Leerstellen weiter. Sie können dadurch Texte, die untereinander stehen sollen, exakt anordnen.

1 Klicken Sie in das Textfeld.

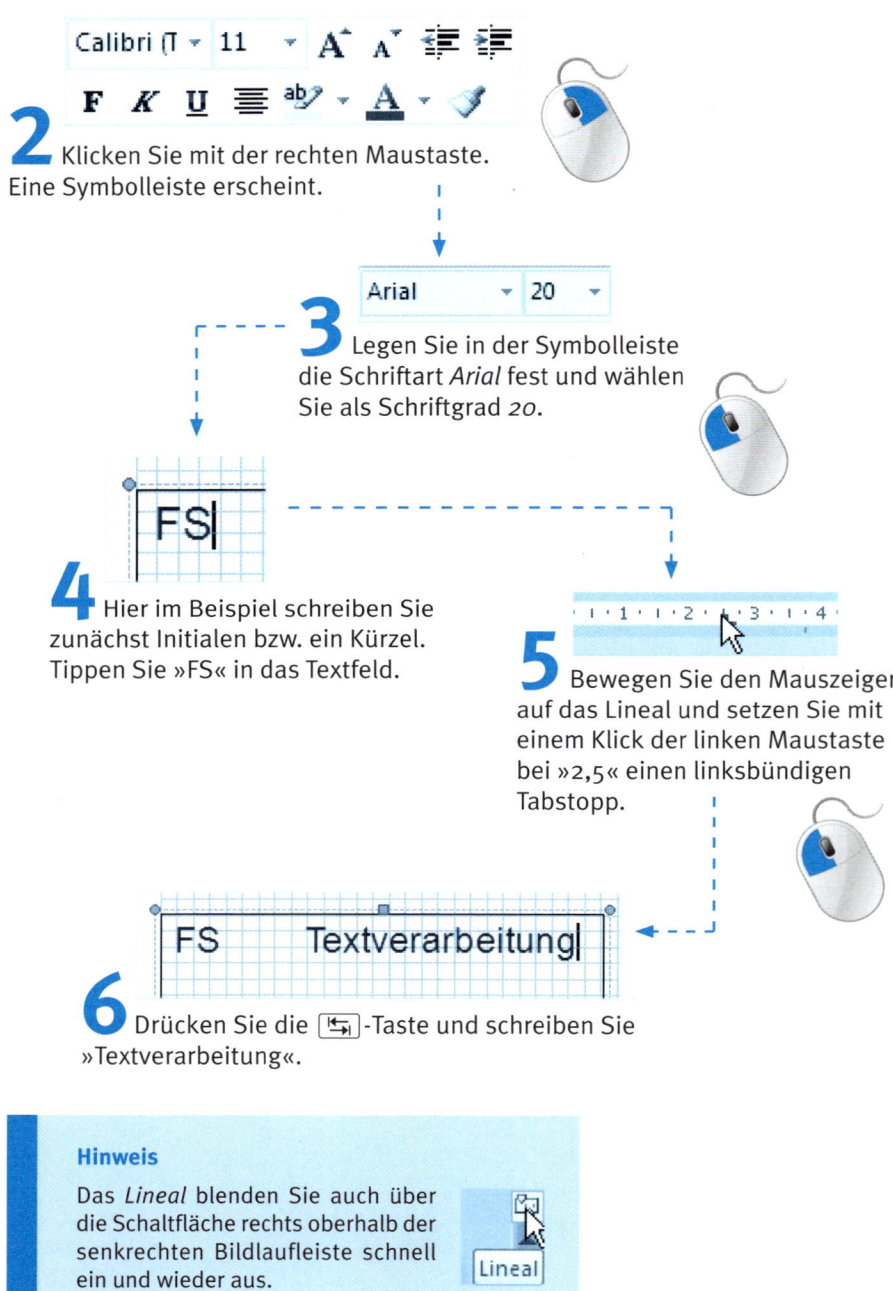

2 Klicken Sie mit der rechten Maustaste. Eine Symbolleiste erscheint.

3 Legen Sie in der Symbolleiste die Schriftart *Arial* fest und wählen Sie als Schriftgrad *20*.

4 Hier im Beispiel schreiben Sie zunächst Initialen bzw. ein Kürzel. Tippen Sie »FS« in das Textfeld.

5 Bewegen Sie den Mauszeiger auf das Lineal und setzen Sie mit einem Klick der linken Maustaste bei »2,5« einen linksbündigen Tabstopp.

6 Drücken Sie die ⇥-Taste und schreiben Sie »Textverarbeitung«.

Hinweis

Das *Lineal* blenden Sie auch über die Schaltfläche rechts oberhalb der senkrechten Bildlaufleiste schnell ein und wieder aus.

Die Designfarben

Es folgt die zweite Zeile im Textfeld. Da die einzelnen Zeilen unterschiedliche Formatierungen haben sollen, ändern Sie zunächst diese. Für die nächsten Zeilen verwenden Sie in Word eine Designerfarbe.

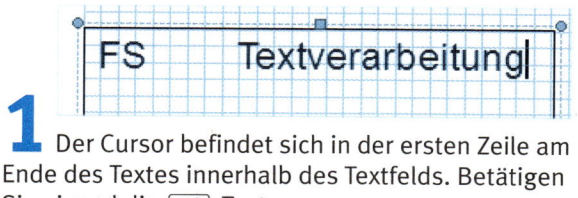

1 Der Cursor befindet sich in der ersten Zeile am Ende des Textes innerhalb des Textfelds. Betätigen Sie einmal die ⏎-Taste.

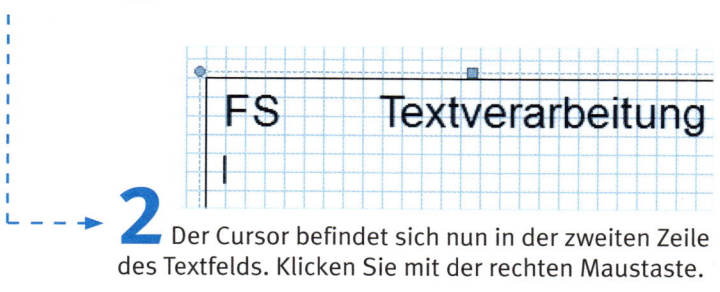

2 Der Cursor befindet sich nun in der zweiten Zeile des Textfelds. Klicken Sie mit der rechten Maustaste.

Wiederum erscheint die Symbolleiste.

3 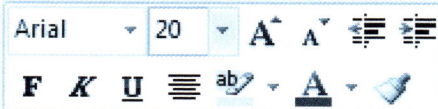 Wählen Sie hier einen kleineren Schriftgrad, z. B. 12, aus.

4 Öffnen Sie die Auswahl der Schaltfläche *Schriftfarbe*, indem Sie auf das kleine Dreieck klicken.

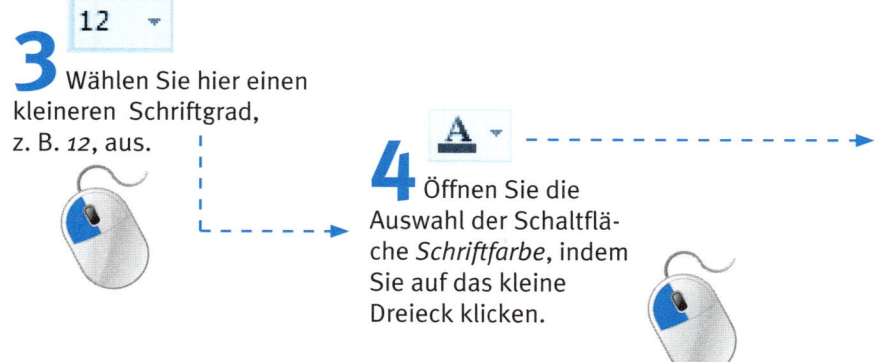

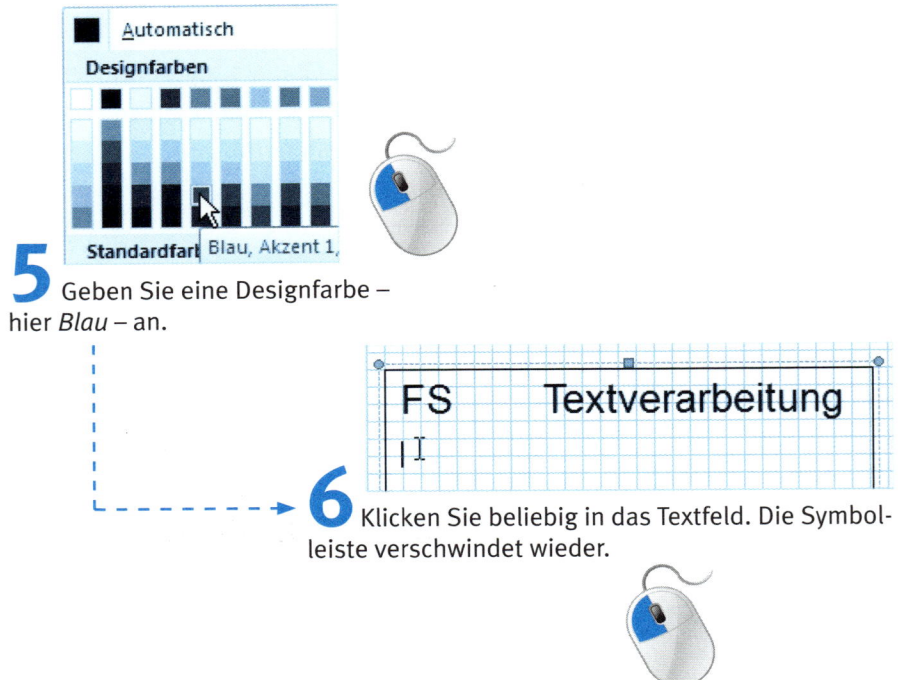

5 Geben Sie eine Designfarbe –
hier *Blau* – an.

6 Klicken Sie beliebig in das Textfeld. Die Symbolleiste verschwindet wieder.

Den Zeileneinzug verändern

Damit der nachfolgende Text auf der Visitenkarte ein wenig eingerückt
wird, verwenden Sie den Zeileneinzug im *Lineal*.

1 Bewegen Sie den Mauszeiger auf das kleine *Rechteck* beim Zeileneinzug.

2 Verschieben Sie mit gedrückter
Maustaste den Zeileneinzug ein
wenig nach rechts. Der nachfolgende
Text soll eingerückt werden.

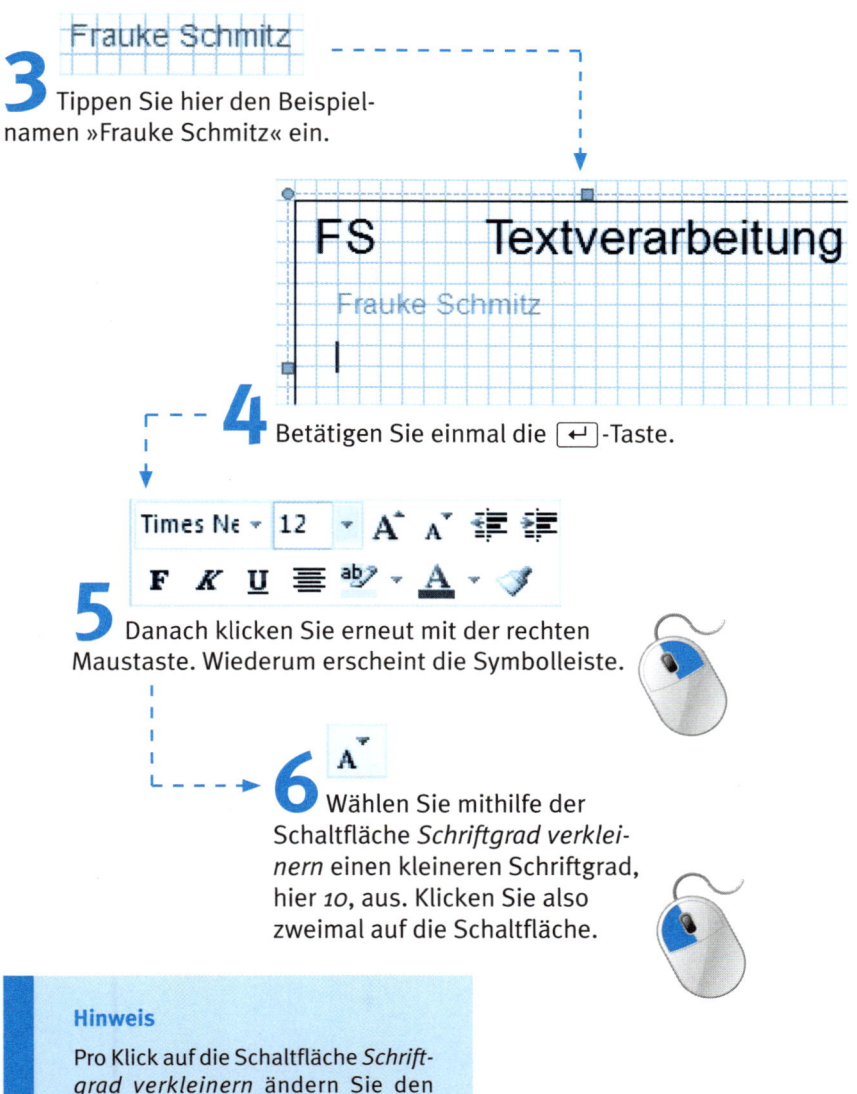

3 Tippen Sie hier den Beispielnamen »Frauke Schmitz« ein.

4 Betätigen Sie einmal die ⏎-Taste.

5 Danach klicken Sie erneut mit der rechten Maustaste. Wiederum erscheint die Symbolleiste.

6 Wählen Sie mithilfe der Schaltfläche *Schriftgrad verkleinern* einen kleineren Schriftgrad, hier *10*, aus. Klicken Sie also zweimal auf die Schaltfläche.

Hinweis

Pro Klick auf die Schaltfläche *Schriftgrad verkleinern* ändern Sie den Schriftgrad um jeweils einen Punkt.

Als Nächstes geben Sie Straße, Ort und Telefonnummer ein. Um hier nicht einen *Absatz*-Abstand über die ⏎-Taste anzugeben, verwenden Sie die Tastenkombination ⇧+⏎. So geben Sie in Word eine *Zeile* an.

1 Tippen Sie den Text:
Grafenstraße 78 b
49777 Grafenburg
Tel. 02 22/78 98 99.
Drücken Sie jeweils die
⌂- und die ↵-Taste,
um in die nächste Zeile
zu gelangen.

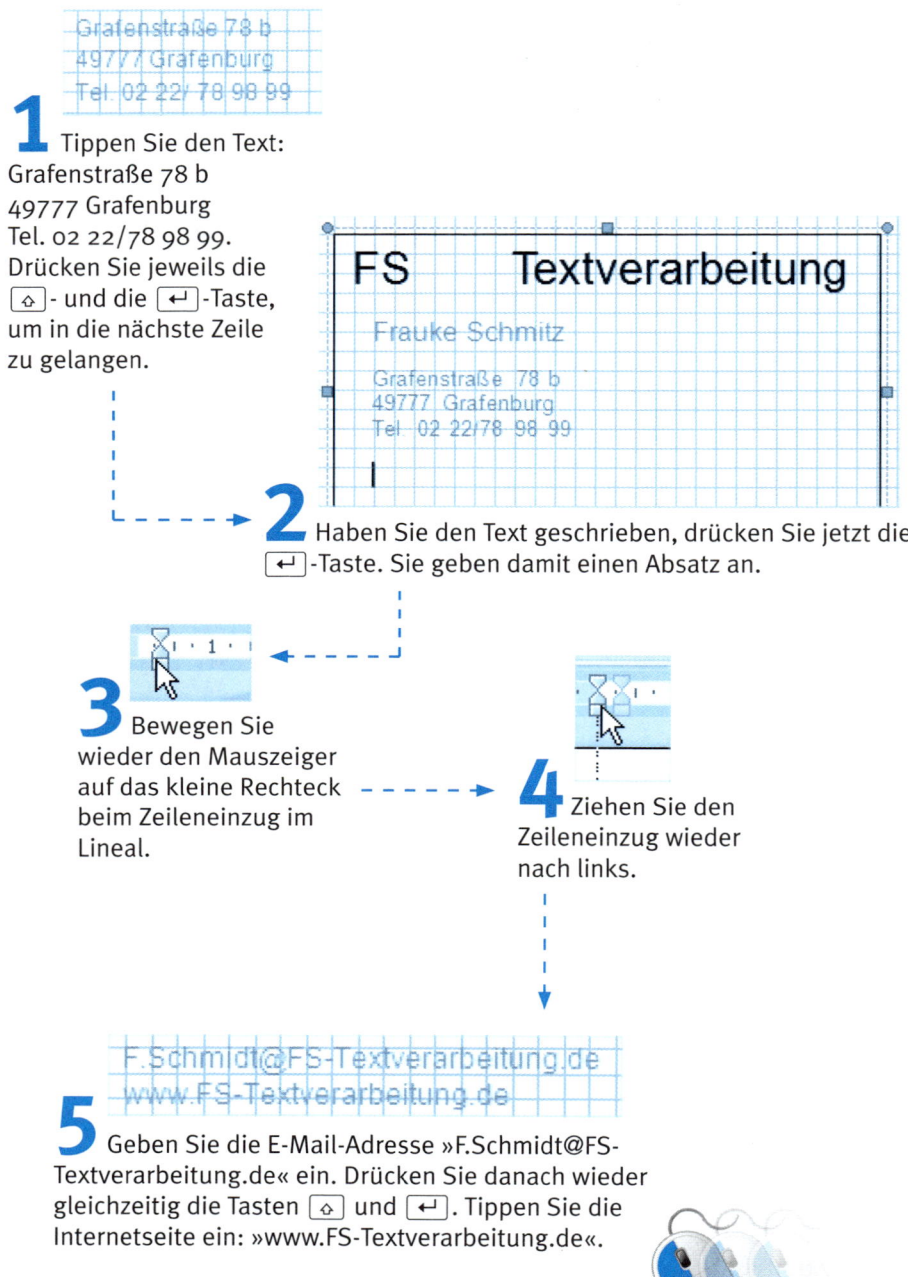

2 Haben Sie den Text geschrieben, drücken Sie jetzt die ↵-Taste. Sie geben damit einen Absatz an.

3 Bewegen Sie wieder den Mauszeiger auf das kleine Rechteck beim Zeileneinzug im Lineal.

4 Ziehen Sie den Zeileneinzug wieder nach links.

5 Geben Sie die E-Mail-Adresse »F.Schmidt@FS-Textverarbeitung.de« ein. Drücken Sie danach wieder gleichzeitig die Tasten ⌂ und ↵. Tippen Sie die Internetseite ein: »www.FS-Textverarbeitung.de«.

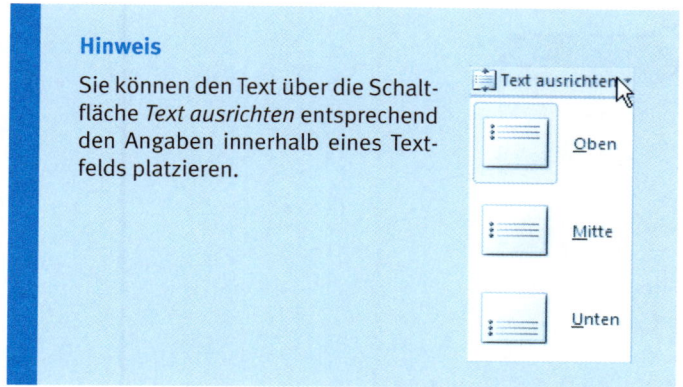

Hinweis

Sie können den Text über die Schaltfläche *Text ausrichten* entsprechend den Angaben innerhalb eines Textfelds platzieren.

Um die Visitenkarte farblich etwas mehr zu gestalten, verwenden Sie eine Form, hier das *Rechteck*. Diese Form füllen Sie mit Farbe aus. Dazu wechseln Sie zunächst auf die Registerkarte *Einfügen*.

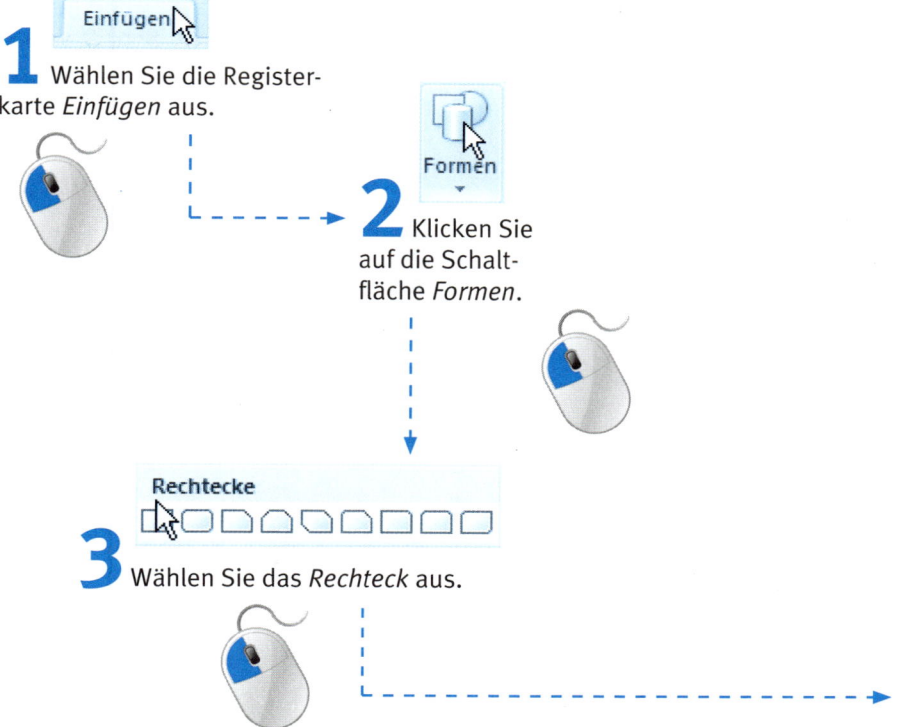

1 Wählen Sie die Registerkarte *Einfügen* aus.

2 Klicken Sie auf die Schaltfläche *Formen*.

3 Wählen Sie das *Rechteck* aus.

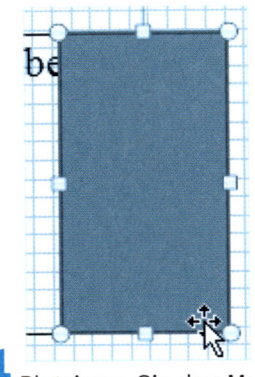

4 Platzieren Sie den Mauszeiger
und ziehen Sie die Form des Rechtecks auf. Mithilfe der Gitternetzlinien
können Sie das Rechteck genau
innerhalb der Visitenkarte platzieren.

Wichtig ist, dass das Rechteck aktiviert bleibt. Als nächsten Schritt geben
Sie einen Farbverlauf an.

Einen Farbverlauf einbinden

Mit Farbverläufen können Sie Grafiken wie Textfelder oder Formen
ausfüllen. Dazu erhalten Sie eine
Auswahl.

Hinweis

Sie können übrigens Grafiken
auch mit einem persönlichen
Bild ausfüllen. Dazu wählen Sie
über die Schaltfläche *Fülleffekt*
den Eintrag *Bild* aus.

1 Öffnen Sie die Aus-
wahl für den *Fülleffekt*.

2 Wählen Sie hier den
Eintrag *Farbverlauf* aus.

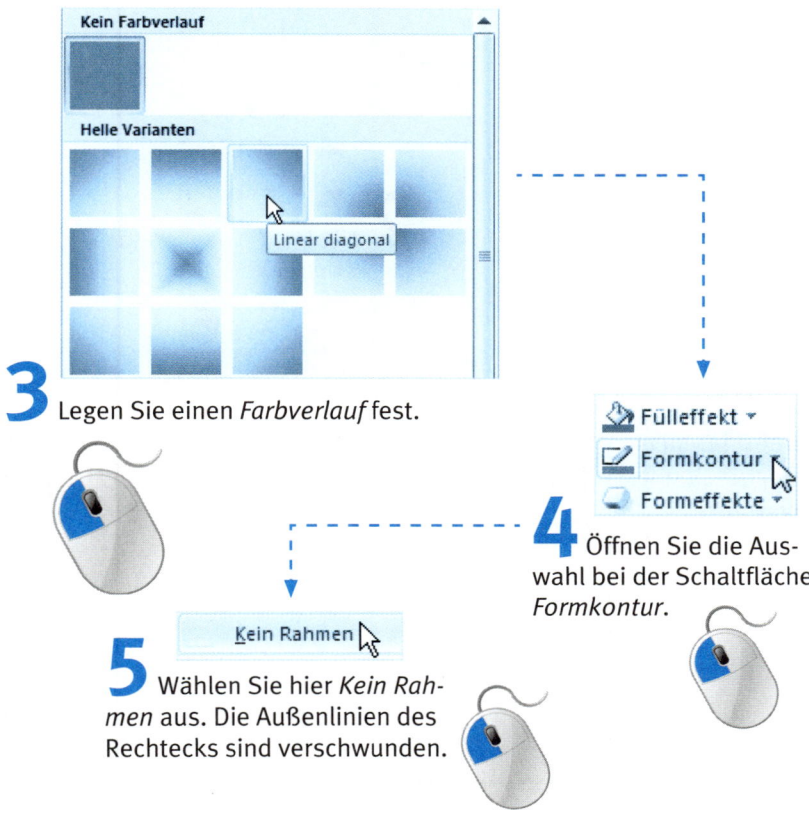

3 Legen Sie einen *Farbverlauf* fest.

4 Öffnen Sie die Auswahl bei der Schaltfläche *Formkontur*.

5 Wählen Sie hier *Kein Rahmen* aus. Die Außenlinien des Rechtecks sind verschwunden.

Der Farbverlauf wurde eingefügt. Allerdings befindet sich teilweise der Text dahinter. Damit Sie nun alles vollständig erkennen können, geben Sie als Zeilenumbruch *Hinter den Text* an.

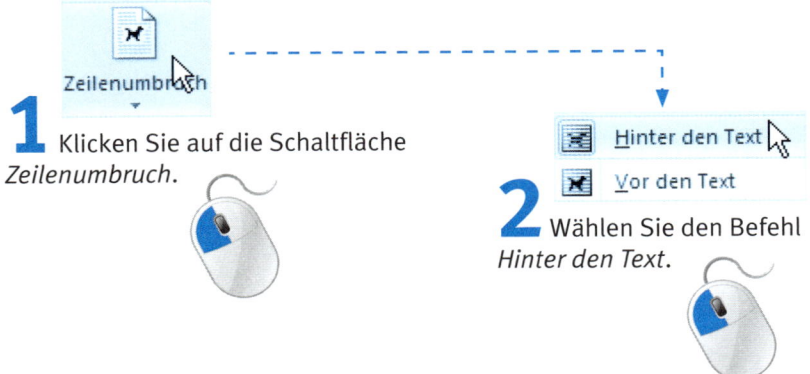

1 Klicken Sie auf die Schaltfläche *Zeilenumbruch*.

2 Wählen Sie den Befehl *Hinter den Text*.

Der Text befindet sich vor dem Rechteck mit dem Farbverlauf.

Ein Bild einfügen

Sie fügen noch ein Bild in die Visitenkarte ein. Das kann natürlich auch ein eigenes sein. In diesem Beispiel verwenden Sie ein *ClipArt*-Bild. Wie Sie eine ClipArt einfügen, haben Sie zuvor in diesem Buch kennengelernt.

1 Klicken Sie außerhalb des Textfelds.

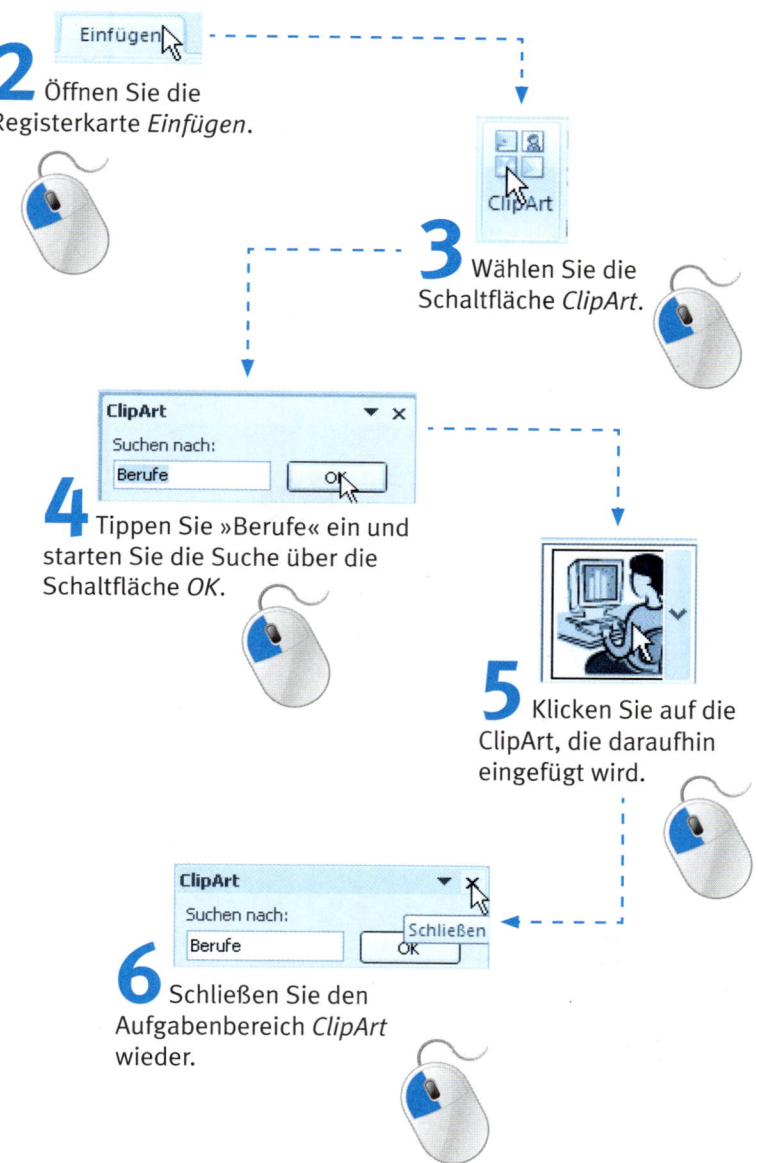

2 Öffnen Sie die Registerkarte *Einfügen*.

3 Wählen Sie die Schaltfläche *ClipArt*.

4 Tippen Sie »Berufe« ein und starten Sie die Suche über die Schaltfläche *OK*.

5 Klicken Sie auf die ClipArt, die daraufhin eingefügt wird.

6 Schließen Sie den Aufgabenbereich *ClipArt* wieder.

Die ClipArt muss aktiviert bleiben. Als *Zeilenumbruch* geben Sie hier *Vor den Text* an. Ferner ändern Sie die *Größe* der ClipArt so, dass sie auf die Visitenkarte passt. Zum Schluss *positionieren* Sie die ClipArt auf der Visitenkarte.

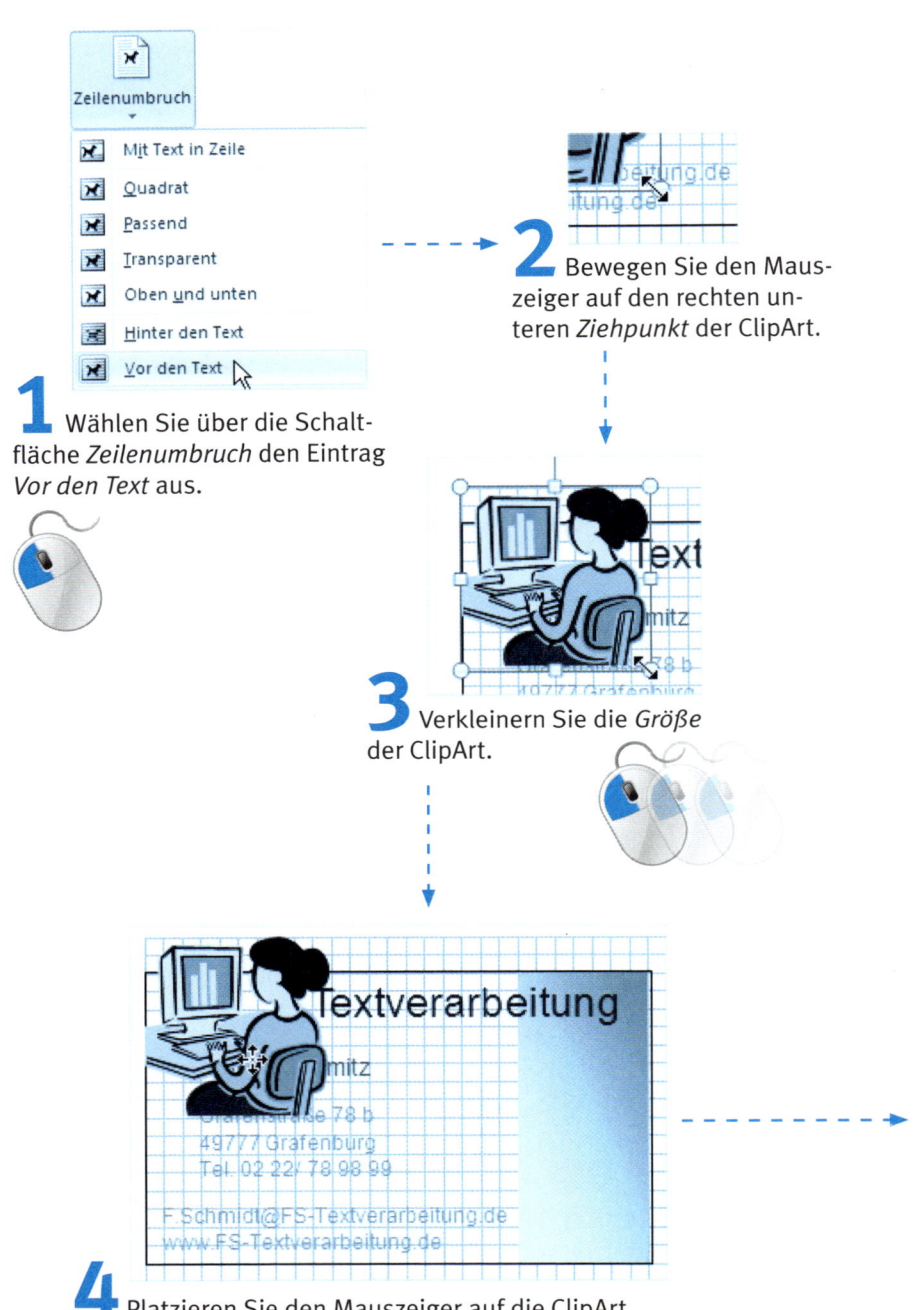

Zeilenumbruch

- Mit Text in Zeile
- Quadrat
- Passend
- Transparent
- Oben und unten
- Hinter den Text
- Vor den Text

1 Wählen Sie über die Schaltfläche *Zeilenumbruch* den Eintrag *Vor den Text* aus.

2 Bewegen Sie den Mauszeiger auf den rechten unteren *Ziehpunkt* der ClipArt.

3 Verkleinern Sie die *Größe* der ClipArt.

4 Platzieren Sie den Mauszeiger auf die ClipArt.

5 Bewegen Sie die ClipArt auf die freie Fläche der Visitenkarte.

Mithilfe der *Gitternetzlinien* können Sie die ClipArt präzise ausrichten.

Die Visitenkarte ist fertig. Alle Objekte dazu sind angelegt. Sie können die Gitternetzlinien wieder ausblenden. Sie werden nicht mehr benötigt.

1 Wechseln Sie zur Registerkarte *Ansicht*.

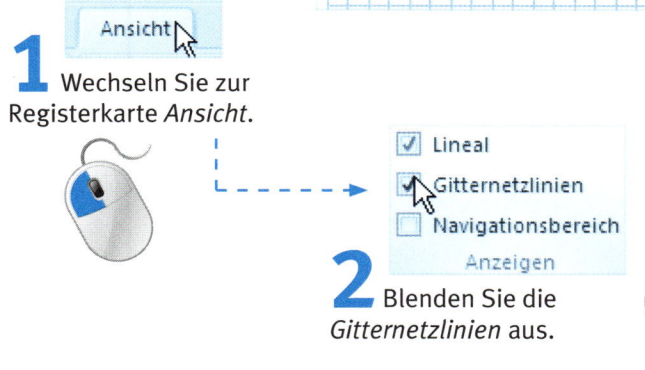

2 Blenden Sie die *Gitternetzlinien* aus.

Der Zeichenabstand

Der Name, hier im Beispiel »Frauke Schmitz«, soll besonders hervorgehoben werden. Dazu ändern Sie den Zeichenabstand.

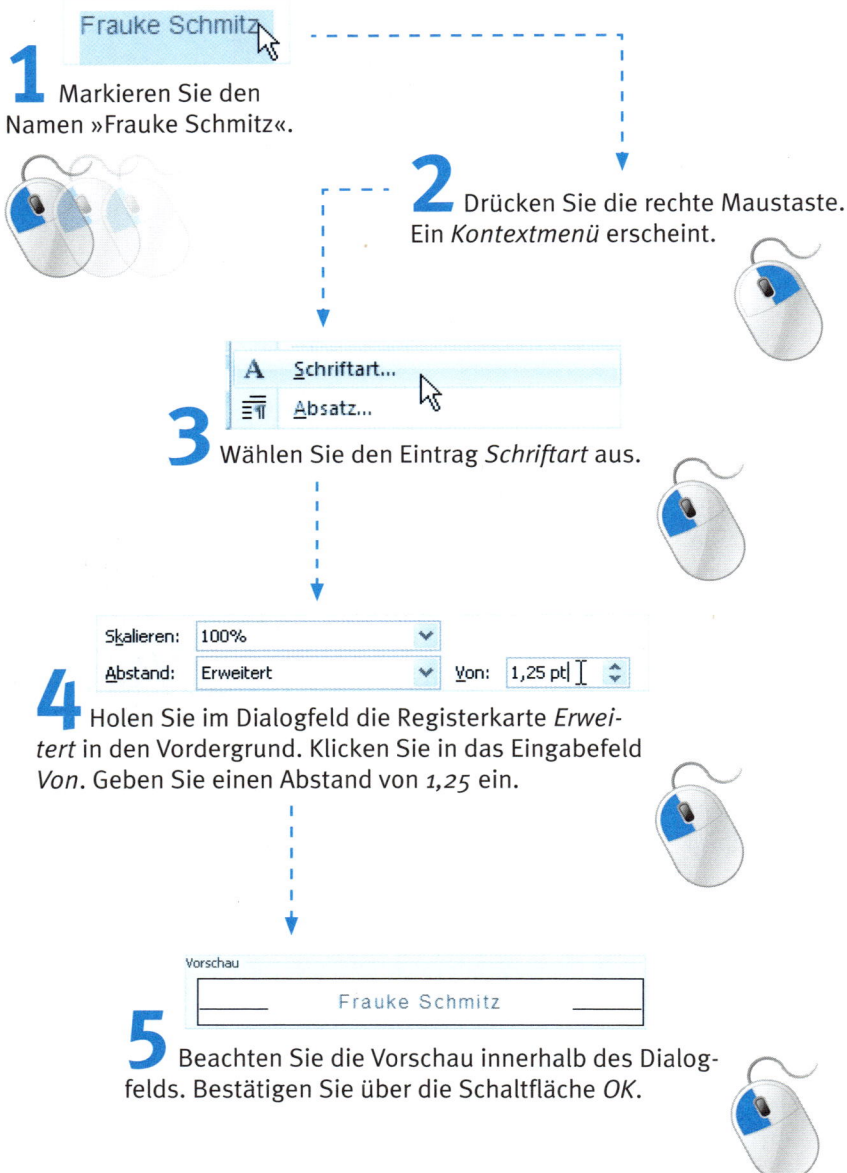

1 Markieren Sie den Namen »Frauke Schmitz«.

2 Drücken Sie die rechte Maustaste. Ein *Kontextmenü* erscheint.

3 Wählen Sie den Eintrag *Schriftart* aus.

4 Holen Sie im Dialogfeld die Registerkarte *Erweitert* in den Vordergrund. Klicken Sie in das Eingabefeld *Von*. Geben Sie einen Abstand von *1,25* ein.

5 Beachten Sie die Vorschau innerhalb des Dialogfelds. Bestätigen Sie über die Schaltfläche *OK*.

Der Zeichenabstand innerhalb des Namens »Frauke Schmitz« wurde entsprechend der Angabe *1,25* vergrößert und dadurch hervorgehoben.

Die Visitenkarte kopieren

Eine Visitenkarte ist erstellt. Allerdings können Sie auch gleich mehrere
anlegen, indem Sie diese kopieren. So brauchen Sie nicht jede Visitenkarte
einzeln auszudrucken und sparen das Druckerpapier.

Sie haben drei Objekte, die Sie kopieren müssen: das *Textfeld*, das *Rechteck* und das *Bild*. Das Rechteck liegt hinter dem Text. Was auch korrekt ist.
Deswegen können Sie es aber nicht anklicken bzw. aktivieren. Dazu wen-
den Sie einen kleinen Trick an: Sie weisen dem Textfeld den Zeilenumbruch
Hinter den Text zu.

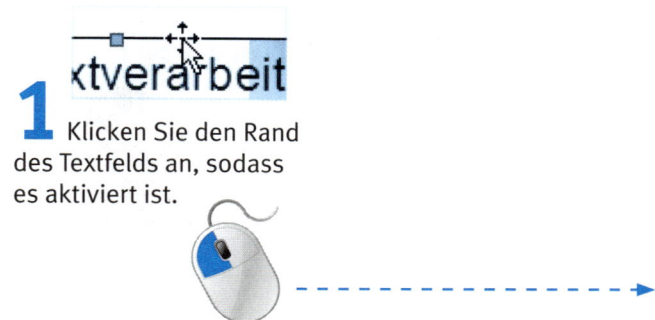

1 Klicken Sie den Rand
des Textfelds an, sodass
es aktiviert ist.

2 Geben Sie über die Schaltfläche *Zeilenumbruch* den Eintrag
Hinter den Text an.

Jetzt können Sie die drei Objekte innerhalb des Textfelds aktivieren: das *Textfeld*, das *Rechteck* und das *Bild*. Dazu
halten Sie beim Klicken die ⌂-Taste
gedrückt.

Hinweis

Beim Aktivieren sämtlicher
Grafikobjekte ist es gleichgültig, ob Sie hier die ⌂-
oder Strg-Taste verwen-
den.

1 Halten Sie die ⌂-Taste gedrückt. Klicken Sie den Rand des Textfelds, das Bild und
das Rechteck mit der linken Maustaste an.

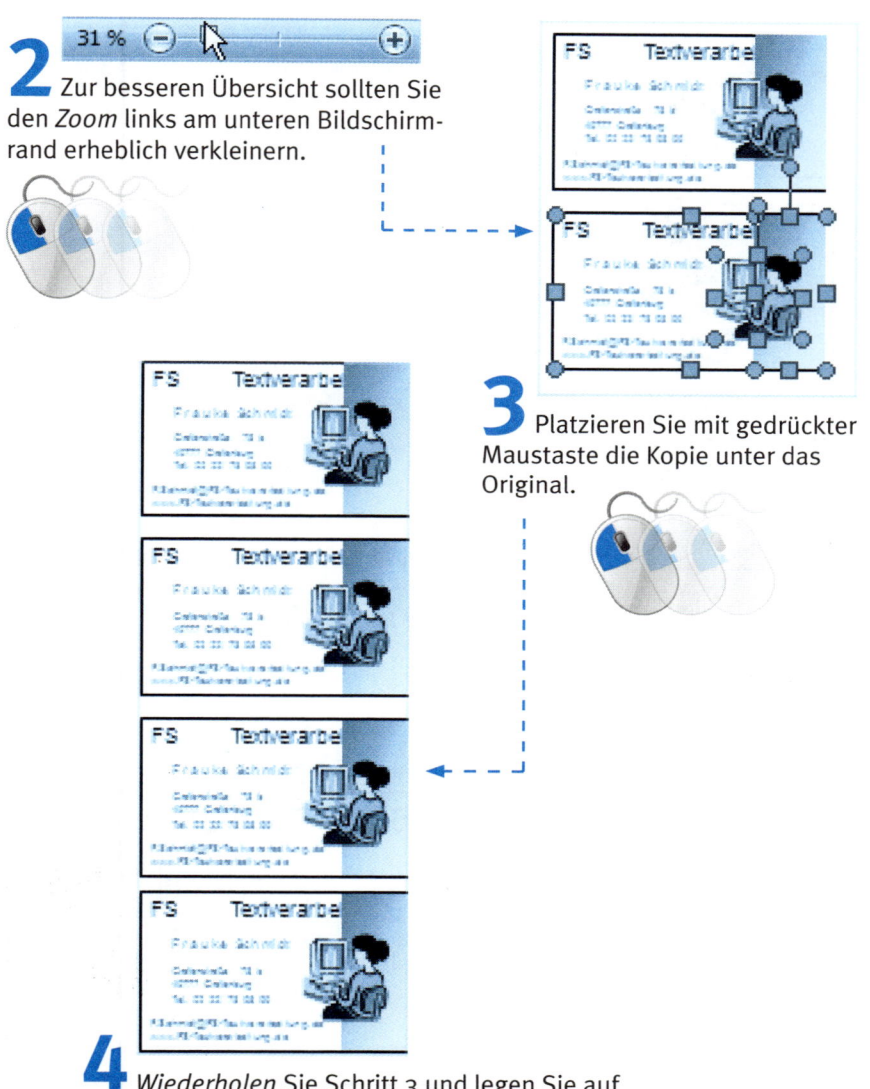

2 Zur besseren Übersicht sollten Sie den *Zoom* links am unteren Bildschirmrand erheblich verkleinern.

3 Platzieren Sie mit gedrückter Maustaste die Kopie unter das Original.

4 *Wiederholen* Sie Schritt 3 und legen Sie auf diese Art und Weise weitere Visitenkarten an.

Jetzt müssen Sie nur noch das Rechteck hinter den Text bringen, damit sich die Schrift wieder im Vordergrund befindet.

Das müssen Sie nicht für jedes Rechteck einzeln angeben, sondern Sie aktivieren wieder mit der ⌂-Taste und der linken Maustaste die einzelnen Rechtecke aller Visitenkarten.

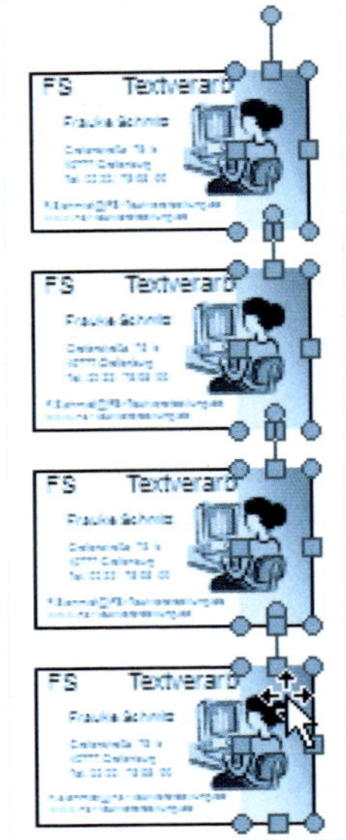

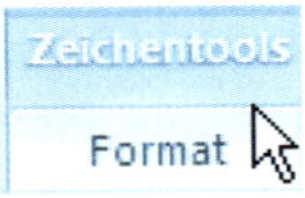

2 Aktivieren Sie ggf. die Register-karte *Zeichentools/Format*.

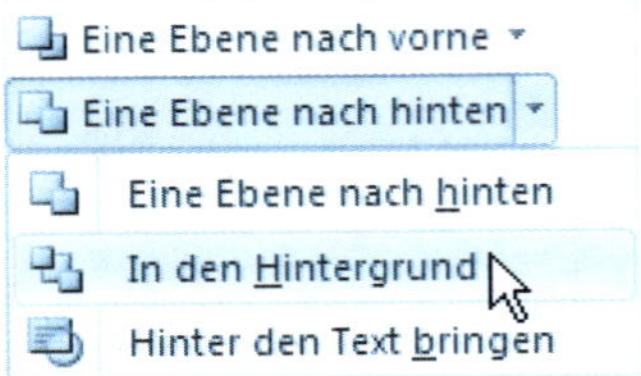

Zeichentools

Format

Eine Ebene nach vorne ▾
Eine Ebene nach hinten ▾
Eine Ebene nach hinten
In den Hintergrund
Hinter den Text bringen

3 Klicken Sie über die Schaltflä-che *Eine Ebene nach hinten* auf den Eintrag *In den Hintergrund*.

1 Drücken Sie die ⇧ -Taste nieder. Klicken Sie die einzelnen Rechtecke mit der Maustaste an.

FS   Textverarbeitung

Frauke Schmidt

Grafenstraße 78 b
49777 Grafenburg
Tel. 02 22/ 78 98 99

F.Schmidt@FS-Textverarbeitung.de
www.FS-Textverarbeitung.de

FS   Textverarbeitung

Frauke Schmidt

Grafenstraße 78 b
49777 Grafenburg
Tel. 02 22/ 78 98 99

F.Schmidt@FS-Textverarbeitung.de
www.FS-Textverarbeitung.de

Der Text befindet sich wieder vor dem Rechteck.

Tipps zum Kapitel

Die Tipps runden das Kapitel ab. Nehmen Sie sich noch die Zeit dafür, um Ihr Wissen zu erweitern.

Textfeld-Vorlagen

Klicken Sie auf der Registerkarte *Einfügen* auf die Schaltfläche *Textfeld*, erhalten Sie eine Auswahl von Textfeld-Vorlagen, die Sie per Mausklick in Ihr Dokument einfügen können.

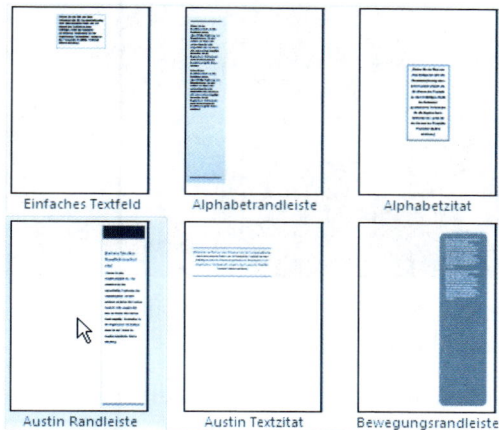

| Einfaches Textfeld | Alphabetrandleiste | Alphabetzitat |
| Austin Randleiste | Austin Textzitat | Bewegungsrandleiste |

Textrichtung im Textfeld

Sie können die Textrichtung in einem Text-feld ändern. Dazu muss das Textfeld akti-viert sein. Klicken Sie auf der Registerkarte *Zeichentools/Format* die Schaltfläche *Text-richtung* an. Weitere Möglichkeiten gibt es unter *Textrichtungsoptionen* ...

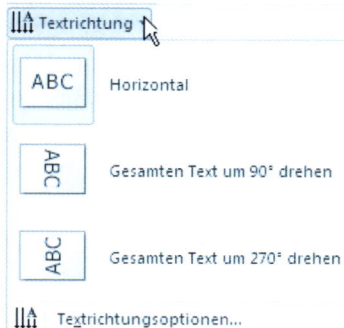

Transparente Textfelder

Sie können auch Postkarten anfertigen. Hier arbeiten Sie mit zwei Textfeldern.

Schritte:

Legen Sie ein Textfeld an. Öffnen Sie die Auswahl bei *Füll-effekt* und aktivieren Sie den Eintrag *Bild*. Fügen Sie das Bild ein. Das Bild füllt das Textfeld aus.

Danach legen Sie in dem Textfeld ein weiteres Textfeld über die Schaltfläche *Textfeld erstellen* an.

Tippen Sie den Text in das zweite Textfeld ein.

Machen Sie das Textfeld *transparent*, indem Sie über die Schaltfläche *Füll-effekt* den Befehl *Keine Füllung* auswählen.

Entfernen Sie von diesem Textfeld noch die *Rahmenlinien*. Dazu wählen Sie über die Schaltfläche *Formkontur* die Angabe *Kein Rahmen*.

SmartArt-Grafiken

Auf der Registerkarte *Einfügen* finden Sie die Schaltfläche *SmartArt*. Eine *SmartArt-Grafik* dient zur Veranschaulichung von Informationen. Sie brauchen nur die Schaltfläche *SmartArt* anzuklicken und eine Auswahl zu treffen. Sie tippen die Informationen hier in Textfelder ein.

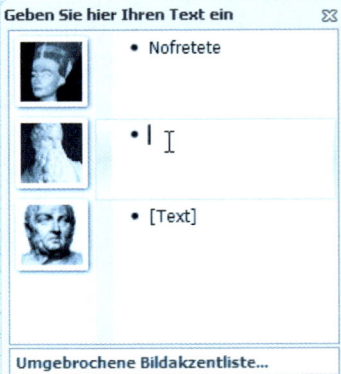

Bei manchen SmartArt-Grafiken können Sie auch Bilder einfügen. Ein kleiner Tipp: Sie fangen alle mit der Silbe »Bild« an.

Üben Sie mit Word 2010!

1. Erstellen Sie die Visitenkarte. Hier wurde statt einer ClipArt ein Bild eingefügt. Ein solches Bild (Buddha) finden Sie in ähnlicher Form auch innerhalb der ClipArts (geben Sie als Suchbegriff »Buddhas« ein).

Wellness & Entspannung

Beate Kleemann
Neudorfer Str. 18
43381 Lohnstein
Tel. 02 07/ 56 44 88
Mobil 01 77/55 44 33

www.wellness-Kleemann.de

2. Erstellen Sie die Visitenkarte. Hier wurde ein Bild in die Form eines Rechtecks eingebunden. Das vorliegende Hundebild können Sie natürlich nicht einfügen. Verwenden Sie stattdessen eines Ihrer eigenen Bilder. Es geht hier nur um die Übung.

Hundesalon Schnitt

Gabi Lohmann
Heinrichstr. 33
98889 Holthausen

Tel. 07 77/88 99 12

Kapitel 11

Serienbriefe mit Word

Ein Brief geht in Serie! Wenn Sie einen Brief an mehrere Empfänger versenden, müssen Sie nicht jedes Mal die Adressen einfügen. Das können Sie sich sparen, denn es gibt in Word 2010 die Serienbrief-Funktion. Sie sparen sich Zeit und Mühe, indem Sie die Anrede einbinden. So werden Frauen mit »Sehr geehrte Frau ...« und Män-ner mit »Sehr geehrter Herr ...« angesprochen. Dazu erfahren Sie etwas über den kleinen Unterschied, ob der Empfänger männlich oder weiblich ist.

Was ist ein Serienbrief?

Briefe wie etwa Einladungen können an mehrere Personen gleichzeitig verschickt werden.

Sie brauchen einen Brief nicht immer wieder neu anzufertigen, sondern verwenden die Funktion der Serienbriefe in Word 2010. So müssen nicht jedes Mal die Adressen und Anreden einzeln eingefügt werden.

Fachwort

Ein Serienbrief besteht aus zwei Bestandteilen: 1.) dem immer gleich lautenden Brieftext; 2.) den einzelnen Angaben, durch die der Empfänger persönlich angesprochen wird.

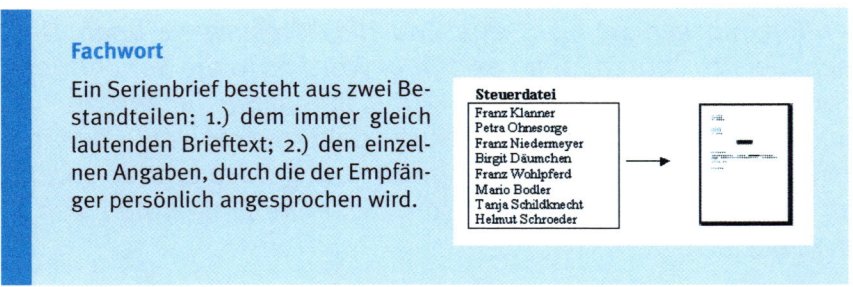

Sie schreiben die Angaben der Briefempfänger (Name, Straße, Ort usw.) in eine separate Datei und verbinden diese mit dem Hauptdokument.

Einen Serienbrief erstellen

Sie teilen Word 2010 mit, dass Sie einen Serienbrief erstellen möchten.

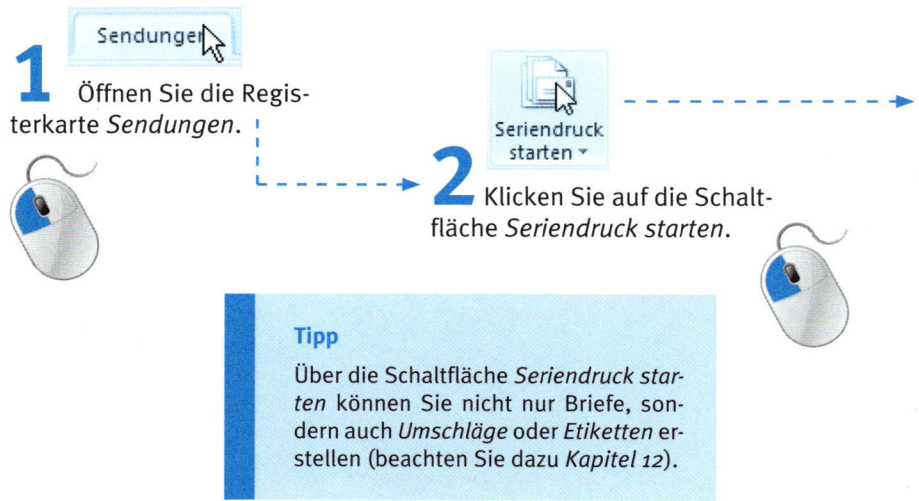

1 Öffnen Sie die Registerkarte *Sendungen*.

2 Klicken Sie auf die Schaltfläche *Seriendruck starten*.

Tipp

Über die Schaltfläche *Seriendruck starten* können Sie nicht nur Briefe, sondern auch *Umschläge* oder *Etiketten* erstellen (beachten Sie dazu *Kapitel 12*).

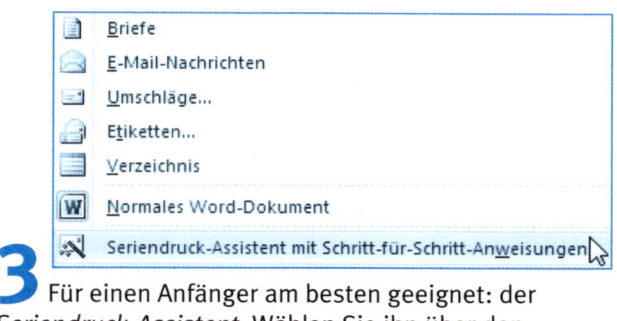

3 Für einen Anfänger am besten geeignet: der
Seriendruck-Assistent. Wählen Sie ihn über den
entsprechenden Eintrag aus.

Der Aufgabenbereich *Seriendruck* wird am rechten Bildschirmrand geöffnet. Da Sie Serienbriefe erstellen wollen, wählen Sie die Option *Briefe* aus.

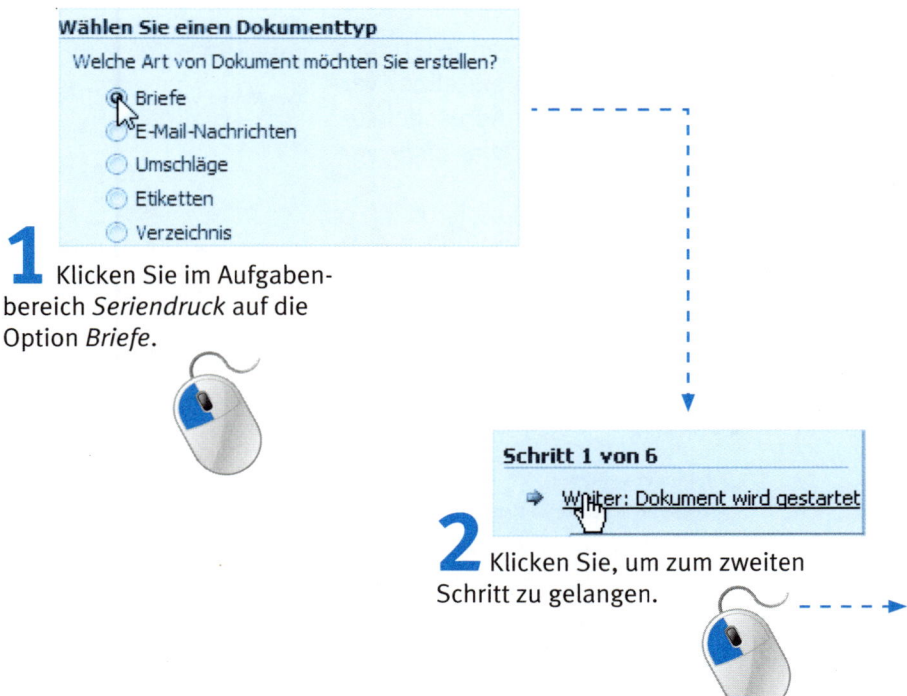

1 Klicken Sie im Aufgabenbereich *Seriendruck* auf die
Option *Briefe*.

2 Klicken Sie, um zum zweiten
Schritt zu gelangen.

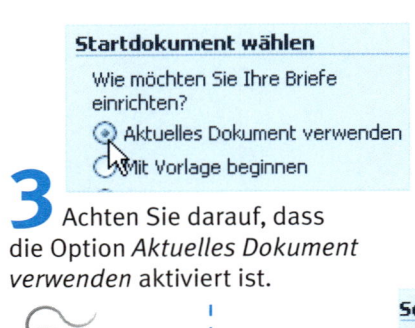

3 Achten Sie darauf, dass die Option *Aktuelles Dokument verwenden* aktiviert ist.

Fachwort

Aktuelles Dokument bedeutet, dass Sie sich auf das Dokument beziehen, das auf dem Monitor gerade geöffnet ist.

Schritt 2 von 6

➡ Weiter: Empfänger wählen

⬅ Zurück: Dokumenttyp wählen

4 Klicken Sie auf *Weiter: Empfänger wählen*.

Die Quelle eines Serienbriefs

Sie müssen die Adressen für Ihren Brief noch anlegen, also eine Datenquelle erstellen. Verfügen Sie bereits z. B. über eine Adressenliste, wählen Sie die Option *Vorhandene Liste verwenden*.

Sobald Sie – wie nach diesem Kapitel – z. B. eine Adressdatei erstellt haben, können Sie diese über *Vorhandene Liste verwenden* stets in den Serienbrief einbinden. Achten Sie aber immer auf den Speicherort!

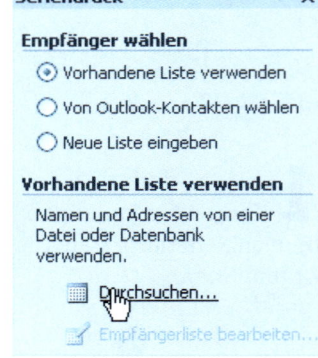

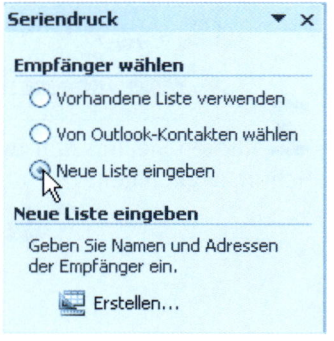

1 Aktivieren Sie *Neue Liste eingeben*.

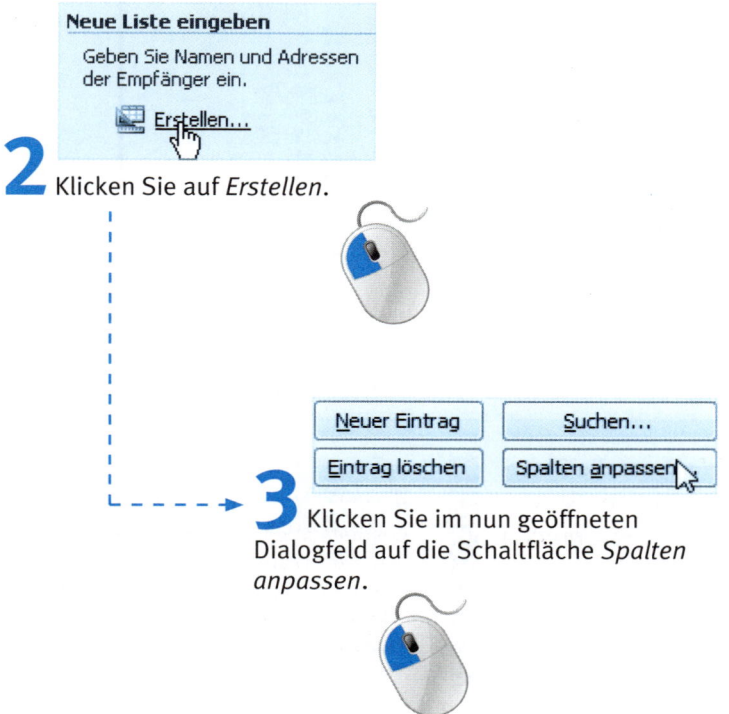

2 Klicken Sie auf *Erstellen*.

3 Klicken Sie im nun geöffneten Dialogfeld auf die Schaltfläche *Spalten anpassen*.

Auch ohne auf die Schaltfläche *Spalten anpassen* zu klicken, könnten Sie bereits Ihre Daten eintragen!

Im nächsten Schritt des Seriendrucks werden bereits einige *Voreinstellungen* für den späteren Serienbrief vorgenommen. Sie müssen sich überlegen, welche Felder Sie im Brief benötigen, da Sie diese im nächsten Schritt angeben müssen.

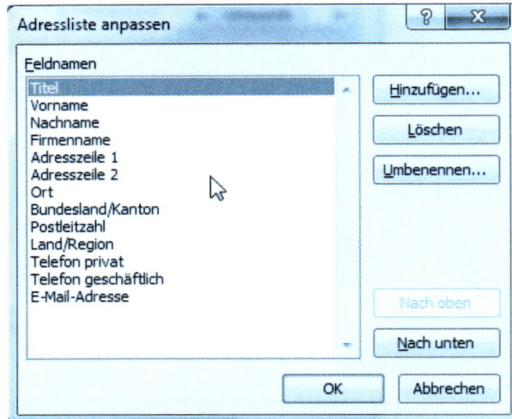

Im Text fügen Sie später die Platz-halter für Anrede, Name, Straße usw. ein. Diese werden *Feldnamen* genannt.

Hinweis

Postleitzahlen gehören zum Wohn-ort. Aus Gründen der Einfachheit werden im Beispiel Postleitzahl und Wohnort zu einem Feld zusammen-gefasst.

Welche Feldnamen benötigen Sie für diesen Brief?

Allgemein	Beispiel
Anrede	Herrn
Vorname	Franz
Nachname	Kanner
Straße	Albrecht-Dürer-Str. 13
Wohnort	56789 Hinterhausen

Feldnamen löschen

Wie Sie Ihre Liste anfertigen, bleibt Ihnen überlassen. Word 2010 gibt meist zu viele Feldnamen vor. Solche Angaben können Sie für den späteren Bei-spieltext aus der Liste entfernen. Dazu klicken Sie zuerst den Namen und anschließend die Schaltfläche *Löschen* an.

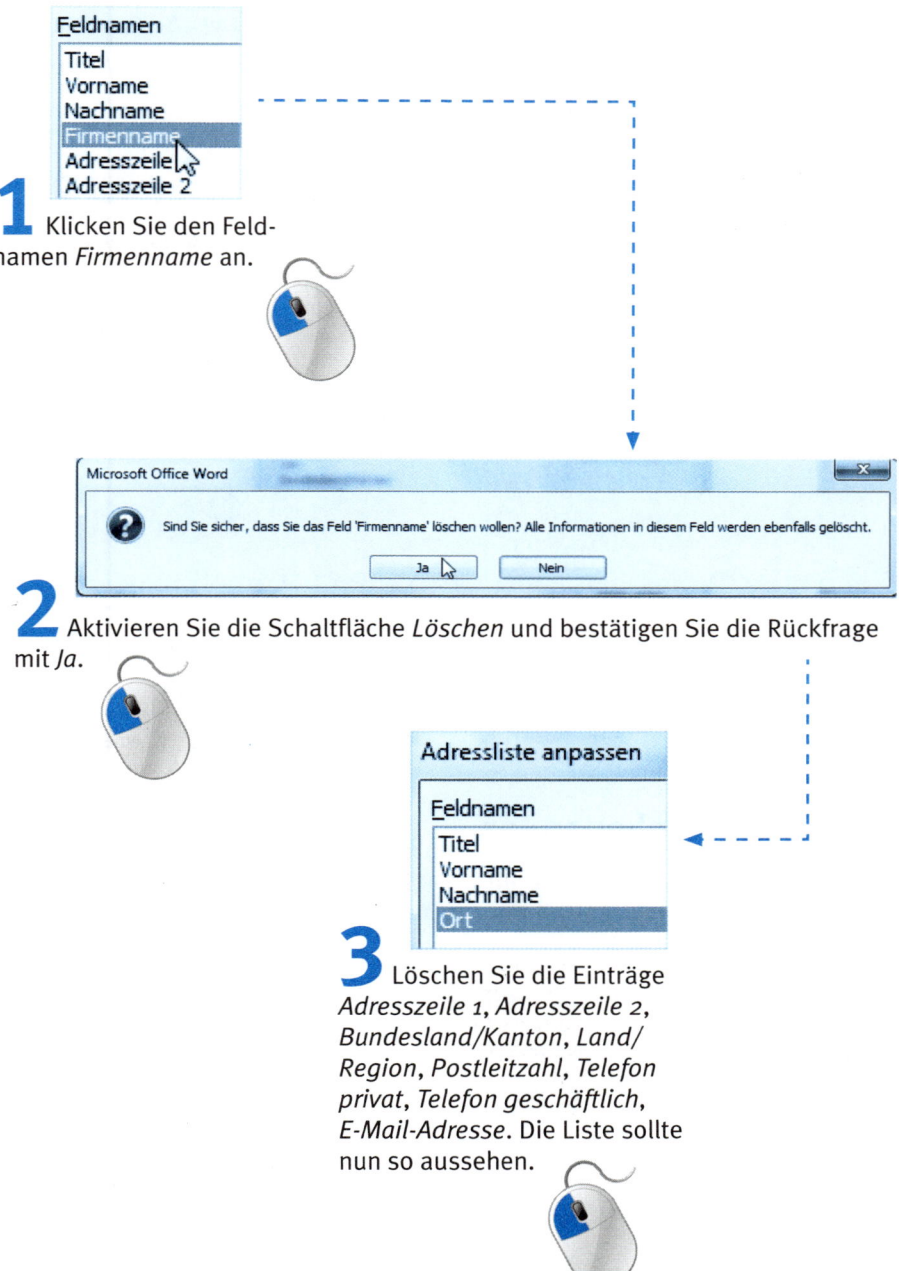

1 Klicken Sie den Feldnamen *Firmenname* an.

2 Aktivieren Sie die Schaltfläche *Löschen* und bestätigen Sie die Rückfrage
mit *Ja*.

3 Löschen Sie die Einträge
Adresszeile 1, *Adresszeile 2*,
Bundesland/Kanton, *Land/
Region*, *Postleitzahl*, *Telefon
privat*, *Telefon geschäftlich*,
E-Mail-Adresse. Die Liste sollte
nun so aussehen.

223

Feldnamen einfügen

Über die Schaltfläche *Hinzufügen* tragen Sie *neue Feldnamen* ein. In diesem Beispiel fügen Sie noch die Angabe *Straße* hinzu.

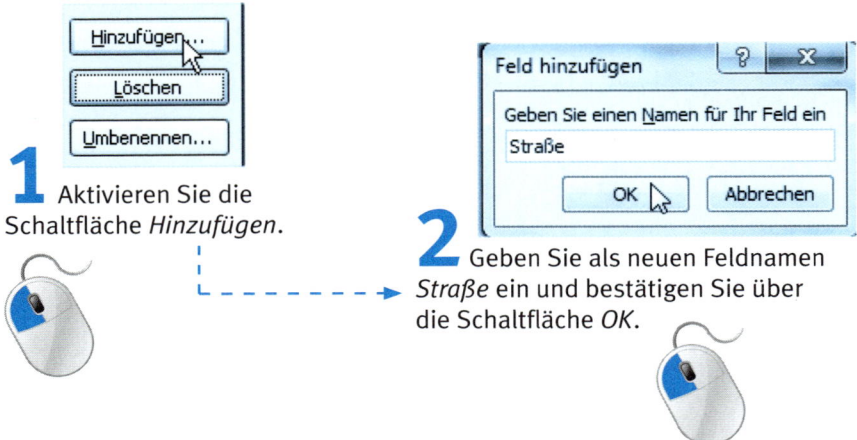

1 Aktivieren Sie die Schaltfläche *Hinzufügen*.

2 Geben Sie als neuen Feldnamen *Straße* ein und bestätigen Sie über die Schaltfläche *OK*.

Der neue Feldname wurde in die Liste aufgenommen.

Feldnamen umbenennen

Über die Schaltfläche *Umbenennen* ändern Sie Feldnamen. In diesem Beispiel wandeln Sie den Namen *Titel* in *Anrede* um.

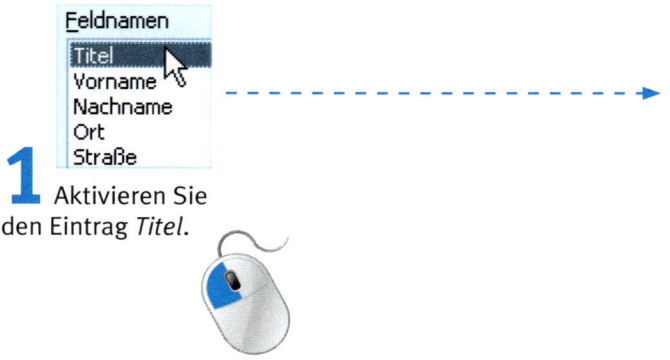

1 Aktivieren Sie den Eintrag *Titel*.

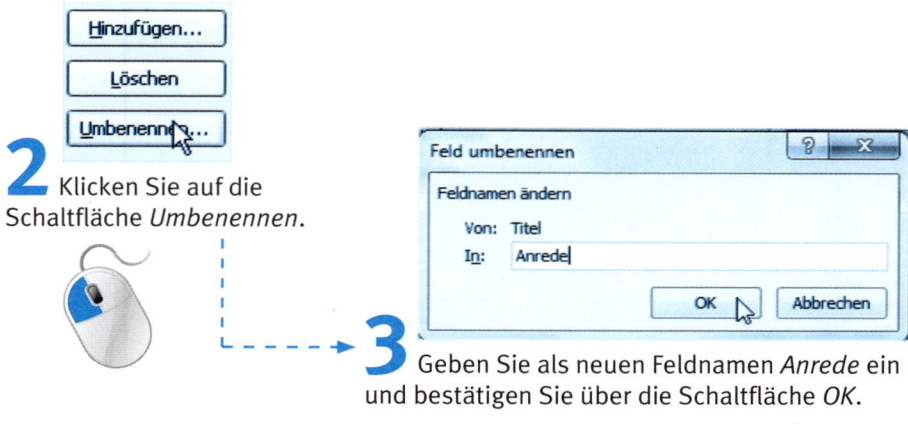

2 Klicken Sie auf die Schaltfläche *Umbenennen*.

3 Geben Sie als neuen Feldnamen *Anrede* ein und bestätigen Sie über die Schaltfläche *OK*.

Feldnamen sortieren

Analog zum Aufbau des Briefs sollte hier die *Reihenfolge* der Einträge (Anrede, Vorname, Nachname, Straße, Ort) sein.

Die richtige Reihenfolge vereinfacht die Sache später erheblich. Mithilfe der Schaltflächen *Nach oben* und *Nach unten* können Sie Ihre Liste entsprechend ändern.

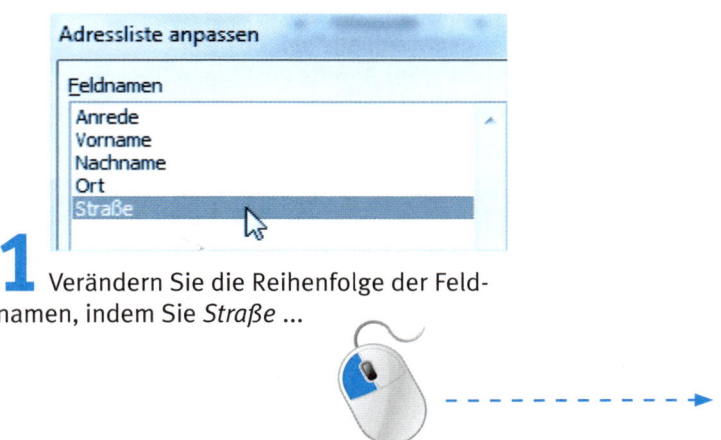

1 Verändern Sie die Reihenfolge der Feldnamen, indem Sie *Straße* ...

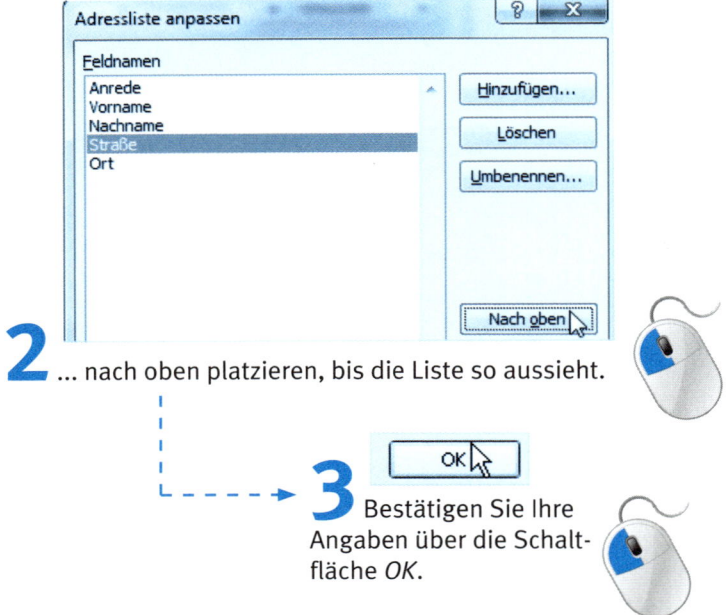

2 ... nach oben platzieren, bis die Liste so aussieht.

3 Bestätigen Sie Ihre Angaben über die Schaltfläche *OK*.

Tragen Sie die Angaben zu den einzelnen Personen ein. Dazu klicken Sie in das jeweilige Eingabefeld. Alternativ dazu bewegen Sie die Einfügemarke von einem Feld zum anderen durch Drücken der ⇥-Taste.

1 Geben Sie den ersten Datensatz ein. Klicken Sie dazu das Feld unter *Anrede* an. Tippen Sie das Wort »Herrn«.

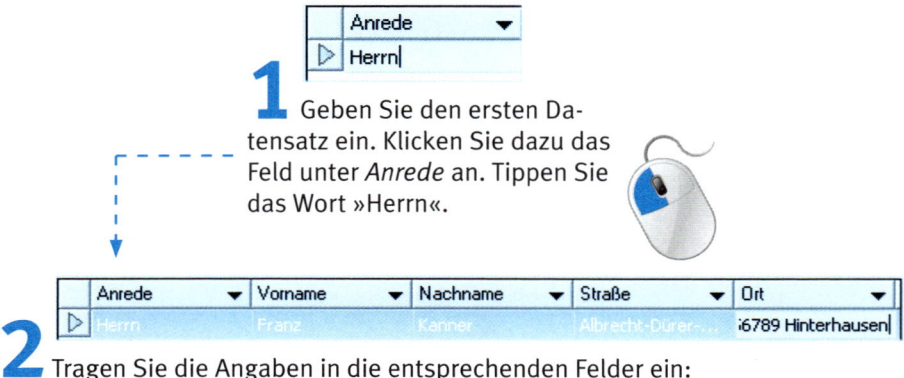

2 Tragen Sie die Angaben in die entsprechenden Felder ein:

Herrn
Franz
Kanner
Albrecht-Dürer-Str. 13
56789 Hinterhausen

Haben Sie Ihre ersten Eingaben (den ersten Eintrag) beendet, aktivieren Sie die Schaltfläche *Neuer Eintrag*.

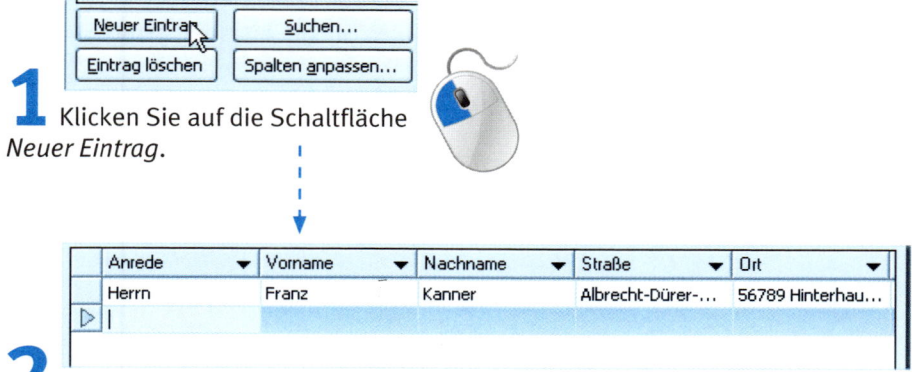

1 Klicken Sie auf die Schaltfläche *Neuer Eintrag*.

2 Sie gelangen in ein neues Eingabefeld – die zweite Zeile.

Zur Vereinfachung der Übung werden hier nur zwei Adressen eingetragen. Das reicht vollkommen aus, um die Funktion der Serienbriefe zu erklären. Allerdings verwenden Sie jeweils einen männlichen und einen weiblichen Empfänger.

Fleißige können allerdings zur Übung gern noch mehr eingeben:

Anrede	Vorname	Name	Straße	Ort
Herrn	Peter	Unrath	Unkerstr. 66	53225 Bonnhausen
Herrn	Hansi	Fort	Schuldenberg 15	77777 Sonderheim
Frau	Petra	Futsch	Einbahnstr. 45	89899 Greismühlen
Herrn	Franz	Laus	Spinnweber Allee 1	22222 Dorfstadt
Herrn	Boris	Korrupt	Dagobert-Duck-Str. 7	78888 Endenhausen
Frau	Frieda	Pleite	Gabenstr. 88	21200 Irgendwo

Haben Sie sämtliche Adressen eingetragen, verlassen Sie das Eingabe-fenster über die Schaltfläche *OK*.

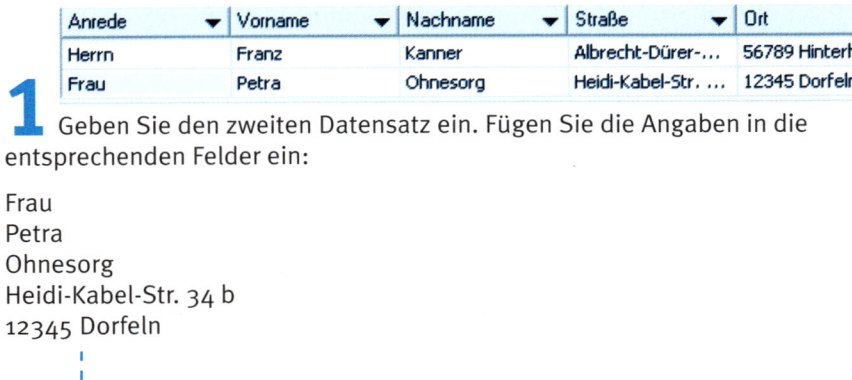

1 Geben Sie den zweiten Datensatz ein. Fügen Sie die Angaben in die entsprechenden Felder ein:

Frau
Petra
Ohnesorg
Heidi-Kabel-Str. 34 b
12345 Dorfeln

2 Wenn Sie alle Datensätze eingetragen haben, bestätigen Sie über die Schaltfläche *OK*.

Damit Sie die Adressdatei (also sämtliche Adressen), die Sie gleich anlegen, auch für andere Serienbriefe verwenden können, speichern Sie diese ab. Beachten Sie den Speicherort (meist Verzeichnis *Eigene Datenquellen*), falls Sie später Ihre Adressdatei für einen anderen Serienbrief verwenden möchten.

Tipp

Verwenden Sie sogenannte *sprechende Namen* (wie Kunden, Lieferanten, Verwandte), damit Sie später wissen, welche Daten in welcher Datei stehen. In diesem Beispiel geben Sie den Namen »Adressen privat« an.

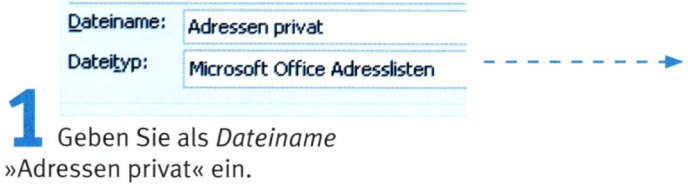

1 Geben Sie als *Dateiname* »Adressen privat« ein.

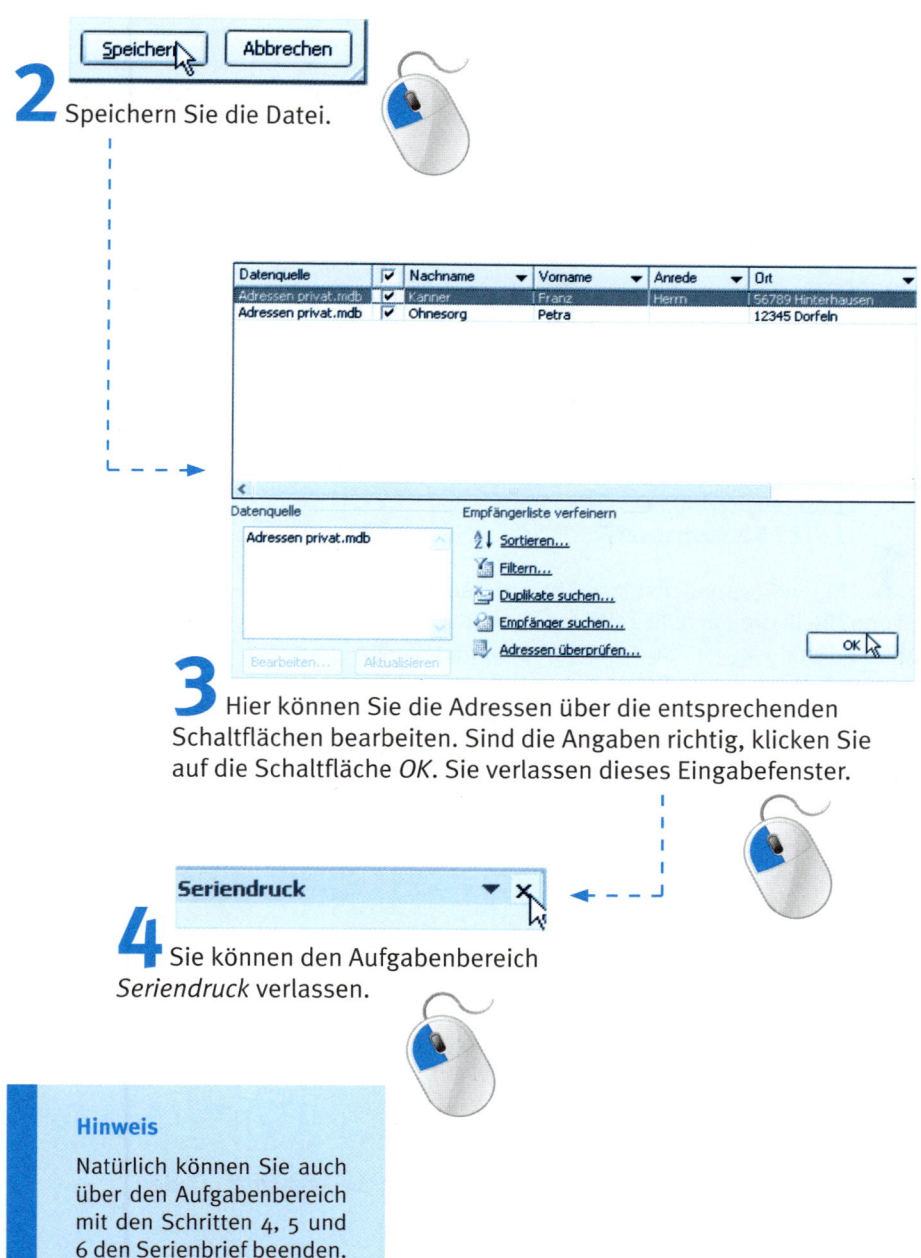

2 Speichern Sie die Datei.

3 Hier können Sie die Adressen über die entsprechenden Schaltflächen bearbeiten. Sind die Angaben richtig, klicken Sie auf die Schaltfläche *OK*. Sie verlassen dieses Eingabefenster.

4 Sie können den Aufgabenbereich *Seriendruck* verlassen.

Hinweis

Natürlich können Sie auch über den Aufgabenbereich mit den Schritten 4, 5 und 6 den Serienbrief beenden.

Seriendruckfelder einfügen

Nachdem Sie die Schaltfläche *OK* aktiviert haben, gelangen Sie in das Dokument zurück.

Sie müssen noch die *Felder* selbst und deren Position innerhalb des Briefs angeben.

Heinz·Mustermann↵
Blumenalle·4711↵
56789·Musterhausen¶

1 Tippen Sie zunächst Ihre Absenderadresse ein. Wenn Sie in die nächste Zeile schalten, drücken Sie die Tasten ⇧+↵. So erzeugen Sie einen Zeilenabstand. Wenn Sie lediglich die ↵-Taste drücken, gibt Word einen Abstand für Absätze an.

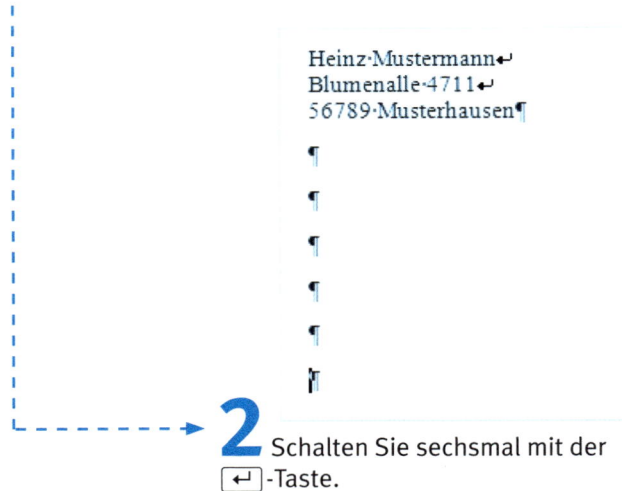

2 Schalten Sie sechsmal mit der ↵-Taste.

Als nächsten Schritt binden Sie die Seriendruckfelder ein, die Sie zuvor angelegt haben: *Anrede*, *Vorname*, *Name*, *Straße* und *Ort*.

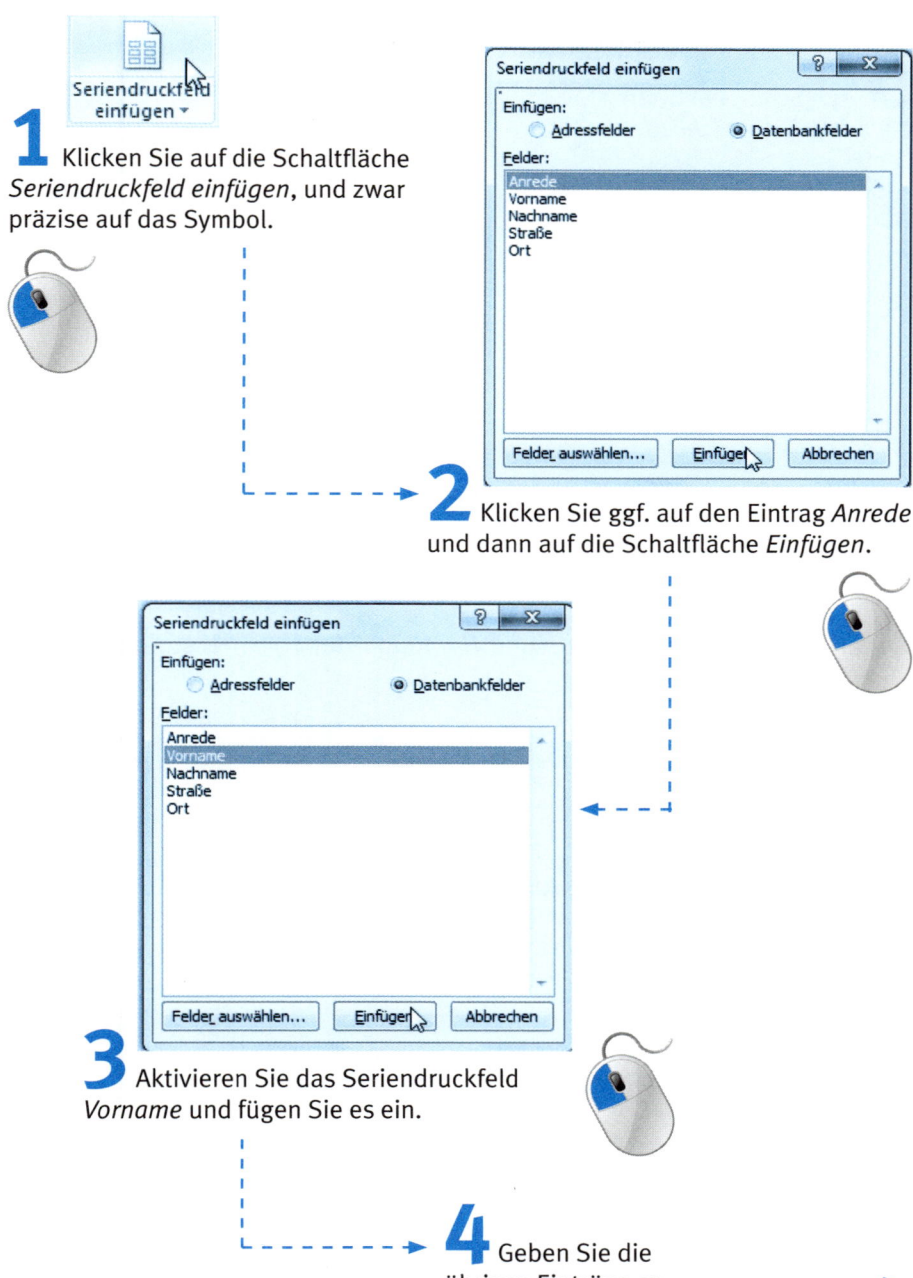

1 Klicken Sie auf die Schaltfläche *Seriendruckfeld einfügen*, und zwar präzise auf das Symbol.

2 Klicken Sie ggf. auf den Eintrag *Anrede* und dann auf die Schaltfläche *Einfügen*.

3 Aktivieren Sie das Seriendruckfeld *Vorname* und fügen Sie es ein.

4 Geben Sie die übrigen Einträge an.

231

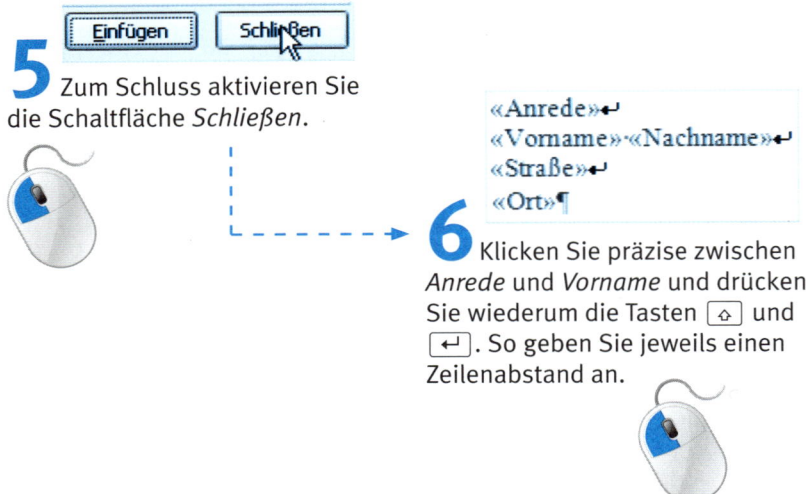

5 Zum Schluss aktivieren Sie die Schaltfläche *Schließen*.

«Anrede»↵
«Vorname»·«Nachname»↵
«Straße»↵
«Ort»¶

6 Klicken Sie präzise zwischen *Anrede* und *Vorname* und drücken Sie wiederum die Tasten ⬆ und ↵. So geben Sie jeweils einen Zeilenabstand an.

Passen Sie die übrigen Seriendruckfelder (*Vorname*, *Name*, *Straße* und *Ort*) in der korrekten Reihenfolge an.

Geben Sie zwischen *Vorname* und *Name* mit der ⬚Leer⬚-Taste ein Leerzeichen ein.

> **Hinweis**
>
> Wenn Sie genau auf das kleine Dreieck (den Schriftzug der Schaltfläche *Seriendruckfeld einfügen*) klicken, öffnet sich die *Auswahl der Seriendruckfelder*. Die Vorgehensweise ähnelt den gerade angegebenen Schritten. Sie positionieren den Cursor an der Stelle im Dokument und geben das Seriendruckfeld ein. Allerdings müssen Sie hier jedes Mal die Schaltfläche anklicken und die Seriendruckfelder einzeln angeben.

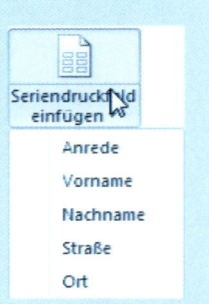

Die persönliche Anrede

Nicht jeder Briefempfänger erhält den gleichen Text. Am deutlichsten wird das am Beispiel der *persönlichen Anrede* (Sehr geehrter Herr ..., Sehr geehrte Frau ...).

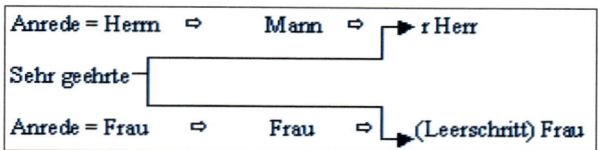

Eine *Frau* sollte mit »Sehr geehrte Frau«, ein *Mann* dagegen mit »Sehr geehrter Herr« angesprochen werden. Welche Buchstaben haben diese Anreden gemein?

»Sehr geehrte« kommt bei beiden Geschlechtern vor.

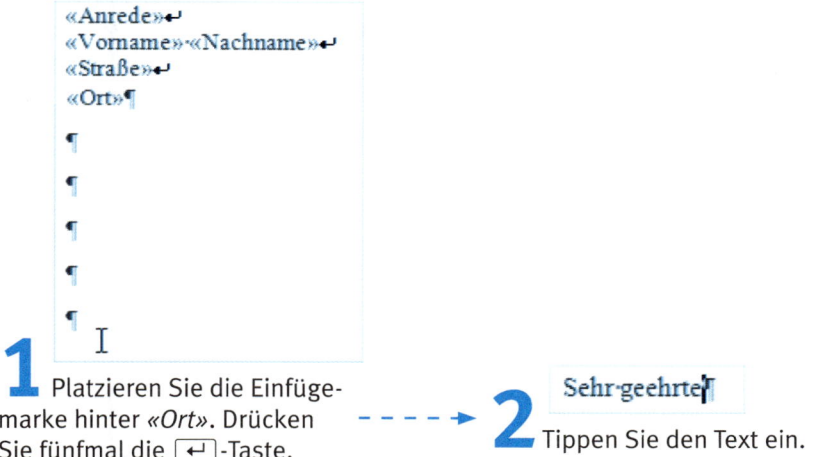

1 Platzieren Sie die Einfüge-marke hinter *«Ort»*. Drücken Sie fünfmal die ⏎-Taste.

2 Tippen Sie den Text ein.

Wenn ... Dann ... Sonst ...

Wenn das Wörtchen »Wenn« nicht wäre! Der Computer kennt nur zwei Fälle bzw. Zustände:

Ja oder Nein!

Wenn ...

Wenn es keine Frau ist, dann ist es für das Programm ein Mann. Eine Mitte gibt es nicht (für die Software).

Bedingung	Bedingung trifft nicht zu
Mann	Frau
Hören	Taub
Sehen	Blind
Tod	Leben
Ein	Aus

Gibt es ein Kriterium, mit dem das Programm Word 2010 unterscheiden kann, ob es sich jeweils um einen Mann oder eine Frau handelt? Ja, es ist das Feld *Anrede* in der Adressdatei. Dieses Feld ist jeweils anders aufgebaut. Die Schaltfläche *Regeln* hilft, Entscheidungen zu treffen.

Geschlecht	Unterschied
Mann	Herrn
Frau	Frau

1 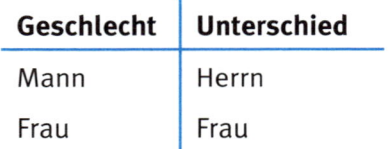 Klicken Sie auf die Schaltfläche *Regeln*.

Frage...
Eingeben...
Wenn... Dann... Sonst...

2 Aktivieren Sie den Eintrag *Wenn... Dann... Sonst...*

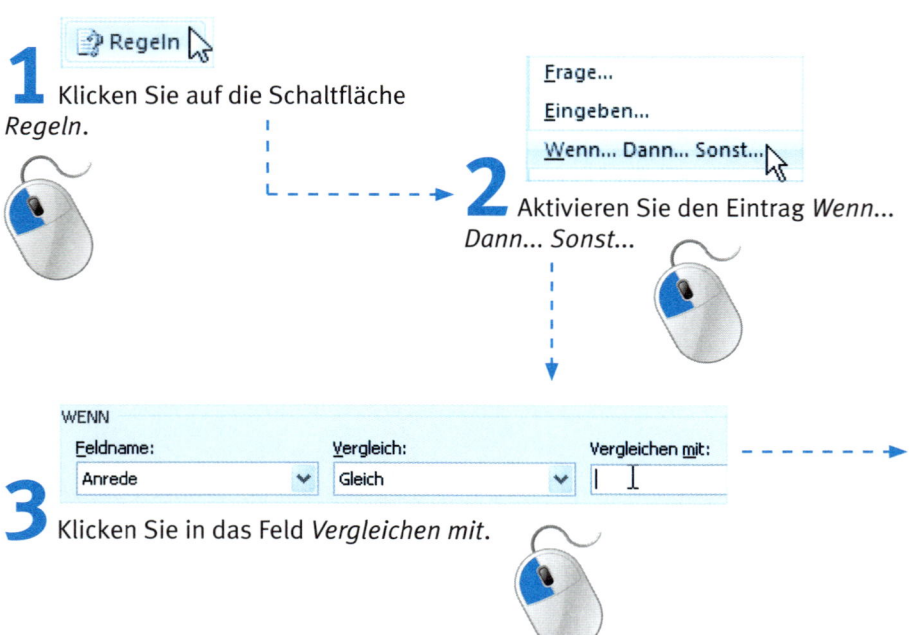

WENN

Feldname:	Vergleich:	Vergleichen mit:
Anrede	Gleich	

3 Klicken Sie in das Feld *Vergleichen mit*.

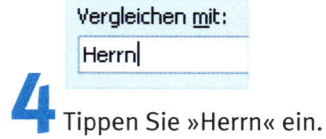

4 Tippen Sie »Herrn« ein.

Geschlecht	Auswirkung in der Anrede »Sehr geehrte ...«
Mann	r Herr
Frau	Frau

Dann ...

Wenn das Feld *Anrede* den Eintrag »Herr« enthält, dann soll Word die An-weisung »r Herr« ausführen.

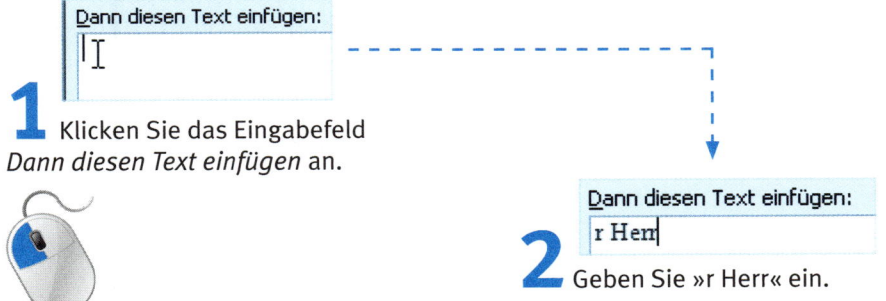

1 Klicken Sie das Eingabefeld
Dann diesen Text einfügen an.

2 Geben Sie »r Herr« ein.

Sonst ...

Ist es kein »Herr«, soll ein Leerschritt und »Frau« eingetragen werden.

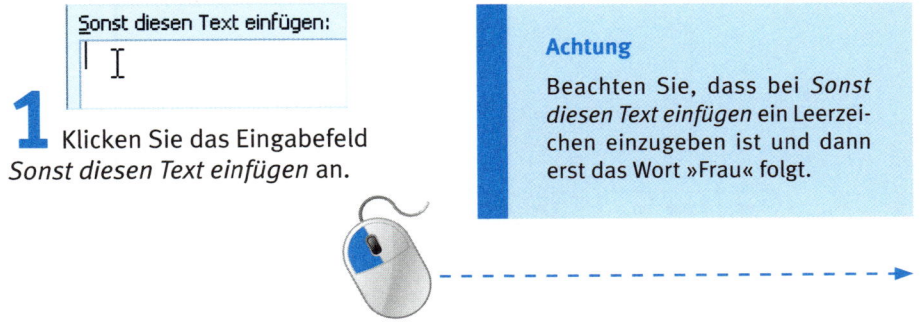

1 Klicken Sie das Eingabefeld
Sonst diesen Text einfügen an.

Achtung

Beachten Sie, dass bei *Sonst diesen Text einfügen* ein Leerzei-chen einzugeben ist und dann erst das Wort »Frau« folgt.

2 Drücken Sie die ⌐Leer⌐-Taste. Geben Sie das Wort »Frau« ein.

3 Bestätigen Sie über die Schaltfläche *OK*.

Sie gelangen zum Dokument zurück und sehen jetzt in der Anrede »Sehr geehrter Herr«.

Der Ausdruck erscheint, da Sie den Brief mit der *Datenquelle* noch nicht verbunden haben. Im 1. Datensatz steht ein Herr!

In der Anrede werden die Empfänger mit dem *Nachnamen* angesprochen. Vervollständigen Sie die Anrede, indem Sie einen Leerschritt durch Drücken der ⌐Leer⌐-Taste und anschließend das Seriendruckfeld *Nachname* einfügen.

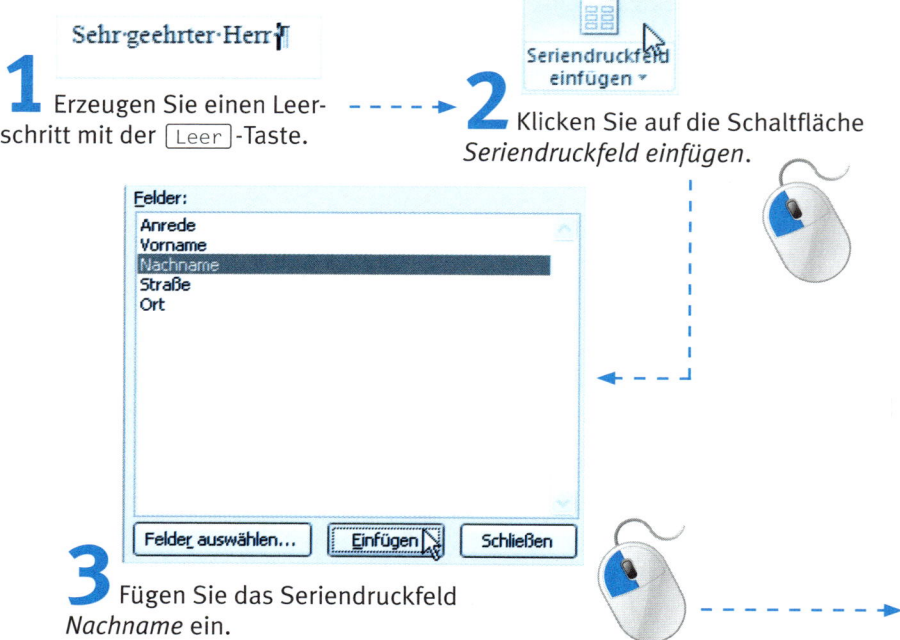

1 Erzeugen Sie einen Leerschritt mit der ⌐Leer⌐-Taste.

2 Klicken Sie auf die Schaltfläche *Seriendruckfeld einfügen*.

3 Fügen Sie das Seriendruckfeld *Nachname* ein.

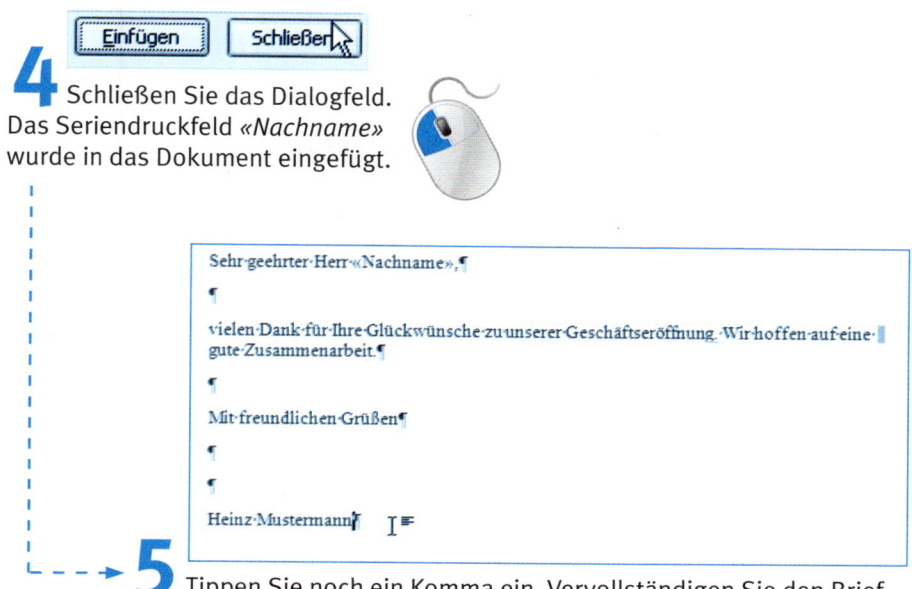

4 Schließen Sie das Dialogfeld. Das Seriendruckfeld *«Nachname»* wurde in das Dokument eingefügt.

5 Tippen Sie noch ein Komma ein. Vervollständigen Sie den Brief.

Datenquelle und Serienbrief verbinden

Über die Schaltfläche *Vorschau Ergebnisse* können Sie sich die Serien-briefe bzw. die Empfängerdaten auf dem Bildschirm ansehen.

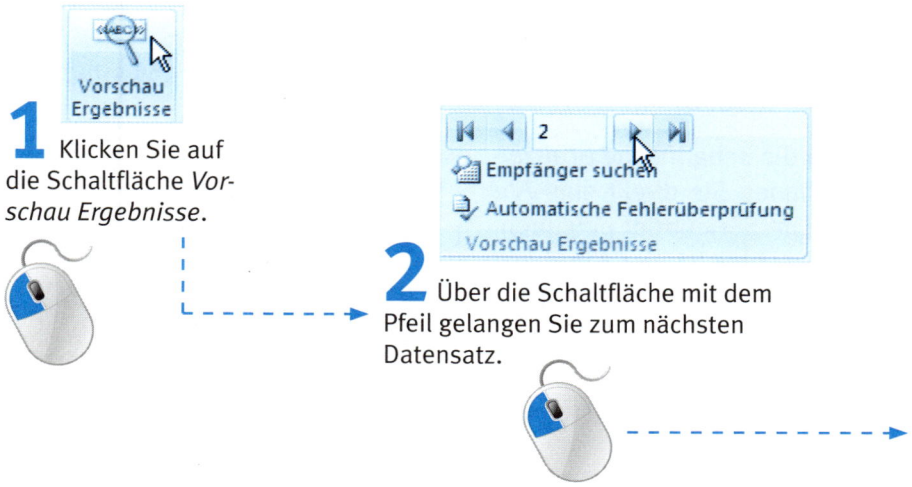

1 Klicken Sie auf die Schaltfläche *Vor-schau Ergebnisse*.

2 Über die Schaltfläche mit dem Pfeil gelangen Sie zum nächsten Datensatz.

3 Klicken Sie wieder auf die Schaltfläche *Vorschau Ergebnisse*. Sie gelangen
zum vorherigen Erscheinungsbild zurück.

Den Serienbrief drucken Sie, wenn Sie die Schaltfläche *Fertig stellen und
zusammenführen* aktivieren.

Hier können Sie sich die Briefe zunächst auf dem Bildschirm anzeigen
lassen und dann drucken. Oder Sie drucken diese ohne Bildschirmanzeige
sofort.

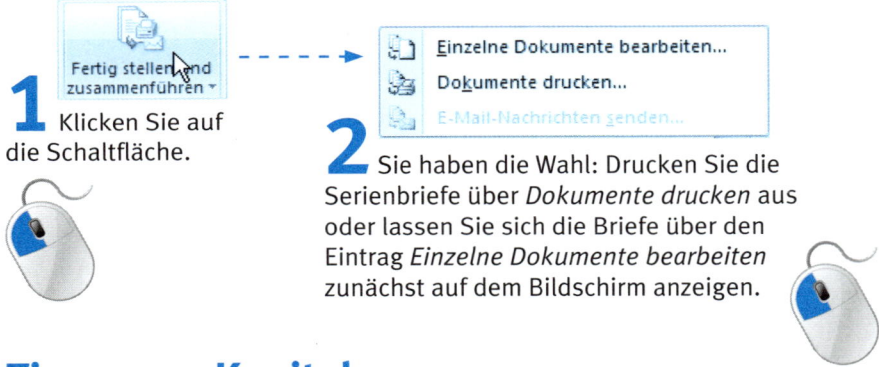

1 Klicken Sie auf
die Schaltfläche.

2 Sie haben die Wahl: Drucken Sie die
Serienbriefe über *Dokumente drucken* aus
oder lassen Sie sich die Briefe über den
Eintrag *Einzelne Dokumente bearbeiten*
zunächst auf dem Bildschirm anzeigen.

Tipps zum Kapitel

Die Tipps runden das Kapitel ab. Nehmen Sie sich noch die Zeit dafür, um
Ihr Wissen zu erweitern.

1. Über die Schaltfläche *Grußzei-
le* können Sie direkt eine Anrede im Serienbrief eingeben.
Der Nachteil ist hier allerdings
die Anrede »Sehr geehrte(r)«.

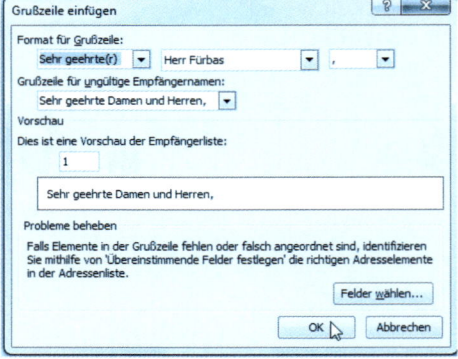

2. Über die Schaltfläche *Empfänger auswählen* können Sie andere Datenquellen angeben.

Empfänger auswählen ▾   Empfängerliste bearbeiten

3. Die aktuelle Datenquelle des Serienbriefs ändern Sie über die Schaltfläche *Empfängerliste bearbeiten*.

Üben Sie mit Word 2010!

1. Legen Sie die folgenden Daten in einer Adressdatei an:

Anrede	Vorname	Name	Straße	PLZ	Ort	Betrag in €
Herrn	Peter	Unrath	Unkerstr. 66	53225	Bonnhausen	250
Herrn	Hansi	Fort	Schuldenberg 15	77777	Sonderheim	450
Frau	Petra	Futsch	Einbahnstr. 45	89899	Greismühlen	890
Herrn	Franz	Laus	Spinnweber Allee 1	22222	Dorfstadt	300
Herrn	Boris	Korrupt	Dagobert-Duck-Str. 7	78888	Endenhausen	120
Frau	Frieda	Pleite	Gabenstr. 88	21200	Irgendwo	450

2. Erstellen Sie den Serienbrief! Lösen Sie die persönliche Anrede elegant mit *Wenn... Dann... Sonst...*

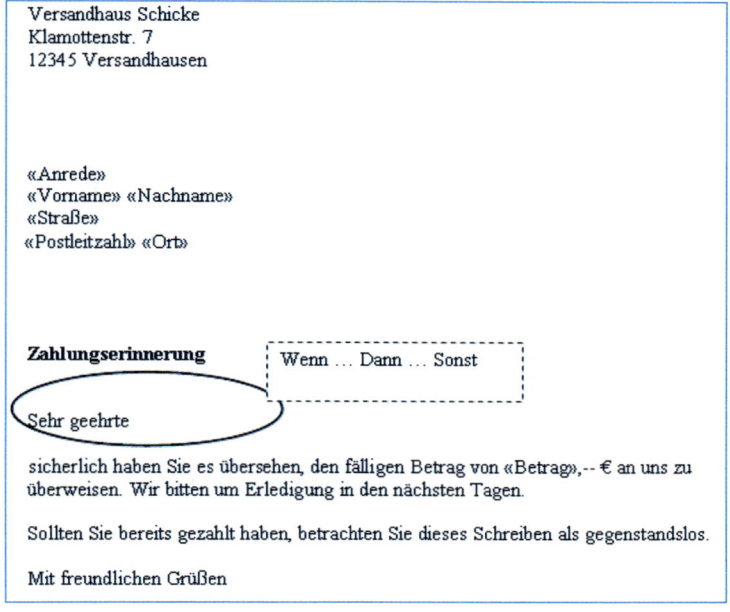

Das können Sie schon

Das lernen Sie neu

Ein Kuvert beschriften

Um einen Brief zu versenden, stecken Sie ihn in ein Kuvert. Wenn Sie Kuverts ohne Fenster verwenden, können Sie diese in Word anlegen und ausdrucken. Word platziert Empfänger und Absender automatisch. Auch die Adressen für Serienbriefe lassen sich hier leicht einbinden und in Massen versenden.

Ein Kuvert erstellen

Sie geben in Word auf der Registerkarte *Sendungen* an, dass Sie ein Kuvert oder mehrere Kuverts (z. B. für den Serienbrief) erstellen möchten. Dazu aktivieren Sie die Schaltfläche *Erstellen* und klicken auf *Umschläge*. Um *Etiketten* zu erstellen, verwenden Sie hier die Schaltfläche *Beschriftungen*. Der Ablauf ist dann ähnlich wie bei den Umschlägen.

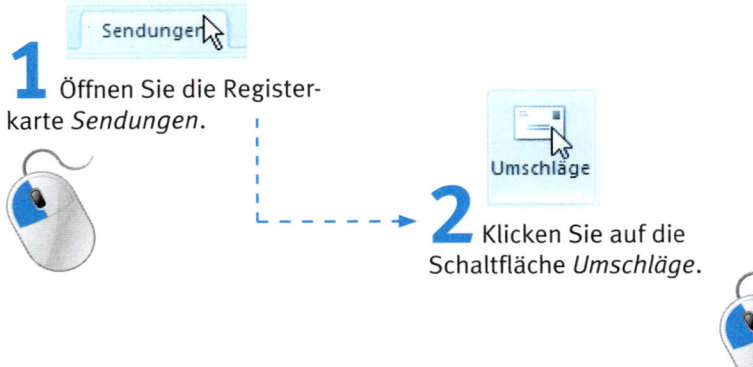

1 Öffnen Sie die Registerkarte *Sendungen*.

2 Klicken Sie auf die
Schaltfläche *Umschläge*.

Das Kuvert detailliert angeben

Sie gelangen in das Dialogfeld *Umschläge und Etiketten*. Hier legen Sie das Aussehen oder auch die Größe des Kuverts fest.

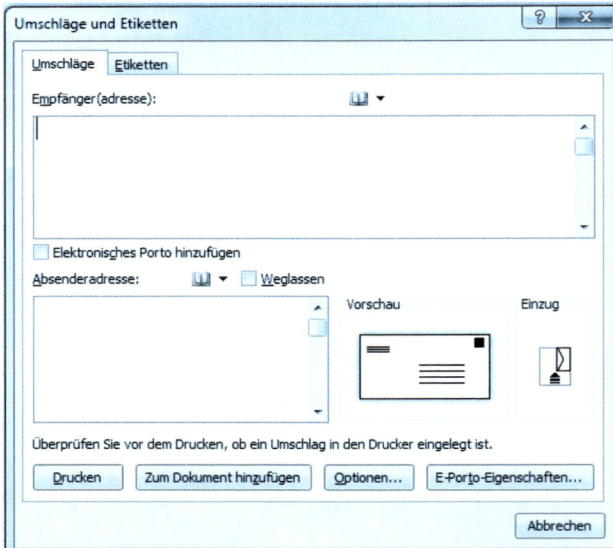

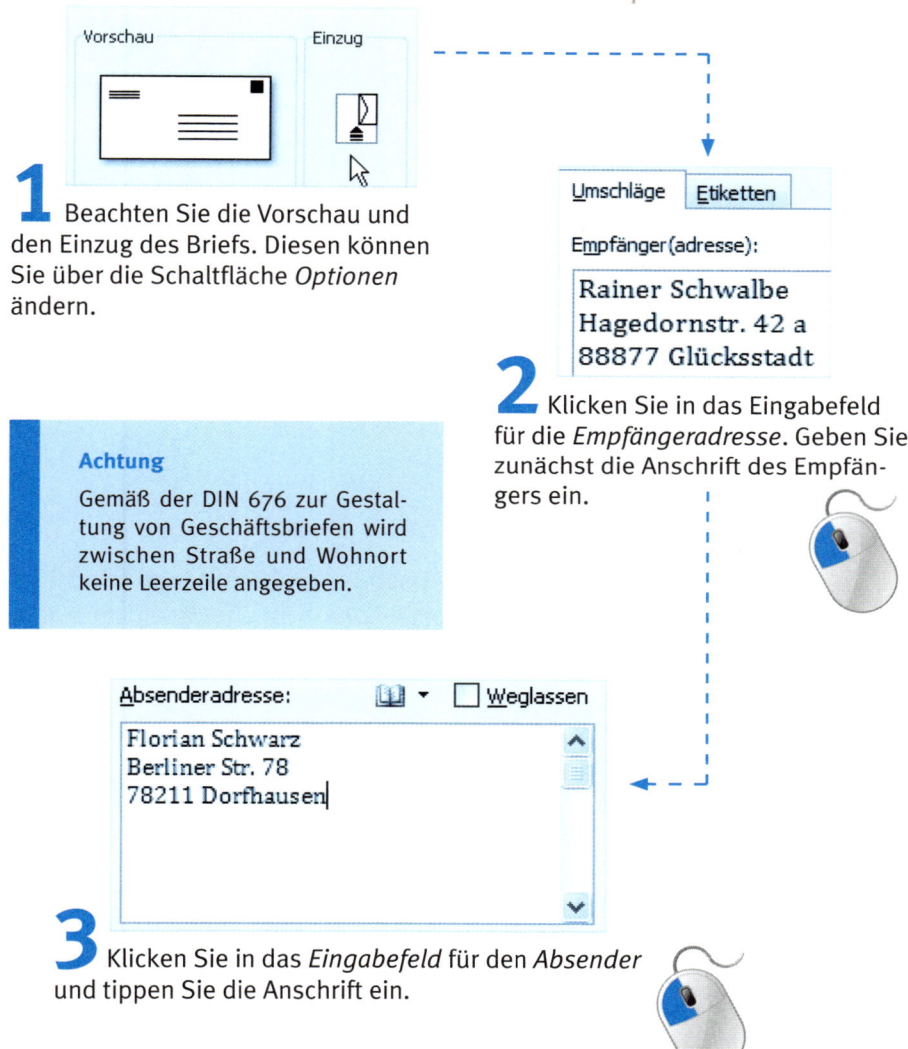

1 Beachten Sie die Vorschau und den Einzug des Briefs. Diesen können Sie über die Schaltfläche *Optionen* ändern.

Achtung

Gemäß der DIN 676 zur Gestaltung von Geschäftsbriefen wird zwischen Straße und Wohnort keine Leerzeile angegeben.

2 Klicken Sie in das Eingabefeld für die *Empfängeradresse*. Geben Sie zunächst die Anschrift des Empfängers ein.

3 Klicken Sie in das *Eingabefeld* für den *Absender* und tippen Sie die Anschrift ein.

Das Kuvert bearbeiten

Sie können das angelegte Kuvert über die Schaltfläche *Drucken* sofort ausdrucken. In diesem Beispiel möchten Sie das Kuvert noch ein wenig bearbeiten, indem Sie z. B. die Schriftart wechseln. Sie haben hier mehrere Möglichkeiten. Daher sollten Sie auch die Tipps in diesem Kapitel beachten.

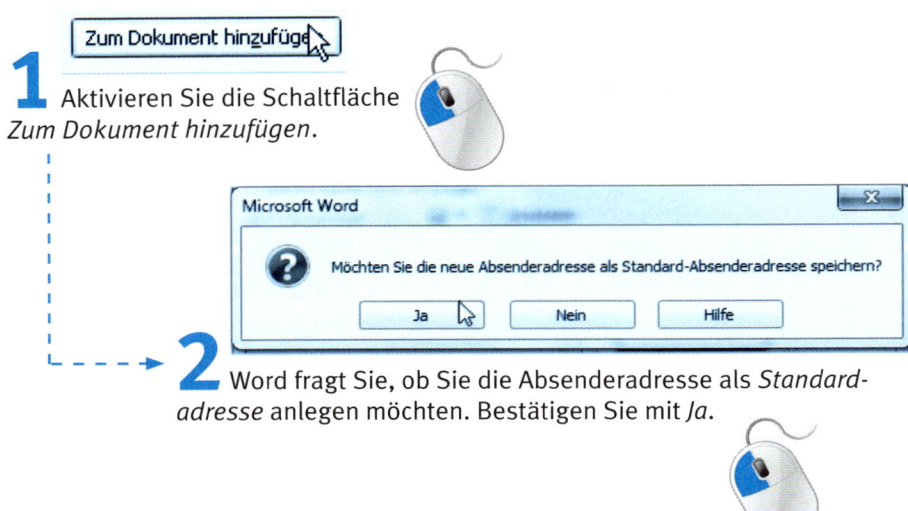

1 Aktivieren Sie die Schaltfläche *Zum Dokument hinzufügen*.

2 Word fragt Sie, ob Sie die Absenderadresse als *Standard-adresse* anlegen möchten. Bestätigen Sie mit *Ja*.

Sie gelangen zurück zum Dokument. Absender und Empfänger sind hier bereits mit den Angaben platziert, die Sie zuvor im Dialogfeld gemacht haben.

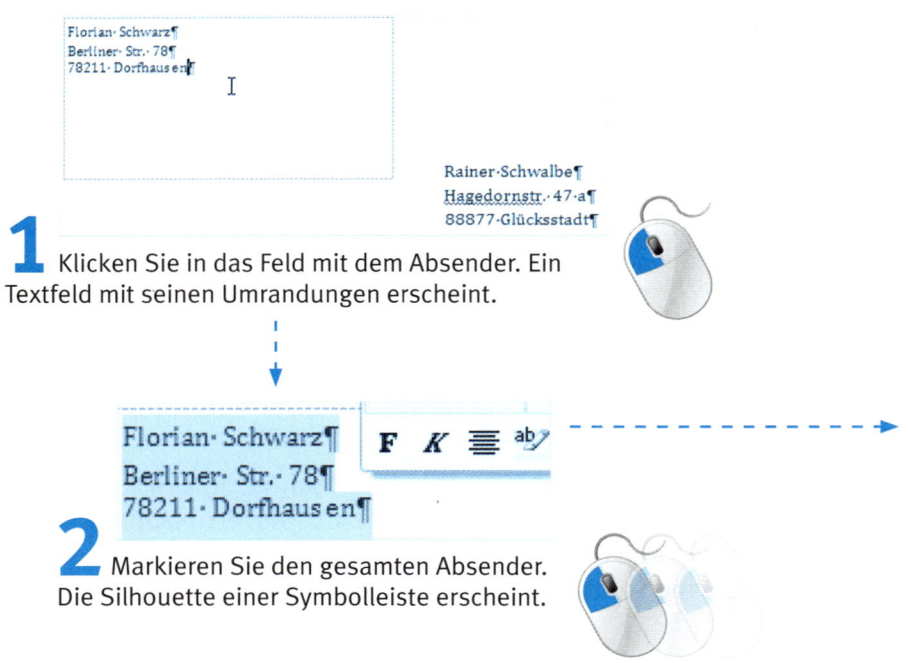

1 Klicken Sie in das Feld mit dem Absender. Ein Textfeld mit seinen Umrandungen erscheint.

2 Markieren Sie den gesamten Absender. Die Silhouette einer Symbolleiste erscheint.

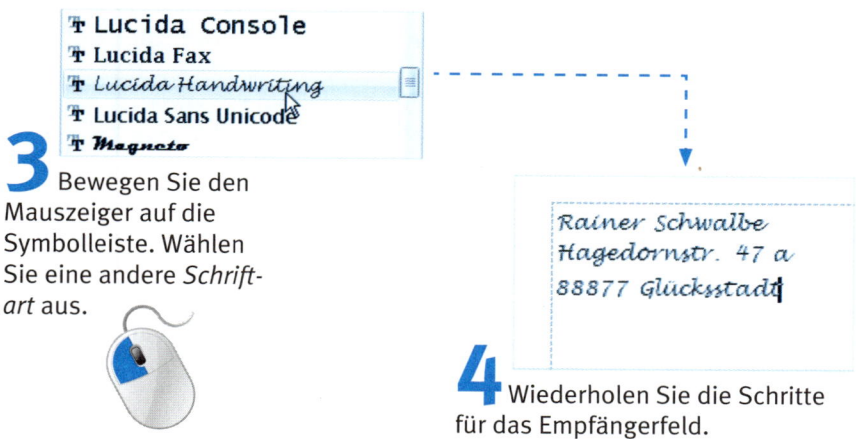

3 Bewegen Sie den Mauszeiger auf die Symbolleiste. Wählen Sie eine andere *Schriftart* aus.

4 Wiederholen Sie die Schritte für das Empfängerfeld.

Die Textfelder können Sie bearbeiten, wie Sie es in den vorherigen Kapiteln kennengelernt haben (siehe auch hier den Abschnitt »*Tipps zum Kapitel*«).

Möchten Sie die Adressen für *Serienbriefe* einbinden, geben Sie die Adressdatei über die Schaltfläche *Empfänger auswählen* an. Dann fügen Sie in das Empfängerfeld die *Seriendruckfelder* ein. Über die Schaltfläche *Fertig stellen und zusammenführen* drucken Sie die Kuverts aus (siehe auch *Kapitel 11*).

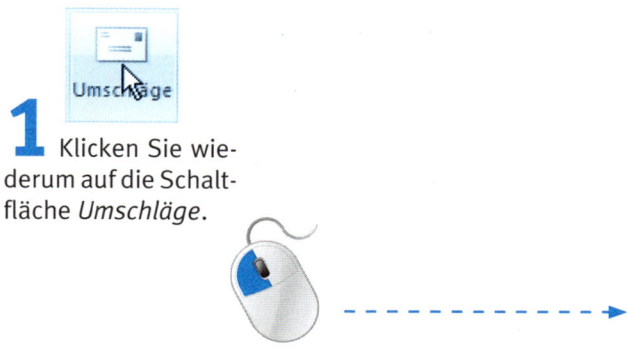

1 Klicken Sie wiederum auf die Schaltfläche *Umschläge*.

Die Änderungen wurden in das Dialogfeld *Umschläge und Etiketten* übertragen.

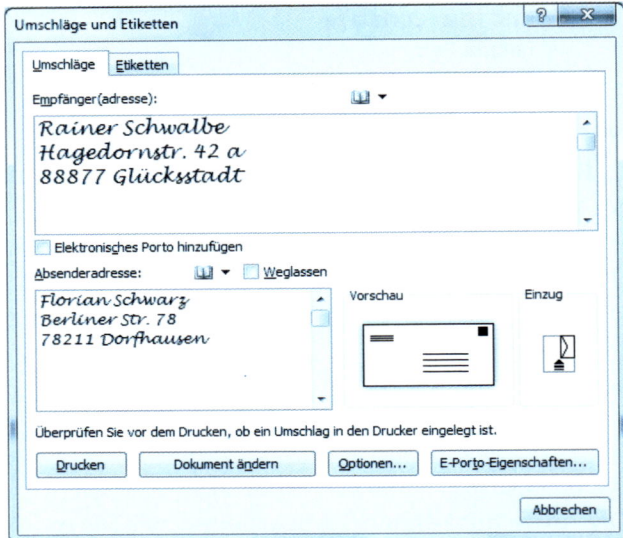

2 Drucken Sie das Kuvert aus.

Tipps zum Kapitel

Die Tipps runden das Kapitel ab. Nehmen Sie sich noch die Zeit dafür, um Ihr Wissen zu erweitern.

1. Für das Kuvert können Sie auch den Absender weglassen. Das geben Sie im Dialogfeld *Umschläge und Etiketten* an.

2. Klicken Sie im Dialogfeld *Umschläge und Etiketten* mit der rechten Maustaste in das Empfänger- oder Absendereingabefeld, können Sie auch hier über den Eintrag *Schriftart* die Schriftart ändern.

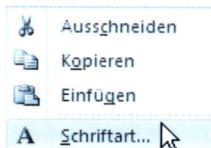

   Im daraufhin geöffneten Dialogfeld *Schriftart* können Sie noch weitere Formatierungen und Effekte angeben.

3. Die Textfelder für den Absender und den Empfänger auf dem Kuvert können Sie bearbeiten. Klicken Sie auf den Rand des Textfelds. Mit gedrückter linker Maustaste können Sie das Textfeld an eine andere Stelle auf dem

   Kuvert platzieren. Anhand der Ziehpunkte vergrößern bzw. verkleinern Sie ein Textfeld (siehe auch z. B. *Kapitel 8*).

4. Klicken Sie mit der rechten Maustaste in das Textfeld für Absender oder Empfänger, öffnet sich ein Kontextmenü. Hier legen Sie einen Rahmen an und schattieren ihn.

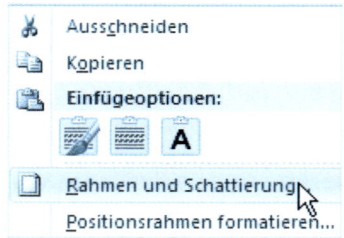

Das können Sie schon

Das lernen Sie neu

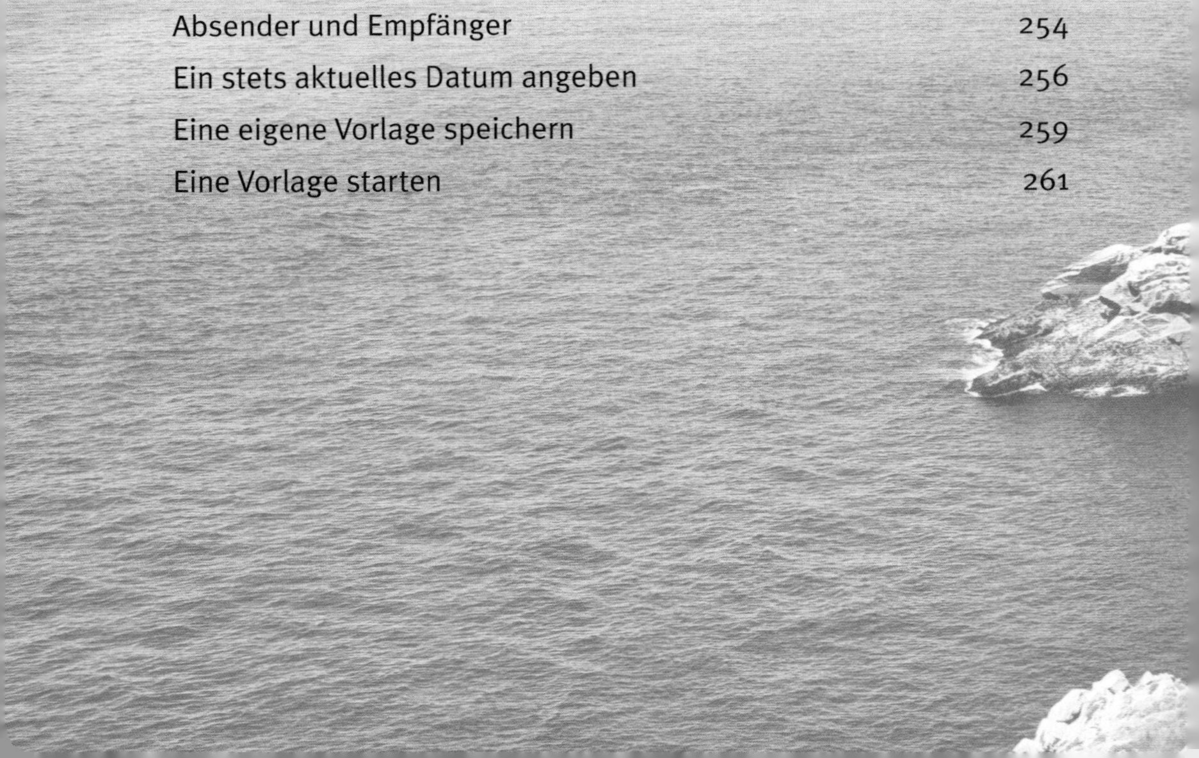

Kapitel 13

Ein Briefformular entwerfen

Um Ihre kostbare Zeit effektiver zu nutzen, fertigen Sie einmalig ein Briefformular an, das Sie immer verwenden können. Ob Sie an eine Behörde schreiben oder Bekannten und Freunden einen lieben Gruß senden: Ein persönlich gestalteter Brief macht immer einen guten Eindruck. Sie können ein Datum so angeben, dass es sich selbst aktualisiert, gleichgültig, wann Sie das dazugehörige Dokument öffnen: Es erscheint immer das Datum »von heute«!

Kopf- und Fußzeile

Ein Brief besteht immer aus dem Brieftext. Ein Mensch besteht aus Kopf, Körper mit Gliedmaßen und Füßen.

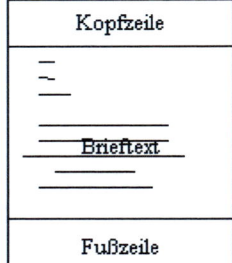

In Anlehnung an den menschlichen Körper wäre dann der Brieftext der »Körper«, also das Mittelstück. In einem Dokument finden Sie auch einen *Kopf* (= Kopfzeile) und einen *Fuß* (= Fußzeile). Sie dienen dazu, Texte auf dem Blatt an den oberen bzw. unteren Seitenrand zu platzieren.

Die Kopfzeile

Zunächst legen Sie die Kopfzeile an. Dazu verwenden Sie die Registerkarte *Einfügen*.

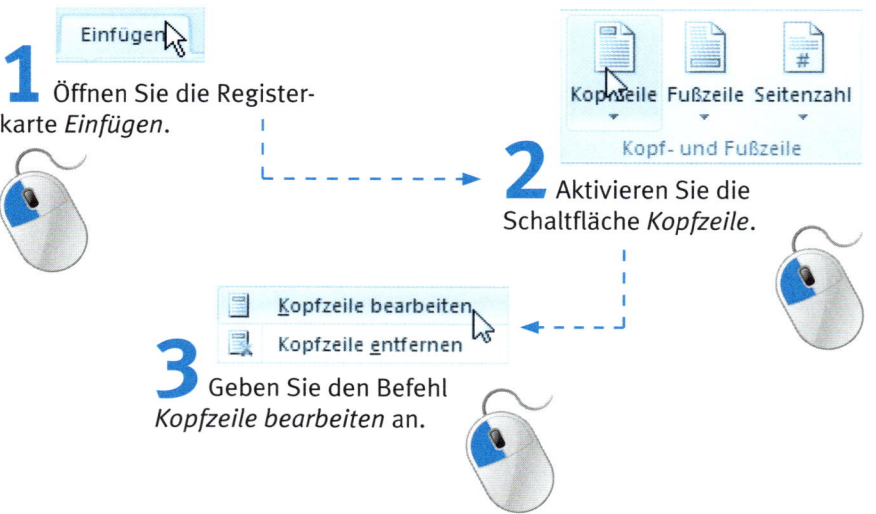

1 Öffnen Sie die Registerkarte *Einfügen*.

2 Aktivieren Sie die Schaltfläche *Kopfzeile*.

3 Geben Sie den Befehl *Kopfzeile bearbeiten* an.

Die Registerkarte *Kopf- und Fußzeilentools* erscheint auf dem Bildschirm. Hier erhalten Sie die Werkzeuge, um die Kopf- und Fußzeilen zu bearbeiten.

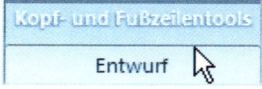

In die Kopfzeile tippen Sie den Text ein. Sie ändern die Schriftgröße, wählen die Fettschrift und zentrieren alles.

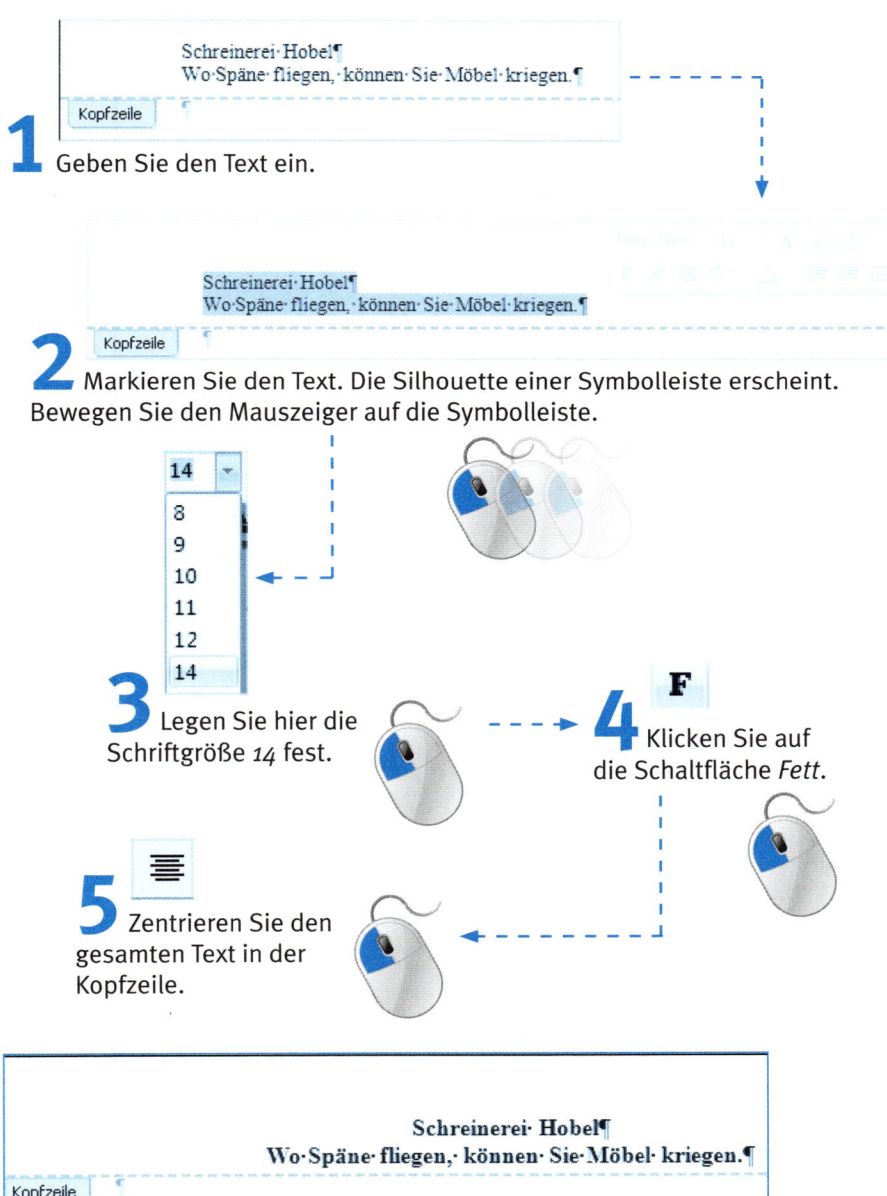

1 Geben Sie den Text ein.

2 Markieren Sie den Text. Die Silhouette einer Symbolleiste erscheint. Bewegen Sie den Mauszeiger auf die Symbolleiste.

3 Legen Sie hier die Schriftgröße *14* fest.

4 Klicken Sie auf die Schaltfläche *Fett*.

5 Zentrieren Sie den gesamten Text in der Kopfzeile.

Die Fußzeile

Wie beim menschlichen Körper befindet sich der Fuß bzw. die Fußzeile ganz unten, am unteren Seitenrand. Als Beispiel geben Sie hier eine Bankverbindung an. Mit einem Mausklick auf die entsprechende Schaltfläche gelangen Sie entweder zur Kopf- oder zur Fußzeile.

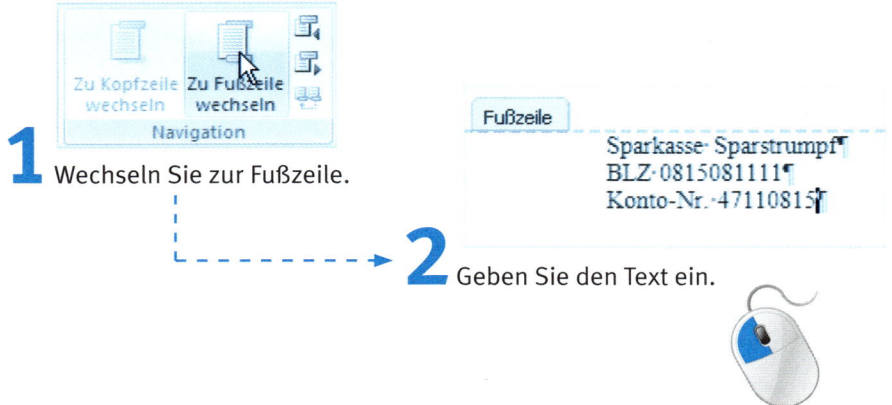

1 Wechseln Sie zur Fußzeile.

2 Geben Sie den Text ein.

Nachdem Sie den Fußzeilentext eingegeben haben, zentrieren Sie ihn und formatieren ihn fett. Dazu geben Sie Tastenkombinationen an. Sie werden sehen, wie schnell das dann geht.

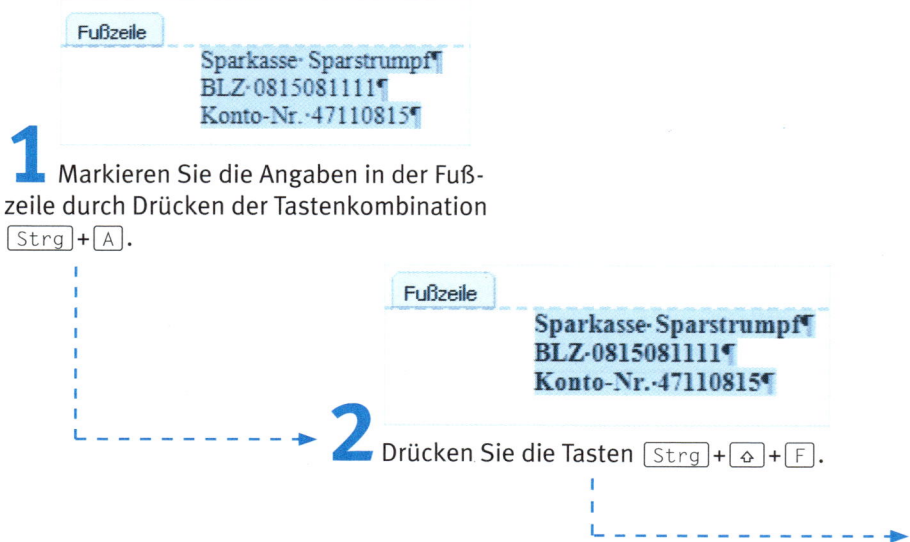

1 Markieren Sie die Angaben in der Fußzeile durch Drücken der Tastenkombination Strg + A .

2 Drücken Sie die Tasten Strg + ⇧ + F .

Fußzeile

Sparkasse·Sparstrumpf¶
BLZ·0815081111¶
Konto-Nr.·47110815¶

3 Aktivieren Sie die Fettschrift. Zentrieren Sie den Text über die Tastenkombination `Strg`+`E`.

Kopf- und
Fußzeile schließen

Schließen

4 Beenden Sie die Eingaben und verlassen Sie die Fuß- und Kopfzeile über die Schaltfläche. Sie wechseln zur Registerkarte *Start*.

Sie haben den Kopf- und Fußzeilenbereich wieder verlassen.

Tipp

Die Höhe des Kopf- bzw. Fußzeilenbereichs können Sie auf der Registerkarte *Kopf- und Fußzeilentools/Entwurf* über die jeweilige Schaltfläche ändern.

Über die Schaltfläche *Ausrichtungstabstopp einfügen* auf der Registerkarte *Kopf- und Fußzeilentools* können Sie Kopf- und Fußzeilen ausrichten. Zusätzlich können Sie diese mit Füllzeichen ausfüllen.

↕ Kopfzeile von oben: 1,25 cm ↕
↕ Fußzeile von unten: 1,25 cm ↕
→ Ausrichtungstabstopp einfügen

Position

Klicken Sie im Dokument doppelt auf die Kopf- oder Fußzeile, können Sie diese weiterbearbeiten. Die Registerkarte *Kopf- und Fußzeilentools* erscheint dann wieder.

Schreinerei·Hobel¶
Wo·Späne·fliegen,·können·Sie·Möbel·kriegen.¶

Absender und Empfänger

DIN-A4-Standardbriefe werden normalerweise in einem länglichen Umschlag verschickt. Verwenden Sie Umschläge mit Sichtfenster, können Sie sich die Zeit und Mühe sparen, das Kuvert extra zu beschriften.

Absender und Empfänger werden in den Brief so platziert, dass sie im Sichtfenster erkennbar sind. Zunächst geben Sie den Absender an.

Achtung

Bei den nächsten Schritten wäre es für Sie hilfreich, wenn die *Formatierungssymbole* eingeblendet sind (siehe auch *Kapitel 2*). Sie blenden diese über die Registerkarte *Start* ein. Sie können dazu aber auch die Tastenkombination ⌨Strg+⌨* drücken.

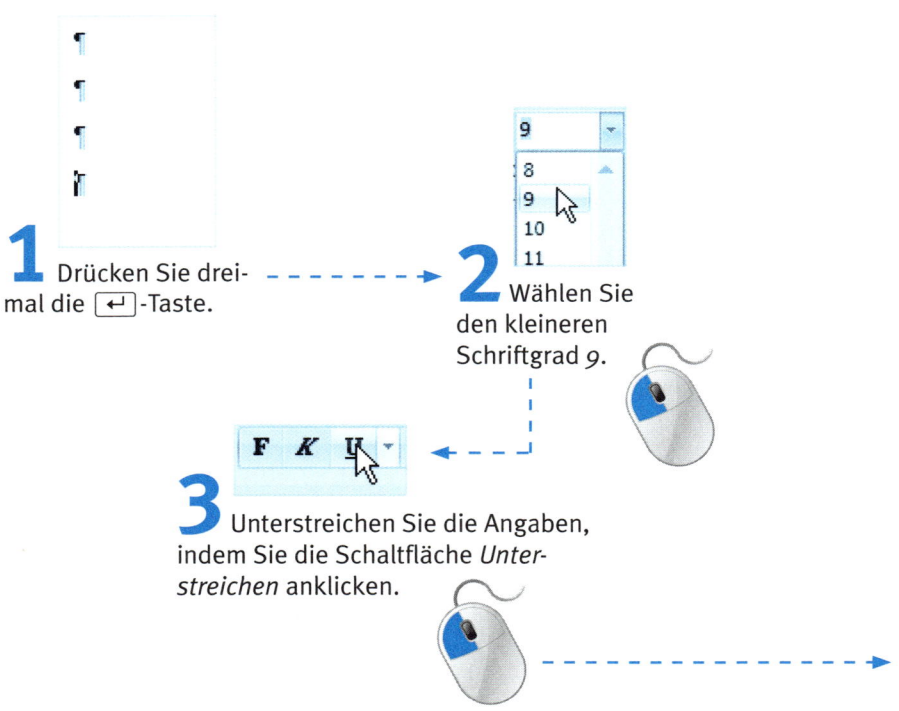

1 Drücken Sie dreimal die ⌨↵-Taste.

2 Wählen Sie den kleineren Schriftgrad *9*.

3 Unterstreichen Sie die Angaben, indem Sie die Schaltfläche *Unterstreichen* anklicken.

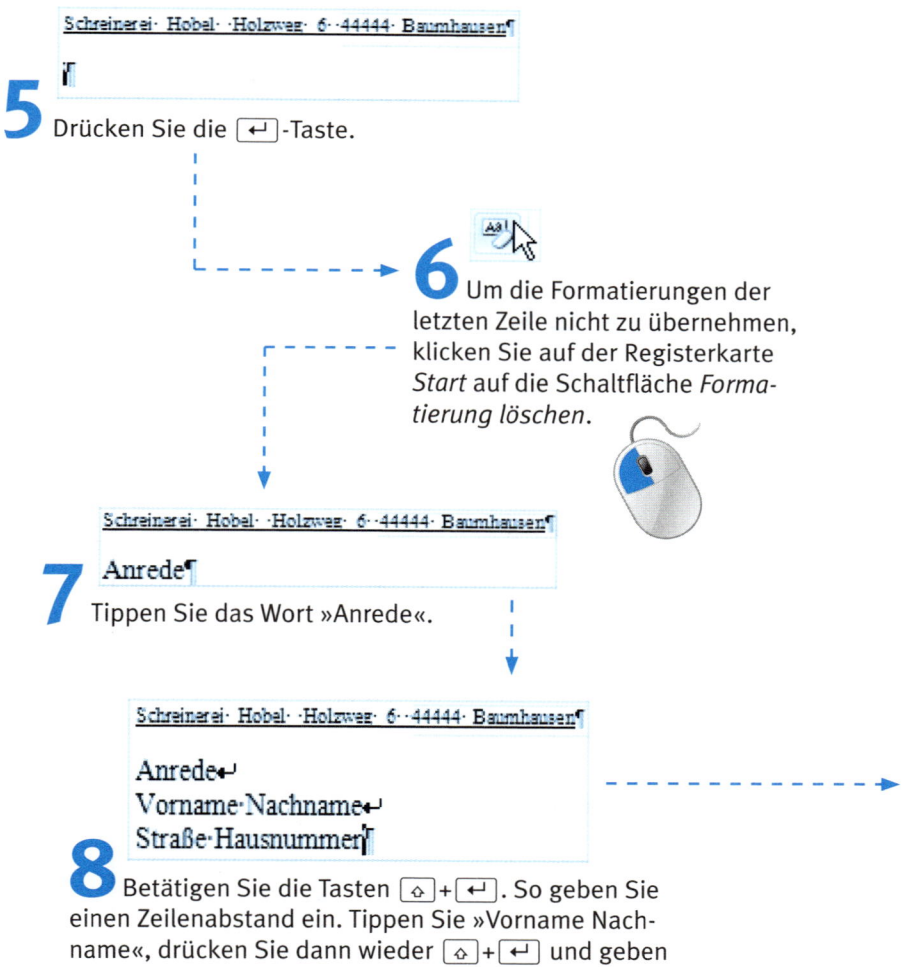

Schreinerei· Hobel· ·Holzweg· 6· ·44444· Baumhausen¶

4 Schreiben Sie den Absender. Lassen Sie zwischen den einzelnen Angaben (Name, Straße, Ort) zwei Leerschritte.

So sieht es einfach besser aus!

Schreinerei   Hobel   Holzweg   6   44444   Baumhausen

Schreinerei· Hobel· ·Holzweg· 6· ·44444· Baumhausen¶

¶

5 Drücken Sie die ⏎-Taste.

6 Um die Formatierungen der letzten Zeile nicht zu übernehmen, klicken Sie auf der Registerkarte *Start* auf die Schaltfläche *Formatierung löschen*.

Schreinerei· Hobel· ·Holzweg· 6· ·44444· Baumhausen¶

Anrede¶

7 Tippen Sie das Wort »Anrede«.

Schreinerei· Hobel· ·Holzweg· 6· ·44444· Baumhausen¶

Anrede↵
Vorname·Nachname↵
Straße·Hausnummer¶

8 Betätigen Sie die Tasten ⇧+⏎. So geben Sie einen Zeilenabstand ein. Tippen Sie »Vorname Nachname«, drücken Sie dann wieder ⇧+⏎ und geben Sie in die nächste Zeile »Straße Hausnummer« ein.

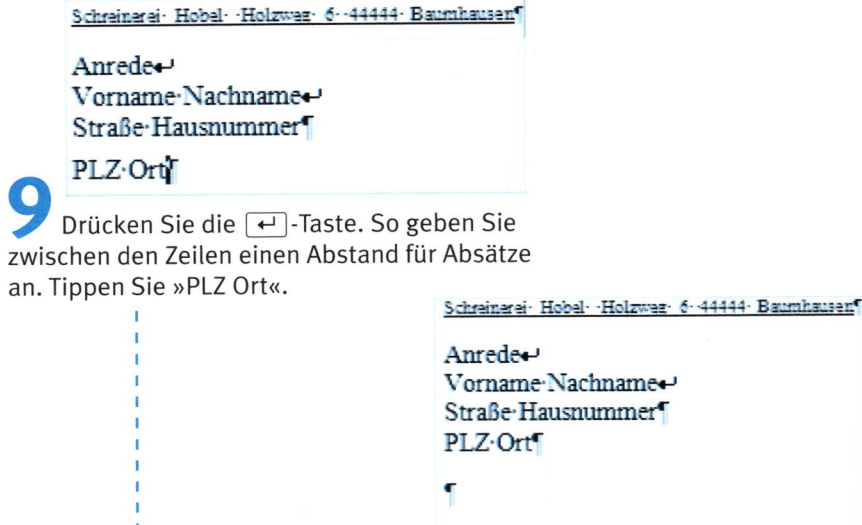

9 Drücken Sie die ⏎-Taste. So geben Sie zwischen den Zeilen einen Abstand für Absätze an. Tippen Sie »PLZ Ort«.

10 Betätigen Sie dreimal die ⏎-Taste.

Ein stets aktuelles Datum angeben

Wann wurde das Dokument geschrieben? Mit den folgenden Schritten fügen Sie in Ihren Brief zunächst den Ort, dann das *aktuelle Datum* ein.

Sie geben das Datum so ein, dass es sich beim jeweiligen Öffnen des Formulars automatisch aktualisiert. Entscheidend dafür ist die Angabe *Automatisch aktualisieren*.

Würden Sie die Option nicht aktivieren, stünde stets das gleiche Datum dort, gleichgültig, wann Sie den Brief öffnen.

1 Setzen Sie die Zeile rechtsbündig.

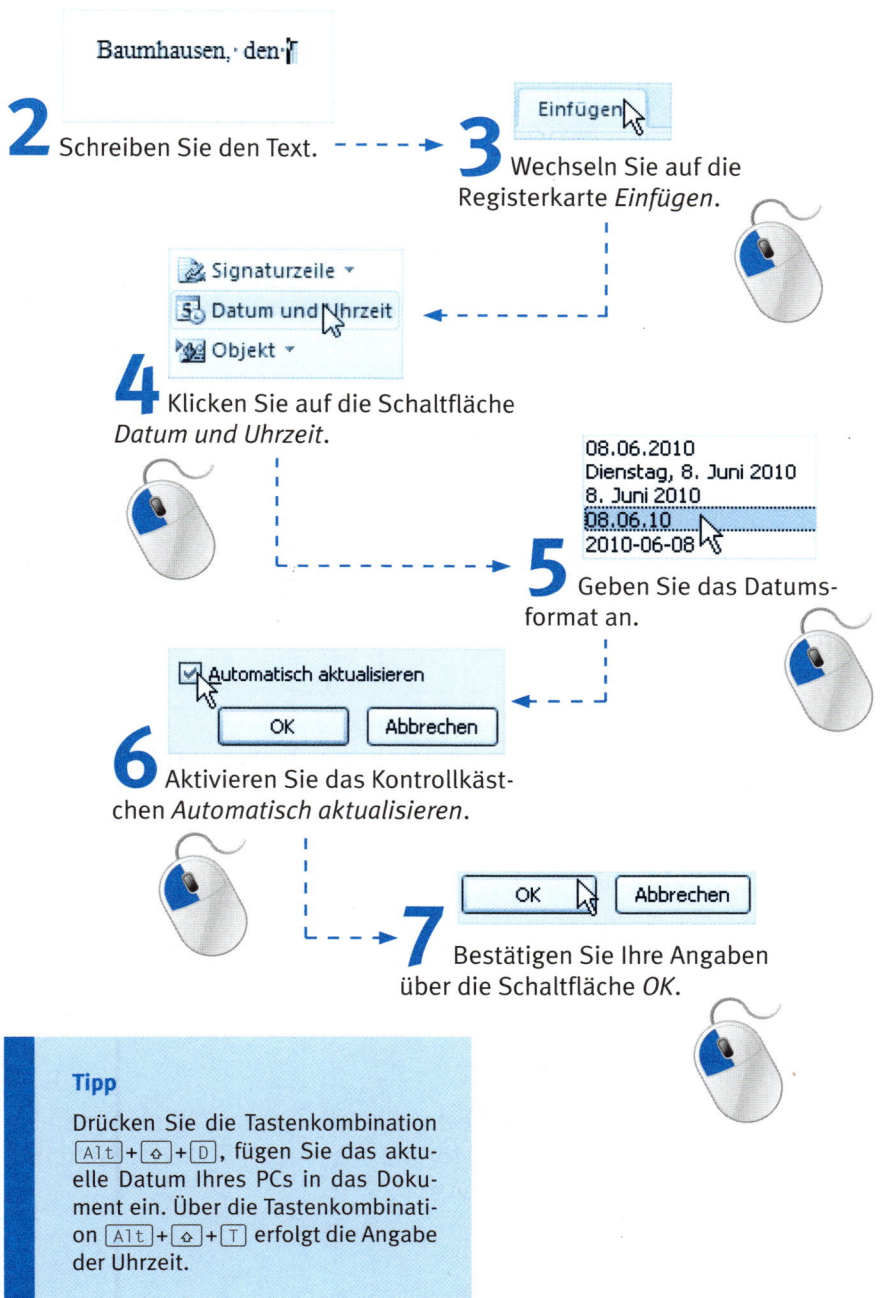

Baumhausen, · den·

2 Schreiben Sie den Text.

3 Wechseln Sie auf die Registerkarte *Einfügen*.

Einfügen

Signaturzeile ▾
Datum und Uhrzeit
Objekt ▾

4 Klicken Sie auf die Schaltfläche *Datum und Uhrzeit*.

08.06.2010
Dienstag, 8. Juni 2010
8. Juni 2010
08.06.10
2010-06-08

5 Geben Sie das Datumsformat an.

☑ Automatisch aktualisieren

OK   Abbrechen

6 Aktivieren Sie das Kontrollkästchen *Automatisch aktualisieren*.

OK   Abbrechen

7 Bestätigen Sie Ihre Angaben über die Schaltfläche *OK*.

Tipp

Drücken Sie die Tastenkombination
Alt + ⇧ + D, fügen Sie das aktuelle Datum Ihres PCs in das Dokument ein. Über die Tastenkombination Alt + ⇧ + T erfolgt die Angabe der Uhrzeit.

In diesem Dokument erscheint nun bei jedem Öffnen das korrekte, stets aktuelle Datum. Gleichgültig, ob morgen, nächste Woche oder nächstes Jahr; Word aktualisiert es immer. Vorausgesetzt, Ihr Computer tickt richtig!

Ihr Computer sollte stets auf dem neuesten Stand des Datums oder der Uhrzeit sein. Als Benutzer von Windows sind Sie immer darüber informiert, »was die Stunde schlägt«. Sie erkennen es unten rechts in der *Taskleiste*.

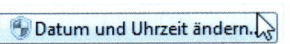

Ist Ihr Computer nicht gerade an eine Funkuhr angeschlossen, gibt es natürlich keine Garantie, ob die angezeigte Uhrzeit oder das Datum auch stimmen. Setzen Sie den Mauszeiger auf die *Uhranzeige* in der Taskleiste und klicken Sie doppelt. Hier stellen Sie über *Datum und Uhrzeit ändern* das korrekte Datum und die Uhrzeit ein. Nach der Eingabe bestätigen Sie über die Schaltfläche *OK*.

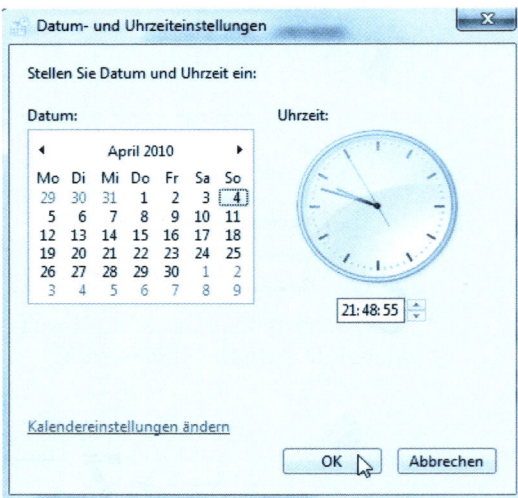

Der Betreff

Als Nächstes folgt die Angabe des Worts »Betreff«. Dieses Wort können Sie später im Brief überschreiben. Es dient nur als eine Art Platzhalter, damit Sie wissen, wo der Betreff erscheinen soll.

1 Schalten Sie zweimal über die ⏎-Taste.

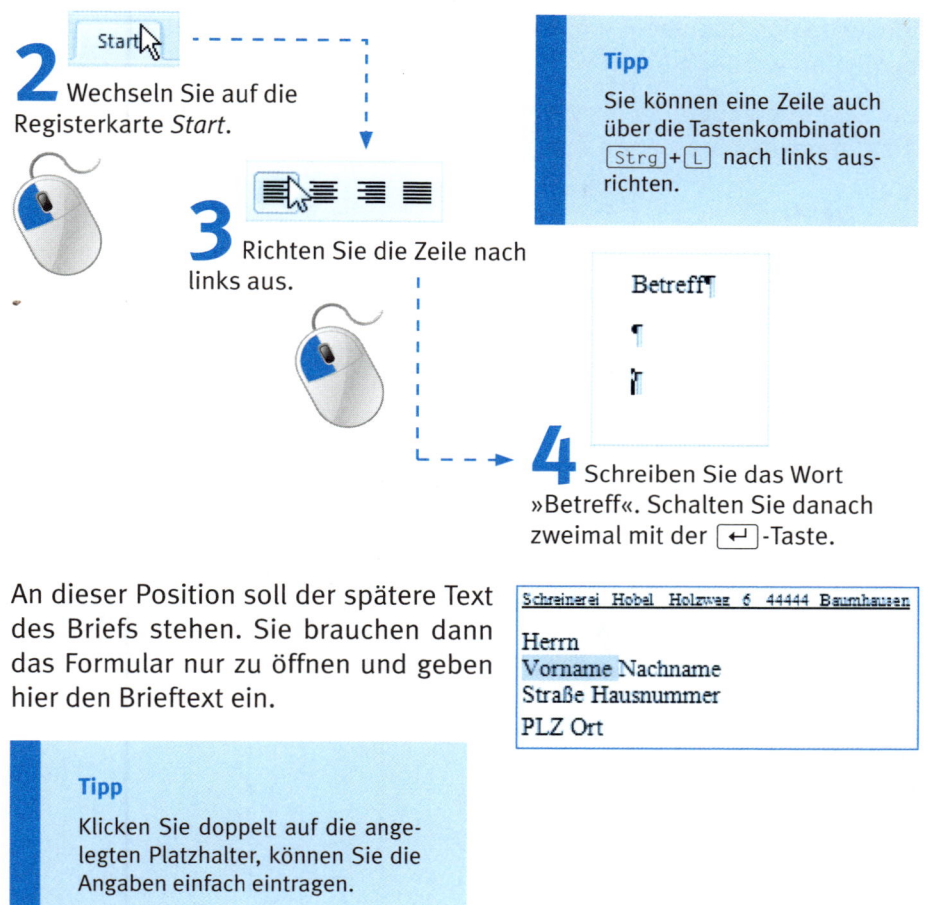

2 Wechseln Sie auf die Registerkarte *Start*.

3 Richten Sie die Zeile nach links aus.

Tipp

Sie können eine Zeile auch über die Tastenkombination Strg+L nach links ausrichten.

4 Schreiben Sie das Wort »Betreff«. Schalten Sie danach zweimal mit der ↵-Taste.

An dieser Position soll der spätere Text des Briefs stehen. Sie brauchen dann das Formular nur zu öffnen und geben hier den Brieftext ein.

Schreinerei Hobel Holzweg 6 44444 Baumhausen

Herrn
Vorname Nachname
Straße Hausnummer
PLZ Ort

Tipp

Klicken Sie doppelt auf die angelegten Platzhalter, können Sie die Angaben einfach eintragen.

Eine eigene Vorlage speichern

Den Briefvordruck möchten Sie immer wieder verwenden? Dann brauchen Sie die Kopf- und Fußzeile, das Empfangsfeld oder das Datum nicht jedes Mal neu zu erstellen.

Fachwort

Vorlagen sind Muster zur Erstellung von Dokumenten.

Sie legen das Dokument einfach auf *Wiedervorlage* und holen die Vorlage bei Bedarf wieder hervor.

Bei *Dateityp* geben Sie nicht *Word-Dokument*, sondern *Word-Vorlage* an. Als Dateinamen verwenden Sie »Formular«.

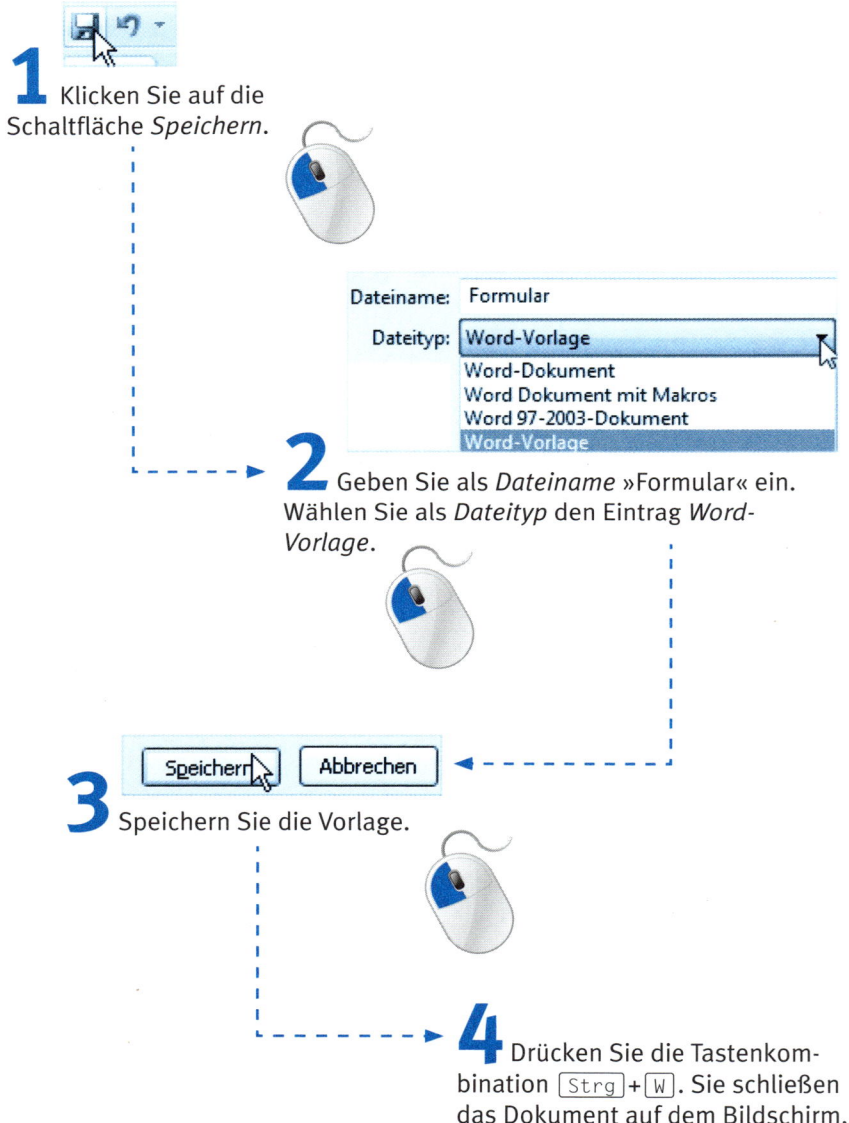

1 Klicken Sie auf die Schaltfläche *Speichern*.

2 Geben Sie als *Dateiname* »Formular« ein. Wählen Sie als *Dateityp* den Eintrag *Word-Vorlage*.

3 Speichern Sie die Vorlage.

4 Drücken Sie die Tastenkombination `Strg`+`W`. Sie schließen das Dokument auf dem Bildschirm.

Eine Vorlage starten

Um eine Vorlage zu starten, müssen Sie immer den Weg über die Register-karte *Datei* gehen.

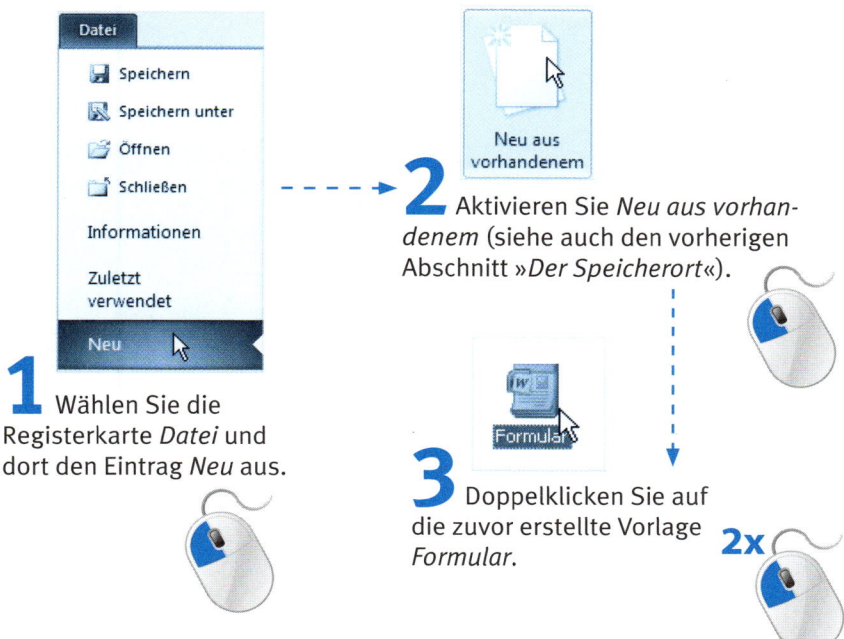

2 Aktivieren Sie *Neu aus vorhan-denem* (siehe auch den vorherigen Abschnitt »*Der Speicherort*«).

1 Wählen Sie die Registerkarte *Datei* und dort den Eintrag *Neu* aus.

3 Doppelklicken Sie auf die zuvor erstellte Vorlage *Formular*.

2x

Die Vorlage erscheint auf dem Bildschirm. Sie brauchen jetzt nur noch den entsprechenden Text einzugeben. Wenn Sie ein Schreiben aufbewahren wollen, speichern Sie es als ganz normales Dokument unter einem eigenen Dateinamen ab.

Achtung

Beachten Sie, dass sich das Datum in diesem Beispiel bei jedem Öffnen des fertigen Schreibens stets *aktualisiert*. Sie können also nicht erkennen, *wann* Sie den Brief geschrieben haben. Beim Erstellen des Briefs sollten Sie das hier erstellte Datum auf eine *feste Datumsangabe* zurücksetzen. Dazu klicken Sie in das Datum und drücken die Tastenkombination Strg + ⇧ + F9 . Das Datum aktualisiert sich nun nicht mehr automatisch.

Beachten Sie auch unbedingt *Kapitel 15*. Hier erstellen Sie noch eine ande-re Vorlage und vertiefen Ihre Kenntnisse.

Tipps zum Kapitel

Dokumentvorlagen sind Muster zur Erstellung von Dokumenten. Sie enthalten Vorschläge, die Sie übernehmen können. Die Namen sind so vergeben, dass man meistens ahnt, was sich dahinter verbirgt.

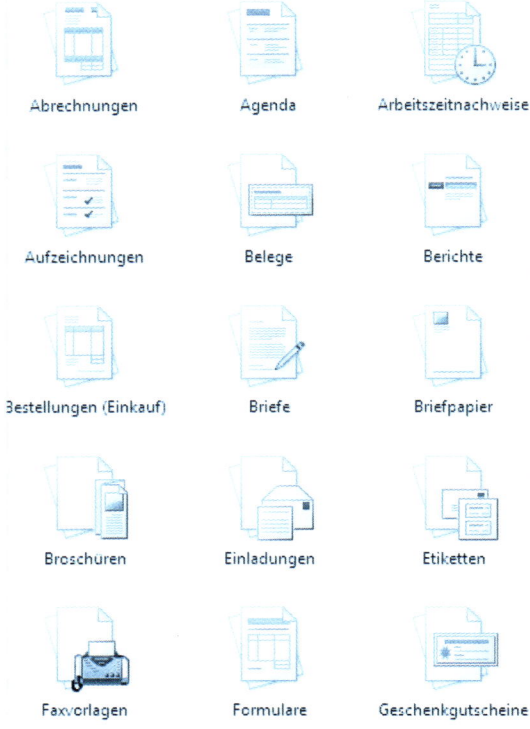

Die Vorschläge können Sie übernehmen, aber auch abändern, und Sie tragen Ihre persönlichen Angaben ein. Vorgegebene Vorlagen finden Sie, indem Sie wieder auf die Registerkarte *Datei* klicken und den Eintrag *Neu* auswählen.

Ihre Vorlagensammlung können Sie über das Internet erweitern. Sie wählen hier die entsprechende Vorlage aus und starten Ihre Internetverbindung.

Üben Sie mit Word 2010!

Üben Sie zum Schluss des Kapitels noch einmal mit Word. Können Sie eine Übung nicht ausführen, sollten Sie die entsprechende Stelle in diesem Kapitel noch einmal durchgehen.

1. Über welchen Befehl öffnen Sie eine Dokumentvorlage?

2. Verwenden Sie die in diesem Kapitel erstellte Vorlage »Formular« und erstellen Sie den Brief dazu. Speichern Sie ihn als Dokument unter »Reklamation« ab.

Schreinerei Hobel Holzweg 6 44444 Baumhausen

Herrn
Hans Krämer
Grafenstr. 87
46149 Dünnhausen

Baumhausen, den 26.02.10

Reklamation

Sehr geehrter Herr Krämer,

hiermit bestätigen wir den Termin am 15.02.10 in Ihrem Hause. Wir werden dann die von Ihnen aufgeführten Reklamationen überprüfen.

Mit freundlichen Grüßen

Franz Hobel

---

3. Wie verhindern Sie, dass sich das Datum automatisch aktualisiert?

Das können Sie schon

Das lernen Sie neu

Kapitel 14

Adressenlisten übersichtlich erstellen

Zettelwirtschaft ade! Notieren Sie sich die Adressen, Telefonnummern und den Geburtstag Ihrer Lieben, Bekannten und Verwandten mal auf diesen, mal auf den anderen Zettel? Vergessen Sie's! Sie legen mit Word 2010 eine übersichtliche Adressenliste an und sortieren diese von A bis Z, damit Sie keine wichtigen Daten, Anlässe und Termine mehr »verschwitzen«.

Eine Tabelle einfügen

Eine Tabelle besteht aus *Zeilen* und *Spalten*. Um eine Tabelle einzufügen, wählen Sie die Registerkarte *Einfügen* und dann die Schaltfläche *Tabelle*.

Fachwort

Die einzelnen Felder in einer Tabelle werden *Zellen* genannt.

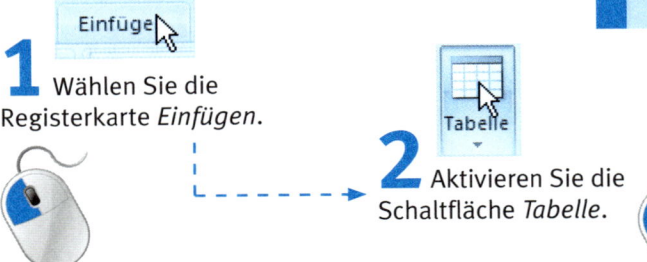

1 Wählen Sie die Registerkarte *Einfügen*.

2 Aktivieren Sie die Schaltfläche *Tabelle*.

Hier können Sie schnell eine Tabelle anlegen.

Tabelle einfügen

2x2 Tabelle

3 Sie brauchen keine Maustaste zu drücken! Sie bewegen den Mauszeiger so lange, bis die gewünschte Zeilen- und Spaltenanzahl angezeigt wird.

Tabelle einfügen...
Tabelle zeichnen
Text in Tabelle umwandeln...
Excel-Kalkulationstabelle
Schnelltabellen ▶

4x2 Tabelle

4 Legen Sie vier Spalten und zwei Zeilen (= 4 x 2) fest.

5 Bestätigen Sie die Tabelle durch einen Mausklick.

Tipp

Haben Sie sich bei der Spalten- und/oder Zeilenanzahl einer Tabelle vertan, können Sie den letzten Befehl mit der Schaltfläche *Rückgängig* wieder aufheben.

Im Dokument erscheinen die Linien der Tabelle. In diesem Beispiel genügen vorerst zwei Zeilen. Die Spalten legen Sie zunächst für den Namen, den Vornamen, die Anschrift und die Telefonnummer (= vier Spalten) an.

Hinweis

Befindet sich die Einfügemarke innerhalb der Tabelle, stehen Ihnen unter *Tabellentools* die Registerkarten *Entwurf* und *Layout* zur Verfügung.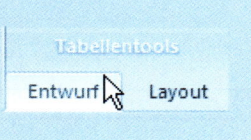

Der Tabellenkopf

In der ersten Zeile legen Sie die Tabellenüberschrift bzw. den *Tabellenkopf* fest.

Hinweis

Beim Anlegen der Tabelle gibt Word automatisch an, dass die erste Zeile die *Überschrift* der Tabelle ist. Das ist z. B. beim Sortieren der Tabelle wichtig.

☑ Überschrift   ☑ Erste Spalte
☐ Ergebniszeile   ☐ Letzte Spalte
☑ Verbundene Zeilen   ☐ Verbundene Spalten

Die *Funktion des Sortierens* lernen Sie im Laufe des Kapitels kennen.

Sie klicken in eine bestimmte Zelle und tippen den Text ein. In diesem Beispiel blinkt die Schreibmarke noch in der ersten linken Zelle. Hier geben Sie »Name« ein. Um zur nächsten Zelle zu gelangen, drücken Sie die ⇥-Taste.

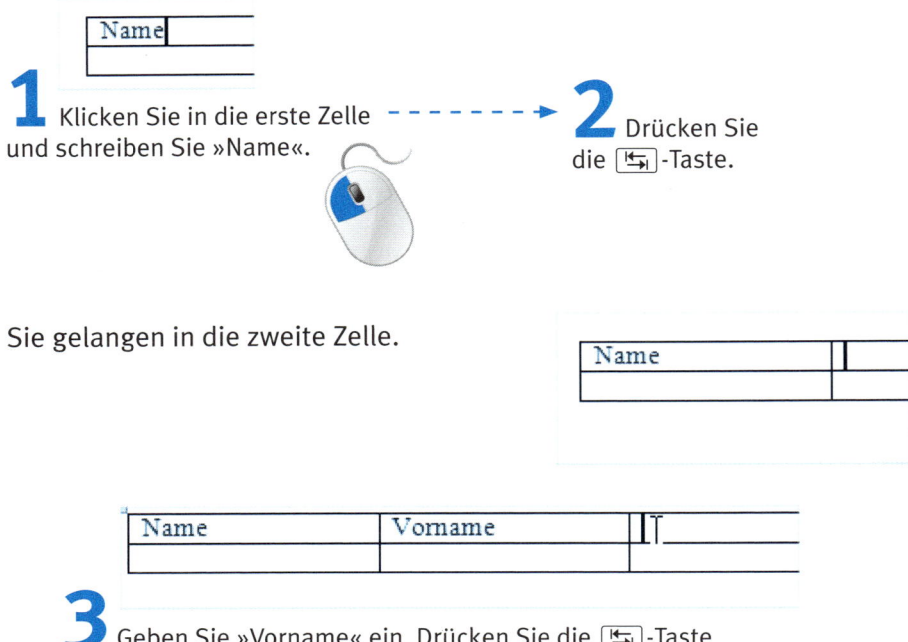

1 Klicken Sie in die erste Zelle und schreiben Sie »Name«.

2 Drücken Sie die ⬚-Taste.

Sie gelangen in die zweite Zelle.

3 Geben Sie »Vorname« ein. Drücken Sie die ⬚-Taste.

Sie gelangen auch von einer Zelle in eine andere, indem Sie diese mit der Maus anklicken. Ferner bewegen Sie sich in Tabellen mit den Tasten ↑, ↓, ← und →.

Symbole einfügen

Um die Adressenliste ein wenig abwechslungsreicher zu gestalten, fügen Sie *Symbole* einer bestimmten Schriftart ein. Die ansprechendste ist sicherlich *Wingdings*.

Fachwort

Wingdings ist eine Schriftart, die Pfeile und Symbole enthält.

1 Aktivieren Sie die Registerkarte *Einfügen*.

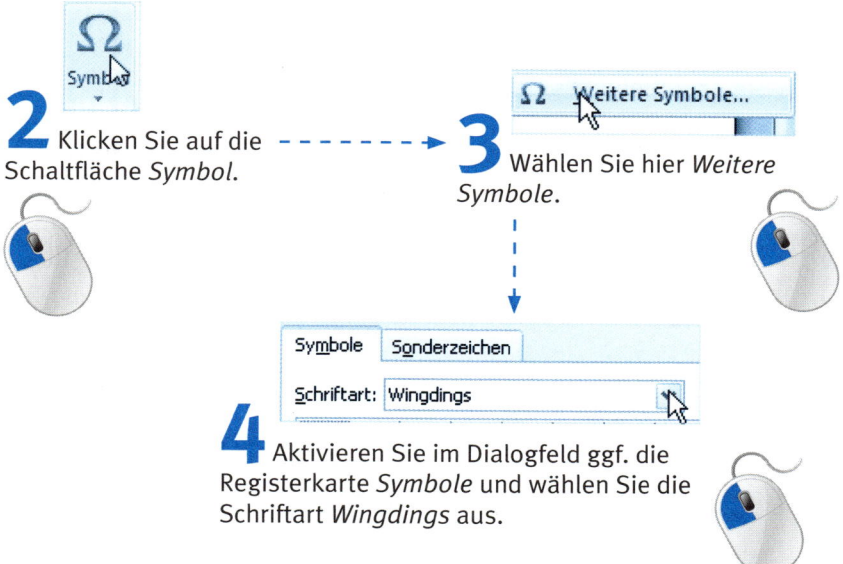

2 Klicken Sie auf die
Schaltfläche *Symbol*.

3 Wählen Sie hier *Weitere
Symbole*.

4 Aktivieren Sie im Dialogfeld ggf. die
Registerkarte *Symbole* und wählen Sie die
Schriftart *Wingdings* aus.

Das Dialogfeld *Symbol* verdeckt ggf. die Tabelle. So können Sie schlecht
Symbole einfügen. Daher platzieren Sie das Dialogfeld unter die Tabelle.

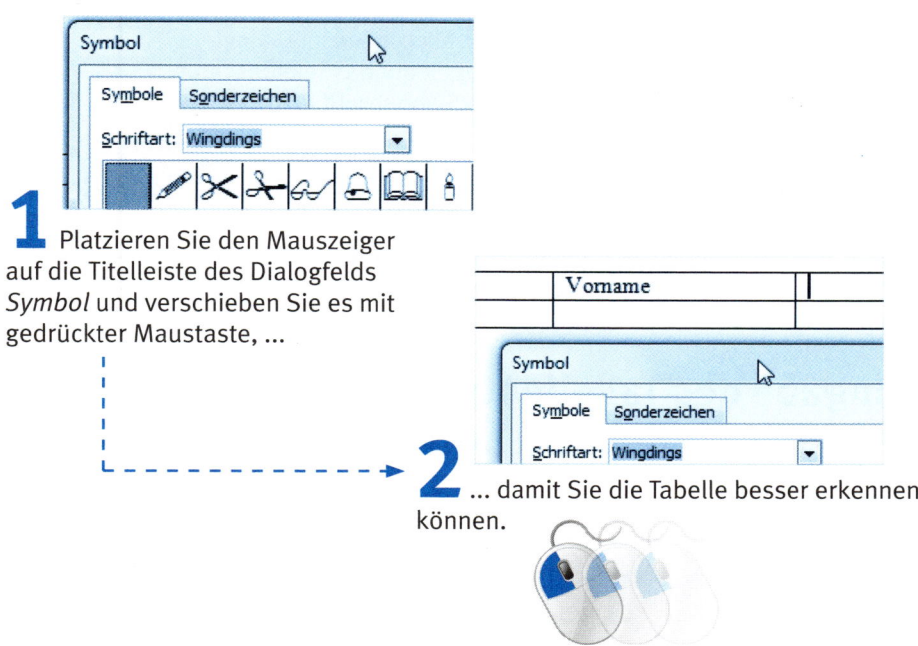

1 Platzieren Sie den Mauszeiger
auf die Titelleiste des Dialogfelds
Symbol und verschieben Sie es mit
gedrückter Maustaste, ...

2 ... damit Sie die Tabelle besser erkennen
können.

Mit ⬆️, ⬇️, ⬅️ und ➡️ über die Tastatur bewegen Sie sich im Dialogfeld durch die verschiedenen Symbole. Möchten Sie ein Symbol verwenden, fügen Sie es mit einem Doppelklick der linken Maustaste ein.

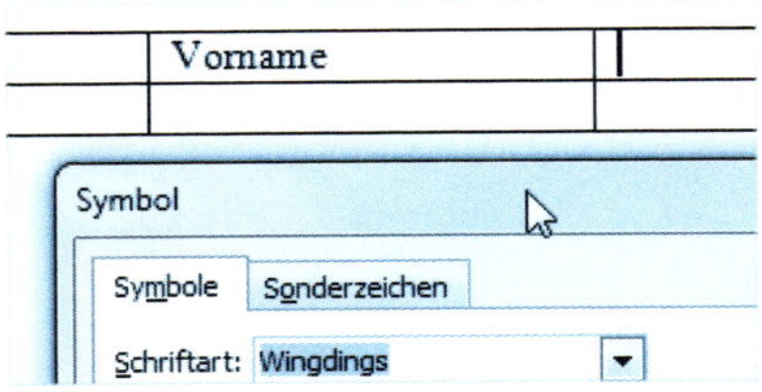

1 Wählen Sie das Kuvertsymbol mit einem Doppelklick der linken Maustaste aus. Das Symbol wird in die Tabelle eingefügt. **2x**

2 Klicken Sie innerhalb der Tabelle rechts in die nächste Zelle.

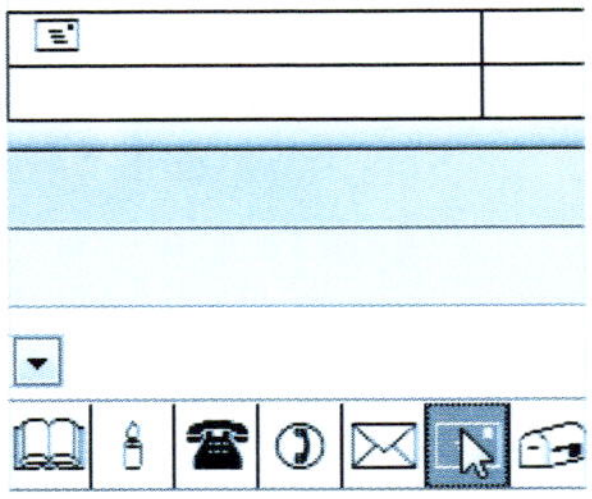

3 Klicken Sie im Dialogfeld doppelt auf das Telefonsymbol. Das Symbol wird in die Tabelle eingefügt. **2x**

4 Schließen Sie das Dialogfeld durch Anklicken des Schließen-Felds (*X*) in der Titelleiste.

Eingabe des Tabellentextes

Nachdem Sie den Tabellenkopf angelegt haben, geben Sie den Tabellentext ein.

1 Klicken Sie in die erste Zelle der zweiten Zeile.

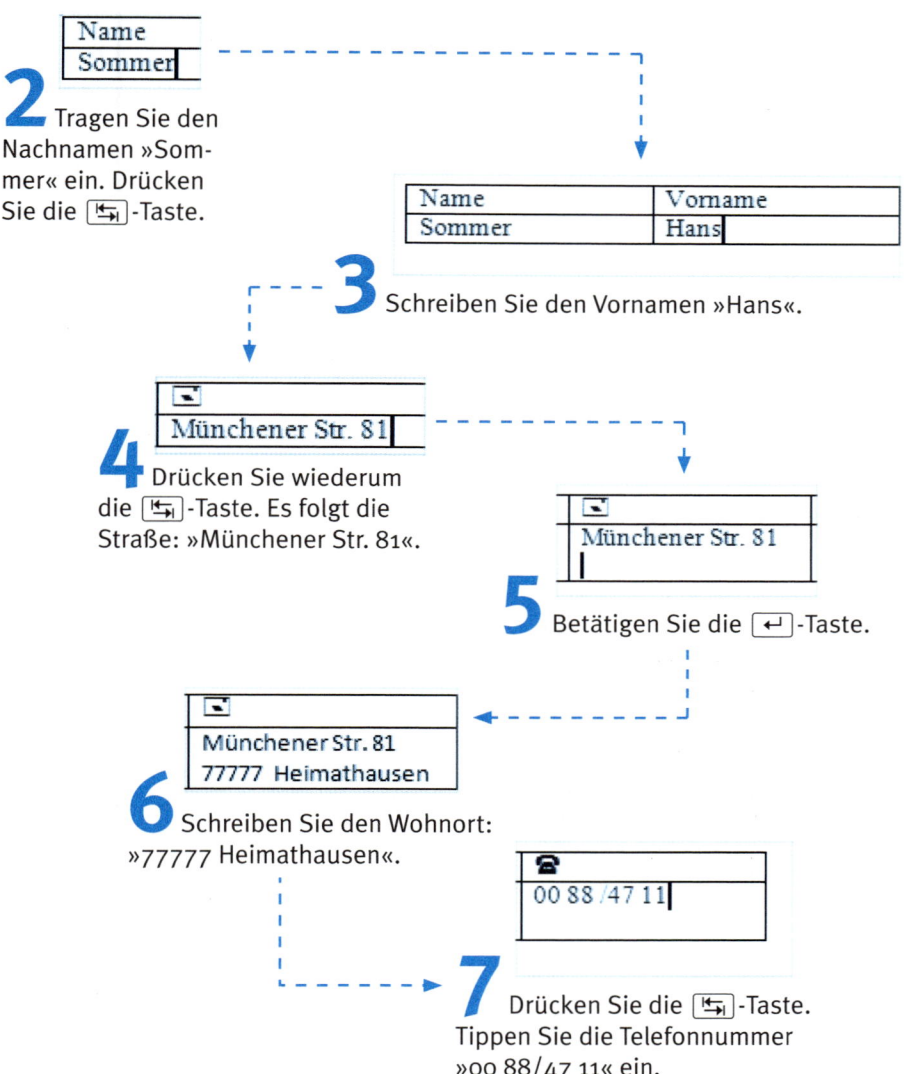

2 Tragen Sie den Nachnamen »Sommer« ein. Drücken Sie die ⇆-Taste.

3 Schreiben Sie den Vornamen »Hans«.

4 Drücken Sie wiederum die ⇆-Taste. Es folgt die Straße: »Münchener Str. 81«.

5 Betätigen Sie die ↵-Taste.

6 Schreiben Sie den Wohnort: »77777 Heimathausen«.

7 Drücken Sie die ⇆-Taste. Tippen Sie die Telefonnummer »00 88/47 11« ein.

Möchten Sie weitere Adressen anlegen, benötigen Sie neue Zeilen. Befinden Sie sich in der letzten Zelle, drücken Sie nochmals die ⇆-Taste. Word fügt automatisch eine *neue Tabellenzeile* ein.

1 Drücken Sie die ⇆-Taste.

Name	Vorname		☎
Sommer	Hans	Münchener Str. 81 77777 Heimathausen	00 88 /47 11
Meier	Sabine	Albrecht-Dürer-Straße 13 88899 Dorfhausen	0 78/3 78 88
Schwarz	Florian	Grabenstr. 88 79888 Grußhausen	08 88/45 66 88
Maier	Günther	Florastr. 7 89999 Blumenstadt	07 99/55 88 98
Meier	Gabi	Hagedornstr. 44 48777 Unterhausen	02 08/9 01 11
Adam	Petra	Im Handbachtal 34 46111 Grafstadt	02 05/7 02 11

2 Word fügt eine neue Zeile ein. Tragen Sie die Daten auf die gleiche Art und Weise ein. Vervollständigen Sie die Tabelle.

Spalten anpassen

Passt ein Ausdruck ggf. nicht in eine Spalte, können Sie diese nach dem Inhalt anpassen.

	☎
.81	00 88 /47
iausen	
r-	0 78/3 78
isen	
	08 88/45
isen	
	07 99/55

> **Tipp**
>
> Sie können die Spalten auch selbst anpassen. Sie *ziehen* die Spaltenlinie mit gedrückter linker Maustaste. Wenn Sie beim *Verschieben zusätzlich die rechte Maustaste* drücken, erkennen Sie im *Lineal* genau die Spaltenbreite.

1 Passen die Einträge ggf. wieder nicht in eine Spalte, bewegen Sie den Mauszeiger auf die Spaltentrennlinie.

	☎
Münchener Str. 81 77777 Heimathausen	00 88 /47 11
Albrecht-Dürer-Straße 13 88899 Dorfhausen	0 78/3 78 88
Grabenstr. 88 79888 Grußhausen	08 88/45 66 88
Florastr. 7 89999 Blumenstadt	07 99/55 88 98
Hagedornstr. 44 48777 Unterhausen	02 08/9 01 11
Im Handbachtal 34 46111 Grafstadt	02 05/7 02 11

2 Doppelklicken Sie. Die Spalte wird passend zum längsten Eintrag verbreitert.

2x

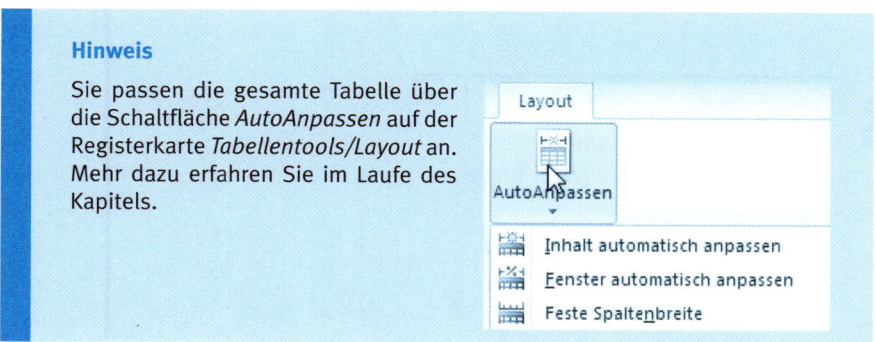

Zellen markieren

Sie setzen »Name« und »Vorname« im Tabellenkopf in Fettschrift. Dazu *markieren* Sie die beiden Zellen. Klicken Sie die erste an und ziehen Sie mit gedrückter Maustaste zur nächsten.

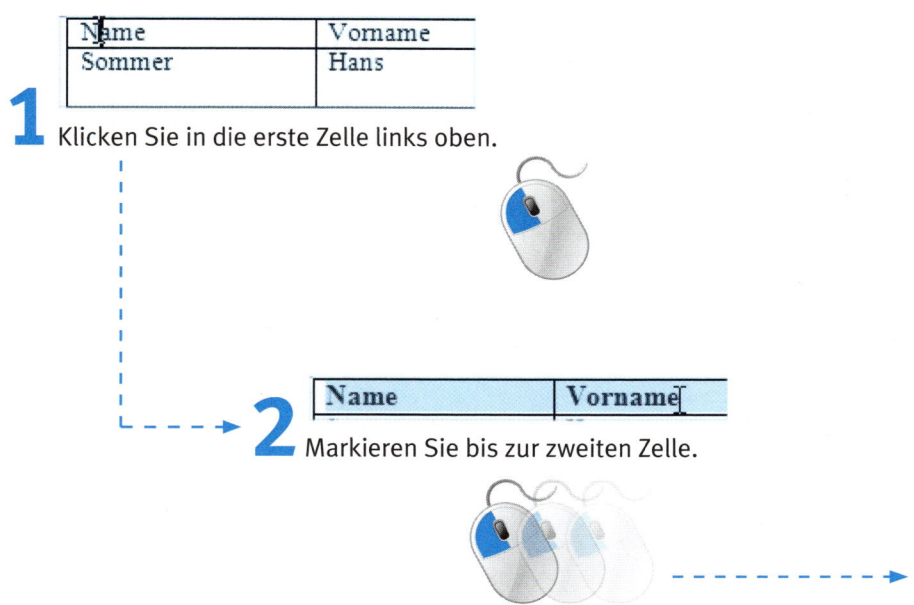

1 Klicken Sie in die erste Zelle links oben.

2 Markieren Sie bis zur zweiten Zelle.

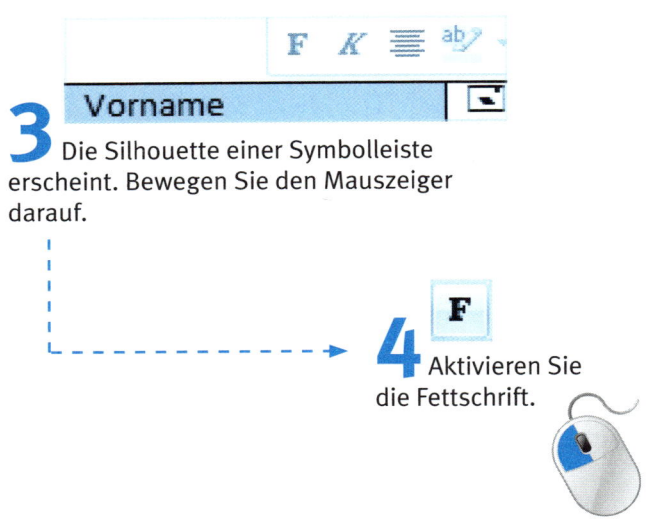

3 Die Silhouette einer Symbolleiste erscheint. Bewegen Sie den Mauszeiger darauf.

4 Aktivieren Sie die Fettschrift.

Spalten markieren

In der Tabelle zentrieren Sie die Inhalte der vierten Spalte.

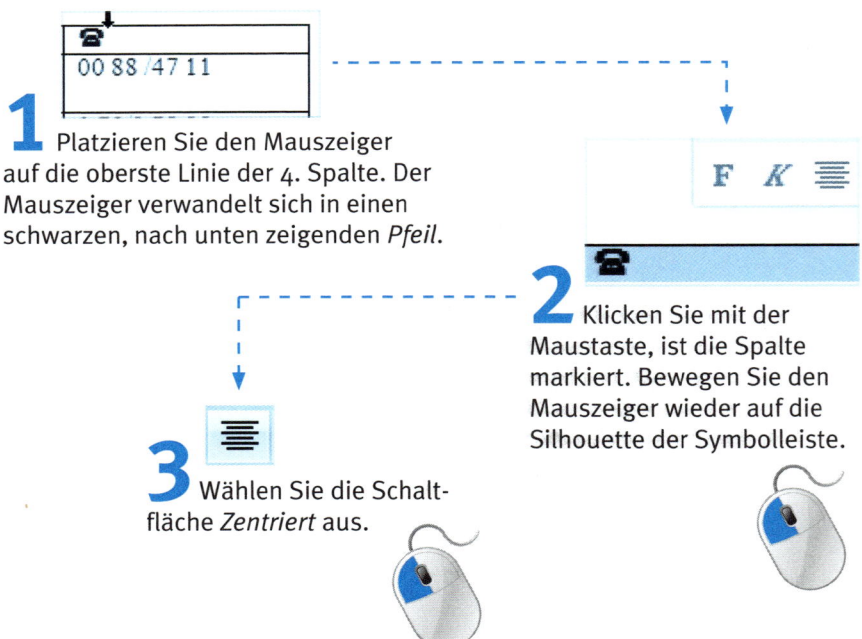

1 Platzieren Sie den Mauszeiger auf die oberste Linie der 4. Spalte. Der Mauszeiger verwandelt sich in einen schwarzen, nach unten zeigenden *Pfeil*.

2 Klicken Sie mit der Maustaste, ist die Spalte markiert. Bewegen Sie den Mauszeiger wieder auf die Silhouette der Symbolleiste.

3 Wählen Sie die Schaltfläche *Zentriert* aus.

Zeilen markieren

Den Tabellenkopf vergrößern Sie ein wenig, indem Sie eine andere Schriftgröße wählen. Dazu muss eine Zeile markiert werden.

Wenn Sie den Mauszeiger *vor eine Zeile* setzen, ändert sich seine *Zeigerichtung*.

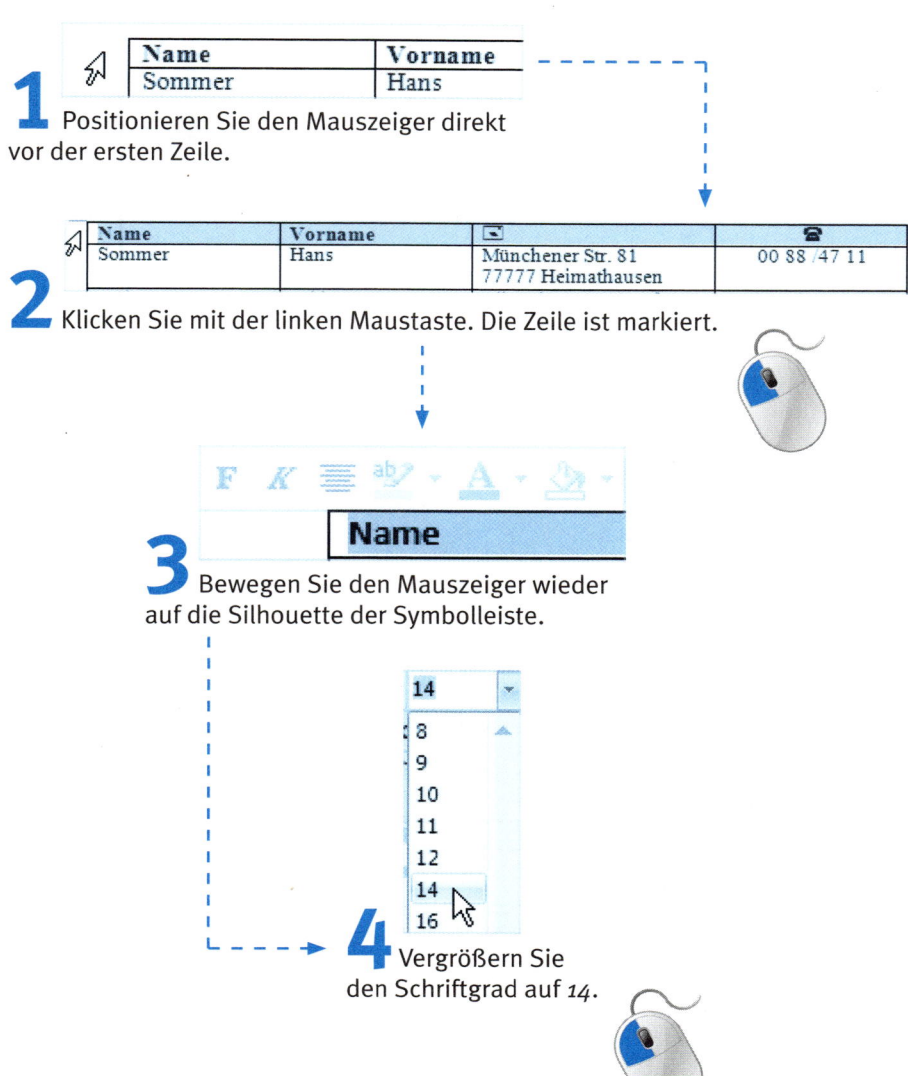

1 Positionieren Sie den Mauszeiger direkt vor der ersten Zeile.

2 Klicken Sie mit der linken Maustaste. Die Zeile ist markiert.

3 Bewegen Sie den Mauszeiger wieder auf die Silhouette der Symbolleiste.

4 Vergrößern Sie den Schriftgrad auf *14*.

Neue Zeilen einfügen

In diesem Beispiel finden Sie den Herrn »Maier, Günther«. Er hat geheiratet. Natürlich möchten Sie auch seine Frau in die Adressenliste einfügen.

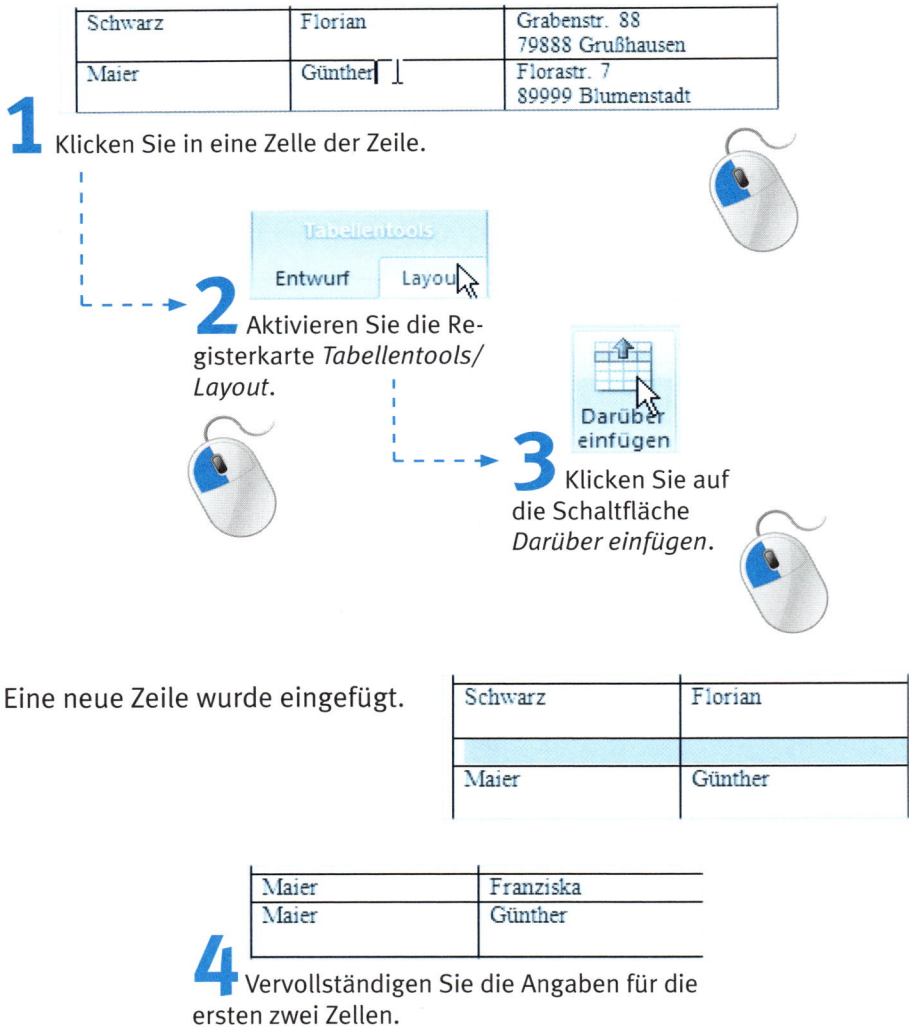

1 Klicken Sie in eine Zelle der Zeile.

2 Aktivieren Sie die Registerkarte *Tabellentools/ Layout*.

3 Klicken Sie auf die Schaltfläche *Darüber einfügen*.

Eine neue Zeile wurde eingefügt.

Schwarz	Florian
Maier	Günther

Maier	Franziska
Maier	Günther

4 Vervollständigen Sie die Angaben für die ersten zwei Zellen.

Da in diesem Fall Adresse und Telefonnummer identisch sind, brauchen Sie die vorhandenen Zellen nur zu *kopieren*.

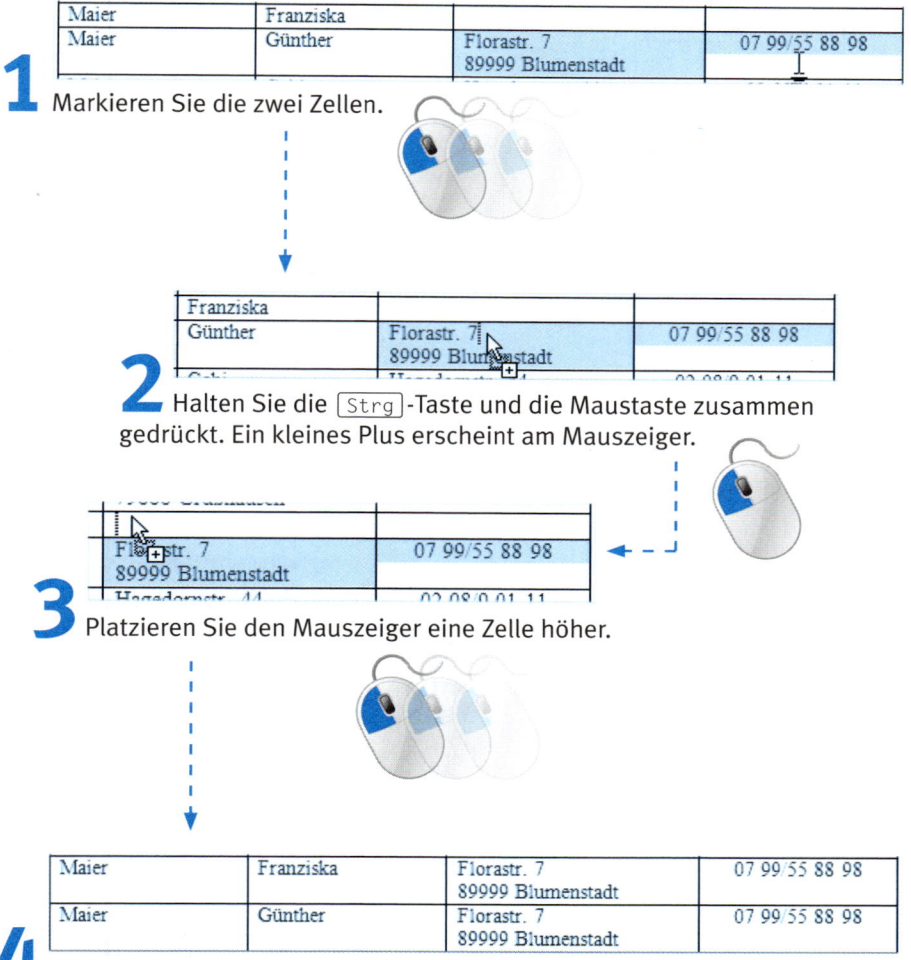

1 Markieren Sie die zwei Zellen.

2 Halten Sie die `Strg`-Taste und die Maustaste zusammen gedrückt. Ein kleines Plus erscheint am Mauszeiger.

3 Platzieren Sie den Mauszeiger eine Zelle höher.

4 Lassen Sie zuerst die Maustaste und dann die `Strg`-Taste los.

Neue Spalten einfügen

Sie möchten der Tabelle eine weitere Spalte namens »Geburtstag« hinzufügen, damit Sie auch immer zur rechten Zeit gratulieren können. Dazu fügen Sie eine neue Spalte rechts ein.

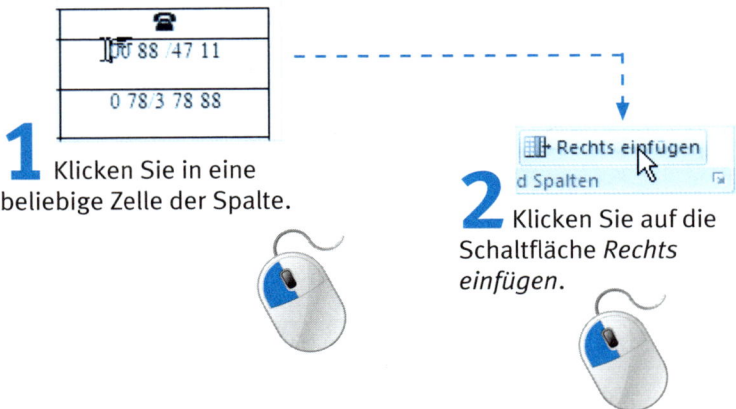

1 Klicken Sie in eine beliebige Zelle der Spalte.

2 Klicken Sie auf die Schaltfläche *Rechts einfügen*.

Da die Tabelle nun ein wenig groß erscheint, sollten Sie alle Spalten anpassen, sodass Sie mehr Platz für die neue Spalte haben.

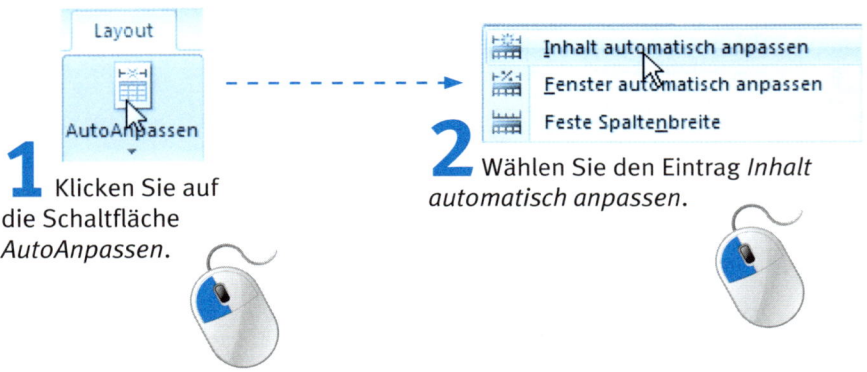

1 Klicken Sie auf die Schaltfläche *AutoAnpassen*.

2 Wählen Sie den Eintrag *Inhalt automatisch anpassen*.

Die Tabelle wird automatisch angepasst.

Name	Vorname	✉	☎
Sommer	Hans	Münchener Str. 81 77777 Heimathausen	00 88 /47 11
Meier	Sabine	Albrecht-Dürer-Straße 13 88899 Dorfhausen	0 78/3 78 88
Schwarz	Florian	Grabenstr. 88 79888 Grußhausen	08 88/45 66 88
Maier	Franziska	Florastr. 7 89999 Blumenstadt	07 99/55 88 98
Maier	Günther	Florastr. 7 89999 Blumenstadt	07 99/55 88 98
Meier	Gabi	Hagedornstr. 44 48777 Unterhausen	02 08/9 01 11
Adam	Petra	Im Handbachtal 34 46111 Grafstadt	02 05/7 02 11

☎	Geburtstag
00 88 /47 11	

3 Klicken Sie nun in die erste Zelle der neuen Spalte und geben Sie »Geburtstag« ein.

Name	Vorname	▭		☎	Geburtstag
Sommer	Hans	Münchener Str. 81 77777 Heimathausen		00 88 /47 11	25.01.74
Meier	Sabine	Albrecht-Dürer-Straße 13 88899 Dorfhausen		0 78/3 78 88	26.07.62

4 Vervollständigen Sie die Spalte, indem Sie Beispieldaten eingeben.

In Tabellen sortieren

Die Adressenliste ist fast fertig. Die einzelnen Namen sind jedoch ziemlich »durcheinander«. Sie sortieren diese von *A bis Z*.

Es soll wie bei einem Telefonbuch sortiert werden, d. h., zuerst erscheint der *Nachname*, dann der *Vorname*.

Achtung

Zum *Sortieren* muss sich die Schreibmarke *innerhalb der Tabelle* befinden.

1 Wählen Sie rechts die Schaltfläche *Sortieren*.

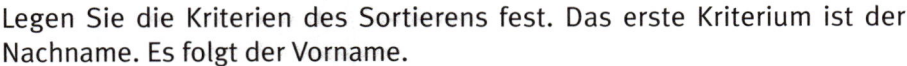

Legen Sie die Kriterien des Sortierens fest. Das erste Kriterium ist der Nachname. Es folgt der Vorname.

279

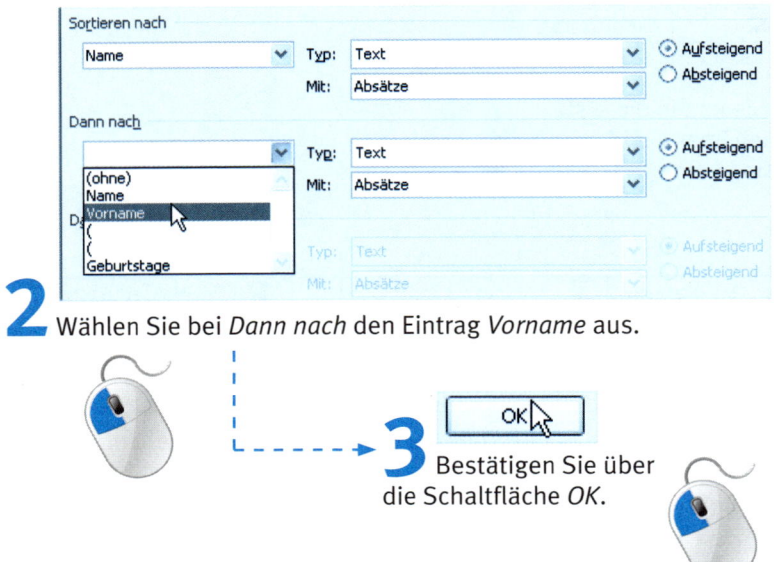

2 Wählen Sie bei *Dann nach* den Eintrag *Vorname* aus.

3 Bestätigen Sie über die Schaltfläche *OK*.

Tabellenformatvorlagen

Word stellt Ihnen Tabellenformatvorlagen zur Verfügung. Mit ihnen verse-hen Sie Ihre Tabellen mit einem bestimmten Aussehen bzw. Layout. Die Tabellenformatvorlagen finden Sie auf der Registerkarte *Tabellentools/ Entwurf*.

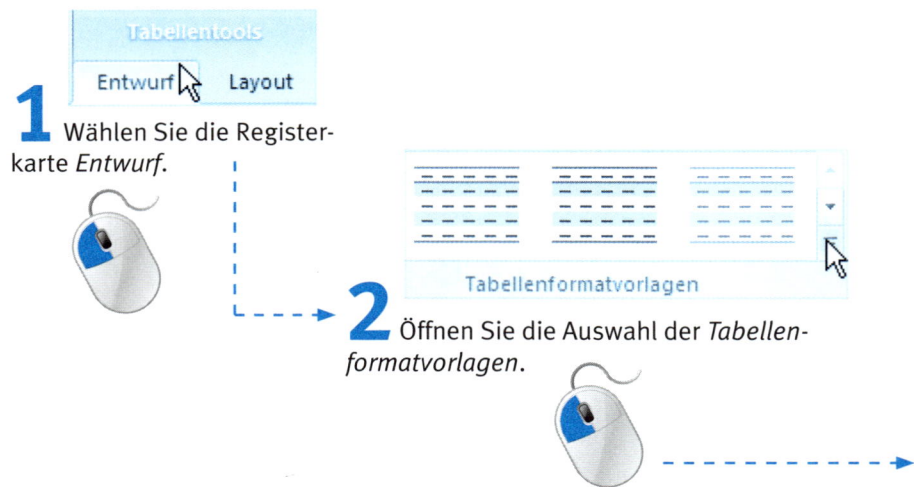

1 Wählen Sie die Register-karte *Entwurf*.

2 Öffnen Sie die Auswahl der *Tabellen-formatvorlagen*.

3 Sehen Sie sich die unterschiedlichen Tabellen-
formatvorlagen in der Vorschau an. Die aktivierte
Tabelle im Hintergrund ändert ihr Aussehen. Wählen
Sie eine *Tabellenformatvorlage* aus.

Schnelltabellen

Word stellt Ihnen vorgefertigte Tabellen
per Mausklick zur Verfügung. Gehen Sie
dazu auf der Registerkarte *Einfügen* auf die
Schaltfläche *Tabelle* und wählen Sie den
Eintrag *Schnelltabellen*.

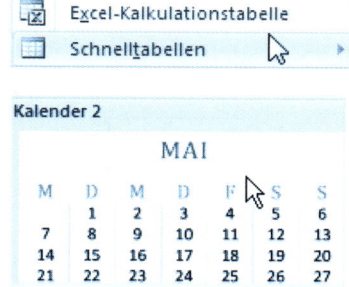

Tipp

Über den Eintrag *Excel-Kalkulationstabelle einfügen* fügen Sie
eine Kalkulation aus der Software
Excel ein.

Tabellen mit Tabulatoren

Eine Tabelle kann auch aus
Tabulatoren bestehen. In
wenigen Schritten lernen
Sie hier mit Tabulatoren
umzugehen.

Fachwort

Mithilfe der ⇆-Taste und Tabulatoren
springt die Einfügemarke um eine bestimmte Anzahl von Leerstellen weiter. Sie
können dadurch Texte, die untereinander
stehen sollen, geordnet darstellen.

Wenn Sie die ⟨⇆⟩-Taste drücken, springt die Schreibmarke im Dokument. Das ist nicht nur schneller, Sie sparen sich auch das zigfache Drücken der Leertaste. Im Zusammenhang mit Tabulatoren werden mehrere Begriffe wie »Tab, Tabstopp oder Tabulatorstopp« verwendet, die aber alle das Gleiche bezeichnen.

Der einfachste und schnellste Weg, Tabulatoren zu setzen, ist der über das *Lineal*.

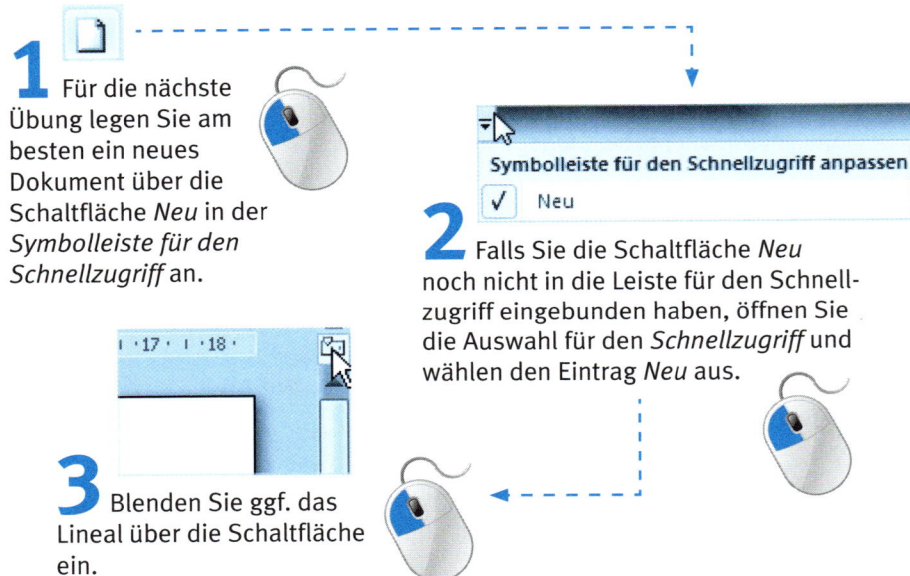

1 Für die nächste Übung legen Sie am besten ein neues Dokument über die Schaltfläche *Neu* in der *Symbolleiste für den Schnellzugriff* an.

2 Falls Sie die Schaltfläche *Neu* noch nicht in die Leiste für den Schnellzugriff eingebunden haben, öffnen Sie die Auswahl für den *Schnellzugriff* und wählen den Eintrag *Neu* aus.

3 Blenden Sie ggf. das Lineal über die Schaltfläche ein.

Von nun an ist das Lineal auf Ihrem Bildschirm eingeblendet. Über die gleiche Schaltfläche blenden Sie das Lineal auch wieder aus.

Tabulatoren setzen

Links vor dem Lineal erkennen Sie ein »L«. Das bedeutet, Sie setzen mit einem Mausklick ins Lineal momentan *linksbündige* Tabulatoren. Der Text richtet sich wie gewohnt von links nach rechts aus.

Sie bewegen den Mauszeiger in das Lineal und klicken mit der Maustaste. Der Tabstopp erscheint.

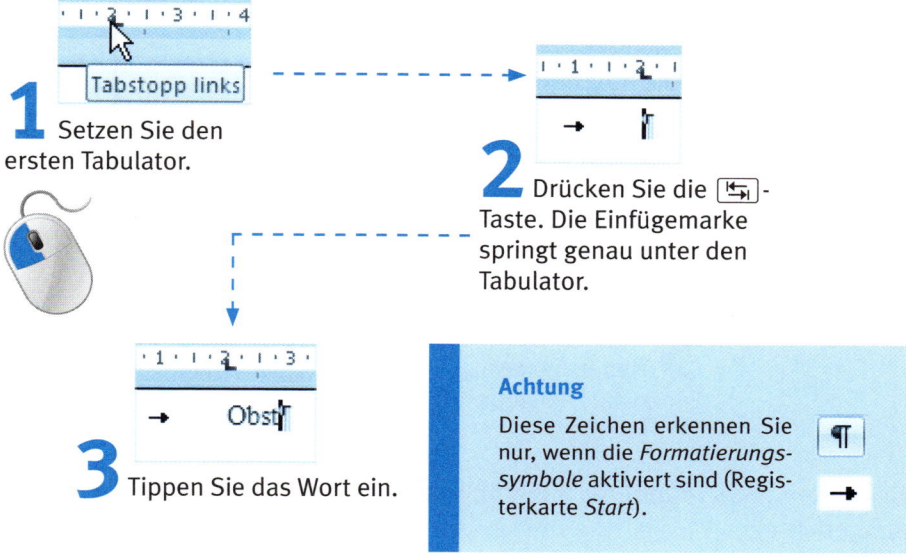

1 Setzen Sie den ersten Tabulator.

2 Drücken Sie die ⇥-Taste. Die Einfügemarke springt genau unter den Tabulator.

3 Tippen Sie das Wort ein.

Achtung

Diese Zeichen erkennen Sie nur, wenn die *Formatierungssymbole* aktiviert sind (Registerkarte *Start*).

Klicken Sie wieder auf das Symbol vor dem Lineal, ändern sich die jeweiligen Tabulatoren.

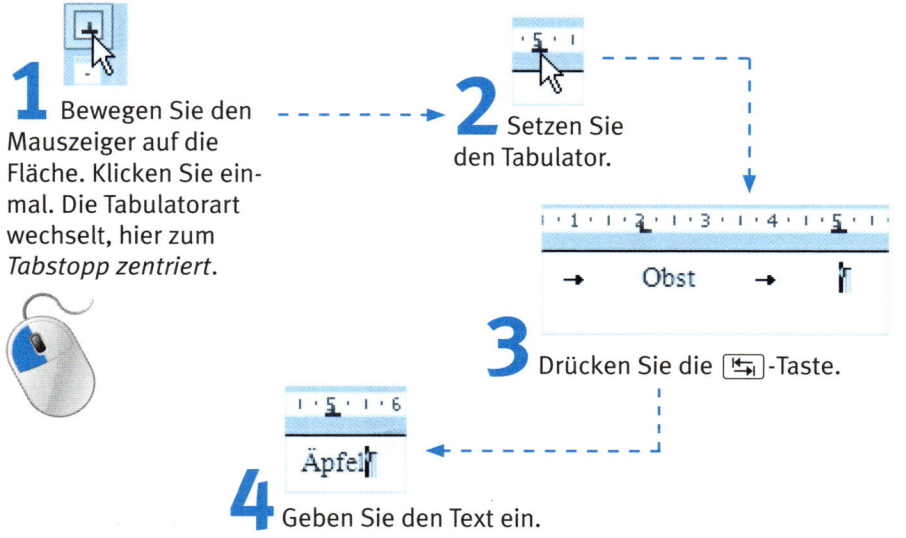

1 Bewegen Sie den Mauszeiger auf die Fläche. Klicken Sie einmal. Die Tabulatorart wechselt, hier zum *Tabstopp zentriert*.

2 Setzen Sie den Tabulator.

3 Drücken Sie die ⇥-Taste.

4 Geben Sie den Text ein.

Bei einem *zentrierten* Tabstopp richtet sich der Text jeweils nach der Mitte aus.

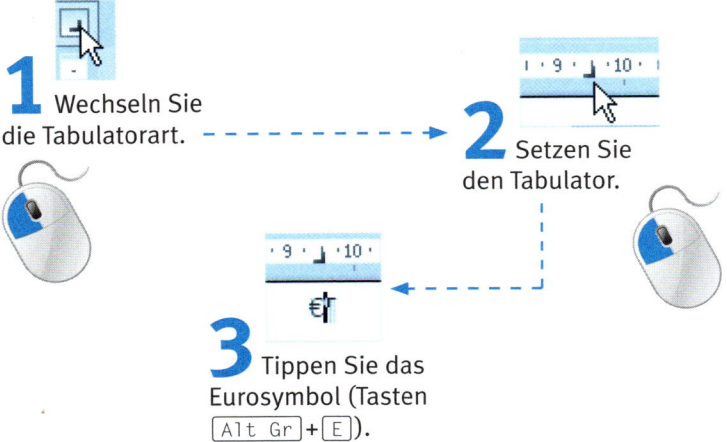

1 Wechseln Sie die Tabulatorart.

2 Setzen Sie den Tabulator.

3 Tippen Sie das Eurosymbol (Tasten Alt Gr + E).

Bei einem *rechtsbündigen* Tabstopp wird der Text von rechts nach links ausgerichtet.

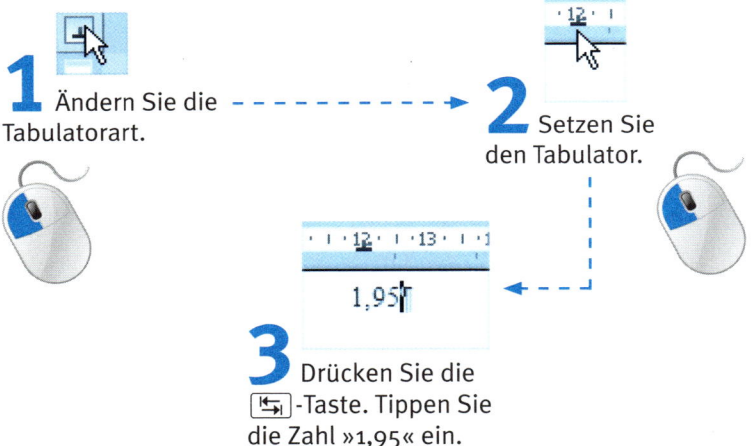

1 Ändern Sie die Tabulatorart.

2 Setzen Sie den Tabulator.

3 Drücken Sie die ⇥-Taste. Tippen Sie die Zahl »1,95« ein.

Der *dezimale* Tabstopp wird häufig für Zahlen genutzt. Die Kommas der einzelnen Werte befinden sich dadurch exakt untereinander.

Geben Sie dann eine neue Zeile oder einen neuen Absatz an, werden die gesetzten Tabulatoren in die nächste Zeile übernommen.

Hinweis

Sie verwenden den dezimalen Tabstopp, um *Zahlen mit Kommastellen* aufzulisten.

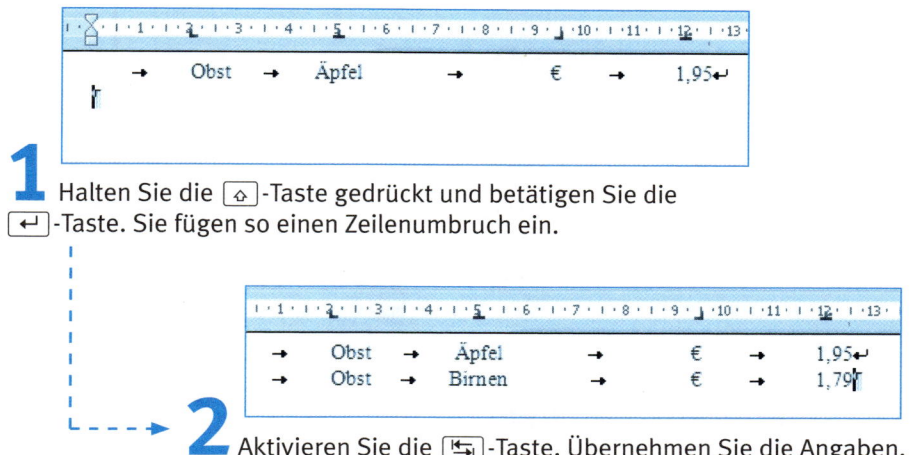

1 Halten Sie die ⬆-Taste gedrückt und betätigen Sie die ⏎-Taste. Sie fügen so einen Zeilenumbruch ein.

2 Aktivieren Sie die ⭾-Taste. Übernehmen Sie die Angaben.

Einen Tabulator versetzen

Bei einer Zeile müssen Sie die Tabstopps mit gedrückter Maustaste nur verschieben. Sind mehrere Zeilen betroffen, markieren Sie diese zuerst.

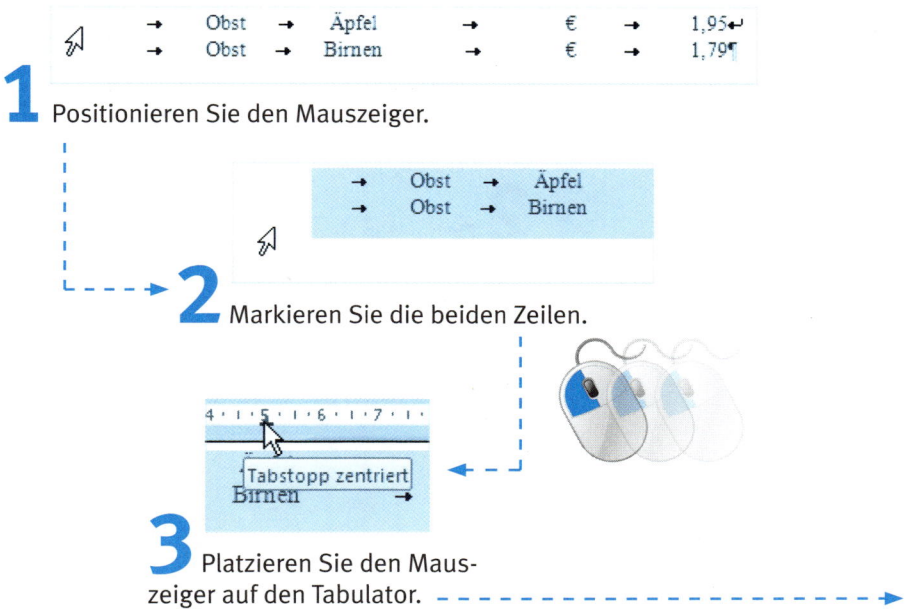

1 Positionieren Sie den Mauszeiger.

2 Markieren Sie die beiden Zeilen.

3 Platzieren Sie den Mauszeiger auf den Tabulator.

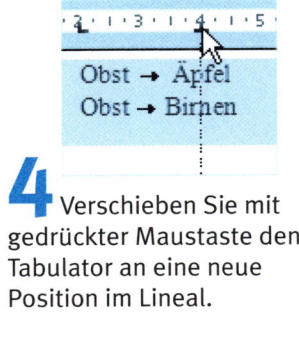

4 Verschieben Sie mit
gedrückter Maustaste den
Tabulator an eine neue
Position im Lineal.

Einen Tabulator löschen

Das Entfernen eines Tabstopps ist denkbar einfach. Sie klicken ihn direkt
im Lineal an, halten die Maustaste gedrückt und ziehen ihn in die weiße
Fläche, also in den Schreibbereich von Word, hinein.

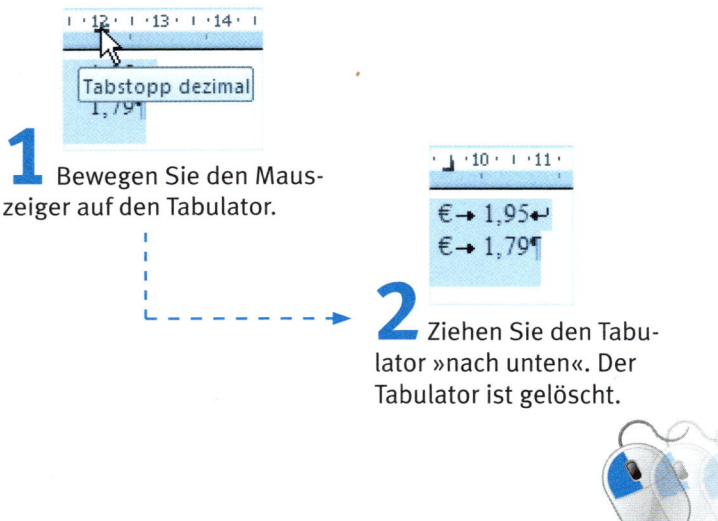

1 Bewegen Sie den Mauszeiger auf den Tabulator.

2 Ziehen Sie den Tabulator »nach unten«. Der
Tabulator ist gelöscht.

Tipps zum Kapitel

Die Tipps runden das Kapitel ab. Nehmen Sie sich noch die Zeit dafür, um Ihr Wissen zu erweitern.

1. Eine Spalte in einer Tabelle mit Tabulatoren markieren Sie, indem Sie die ⎡Alt⎤-Taste drücken und die entsprechende Spalte markieren.

2. Klicken Sie im Lineal doppelt auf einen Tabulator, können Sie in dem Dialogfeld neben anderen Angaben über die Schaltfläche *Alle löschen* sämtliche Tabstopps entfernen.

3. Bei besonders großen Tabellen können Sie auf der Registerkarte *Seitenlayout* über die Schaltfläche *Ausrichtung* das *Querformat* wählen.

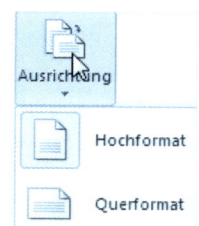

4. Sie können Tabellen mit gedrückter Maustaste im Dokument verschieben, indem Sie den Ziehpunkt mit gedrückter linker Maustaste bewegen.

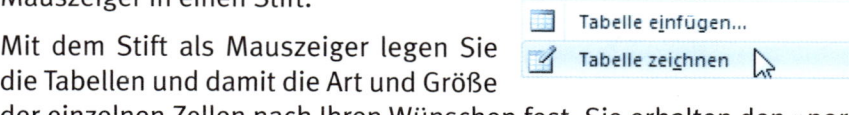

5. Sie löschen schnell innerhalb einer Tabelle über die Schaltfläche *Löschen* auf der Registerkarte *Tabellentools/Layout*.

6. Mithilfe eines Tabellenstifts können Sie eigene Tabellen entwerfen. Klicken Sie auf der Registerkarte *Einfügen* über die Schaltfläche *Tabelle einfügen* auf den Eintrag *Tabelle zeichnen*, verwandelt sich der Mauszeiger in einen Stift.

   Mit dem Stift als Mauszeiger legen Sie die Tabellen und damit die Art und Größe der einzelnen Zellen nach Ihren Wünschen fest. Sie erhalten den »normalen« Mauszeiger wieder, wenn Sie die ⎡Esc⎤-Taste drücken.

7. Über die Schaltfläche *Radierer* auf der Registerkarte *Tabellentools/Entwurf* können Sie Tabellenlinien entfernen. Sie klicken die Schaltfläche an, und der Mauszeiger verändert seine Form. Anschließend klicken Sie in einer Tabelle die zu entfernende Linie an.

Durch Drücken der Esc-Taste heben Sie die Funktion wieder auf.

Hier können Sie auch Tabellen zeichnen.

8. Die Zellen in Tabellen können durch eine Umrahmung hervorgehoben, quasi »eingerahmt« werden. Dazu öffnen Sie die Auswahl über die Schaltfläche *Rahmen* auf der Registerkarte *Tabellentools/Entwurf*.

9. Sie können auch in Tabellen Berechnungen ausführen. Dazu stellen Sie die Tabellen auf und klicken in die Zelle, in der das Ergebnis stehen soll. Klicken Sie auf der Registerkarte *Tabellentools/Layout* auf die Schaltfläche *Formel*. Geben Sie Ihre Formel an und bestätigen Sie.

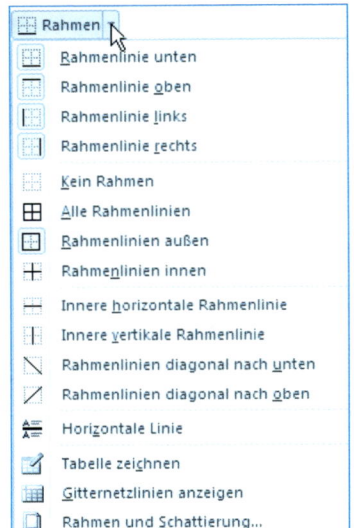

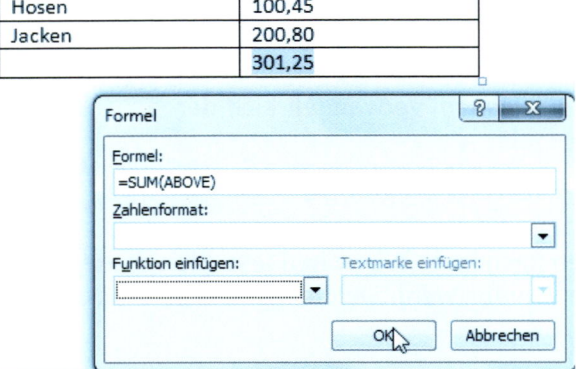

Hosen	100,45
Jacken	200,80
	301,25

Üben Sie mit Word 2010!

Üben Sie zum Schluss des Kapitels noch einmal mit Word. Können Sie eine Übung nicht ausführen, sollten Sie die entsprechende Stelle in diesem Kapitel noch einmal durchgehen.

1a. Legen Sie die folgende Tabelle an:

Name	Vorname	Punkte
Rastlos	Petra	57
Müller	Max	59
Schmitz	Paul	65
Eifrig	Gisela	89
Raabe	Christoph	45

1b. Sortieren Sie die Tabelle nach der höchsten Punktzahl!

2a. Legen Sie die Tabelle mit Tabstopps an: links, zentriert, dezimal.

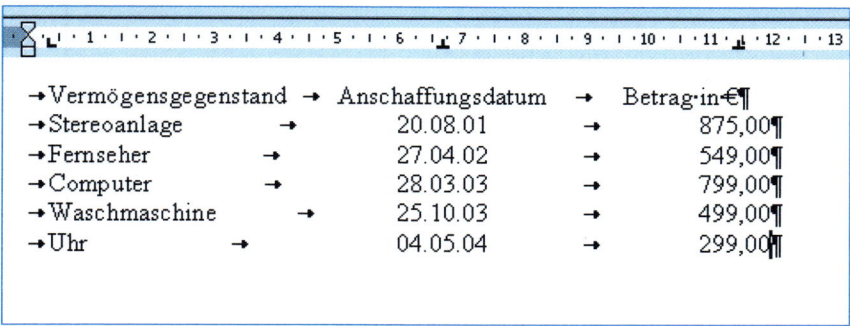

2b. Wie stellen Sie anschließend »Betrag in €« zentriert über der entsprechenden Spalte dar?

Kapitel 15

Briefe ganz schnell schreiben

Im letzten Kapitel haben Sie gelernt, eine Tabelle anzulegen. Seit Kapitel 12 wissen Sie auch, wie man eine Vorlage erstellt. In diesem Kapitel werden Sie Ihre Kenntnisse zu beiden Themen erweitern und vertiefen. In Word 2010 tippen Sie Briefe schneller, als Sie glauben. Sie geben nur ein Kürzel ein. Den Rest erledigt Word automatisch. Ihre Daten werden so eingetragen, dass sie präzise in ein übliches Kuvert mit Sichtfenster passen.

Den Absender anlegen

Sie legen eine Tabelle an, um hier die Daten präzise einzutragen.

Um eine Tabelle einzufügen, wählen Sie – wie Sie es in *Kapitel 14* kennengelernt haben – die Registerkarte *Einfügen* und dann die Schaltfläche *Tabelle*.

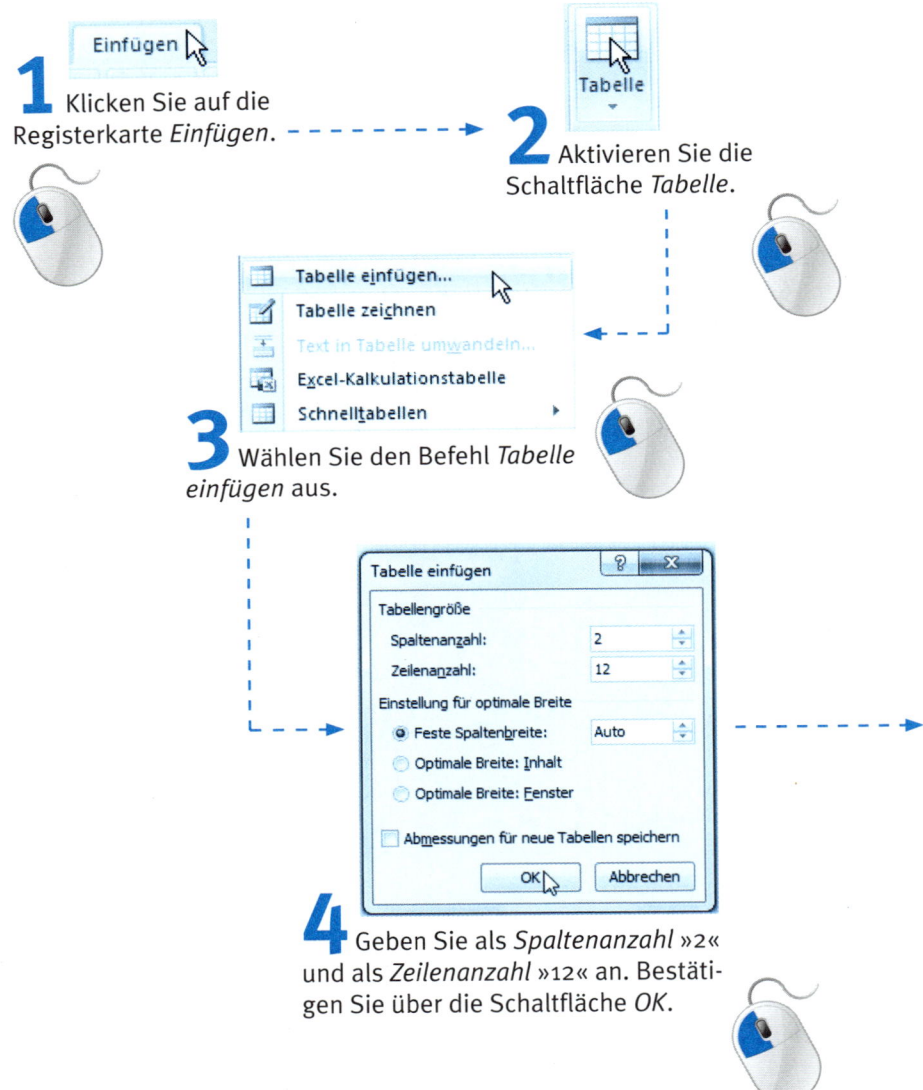

1 Klicken Sie auf die Registerkarte *Einfügen*.

2 Aktivieren Sie die Schaltfläche *Tabelle*.

3 Wählen Sie den Befehl *Tabelle einfügen* aus.

4 Geben Sie als *Spaltenanzahl* »2« und als *Zeilenanzahl* »12« an. Bestätigen Sie über die Schaltfläche *OK*.

	Hans Niendorf
	Grafenstr. 87
	78999 Wiesenstadt
	Tel. 08 99/78 88 88
	Mobil 01 77/5 83 88
	HNiendorf@internet.de

5 Klicken Sie in die jeweilige Zelle. Tippen Sie nun für das Beispiel die Absenderangaben in die Zellen ein.

In den nächsten Schritten verkleinern Sie den Schriftgrad des Textes in den Zellen und richten die Zellen nach rechts aus.

Hans Niendorf
Grafenstr. 87
78999 Wiesenstadt
Tel. 08 99/78 88 88
Mobil 01 77/5 83 88
HNiendorf@internet.de

1 Bewegen Sie den Mauszeiger auf den Rand der oberen linken Spalte. Er verwandelt sein Aussehen.

Hans Niendorf
Grafenstr. 87
78999 Wiesenstadt
Tel. 08 99/78 88 88
Mobil 01 77/5 83 88
HNiendorf@internet.de

2 Mit einem Mausklick markieren Sie die Spalte.

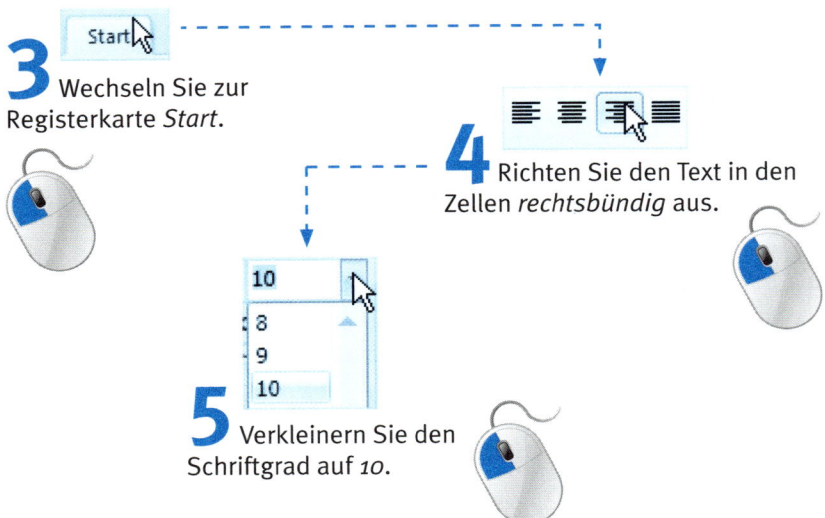

3 Wechseln Sie zur
Registerkarte *Start*.

4 Richten Sie den Text in den
Zellen *rechtsbündig* aus.

5 Verkleinern Sie den
Schriftgrad auf *10*.

Den Absender für das Kuvert formatieren

Verwenden Sie Umschläge mit Fenster, benötigen Sie noch den Absender
über dem Empfänger des Briefs. Damit die Post weiß, falls der Empfänger
nicht erreichbar ist, an wen der Brief zurückgeschickt werden soll: »Return
to sender«.

	Hans Niendorf
	Grafenstr. 87
	78999 Wiesenstadt
	Tel. 08 99/78 88 88
	Mobil 01 77/5 83 88
	HNiendorf@internet.de

1 Klicken Sie mit dem Mauszeiger in die linke Zelle der 7. Zeile.

2 Aktivieren Sie die Schaltfläche
Wiederholen in der *Symbolleiste für den
Schnellzugriff*. Die letzte Formatierung,
hier Schriftgrad *10*, wird wiederholt.

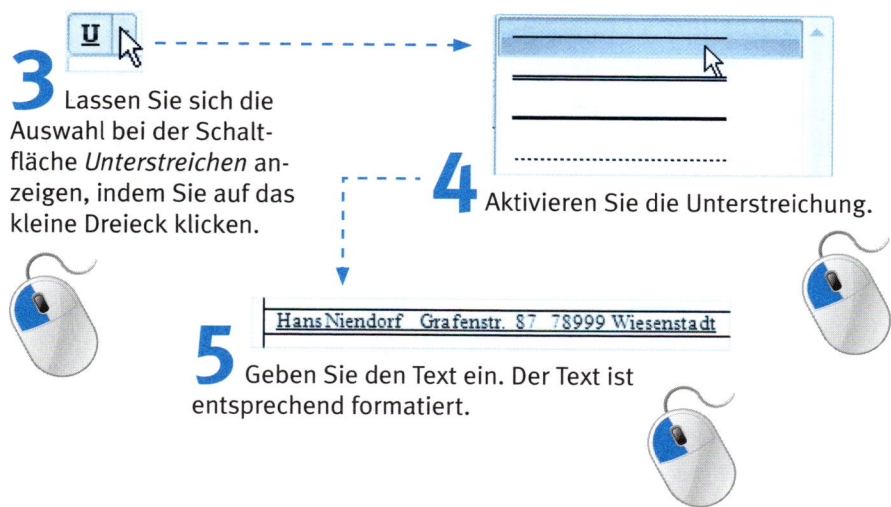

3 Lassen Sie sich die Auswahl bei der Schaltfläche *Unterstreichen* anzeigen, indem Sie auf das kleine Dreieck klicken.

4 Aktivieren Sie die Unterstreichung.

Hans Niendorf Grafenstr. 87 78999 Wiesenstadt

5 Geben Sie den Text ein. Der Text ist entsprechend formatiert.

Nachname und Straße, Hausnummer und Postleitzahl sollen noch durch einen hochgestellten Punkt optisch voneinander getrennt werden.

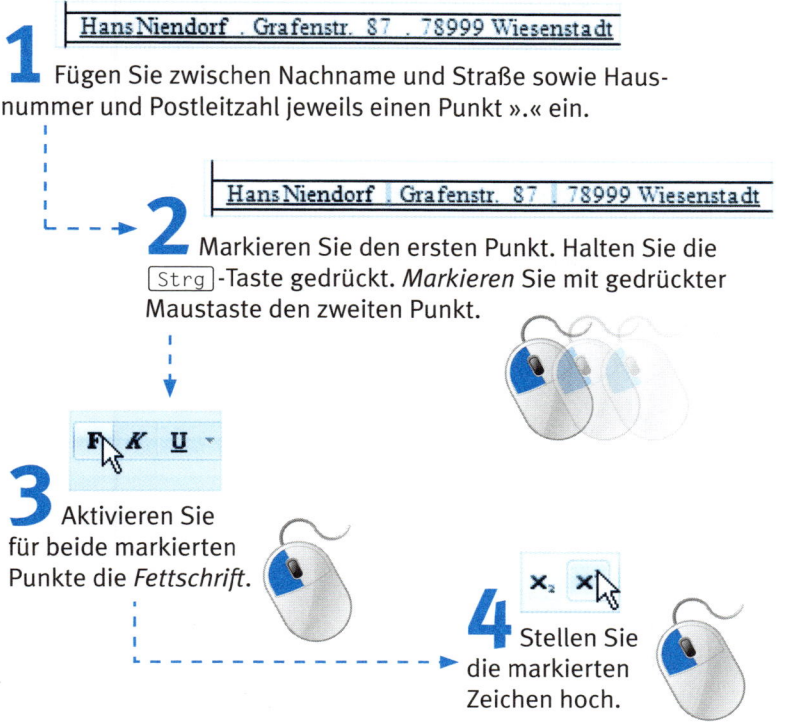

Hans Niendorf . Grafenstr. 87 . 78999 Wiesenstadt

1 Fügen Sie zwischen Nachname und Straße sowie Hausnummer und Postleitzahl jeweils einen Punkt ».« ein.

Hans Niendorf . Grafenstr. 87 . 78999 Wiesenstadt

2 Markieren Sie den ersten Punkt. Halten Sie die `Strg`-Taste gedrückt. *Markieren* Sie mit gedrückter Maustaste den zweiten Punkt.

3 Aktivieren Sie für beide markierten Punkte die *Fettschrift*.

4 Stellen Sie die markierten Zeichen hoch.

Der formatierte Text sieht dann so aus.

Hans Niendorf · Grafenstr. 87 · 778999 Wiesenstadt

Sie können Zeichen auf unterschiedliche Art formatieren. Dazu verwenden Sie das Dialogfeld *Schriftart*. Sie starten das Dialogfeld über die Registerkarte *Start*.

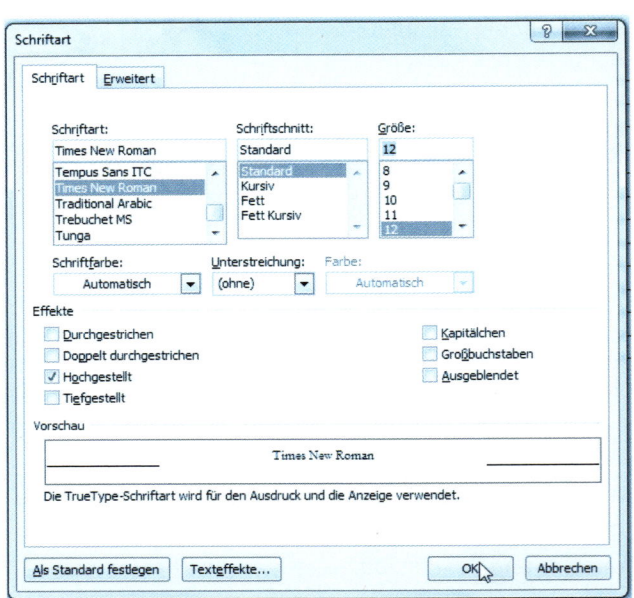

Klicken Sie hier bei *Schriftart* auf den Pfeil, öffnet sich das zugehörige Dialogfeld. Holen Sie darin die Registerkarte *Schriftart* in den Vordergrund.

Die AutoKorrektur

Verwenden Sie ein Kuvert ohne Sichtfenster, benötigen Sie diesen Absender eigentlich nicht. Sie verwenden dazu die AutoKorrektur. So können Sie selbst entscheiden, wann Sie den Absender einfügen möchten.

Abkürzungen für Wörter sind in der AutoKorrektur in Word bereits angelegt. Sie dient auch dazu, dass Sie Fehler, die Ihnen immer wieder unterlaufen, hier angeben und Word sie automatisch korrigiert (beispielsweise »Cursor« statt »Corsur«).

In der AutoKorrektur legen Sie auch eigene Ausdrücke an. Das könnte Ihr Name oder auch Ihre Anschrift sein, egal wie Sie diese gestalten.

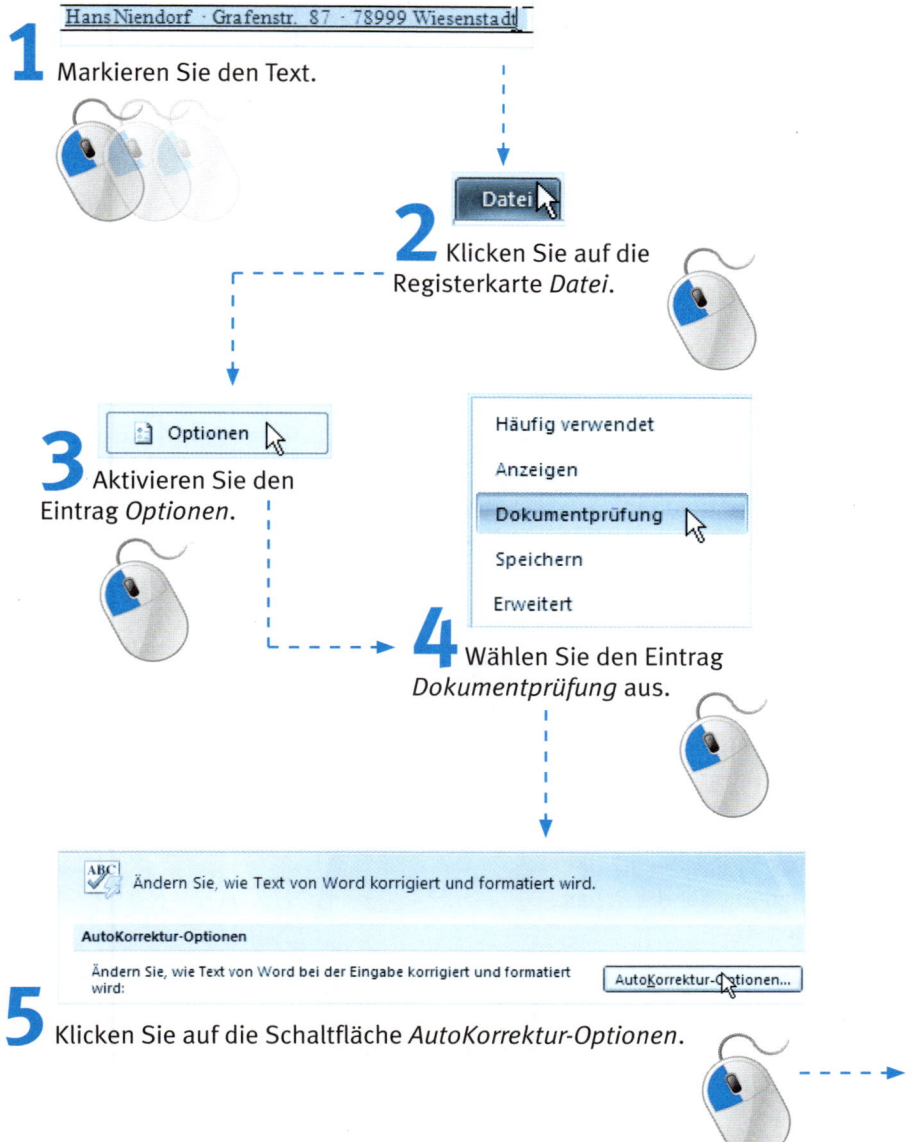

Hans Niendorf · Grafenstr. 87 · 78999 Wiesenstadt

1 Markieren Sie den Text.

Datei

2 Klicken Sie auf die Registerkarte *Datei*.

Optionen

3 Aktivieren Sie den Eintrag *Optionen*.

Häufig verwendet

Anzeigen

Dokumentprüfung

Speichern

Erweitert

4 Wählen Sie den Eintrag *Dokumentprüfung* aus.

Ändern Sie, wie Text von Word korrigiert und formatiert wird.

AutoKorrektur-Optionen

Ändern Sie, wie Text von Word bei der Eingabe korrigiert und formatiert wird:

AutoKorrektur-Optionen...

5 Klicken Sie auf die Schaltfläche *AutoKorrektur-Optionen*.

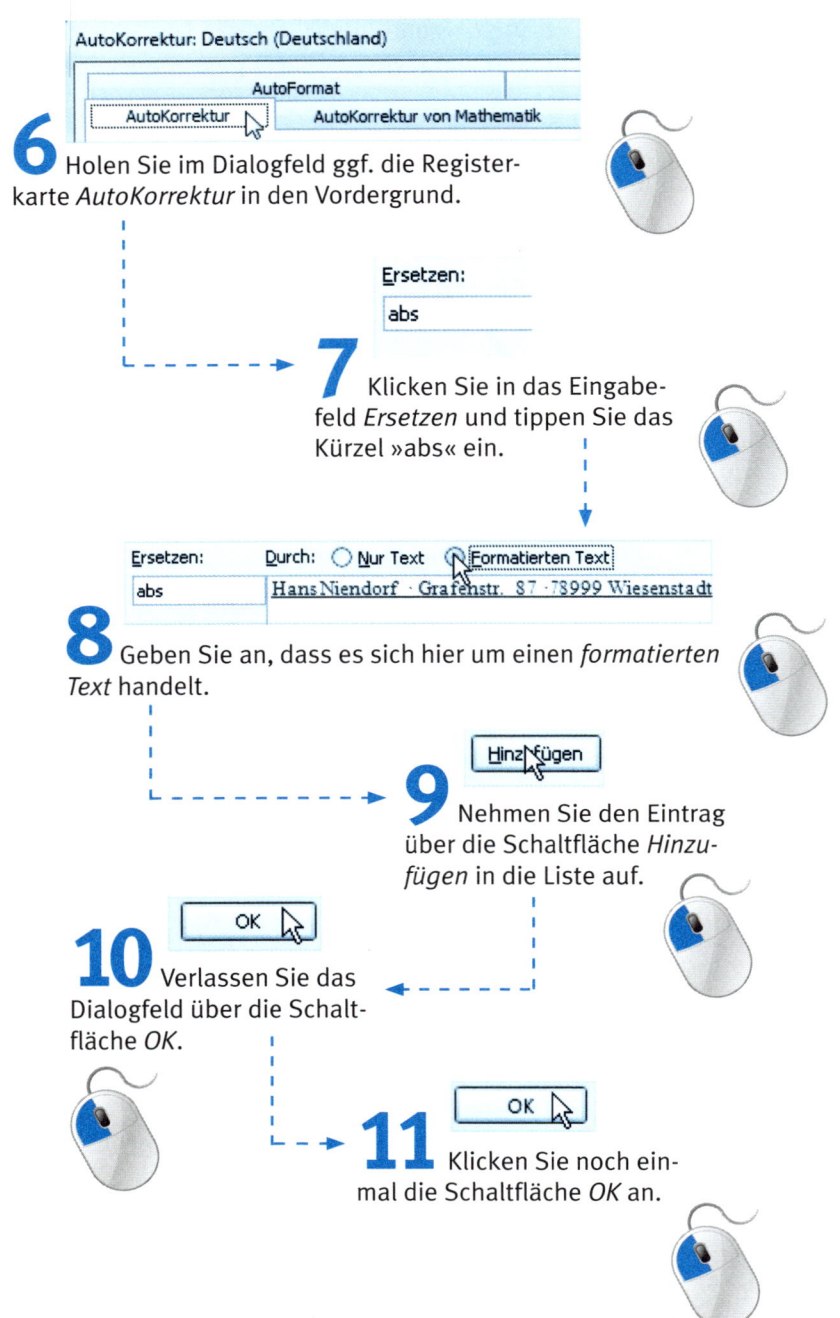

6 Holen Sie im Dialogfeld ggf. die Registerkarte *AutoKorrektur* in den Vordergrund.

7 Klicken Sie in das Eingabefeld *Ersetzen* und tippen Sie das
Kürzel »abs« ein.

8 Geben Sie an, dass es sich hier um einen *formatierten
Text* handelt.

9 Nehmen Sie den Eintrag
über die Schaltfläche *Hinzufügen* in die Liste auf.

10 Verlassen Sie das
Dialogfeld über die Schaltfläche *OK*.

11 Klicken Sie noch einmal die Schaltfläche *OK* an.

Der Text wurde in die AutoKorrektur übernommen. Sie brauchen nur noch das Kürzel »abs« einzugeben und dann die ⎡Leer⎤-Taste zu drücken. Das Kürzel wird durch den Eintrag in der AutoKorrektur ersetzt.

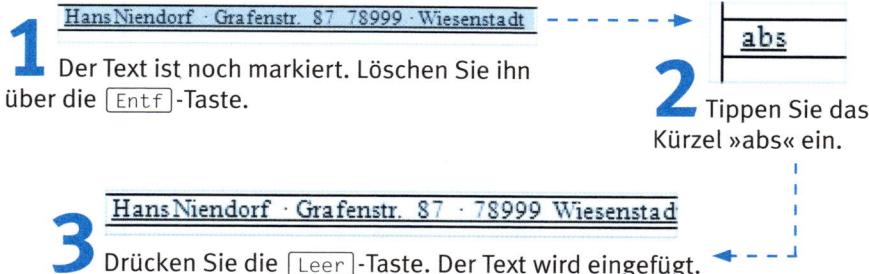

1 Der Text ist noch markiert. Löschen Sie ihn über die ⎡Entf⎤-Taste.

2 Tippen Sie das Kürzel »abs« ein.

3 Drücken Sie die ⎡Leer⎤-Taste. Der Text wird eingefügt.

Wann immer Sie diesen formatierten Absender benötigen, fügen Sie ihn über das Kürzel »abs« ein.

Das Empfängerfeld gestalten

Richten Sie nun das Empfängerfeld für den Brief ein. Zwischen Absender und Empfänger soll ein Freiraum bestehen. Dazu ändern Sie die Größe der Zelle bzw. Zeile.

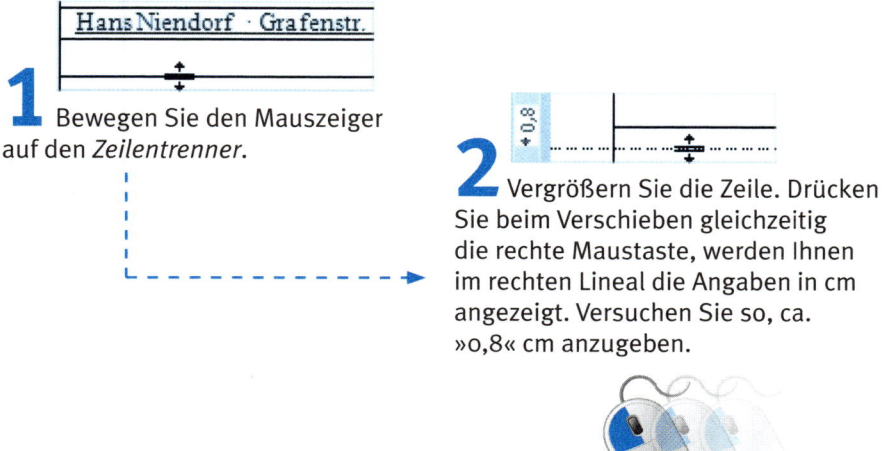

1 Bewegen Sie den Mauszeiger auf den *Zeilentrenner*.

2 Vergrößern Sie die Zeile. Drücken Sie beim Verschieben gleichzeitig die rechte Maustaste, werden Ihnen im rechten Lineal die Angaben in cm angezeigt. Versuchen Sie so, ca. »0,8« cm anzugeben.

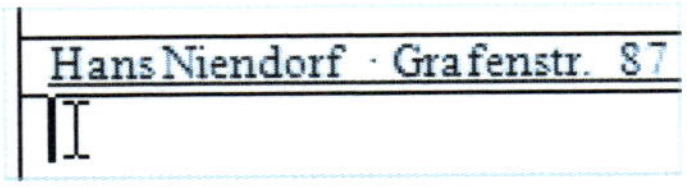

3 Klicken Sie in die Zelle.

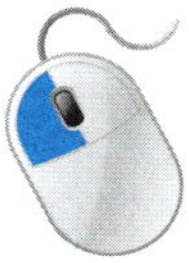

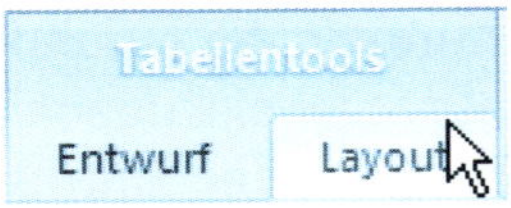

Hans Niendorf · Grafenstr. 87

4 Wechseln Sie zur Registerkarte *Tabellentools/Layout*.

Tabellentools

Entwurf   Layout

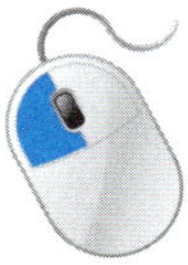

5 Richten Sie den *Inhalt* der Zelle nach *unten links* aus.

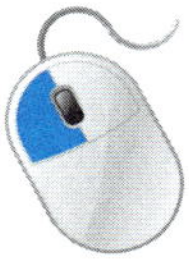

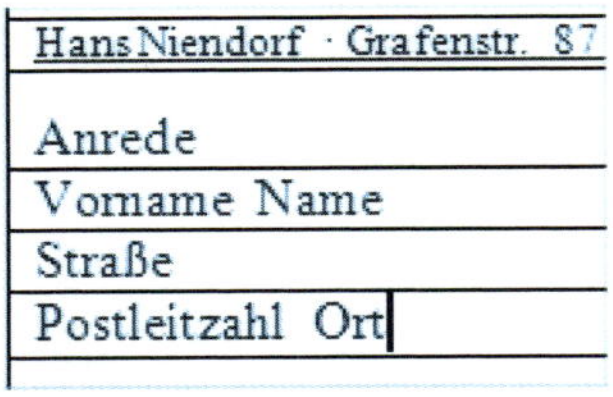

Hans Niendorf · Grafenstr. 87

Anrede

Vorname Name

Straße

Postleitzahl Ort

6 Der Text der Zelle wird nach unten links ausgerichtet. Geben Sie in die Zellen die Daten ein.

Das Empfängerfeld ist angelegt. Später werden Sie die Platzhalter einfach überschreiben und die tatsächlichen Daten des Briefempfängers eintragen.

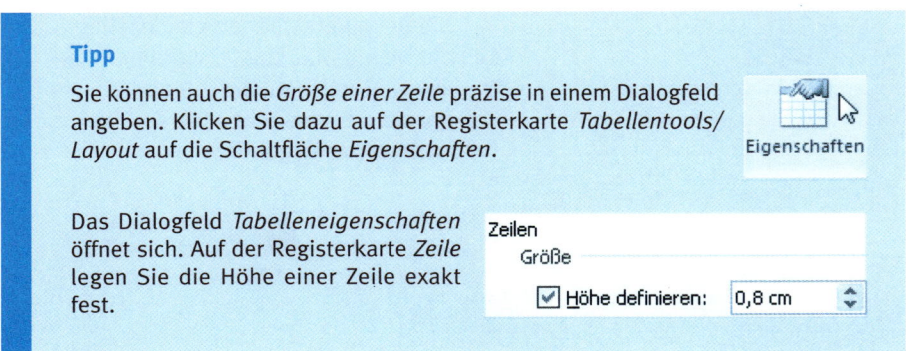

Tipp

Sie können auch die *Größe einer Zeile* präzise in einem Dialogfeld angeben. Klicken Sie dazu auf der Registerkarte *Tabellentools/Layout* auf die Schaltfläche *Eigenschaften*.

Eigenschaften

Das Dialogfeld *Tabelleneigenschaften* öffnet sich. Auf der Registerkarte *Zeile* legen Sie die Höhe einer Zeile exakt fest.

Zeilen
Größe
☑ Höhe definieren: 0,8 cm

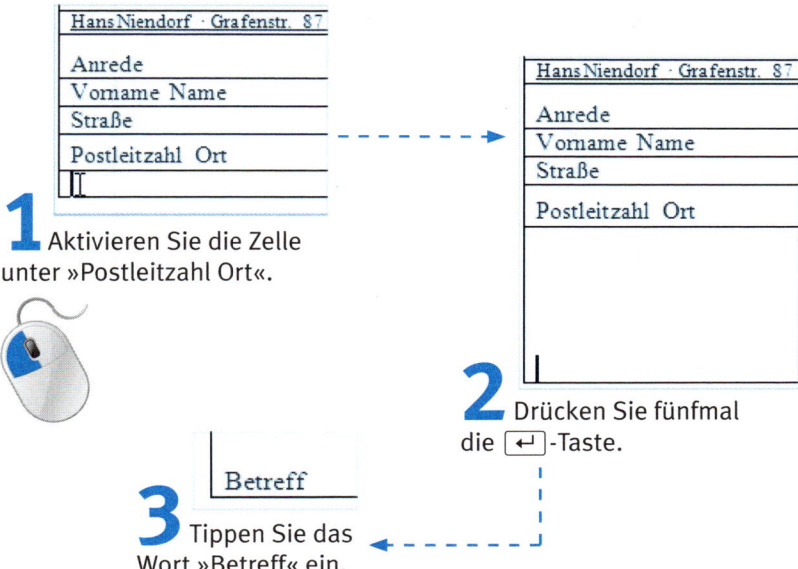

1 Aktivieren Sie die Zelle unter »Postleitzahl Ort«.

2 Drücken Sie fünfmal die ⏎-Taste.

3 Tippen Sie das Wort »Betreff« ein.

Was im Briefformular noch fehlt, ist die Orts- und Datumsangabe. Dazu formatieren Sie zunächst die Zelle der Tabelle, richten den Text also entsprechend aus.

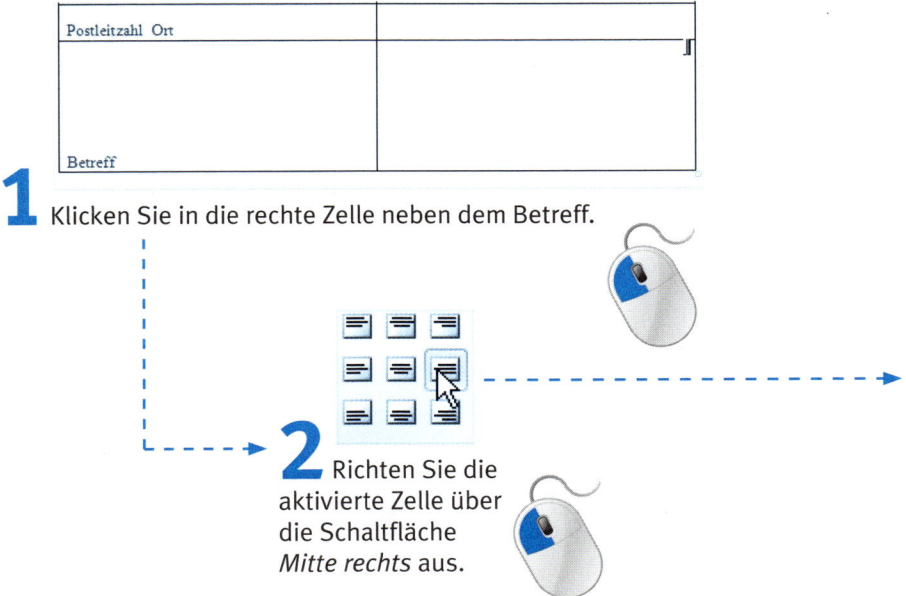

1 Klicken Sie in die rechte Zelle neben dem Betreff.

2 Richten Sie die aktivierte Zelle über die Schaltfläche *Mitte rechts* aus.

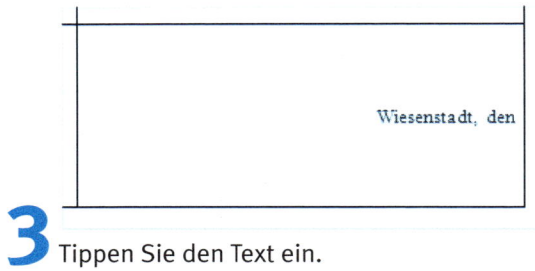

Wiesenstadt, den

3 Tippen Sie den Text ein.

Es folgt die Angabe des Datums. Sie binden das aktuelle Datum so ein, dass es sich ständig aktualisiert. Sie brauchen es also nur einmal einzufügen.

Einfügen

1 Wählen Sie die Registerkarte *Einfügen*.

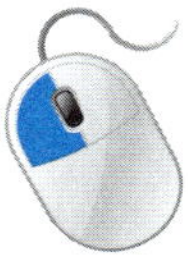

📅 Datum und Uhrzeit

2 Aktivieren Sie die Schaltfläche *Datum und Uhrzeit*.

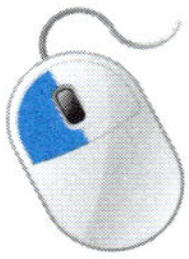

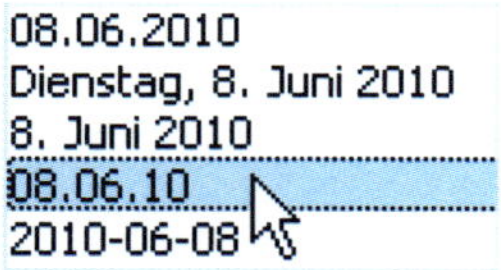

08.06.2010
Dienstag, 8. Juni 2010
8. Juni 2010
08.06.10
2010-06-08

3 Wählen Sie ein *Datumsformat* aus.

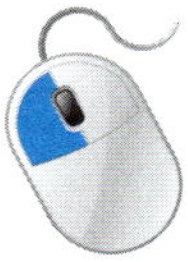

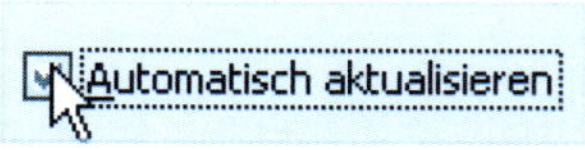

☑ Automatisch aktualisieren

4 Aktivieren Sie das Kontrollkästchen *Automatisch aktualisieren*.

OK

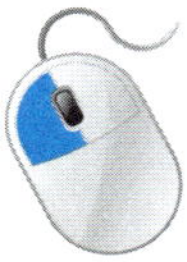

5 Bestätigen Sie über die Schaltfläche *OK*.

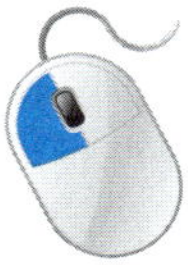

Der Nachteil der *automatischen Aktualisierung* ist, dass bei Dokumenten stets das aktuelle Datum angezeigt wird. Sie können dann also nicht erkennen, wann Sie den Brief verfasst haben. Möchten Sie aber das Ausstellungsdatum archivieren, löschen Sie das aktualisierte Datum und geben den Tag ein, an dem Sie den Brief geschrieben haben.

Sie können dazu das erstellte Datum auf eine feste Datumsangabe zurücksetzen. Klicken Sie in das Datum und drücken Sie die Tastenkombination [Strg]+[⇧]+[F9]. Das Datum aktualisiert sich nun nicht mehr automatisch.

Den Rahmen einer Tabelle aufheben

Word hinterlegt eine angelegte Tabelle automatisch mit Rahmenlinien. Diese sollen beim Ausdrucken nicht angezeigt werden.

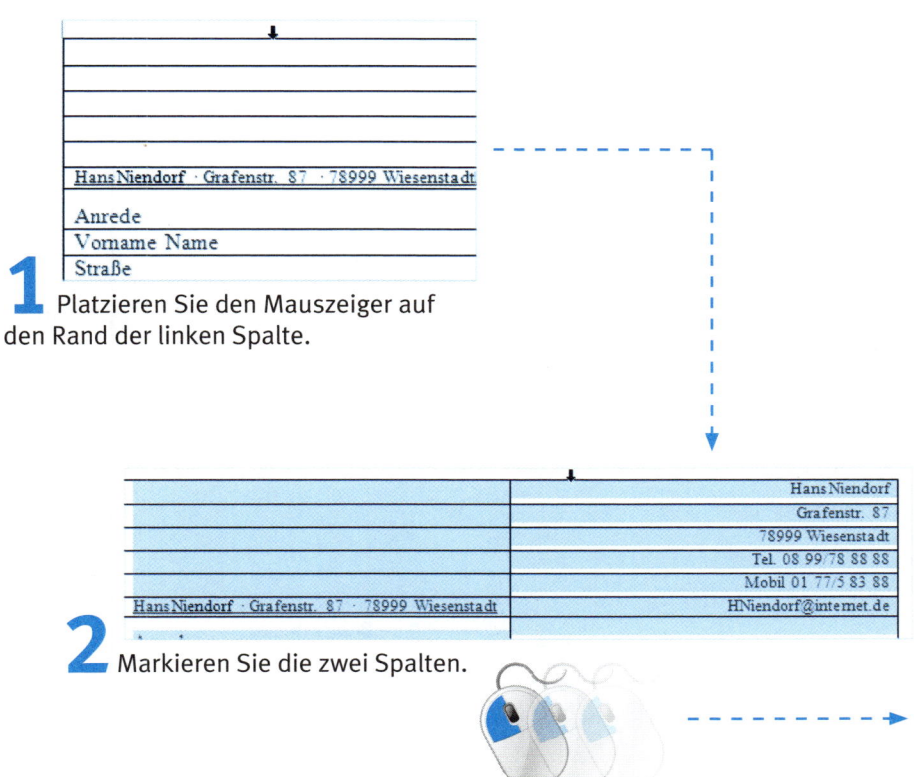

1 Platzieren Sie den Mauszeiger auf den Rand der linken Spalte.

2 Markieren Sie die zwei Spalten.

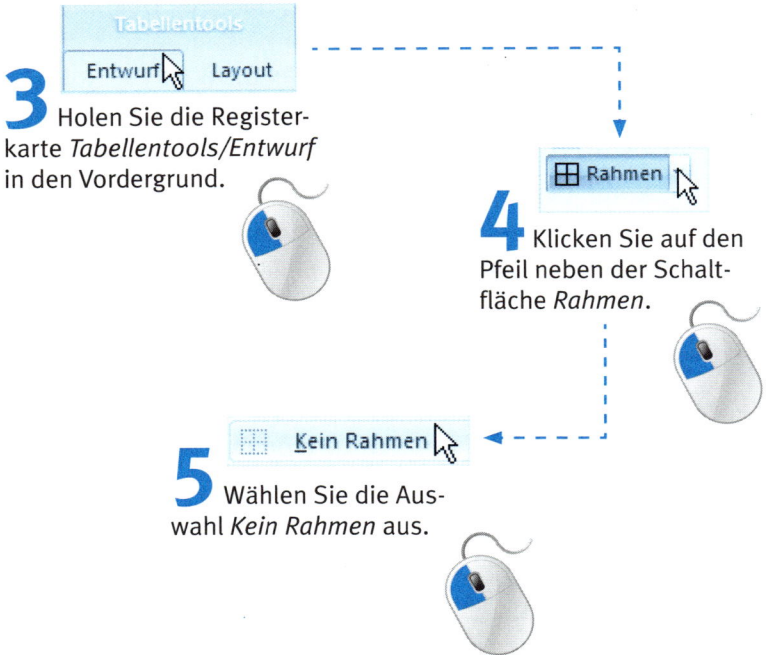

3 Holen Sie die Registerkarte *Tabellentools/Entwurf*
in den Vordergrund.

4 Klicken Sie auf den
Pfeil neben der Schalt-
fläche *Rahmen*.

5 Wählen Sie die Aus-
wahl *Kein Rahmen* aus.

Das Briefformular als Vorlage speichern

Das Briefformular ist gespeichert. Sie möchten es nun als Vorlage immer
wieder verwenden.

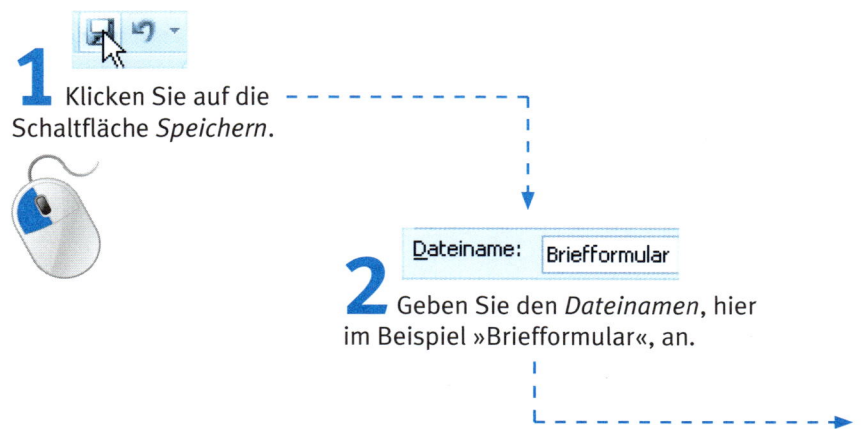

1 Klicken Sie auf die
Schaltfläche *Speichern*.

2 Geben Sie den *Dateinamen*, hier
im Beispiel »Briefformular«, an.

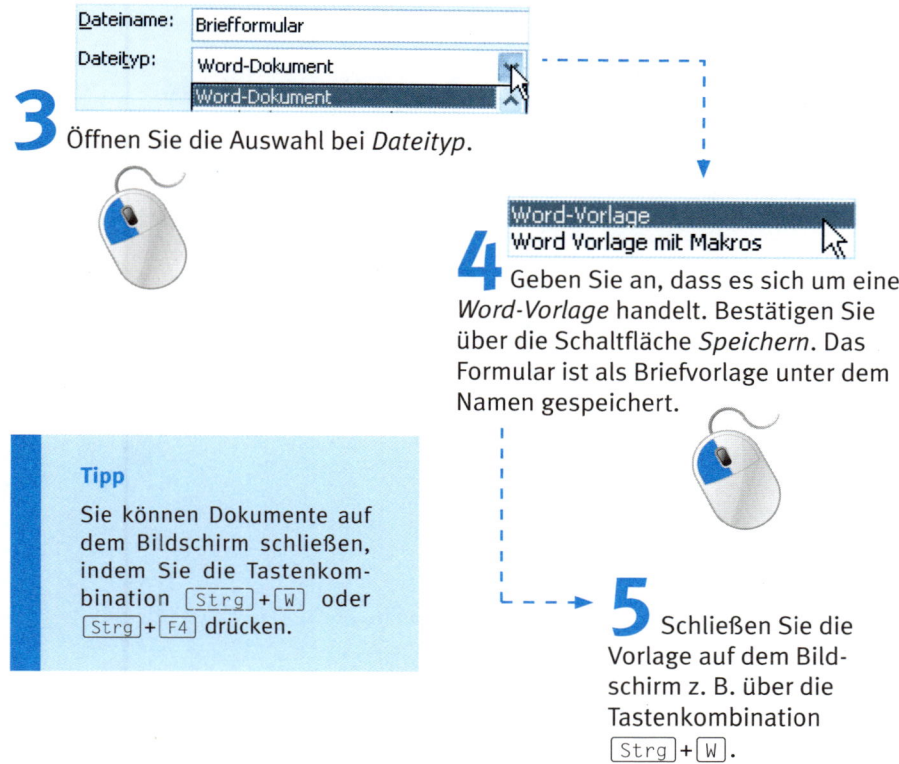

3 Öffnen Sie die Auswahl bei *Dateityp*.

4 Geben Sie an, dass es sich um eine *Word-Vorlage* handelt. Bestätigen Sie über die Schaltfläche *Speichern*. Das Formular ist als Briefvorlage unter dem Namen gespeichert.

Tipp

Sie können Dokumente auf dem Bildschirm schließen, indem Sie die Tastenkombination Strg+W oder Strg+F4 drücken.

5 Schließen Sie die Vorlage auf dem Bildschirm z. B. über die Tastenkombination Strg+W.

Weiter unten im Abschnitt »*Die Vorlage öffnen*« dieses Kapitels werden Sie die Vorlage wieder öffnen.

Die AutoKorrektur als Schaltfläche anlegen

Um einen Text in der AutoKorrektur anzulegen, müssten Sie jedes Mal den langen Weg beschreiten, den Sie zuvor in diesem Kapitel gegangen sind. Doch es geht einfacher. Sie legen die Schaltfläche für die AutoKorrektur in der *Symbolleiste für den Schnellzugriff* an.

1 Öffnen Sie die Auswahl *Symbolleiste für den Schnellzugriff anpassen*.

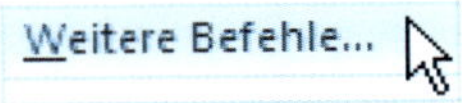

Weitere Befehle...

2 Aktivieren Sie den Eintrag *Weitere Befehle*.

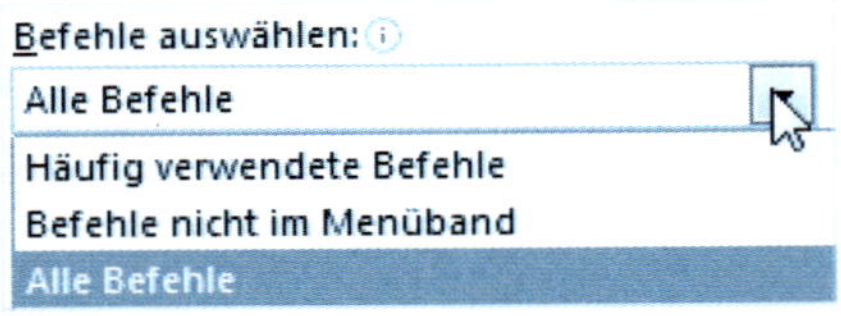

Befehle auswählen: ⓘ

Alle Befehle

Häufig verwendete Befehle
Befehle nicht im Menüband
Alle Befehle

3 Wählen Sie den Eintrag *Alle Befehle* aus.

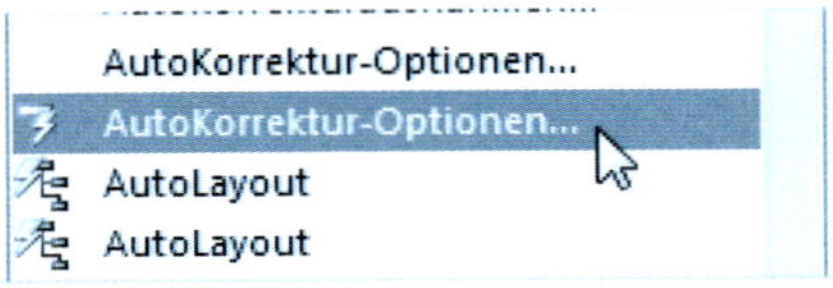

AutoKorrektur-Optionen...
↯ AutoKorrektur-Optionen...
АⳐ AutoLayout
АⳐ AutoLayout

4 Blättern Sie – falls erforderlich – mit der Bildlaufleiste nach unten. Klicken Sie auf *AutoKorrektur-Optionen*.

Hinzufügen >>

Entfernen

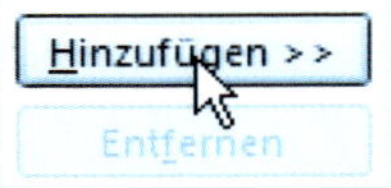

5 Klicken Sie auf die Schaltfläche *Hinzufügen*.

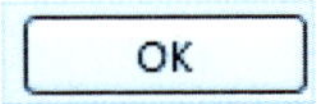

OK

6 Bestätigen Sie über die Schaltfläche *OK*.

Die Schaltfläche steht Ihnen für den Schnellzugriff zur Verfügung.

Texte in der AutoKorrektur anlegen

Die AutoKorrektur haben Sie bereits in diesem Kapitel kennengelernt. Sie können so ganze Textpassagen anlegen und mit einem Kürzel versehen, sodass bei der Eingabe des Kürzels dieses durch die Textpassage ausgetauscht wird. Dazu verwenden Sie ein neues Dokument.

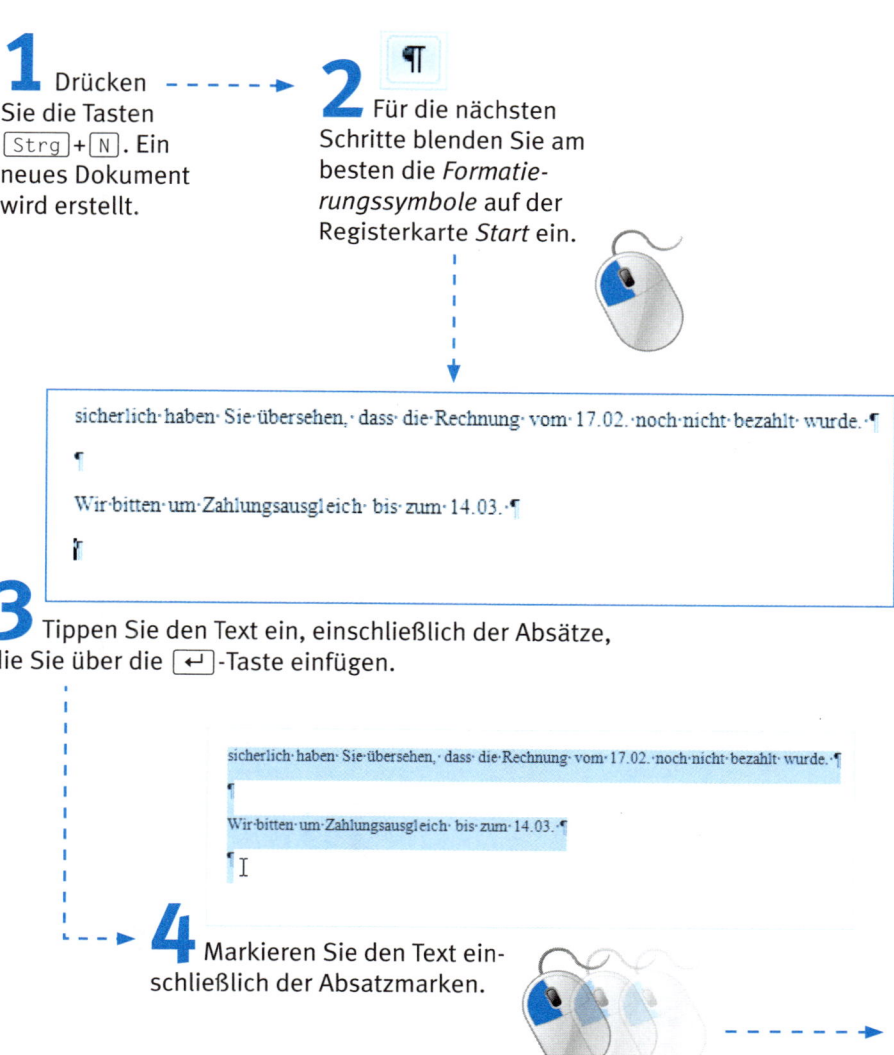

1 Drücken Sie die Tasten `Strg`+`N`. Ein neues Dokument wird erstellt.

2 Für die nächsten Schritte blenden Sie am besten die *Formatierungssymbole* auf der Registerkarte *Start* ein.

> sicherlich·haben·Sie·übersehen,·dass·die·Rechnung·vom·17.02.·noch·nicht·bezahlt·wurde.·¶
>
> ¶
>
> Wir·bitten·um·Zahlungsausgleich·bis·zum·14.03.·¶
>
> ¶

3 Tippen Sie den Text ein, einschließlich der Absätze, die Sie über die `↵`-Taste einfügen.

> sicherlich·haben·Sie·übersehen,·dass·die·Rechnung·vom·17.02.·noch·nicht·bezahlt·wurde.·¶
>
> ¶
>
> Wir·bitten·um·Zahlungsausgleich·bis·zum·14.03.·¶
>
> ¶ I

4 Markieren Sie den Text einschließlich der Absatzmarken.

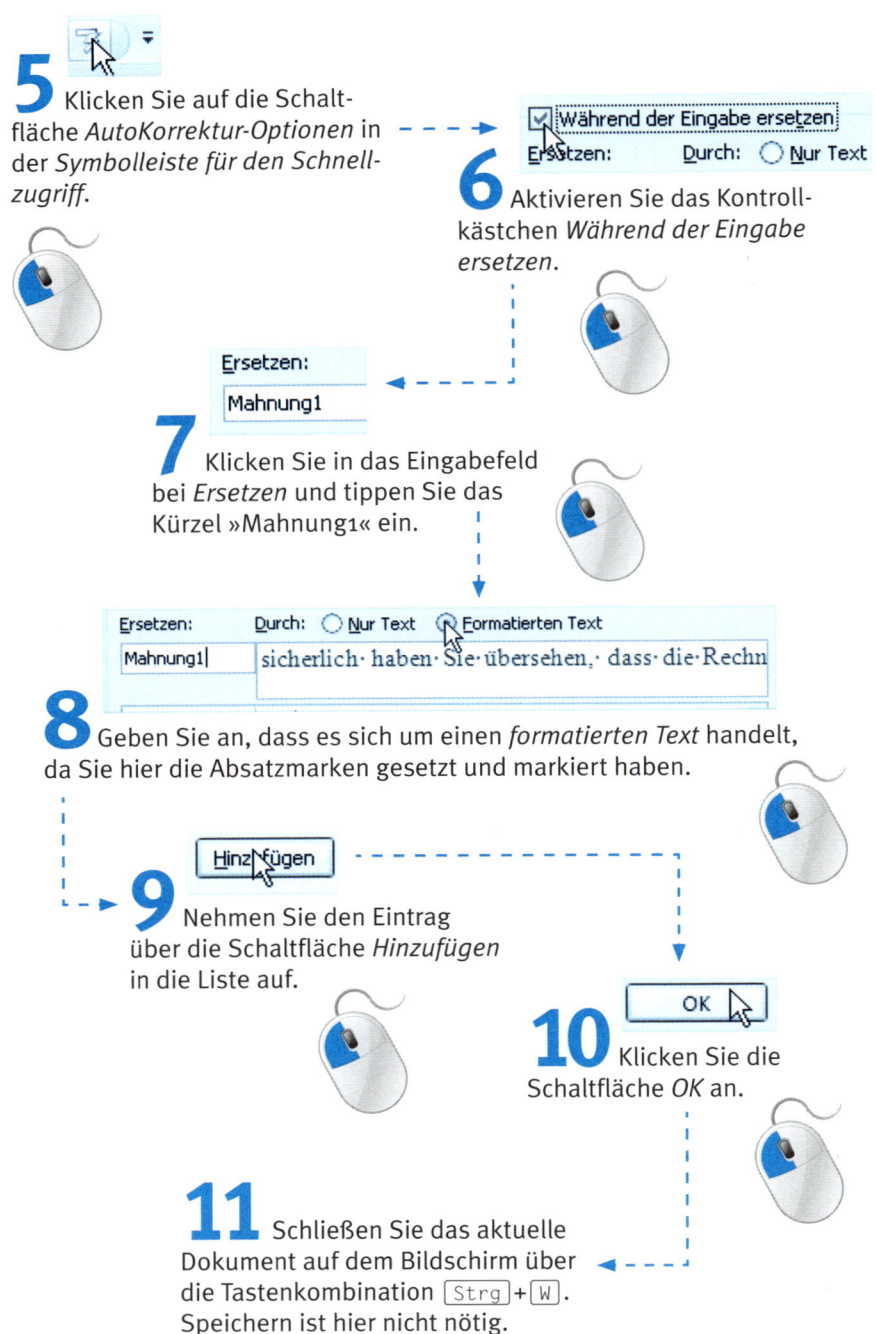

5 Klicken Sie auf die Schaltfläche *AutoKorrektur-Optionen* in
der *Symbolleiste für den Schnellzugriff*.

Während der Eingabe ersetzen

Ersetzen: Durch: ⚪ Nur Text

6 Aktivieren Sie das Kontrollkästchen *Während der Eingabe
ersetzen*.

Ersetzen:

Mahnung1

7 Klicken Sie in das Eingabefeld
bei *Ersetzen* und tippen Sie das
Kürzel »Mahnung1« ein.

Ersetzen: Durch: ⚪ Nur Text ⚫ Formatierten Text

Mahnung1| sicherlich·haben·Sie·übersehen,·dass·die·Rechn

8 Geben Sie an, dass es sich um einen *formatierten Text* handelt,
da Sie hier die Absatzmarken gesetzt und markiert haben.

Hinzufügen

9 Nehmen Sie den Eintrag
über die Schaltfläche *Hinzufügen*
in die Liste auf.

OK

10 Klicken Sie die
Schaltfläche *OK* an.

11 Schließen Sie das aktuelle
Dokument auf dem Bildschirm über
die Tastenkombination Strg+W.
Speichern ist hier nicht nötig.

Das war nur ein kleines Beispiel für einen angelegten Text. Natürlich können Sie auf diese Weise noch beliebige andere Textpassagen anlegen.

Den Brief ganz schnell schreiben

Nachdem Sie jetzt alles angelegt und vorbereitet haben, werden Sie überrascht sein, wie schnell ein Brief geschrieben werden kann.

Die Vorlage öffnen

Zunächst öffnen Sie die zuvor gespeicherte Vorlage. Sie können sie nur über die Registerkarte *Datei* und den Eintrag *Neu* öffnen.

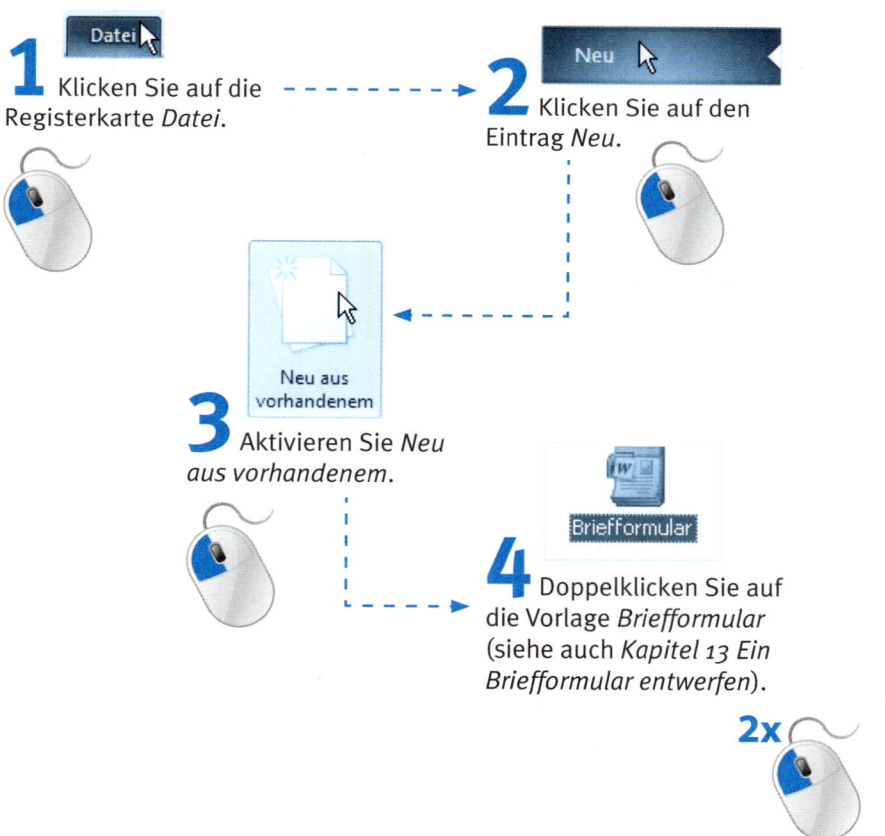

1 Klicken Sie auf die Registerkarte *Datei*.

2 Klicken Sie auf den Eintrag *Neu*.

3 Aktivieren Sie *Neu aus vorhandenem*.

4 Doppelklicken Sie auf die Vorlage *Briefformular* (siehe auch *Kapitel 13 Ein Briefformular entwerfen*).

2x

Den Brieftext schnell einfügen

Sie verwenden nun die in der AutoKorrektur als Text angelegte »Mahnung1«.

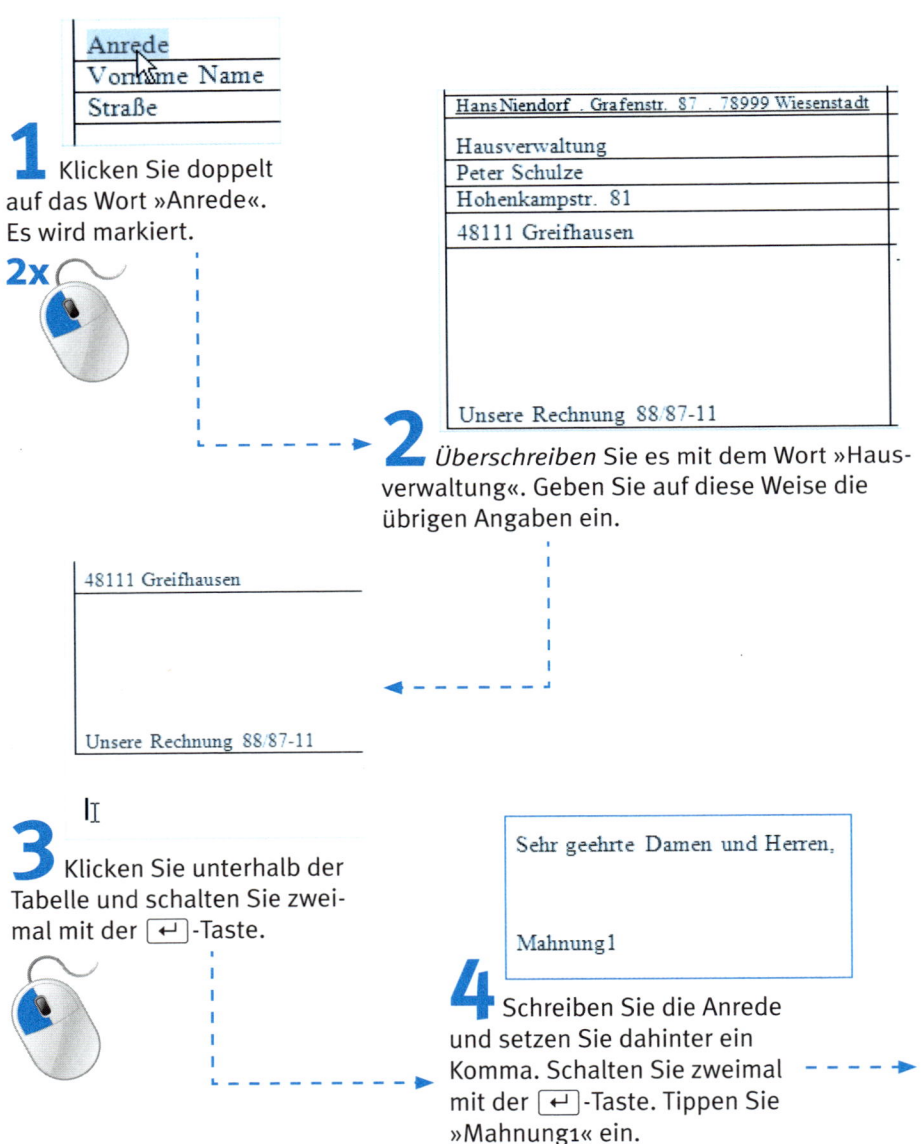

1 Klicken Sie doppelt auf das Wort »Anrede«. Es wird markiert.

2 *Überschreiben* Sie es mit dem Wort »Hausverwaltung«. Geben Sie auf diese Weise die übrigen Angaben ein.

3 Klicken Sie unterhalb der Tabelle und schalten Sie zweimal mit der ⏎-Taste.

4 Schreiben Sie die Anrede und setzen Sie dahinter ein Komma. Schalten Sie zweimal mit der ⏎-Taste. Tippen Sie »Mahnung1« ein.

> Sehr geehrte Damen und Herren,
>
> sicherlich haben Sie übersehen, dass die Rechnung vom 17.02. noch nicht bezahlt wurde.
>
> Wir bitten um Zahlungsausgleich bis zum 14.03.
>
> |

5 Drücken Sie die ⌷Leer⌷-Taste. Das Kürzel wird durch den Text ersetzt. Die Einfügemarke blinkt mit einem Absatzabstand unter dem Text. Hier braucht nur noch die Grußformel eingegeben zu werden.

Der Brief ist fertig. Er braucht nur noch ausgedruckt zu werden.

Falls Sie die AutoKorrektur nicht häufig verwenden, entfernen Sie die Schaltfläche wie-

> Aus Symbolleiste für den Schnellzugriff entfernen
>
> Symbolleiste für den Schnellzugriff anpassen...

der aus der *Symbolleiste für den Schnellzugriff*. Bewegen Sie dazu den Mauszeiger auf die Schaltfläche *AutoKorrektur-Optionen* und drücken Sie die rechte Maustaste. Wählen Sie den Befehl *Aus Symbolleiste für den Schnellzugriff entfernen*.

Tipps zum Kapitel

Die Tipps runden das Kapitel ab. Nehmen Sie sich noch die Zeit dafür, um Ihr Wissen zu erweitern.

1. Im Dialogfeld *AutoKorrektur* finden Sie einige Befehle bereits aktiviert. So erhalten Sie hier die Erklärung, warum Word jeden Satz mit einem Großbuchstaben beginnt.

    > ✓ Schaltflächen für AutoKorrektur-Optionen anzeigen
    >
    > ✓ ZWei GRoßbuchstaben am WOrtanfang korrigieren
    >
    > ✓ Jeden Satz mit einem Großbuchstaben beginnen
    >
    > ✓ Ersten Buchstaben in Tabellenzellen groß
    >
    > ✓ Wochentage immer großschreiben
    >
    > ✓ Unbeabsichtigtes Verwenden der fESTSTELLTASTE korrigieren

2. Sie können im Dialogfeld *AutoKorrektur* direkt einen Text tippen. Allerdings können Sie dann keine Formatierungen angeben. Wichtig ist, dass Sie das Kontrollkästchen *Während der Eingabe ersetzen* aktivieren.

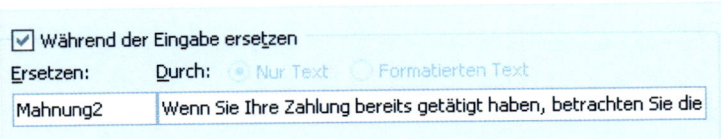

3. Sie können das Wort »Euro« durch das Symbol »€« über die AutoKorrektur ersetzen. Das müssen Sie selbst eintragen. Immer wenn Sie dann »Euro« tippen, wird es durch das €-Zeichen ersetzt.

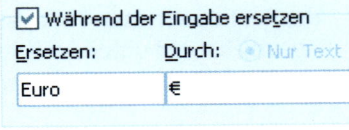

4. Legen Sie Ihre eigene Adresse in der AutoKorrektur an. Das spart Zeit!

5. Tippen Sie »(c)«, erscheint das Zeichen für Copyright: »©«.

6. Tippen Sie »(e)«, erscheint das Zeichen für den Euro: »€«.

Üben Sie mit Word 2010!

Üben Sie zum Schluss des Kapitels noch einmal mit Word. Können Sie eine Übung nicht ausführen, sollten Sie die entsprechende Stelle in diesem Kapitel noch einmal durchgehen.

1. Geben Sie das Zeichen @ (gesprochen: ät) als »at« in der Auto-Korrektur an. Das Zeichen @ geben Sie über die Tastenkombination `AltGr` + `Q` an.

2. Legen Sie die folgenden Textpassagen in der AutoKorrektur an:

Text	Name
Maschinenfabrik Kasernenstr. 111 81577 Glücksstadt	**abs.**
Ihre Bewerbung vom ... Ihre Kurzbewerbung vom ... Ihre telefonische Anfrage ...	**b1** **b2** **b3**
Sehr geehrter Herr ..., Sehr geehrte Frau ...,	**anrede1** **anrede2**
vielen Dank für Ihr Interesse an unserem Unternehmen.	**tex1**
Bitte übersenden Sie uns Ihre kompletten Bewerbungsunterlagen zu.	**tex2**
Wir laden Sie zu einem Vorstellungsgespräch am .... ein.	**tex3**
Leider haben wir uns für einen anderen Bewerber entschieden.	**tex4**
Für Ihren weiteren beruflichen Weg wünschen wir Ihnen alles Gute.	**tex5**

3. Schreiben Sie die Briefe an die unten stehenden Personen. Geben Sie dazu die entsprechenden AutoKorrekturen an.

Nutzen Sie dazu die in diesem Kapitel erstellte Vorlage »Briefformular«. Tragen Sie die fehlenden Angaben ein.

1. Peter Erfolg, Rasthofstr. 4711, 47123 Lümmelhausen, b2 02.02., anrede1, tex1, tex2
2. Rosi Unschuld, Jungfernsteg 1 a, 55555 Klosterhagen, b1 01.02., anrede2, tex1, tex3 17.03
3. Fritz Emsig, Hans-Eifer-Str. 999, 45676 Glewe, b1 03.02., anrede1, tex1, tex4, tex5

Kapitel 16

Word 2010 – nur für Sie!

Word 2010 passt den Arbeitsbereich immer an, abhängig davon, was Sie gerade machen wollen. Sie haben im Laufe dieses Buches bereits mehrmals die Symbolleiste für den Schnellzugriff für Ihre jeweiligen Aufgaben ergänzt. In diesem Kapitel werden diese Kenntnisse weiter vertieft, sodass Sie sagen können: »Word 2010 – nur für mich!«

Eine Schaltfläche hinzufügen

Haben Sie die Kapitel des Buches durchgearbeitet, befinden sich die folgenden Schaltflächen in der *Symbolleiste für den Schnellzugriff*:

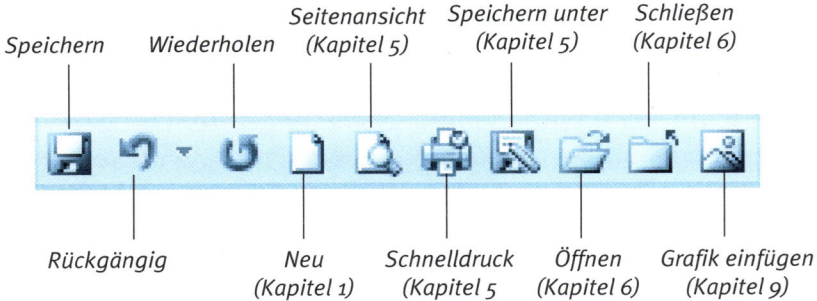

In Word 2010 lassen sich immer wieder neue Schaltflächen in die *Symbolleiste für den Schnellzugriff* platzieren. Die Möglichkeiten dazu haben Sie bereits in den vorherigen Kapiteln kennengelernt. Was Sie häufig brauchen, legen Sie einfach dort an. Die nächsten Schritte sind für Sie nur als Beispiel gedacht, um zu sehen, wie es geht!

1 Bewegen Sie z. B. auf der Registerkarte *Start* den Mauszeiger auf die Schaltfläche *Fett*. Drücken Sie die rechte Maustaste.

2 Wählen Sie den Befehl *Zu Symbolleiste für den Schnellzugriff hinzufügen* aus.

Hinweis

Über den Eintrag *Symbolleiste für den Schnellzugriff anpassen* können Sie hier auch die Symbolleiste erweitern und anordnen.

Die Schaltfläche *Fett* lässt sich nun über die *Symbolleiste für den Schnell-zugriff* aufrufen. Auf diese Art und Weise können Sie weitere Schaltflächen einbinden, beispielsweise aus der Registerkarte *Start* die folgenden Befehle:

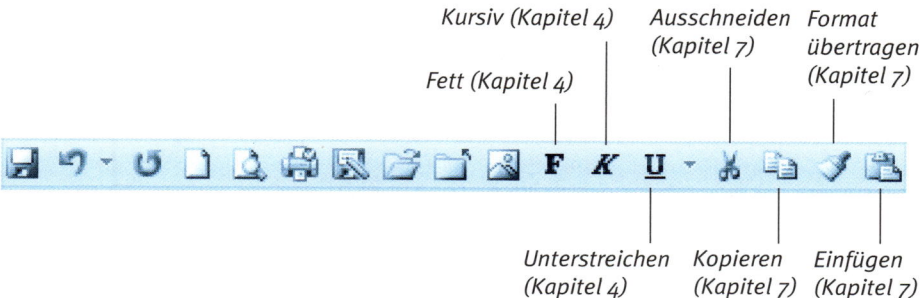

Kursiv (Kapitel 4) Ausschneiden (Kapitel 7) Format übertragen (Kapitel 7)

Fett (Kapitel 4)

Unterstreichen (Kapitel 4) Kopieren (Kapitel 7) Einfügen (Kapitel 7)

Weitere Befehle ...

Wie Sie bereits in den einzelnen Kapiteln im Buch erfahren haben, können Sie weitere Befehle in der *Symbolleiste für den Schnellzugriff* anlegen. Befehle gibt es in Word sehr viele!

Symbolleiste für den Schnellzugriff anpassen

1 Öffnen Sie die Auswahl *Symbolleiste für den Schnellzugriff anpassen*. Hier haben Sie im Laufe des Buches bereits die aktivierten Befehle in die *Symbolleiste für den Schnellzugriff* eingebunden.

Hinweis

Klicken Sie mit der rechten Maustaste z.B. auf die Symbolleiste, können Sie diese auch anpassen.

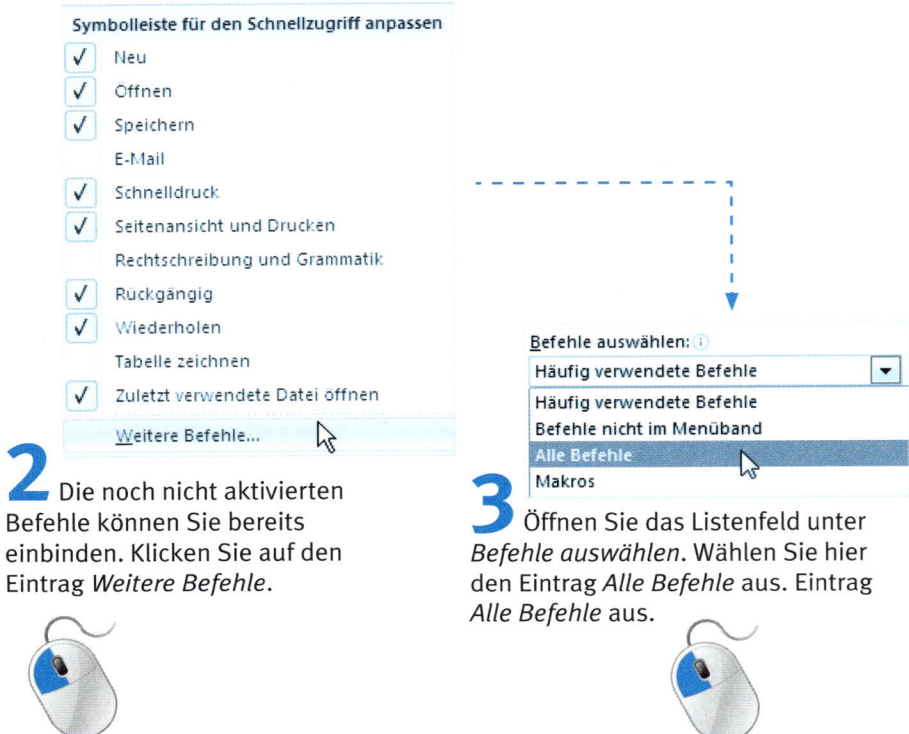

2 Die noch nicht aktivierten Befehle können Sie bereits einbinden. Klicken Sie auf den Eintrag *Weitere Befehle*.

3 Öffnen Sie das Listenfeld unter *Befehle auswählen*. Wählen Sie hier den Eintrag *Alle Befehle* aus. Eintrag *Alle Befehle* aus.

In diesem Beispiel binden Sie die Schaltfläche *Alle schließen* als neue Schaltfläche in die *Symbolleiste für den Schnellzugriff* ein.

Alle Dokumente schließen

Sie haben die Schaltfläche *Schließen* vielleicht schon in die Symbolleiste eingebunden. Wenn nicht, sollten Sie das ebenfalls tun, indem Sie die unten aufgeführten Schritte für den Befehl *Schließen* durchführen.

Sie führen diesen Befehl auch über die Registerkarte *Neu* mit dem Eintrag *Schließen* aus (oder über die Tastenkombination Strg+W).

Mit dem Befehl *Schließen* können Sie jeweils nur ein Dokument auf dem Bildschirm schließen.

Über den Befehl *Alle schließen* schließen Sie sämtliche Dokumente auf dem Bildschirm.

Befehl	Auswirkung
Schließen	Schließt jeweils *ein Dokument* auf dem Bildschirm.
	Der Befehl muss jedes Mal neu angegeben werden.
Alle *schließen*	Schließt *sämtliche Dokumente* auf *dem* Bildschirm.
	Der Befehl muss nur einmal angegeben werden.

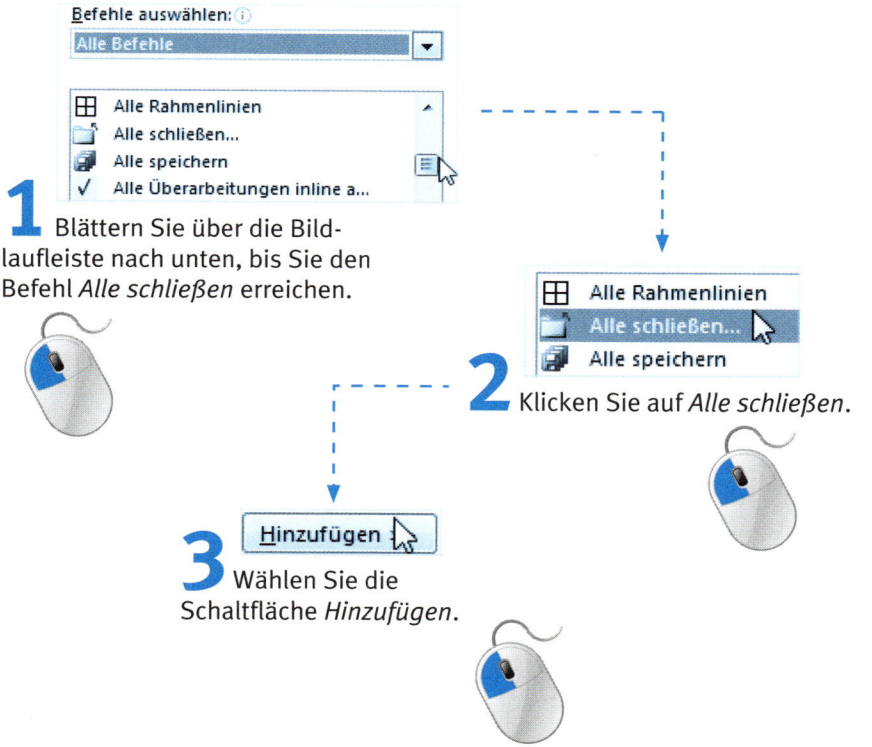

1 Blättern Sie über die Bildlaufleiste nach unten, bis Sie den Befehl *Alle schließen* erreichen.

2 Klicken Sie auf *Alle schließen*.

3 Wählen Sie die Schaltfläche *Hinzufügen*.

Hier fügen Sie nicht nur Schaltflächen in die *Symbolleiste für den Schnellzugriff* ein, sondern entfernen sie auch.

Über die Schaltfläche *Zurücksetzen* können Sie die *Symbolleiste für den Schnellzugriff* wieder in den *Urzustand* versetzen, so, wie Sie diese beim ersten Start von Word vorgefunden haben.

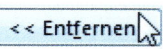

Die Symbolleiste für den Schnellzugriff anordnen

Sie ordnen die Schaltflächen hier so, wie Sie sie am liebsten mit der Maus direkt ansteuern. Vorschlag: Sie platzieren die Schaltfläche *Alle schließen* rechts neben die Schaltfläche *Schließen*.

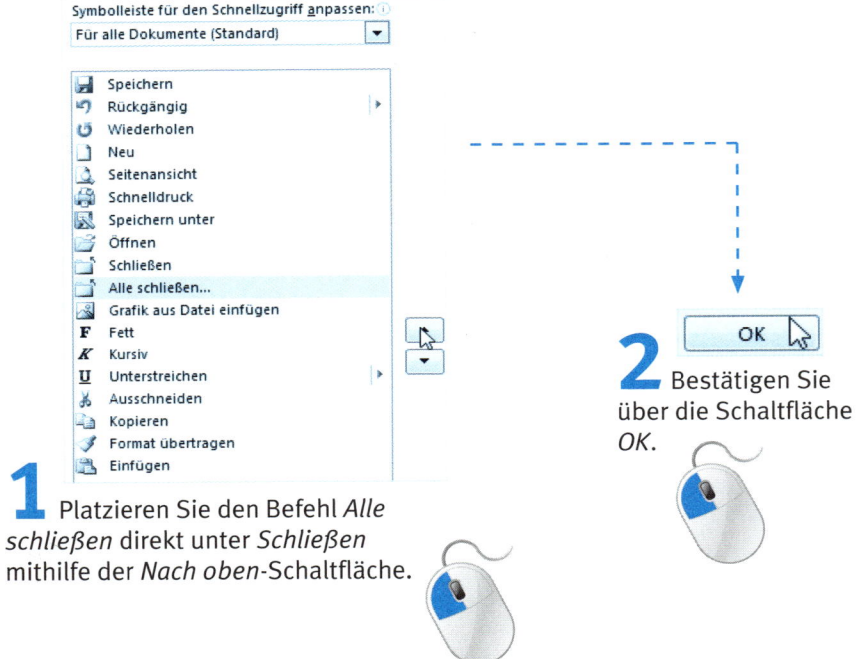

1 Platzieren Sie den Befehl *Alle schließen* direkt unter *Schließen* mithilfe der *Nach oben*-Schaltfläche.

2 Bestätigen Sie über die Schaltfläche *OK*.

Die Schaltfläche *Alle schließen* ist platziert. Gleichzeitig ist die *Symbolleiste für den Schnellzugriff* neu angeordnet.

> **Achtung**
>
> Die Schaltflächen *Schließen* und *Alle schließen* sehen identisch aus. Sie brauchen sich nur »1, 2« zu merken: linke Schaltfläche 1 Dokument schließen, rechte Schaltfläche mindestens 2 Dokumente schließen.

So können Sie selbst Befehle in die *Symbolleiste für den Schnellzugriff* immer wieder anpassen.

Wenn Sie eine Schaltfläche aus der *Symbolleiste für den*

Aus Symbolleiste für den Schnellzugriff entfernen

Schnellzugriff wieder entfernen möchten, bewegen Sie den Mauszeiger auf diese und drücken die rechte Maustaste. Wählen Sie dann den Befehl *Aus Symbolleiste für den Schnellzugriff entfernen* aus.

Das Menüband anpassen

Über mehrere Wege können Sie das Menüband bzw. die einzelnen Registerkarten Ihren Bedürfnissen anpassen.

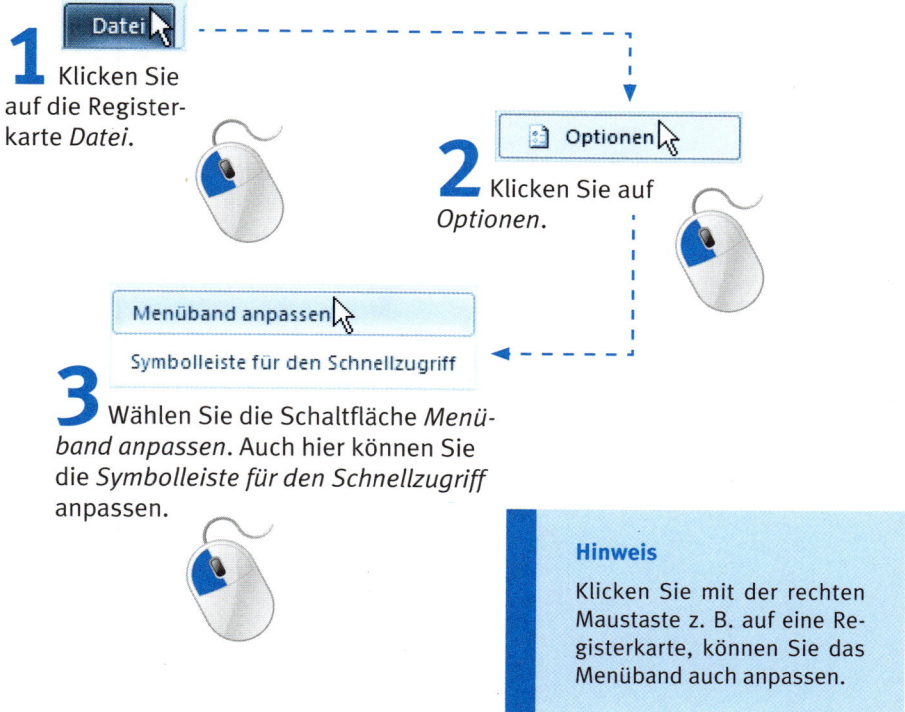

1 Klicken Sie auf die Registerkarte *Datei*.

2 Klicken Sie auf *Optionen*.

3 Wählen Sie die Schaltfläche *Menüband anpassen*. Auch hier können Sie die *Symbolleiste für den Schnellzugriff* anpassen.

> **Hinweis**
>
> Klicken Sie mit der rechten Maustaste z. B. auf eine Registerkarte, können Sie das Menüband auch anpassen.

Hier können Sie *Registerkarten neu anlegen* und umbenennen.

Möchten Sie *eine Registerkarte mit Befehlen ergänzen*, müssen Sie zunächst eine Gruppe erstellen.

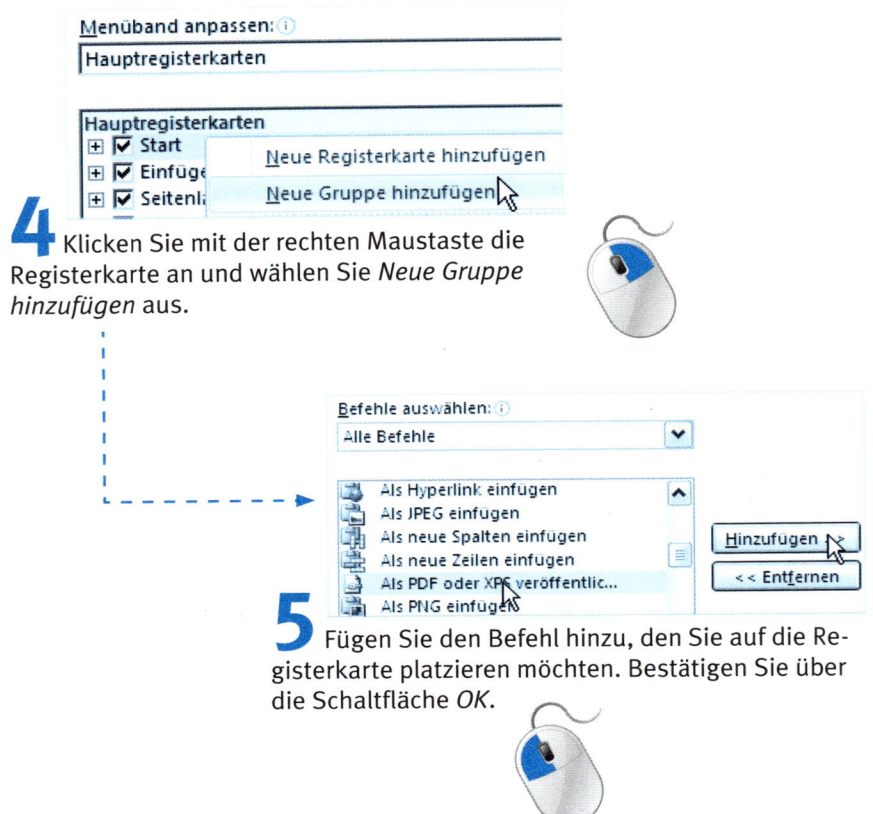

4 Klicken Sie mit der rechten Maustaste die Registerkarte an und wählen Sie *Neue Gruppe hinzufügen* aus.

5 Fügen Sie den Befehl hinzu, den Sie auf die Registerkarte platzieren möchten. Bestätigen Sie über die Schaltfläche *OK*.

Wie Sie Ihr eigenes Word zusammenstellen, bleibt natürlich Ihre Entscheidung. Sie selbst wissen im Laufe der Zeit am besten, was Sie für Ihre Arbeit mit Word benötigen. Word 2010 – nur für Sie!

Lösungen

Nicht sämtliche Aufgaben zu den Kapiteln können hier angegeben werden. Die Aufgaben ergeben sich aus den einzelnen Kapiteln und sind Wiederholungen des Gelernten.

Die Wege zu den Lösungen werden in den einzelnen Kapiteln einfach und detailliert beschrieben. Bei einigen Aufgaben müsste so das komplette Kapitel aufgeführt werden. Das wäre sicherlich hier bei den Lösungen zu umfangreich.

Kapitel 1

Antwort: Dokument

Kapitel 2

1. Formatierungssymbole

2. Absatzmarke

3. Leertaste

4. Leerzeichen

Kapitel 3

				1	d	e	l	i	v	e	r	y
		2	G	n	a	d	e					
			3	r	e	b	a	t	e			
4	G	u	t	s	c	h	e	i	n			

4. Registerkarte *Neu – Optionen – Dokumentprüfung – Benutzerwörterbücher – Wortliste bearbeiten.*

Kapitel 4

4. Strg + Leer

Kapitel 5

1. Textpassage markieren – Registerkarte *Datei – Drucken* (Strg + P) – Auswahl *Alle Seiten drucken – Auswahl drucken*.

2. Sie möchten ein Dokument speichern:

a oder b – *Speichern* oder *Speichern unter*

b – *Speichern*

a – *Speichern unter*

Kapitel 6

Fragen

1. Nein!

2. Ordner sind wie die Schubladen eines Schranks (= Festplatte). Alle Dateien, die zusammengehören, kommen in dieselbe Schublade (= Ordner).

Übungen

1. *Speichern unter* – Dateiname: *Party* – Schaltfläche *Speichern*.

2. Das Dokument schließen (Strg + W) – Dialogfeld *Speichern unter* oder *Öffnen* – Datei »Einladung« anklicken – Entf -Taste drücken – Bestätigen.

3. Starten Sie in Windows den Papierkorb – »Einladung« anklicken – Schaltfläche zum Wiederherstellen anklicken.

4. Das Dokument schließen (Strg + W) – Dialogfeld *Speichern unter* oder *Öffnen* – Datei »Party« anklicken – Entf -Taste drücken – Bestätigen.

Kapitel 7

1. Auswahl bei Schaltfläche *Aufzählungszeichen* – Eintrag *Neues Auf-zählungszeichen definieren* –Schaltfläche *Symbol* – Schriftart *Wing-dings* – Schaltfläche *OK*.

2. Beim Ausschneiden verschwindet das Original, beim Kopieren bleibt es bestehen. Über die Schaltfläche *Einfügen* beispielsweise fügen Sie es aus der Zwischenablage wieder ein.

			A	B	L	A	U	F				
		2	A	U	F	F	O	R	D	E	R	U	N	G
3	S	T	R	A	S	S	E	N	K	R	E	U	Z	E	R
4	G	E	M	A	H	L	I	N					

3. Thesaurus

Kapitel 12

1. Registerkarte *Sendungen* – Schaltfläche *Erstellen* – *Umschläge* – Ab-sender eintragen – Schaltfläche *Zum Dokument hinzufügen* – Schaltflä-che *Empfänger auswählen* – Adressdatei angeben – Seriendruckfelder in das Empfängerfeld einbinden und platzieren – Schaltfläche *Fertig-stellen und Zusammenführen* – *Drucken*.

Kapitel 13

1. Registerkarte *Datei* – *Neu*.

3. Klicken Sie in das Datum und drücken Sie die Tastenkombination Strg + ⇧ + F9 . Das Datum aktualisiert sich nun nicht mehr automa-tisch.

Kapitel 14

1.b Registerkarte *Tabellentools/Layout* – Schaltfläche *Daten* – Schaltfläche *Sortieren* »Punkte« – *Absteigend* – *OK*.

Name	Vorname	Punkte
Eifrig	Gisela	89
Schmitz	Paul	65
Müller	Max	59
Rastlos	Petra	57
Raabe	Christoph	45

2.b Klicken Sie in die Zeile, in der der Ausdruck »Betrag in €« steht. Platzieren Sie den Mauszeiger auf den dezimalen Tabstopp. Löschen Sie ihn, indem Sie den Tabstopp mit gedrückter linker Maustaste aus dem Lineal ziehen. Wechseln Sie die Art des Tabstopps auf *Zentriert*. Klicken Sie den zentrierten Tabstopp auf die entsprechende Stelle in das Lineal.

Lexikon

Ausschneiden

Mit dem Befehl *Ausschneiden* wird der Inhalt der markierten Objekte in die Zwischenablage transportiert. Im Gegensatz zum Kopieren wird das Original dabei gelöscht. Über die Schaltfläche *Einfügen* fügen Sie den Inhalt wieder an eine andere Stelle im Dokument ein.

Bildlaufleiste

Um innerhalb eines Arbeitsblatts schneller zu *blättern* (scrollen, rollen), bedient man sich der Bildlaufleisten am rechten und unteren Bildschirmrand.

Blocksatz

Text, der links und rechts ausgerichtet ist. Die Wortzwischenräume werden so variabel angepasst, dass weder rechts noch links ein sogenannter Flatterrand entsteht. Nachteil: Besonders bei geringer Zeilenlänge können unansehnliche Lücken im Text entstehen.

ClipArt

Word verfügt über eine kleine Bibliothek vorgefertigter *Grafiken*, die sogenannte ClipArt Gallery.

Dialogfelder

Sie dienen für die Eingabe von Daten und für die Auswahl von Befehlen. Es findet also zwischen Ihnen – als Anwender – und Word 2010 ein *Dialog* statt.

Drag&Drop

Englische Bezeichnung für »Ziehen und Fallenlassen«. Grafische Benutzeroberflächen wie Windows bieten dieses Verfahren an, das es ermöglicht, den Mauszeiger auf ein Symbol zu bewegen, die linke Maustaste zu drücken und zu halten, bis das Symbol an eine andere Stelle bewegt und abgelegt wird.

Drucken

Die *Druckausgabe* eines Dokuments erfolgt auf dem über Windows eingerichteten Drucker. Unter Word legen Sie im Dialogfeld *Drucken* (Tastenkombination Strg+P) vorher fest, welche Seiten, wie viele Kopien usw. Sie drucken wollen.

Einfügemodus

Zeichen, die Sie an einer Textstelle eintippen, werden eingefügt, der Rest des Textes nach rechts verschoben. Den Einfügemodus schalten Sie in der *Statusleiste* ein, indem Sie zwischen

Überschreiben und *Einfügen* per Mausklick wechseln. Um die Funktion auszuführen, klicken Sie mit der rechten Maustaste auf die Statusleiste und aktivieren *Überschreiben*.

Formatierung
Bestimmt das Aussehen (u. a. fett, kursiv, Schriftart) eines Textes auf dem Bildschirm und beim Drucken.

Formatvorlage
Eine Folge von Formatierungen, die unter einem bestimmten Namen mit einer Dokumentvorlage verknüpft wird.

Fußnoten
Erläuterungen bzw. Ergänzungen, die zu einem bestimmten Text am unteren Seitenrand wiedergegeben werden. Sie finden die Schaltflächen in Word 2010 auf der Registerkarte *Verweise*.

Kontextmenü
Wird die *rechte Maustaste* gedrückt, öffnet sich ein Kontextmenü. Der Name besagt, dass die Zusammenstellung der einzelnen Menüpunkte davon abhängig ist, in welchem Kontext bzw. in welcher Arbeitssituation die Taste angeklickt wird.

Kopf- und Fußzeile
Bezeichnet die Anzeige von Text, der sich am oberen (in der Kopfzeile) bzw. am unteren Seitenrand (in der Fußzeile) befindet. Die Schaltflächen dazu

finden Sie auf der Registerkarte *Einfügen*.

Kursiv
Als kursiv bezeichnet man eine leicht nach *rechts geneigte Schrift*.

Layout
Die komplette Gestaltung durch die Anordnung einzelner Seitenelemente, die Wahl der Schriftart und Schriftgröße, der Seitenränder usw.

Makro
Aufeinanderfolge aufgezeichneter oder geschriebener *Befehle*, die Aktionen auslösen und durch den Aufruf nacheinander abgearbeitet werden. Sie finden die Schaltfläche *Makros* auf der Registerkarte *Ansicht*.

Menüband
Auf dem in Word 2010 neu gestalteten Menüband (in Word 2007 als Multifunktionsleiste bezeichnet) sind alle Befehle unmittelbar verfügbar. Abhängig von der gerade ausgeführten Aufgabe werden die erforderlichen Befehle mit speziellen Kontextregisterkarten zusätzlich hervorgehoben.

Option
Verändert die *Einstellungen* von Word 2010. Meistens wird sie auf einer Registerkarte aktiviert.

Ordner

Festplatten und CDs/DVDs sind in Ordner unterteilt, die wiederum Unterordner enthalten können. Um beim Speichern einer Datei auf einen anderen Ordner zu wechseln, klicken Sie dessen Ordnersymbol doppelt an, bevor Sie den Dateinamen eintragen und bestätigen.

Registerkarten

Um ein Dialogfeld noch einigermaßen übersichtlich zu gestalten, sind viele als eine Art »Karteikasten« dargestellt, der verschiedene Karten enthält. Auch das Menüband ist in Word 2010 in Registerkarten unterteilt.

Reiter

Registerkarten verfügen über »Reiter« (auf denen der jeweilige Name steht), die dazu dienen, eine Karte in den Vordergrund zu holen.

Seitenansicht

Bevor Sie etwas ausdrucken, sollten Sie das Ergebnis in der Seitenansicht überprüfen. Hier wird nämlich das Dokument genauso angezeigt, wie es den Drucker verlassen wird. Word »druckt« praktisch auf den Bildschirm aus und verwendet dazu alle auf dem angeschlossenen Drucker verfügbaren Schriften und Formatiermöglichkeiten.

Seitenumbruch

Die Stelle in einem Dokument, an der eine Seite endet und eine neue beginnt. Sie geben die Seitenumbrüche auf der Registerkarte *Seitenlayout* über die Schaltfläche *Umbrüche* an.

Serienbrief

Rundschreiben oder Massenschreiben, bei dem die meisten Textpassagen gleich sind und nur manche Bestandteile des Briefs wie Adresse oder Anrede für jeden Empfänger geändert werden müssen.

Silbentrennung

Die automatische Silbentrennung bewirkt, dass bereits während des Schreibens von Texten automatisch die *Trennfunktion* durchgeführt wird. Die Schaltfläche für die *Silbentrennung* finden Sie auf der Registerkarte *Seitenlayout*.

Smarttags

Mit Smarttags erhalten Sie einen Überblick über alle möglichen Aktionen. Ein Smarttag macht Sie aufgabenorientiert auf Funktionen in Word 2010 aufmerksam.

Statusleiste

Hier erhalten Sie Informationen, z. B. auf welcher Seite Sie sich momentan im Dokument befinden.

Symbolleiste für den Schnellzugriff

Die *Symbolleiste für den Schnellzugriff* passen Sie nach Ihren eigenen Arbeitsbedürfnissen an. Verwenden Sie einen Befehl häufig, platzieren Sie diesen in die Leiste. So wird Word 2010 Ihre persönliche Textverarbeitung. Beachten Sie dazu Kapitel 16 im Buch.

Tabellen

Texte und Zahlen werden in einer Tabelle in Zeilen und Spalten angeordnet. Die einzelnen Felder, die durch die Schnittpunkte entstehen, heißen Zellen.

Tabulator

Ein gesetzter Tabulator (u. a. linksbündig, rechtsbündig, dezimal, zentriert) im Lineal legt die Halteposition der Schreibmarke nach Drücken der ⇥-Taste fest. Diese Taste löst einen Sprung der Schreibmarke aus.

Tastenkombination

Sie drücken erst die eine Taste, halten sie fest und betätigen dann die zweite. Dadurch wird eine bestimmte Funktion ausgeführt.

Textfeld

Die Eingabe erfolgt in einer Fläche innerhalb eines Rahmens. Ein Textfeld bearbeiten Sie wie eine Grafik. Die Schaltfläche *Textfeld* finden Sie auf der Registerkarte *Einfügen*.

Thesaurus

Griechischer Ausdruck, dt.: Schatz, Sprachschatz, auch *Synonymwörterbuch*. Hier werden für nachgeschlagene Begriffe andere Wörter mit gleicher oder ähnlicher Bedeutung angeboten;

Beispiel: Gebäude statt Haus (Registerkarte *Überprüfen*).

Titelleiste

Hier steht immer, in welchem Dokument Sie sich gerade befinden, anders ausgedrückt: an welcher Datei Sie gerade arbeiten.

Überschreibmodus

Neu getippte Zeichen werden über bereits vorhandene Zeichen geschrieben. Den Überschreibmodus schalten Sie in der Statusleiste ein, indem Sie zwischen *Überschreiben* und *Einfügen* per Mausklick wechseln. Um die Funktion auszuführen, klicken Sie mit der rechten Maustaste auf die Statusleiste und aktivieren *Überschreiben*.

Verzeichnis

Verzeichnisse sind wie die Schubladen eines Schranks (= Festplatte). Alle Dateien, die zusammengehören, kommen in dieselbe Schublade (= Verzeichnis).

Wingdings

TrueType-Schrift, die eine Reihe von Pfeilen und Symbolen enthält.

WordArt

MS WordArt ist ein Zusatzprogramm, das zum Erzeugen besonderer *Schrifteffekte* dient. Sie finden die Schaltfläche zum Starten von WordArt auf der Registerkarte *Einfügen*.

Zeilen ausrichten

In Word können Zeilen unterschiedlich ausgerichtet werden (linksbündig, rechtsbündig, zentriert oder Blocksatz). Sie schreiben in der Regel immer von links nach rechts.

Zeilennummern

Auf der Registerkarte *Seitenlayout* fügen Sie Zeilennummern über die gleichnamige Schaltfläche ein. Die Zeilennummer erscheint vor jeder Zeile am Rand. Über den Eintrag *Keine* blenden Sie die Zeilennummern wieder aus.

Zoom

Mit der Zoomfunktion von Word vergrößern oder verkleinern Sie die Ansicht des jeweiligen Dokuments auf dem Bildschirm.

Zwischenablage

Um Texte von einer Stelle im Dokument an eine andere zu verschieben bzw. zu kopieren, wird normalerweise die Zwischenablage (auch temporärer Speicher genannt) genutzt. Durch die Befehle *Kopieren* oder *Ausschneiden* wird der Text hier aufgenommen und kann bei Bedarf (durch den Befehl *Einfügen*) wieder eingesetzt werden.

Liebe Leserin, lieber Leser,

herzlichen Glückwunsch, Sie haben es geschafft. Word 2010 ist Ihnen nun vertraut. Ist es Ihnen nicht viel leichter gefallen, als Sie am Anfang dachten? Genau das ist das Ziel unserer Bücher aus der easy-Reihe. Sie sollen helfen, erfolgreich die ersten Schritte zu gehen, und den Leser auf keinen Fall mit unverständlichem Fachchinesisch überhäufen.

Als Lektorin hoffe ich, dass Sie durch das Buch die richtige Unterstützung bekommen haben. Denn für Ihre Zufriedenheit stehen alle Beteiligten mit ihrem Namen: der Verlag, die Autoren, die Druckerei.

Aber niemand ist perfekt. Wenn Sie Anregungen zum Buch und zum Konzept haben: Schreiben Sie uns.

Denn nur durch Sie werden wir noch besser.

Ich freue mich auf Ihr Schreiben!

Birgit Ellissen
Lektorin Markt + Technik
Pearson Education Deutschland GmbH
Martin-Kollar-Str. 10-12
81829 München
E-Mail: bellissen@pearson.de
Internet: http://www.mut.de

Stichwortverzeichnis

Bilder verwalten und bearbeiten

Das farbig visuelle Praxisbuch zum Fotodienst-Marktführer. Neben den beliebten Grundfunktionen (Fotos verwalten und online stellen), die Sie vielleicht schon beherrschen, zeigt es auch all die Möglichkeiten Bilder zu bearbeiten. Retuschieren Sie Fehler in Ihren Fotos, entfernen Sie rote Augen, passen Sie Kontrast und Helligkeit an, machen Sie eine „Fotocollage mit zwei Mausklicks" oder eine Diashow. Ein extra Bildbearbeitungs-Programm können Sie sich damit sparen. Picasa genügt vollkommen.

Christoph Prevezanos
ISBN 978-3-8272-4599-1
16.95 EUR [D]